Ian Stewart
Vann Joines

DIE TRANSAKTIONSANALYSE

Ian Stewart
Vann Joines

DIE TRANSAKTIONSANALYSE

Eine neue Einführung in die TA
Mit zahlreichen Abbildungen, Übungen und Hinweisen für die Praxis

Ins Deutsche übertragen von
Werner Rautenberg

Herder Freiburg · Basel · Wien

Aus dem Englischen übertragen von Werner Rautenberg.
Titel der Originalausgabe: „TA today"
Mit freundlicher Genehmigung der Autoren Ian Stewart und Vann Joines.

8. Auflage

Herder Freiburg · Basel · Wien
Herstellung: Freiburger Graphische Betriebe 1998
Satz: Public Design – Creativ Publishing Studio, Freiburg
Gedruckt auf umweltfreundlichem, chlorfrei gebleichtem Papier
ISBN 3-451-26361-0

Inhalt

I.
Einführung

II.
Wie wir die menschliche Persönlichkeit darstellen

Das Model der Ich-Zustände

IV.
Wie wir unsere Lebensgeschichte schreiben

Das Lebensskript

V.
Wie wir es anstellen, daß die Welt zu unserem Skript paßt

Passivität

VI.
Wie wir unsere Skriptüberzeugungen rechtfertigcn

Maschen und Spiele

VII.
Wie Menschen sich ändern

Die Praxis der TA

Anhang

Vorwort

Dies Buch will in Theorie und Praxis der Transaktionsanalyse (TA) einführen. Wir haben den neuesten Stand zugrunde gelegt und dabei einerseits an den Leser gedacht, der sich die TA durch Lektüre selbst erarbeiten will, aber andererseits auch an denjenigen, der an einem TA-Seminar tcilnimmt und dabei diese Texte zu Rate zieht. Wer zum erstenmal mit TA in Berührung kommt, wird, so hoffen wir, die ungezwungene Art unserer Darstellung schätzen. Wir haben uns dafür entschieden, den Leser direkt und persönlich anzusprechen, soweit wie möglich in der Umgangssprache, und unsere theoretischen Ausführungen immer wieder durch Beispiele zu veranschaulichen. Und wer das Buch als Begleitmaterial zu einem offiziellen Grundlagenkurs (in der ganzen Welt bekannt als „101"-Kursus) liest, wird feststellen, daß der gesamte Lehrstoff des „101" hier behandelt wird.

Die TA ist heute weltweit verbreitet, und wir rechnen mit einer internationalen Leserschaft. Aus diesem Grunde haben wir eine Sprache gewählt und Beispiele genommen, von denen wir hoffen, daß sie auf der ganzen Welt verstanden werden.

Die Übungen

Wenn wir TA-Seminare abhalten, unterbrechen wir die Therorie immer wieder durch Übungen; nach jedem Kapitel kommt dann sofort eine dazu passende Übung. Nach unserer Erfahrung ist das der beste Weg, theoretische Zusammenhänge zu vertiefen und umzusetzen. Also halten wir es in diesem Buch genauso und streuen in den Text zahlreiche Übungen ein. Dabei kommt die Übung immer gleich nach der betreffenden Theoriedarstellung.

Am besten machst du also jede Übung gleich an der Stelle,wo sie steht. So ziehst du den größten Gewinn aus der Lektüre.*

Wir haben für die Übungen eine andere Schrifttype verwendet.

Wenn du auf diese Schriftart stößt, liest du eine Übung. Nimm dir die Zeit und mache sie sofort. Erst dann lies den Text weiter.

Einen praktischen Vorschlag: Du tust gut daran, dir ein Leseheft zuzulegen, am besten so eins mit losen Blättern, in das du jedesmal die schriftlichen Übungen einträgst, und dazu Einfälle und Ideen, die dir beim Lesen kommen. Das hat sich als die sinnvollste Weise erwiesen, die TA zu erarbeiten - dadurch daß du das Gelesene immer gleich auf dich selbst anwendest.

Was dies Buch ist und was nicht

Wenn du das Buch durchgearbeitet und die Übungen gemacht hast, kennst du dich sicher ein ganzes Stück besser als vorher. Vielleicht hilft dir das auch, in deinem Leben das zu ändern, was du wohl immer schon anders haben wolltest. Wenn du soweit kommst, kannst du dir nur gratulieren.

Aber dieses Buch will nicht als Ersatz für eine Therapie verstanden sein. Wenn du gravierende persönliche Probleme hast, raten wir dir sehr, einen angesehenen Therapeuten aufzusuchen, der sich persönlich so um dich bemühen kann, wie du es brauchst.

Die TA-Therapeuten laden ihre Klienten ein, sich mit dem Gedankengut der TA vertraut zu machen. Wenn du dich für eine TA-Therapie entscheidest, wird dir dies Buch bei dem Lernprozeß nützliche Hilfe leisten.

Geht es dir darum, die Transaktionsanalyse therapeutisch oder in den nichtklinischen Bereichen anzuwenden, dann wird dieses Buch dir ebenfalls nützlich sein als erste Einführung in die Grundkonzepte der TA. Aber der Erwerb solcher Grundkenntnisse qualifiziert dich noch

---

* *Anmerkung des Übersetzers:* Ein Problem, das sich bei Übertragungen aus dem Englischen häufig stellt, ist die Wiedergabe des *„you"*, das im Deutschen „du" oder „Sie" bedeuten kann (und oft genug eher „man" o.ä.). Wir haben uns dafür entschieden, von Anfang an die Du-Anrede zu wählen, selbst wenn das für den deutschen Leser zunächst befremdlich klingen mag. Damit schließen wir uns der in deutschsprachigen TA-Gruppen üblichen Form an und entsprechen überdies der Absicht der Autoren, den Leser „direkt und persönlich" anzusprechen.

nicht dafür, professionelle Hilfe anzubieten. Um als Transaktionsanalytiker anerkannt zu werden, mußt du eine festgesetzte Stundenzahl absolvieren, und zwar sowohl an fortgeschrittener Ausbildung teilnehmen, wie auch unter Supervision praktische Erfahrung sammeln. Schließlich mußt du Prüfungen bestehen, die von den zuständigen TA-Gremien gestaltet und abgehalten werden. Einzelheiten dazu kannst du im Anhang D nachlesen.

Unser Theoriekonzept

Wir geben im folgenden das wieder, was heute in der Welt der TA allgemein akzeptiert ist. Es wäre in einem Einführungstext nicht angebracht, Randgebiete der Theoriebildung in der TA zu durchstreifen und in Bereiche vorzudringen, die noch umstritten sind. Doch die TA von heute ist etwas ganz anderes als die TA von vor zehn Jahren. Heute gibt es im Gedankengut der TA ein paar zentrale Begriffe, von denen Eric Berne, der Begründer der TA, nie etwas gehört hatte, als er 1970 starb. Als wir dieses Buch geschrieben haben, haben wir uns mit Begeisterung vorgenommen, auch solche neuen Ideen darzustellen. Berne war schließlich ein Neuerer, und wir sind überzeugt, daß er lebhaft zugestimmt hätte, wenn er noch hätte erleben können, welche Neuerungen die Transaktionsanalytiker nach ihm eingeführt haben.

Aber unter den in der Transaktionsanalyse verbreiteten Auffassungen und in der TA-Literatur hat es von Anfang an eine weniger erfreuliche Tendenz gegeben, nämlich eine seichte Verflachung einiger der ursprünglichen Grundkonzepte der TA.

Es ging Berne darum, die TA für jedermann zugänglich zu machen. Deshalb hat er seine Gedanken in einfachster Sprache geschrieben. Aber wenn auch die Worte einfach waren, so war sein Gedankengut doch äußerst differenziert und komplex.

Als die TA in den sechziger Jahren den zweifelhaften Ruf genoß, so eine Art „Westentaschenpsychologie" zu sein, haben einige Autoren die scheinbare Einfachheit der TA genutzt, um sie in einem allzu verdünnten Aufguß darzubieten. Bis heute hat sich die TA von dem Schaden, der in diesen Jahren angerichtet wurde, noch nicht erholt. Trotz der guten Arbeit der praktizierenden Transaktionsanalytiker und der TA-Autoren in den letzten beiden Jahrzehnten ist es der TA immer noch nicht gelungen, das Image einer recht oberflächlichen Feld-, Wald- und Wiesen-Psychologie loszuwerden.

In unserem Buch haben wir uns vorgenommen, dieses falsche Image zu korrigieren. Es ging uns darum, die TA-Theorie in all ihren Differenzierungen und in ihrer ursprünglichen Tiefe zu beschreiben, ohne die gedankliche Klarheit und die sprachliche Einfachheit aufzugeben, auf die Berne so großen Wert legte.

Das gilt vor allem für die Grundlage der TA-Theorie, für das Ich-Zustands-Modell selbst. In seinen ursprünglichen Arbeiten hat Berne noch und noch unterstrichen, wie wichtig die Dimension der *Zeit* für die Ich-Zustände ist. Sowohl im Eltern-Ich wie auch im Kind-Ich lebt ein Nachhall von etwas Vergangenem. Und das Erwachsenen-Ich ist eine Reaktion auf das Hier und Jetzt, bei der alle Möglichkeiten eines erwachsenen Menschen eingebracht werden. In allen drei Ich-Zuständen gibt es das jeweils eigene Denken, Fühlen und Verhalten. Es ist ein himmelweiter Unterschied zwischen dieser Sicht und der späteren verflachten Version des Modells, in der es heißt: „Erwachsenen-Ich heißt Denken, Kind-Ich heißt Fühlen, und das Eltern-Ich heißt Muß und Soll".

In diesem Buch kehren wir zurück zur ursprünglichen Formulierung des Ich-Zustands-Modells, wie Berne es konzipiert hatte. Auch bei der Darlegung anderer Theoriebereiche haben wir dies konsequent so gehalten.

Falldarstellungen und Namen

Bei allen Fallgeschichten sind die Namen frei erfunden. Ähnlichkeiten mit dem wirklichen Namen irgendeiner Person müßten reiner Zufall sein.

Unser Dank

Als „Beraterin vom Fach" haben wir Frau Dr. Erika Stern, Institut für Beratungswesen der Universität Utrecht, zugezogen, und wir hätten schwerlich jemand besseren finden können; denn uns kam ihr tiefes Verständnis nicht nur der TA, sondern auch anderer psychologischer Methoden zugute. Außerdem hat sie beträchtliche Erfahrung als Herausgeberin, und schließlich spricht sie mehrere Sprachen und konnte uns so auf Wendungen aufmerksam machen, die für Leser, die Englisch nicht als Muttersprache sprechen, Schwierigkeiten mit sich gebracht hätten. Erika Stern hat also in mehrfacher Weise an diesem Buch mitgewirkt.

Sodann haben wir das Buch auch Nicht-Fachleuten zum Lesen gegeben. Dr. Andrew Middleton und Christine Middleton haben aus ihrer Sicht als TA-Anfänger zu dem Manuskript Stellung genommen und uns aufmerksam gemacht auf Darstellungen, bei denen wir davon ausgegangen waren, daß weiter keine Wegweiser nötig wären, denn schließlich kannten wir die Landkarte. Sie haben uns hingewiesen auf Stellen, wo unsere Erklärungen all zu sehr ins einzelne gingen, oder wo wir uns wiederholt hatten, und haben in hervorragender Weise dazu beigetragen, den Text klarer zu fassen. Damit haben Andy und Christine auf die endgültige Gestalt des Buches wesentlich Einfluß genommen.

Dr. Richard Erskine und die Diplom-Sozialpädagogin Marilyn Zalcman, ACSW, haben den Entwurf unseres Kapitels über das Maschensystem gelesen und uns wertvolle Anregungen für die endgültige Fassung zukommen lassen.

Frau Jenni Hine, MAOT, hat uns die neuesten Daten über TA-Organisationen geliefert.

Von der Dipl.-Soz.-päd. Emily Hunter Ruppert, ACSW, kam die Idee, die beiden Autoren sollten sich gemeinsam an die vorliegende Arbeit machen, und so ist dieses Buch entstanden.

Wir danken den folgenden Autoren für die Erlaubnis, Texte wiederzugeben, die ursprünglich unter ihrem Copyright im *Transactional Analysis Journal* oder im *Transactional Analysis Bulletin* in den nachstehend angegebenen Nummern erschienen waren:

Dr. med. John Dusay, *Egogram*: *TAJ* 2 (1972), Heft 3

Dr. med. Franklin Ernst Jr. *OK Corral*: *TAJ 1* (1971), Heft 4

Dr. phil. Richard Erskine und Dipl.-Soz.-päd. Marilyn Zalcman, *The Racket System* : *TAJ 9* (1979), Heft 1

Dr. phil. Taibi Kahler, *The Miniskript*: *TAJ 4* (1974), Heft 1

Dr. med. Stephen Karpmann, *The Drama Triangle: TAB 7* (1968), Heft 26

Jim McKenna, Dipl.-Soz.-päd., *The Stroking-Profile: TAJ 4* (1974), Heft 4

Ken Mellor, Dipl.-Soz.-päd., und Eric Sigmund, *The Discount Matrix: TAJ 5* (1975), Heft 3.

Appell an unsere Leser

Wir haben dieses Buch in der Absicht geschrieben, *das* Standardwerk für die Einführung in die TA zu liefern. Und wir beabsichtigen, es bei jeder neuen Auflage wieder auf den neuesten Stand zu bringen. Dazu wenden wir uns an dich, lieber Leser, mit der Bitte um Hilfe. Wir sind dankbar für jede Kritik und jedes Feedback.

Nottingham (England) und
Chapel Hill (USA) 1987

Ian Stewart und Vann Joines

Zur Übertragung ins Deutsche

Bei der Übertragung von *TA TODAY* habe ich mich von verschiedenen Zielen leiten lassen, die sich nicht immer gleichzeitig erreichen ließen. Für Leser, die sich dafür interessieren, möchte ich einige Hinweise dazu vorausschicken.

Natürlich sollte die Übertragung *so getreu wie möglich* sein, also Aussagen und Intentionen der Verfasser korrekt wiedergeben und sich dabei möglichst auch an ihren Stil halten. Das zweite Ziel, nämlich *Klarheit und Verständlichkeit*, ließ sich damit meistens leicht vereinbaren. Aber außerdem sollte der deutsche Text auch *leicht lesbar* sein, also möglichst flüssig und eingängig. Aus diesem Grunde habe ich, auch darin dem englischen Original entsprechend, immer wieder die gesprochene Sprache, das alltägliche Umgangsdeutsch dem „Buchdeutsch", der üblichen Literatursprache vorgezogen. Das war auch einer der Gründe, weshalb ich die Übersetzung in der ersten Fassung auf Tonband *gesprochen* habe. Und schließlich habe ich mich für zentrale Begriffe der Transaktionsanalyse durchweg an das mittlerweilen eingeführte, *in Fachkreisen verbreitete Sprachgut* gehalten, wie es sich seit den ersten Übersetzungen der Werke von Eric Berne und von James und Jongeward im Rowohlt-Verlag durchgesetzt hat. Wer Näheres über die sprachlichen oder fachlichen Hintergründe für problematische Übertragungen erfahren will, findet Erläuterungen dazu in einem Nachwort am Ende dieses Bandes.

An Stellen, wo ich den Eindruck hatte, es könne dem Verständnis dienen oder sinnvoll sein, auf eine Schwierigkeit oder Besonderheit eigens hinzuweisen, habe ich eine entsprechende Fußnote angebracht.

In der nun vorliegenden Form ist diese Übertragung auch eine echte Gemeinschaftsleistung. Die folgenden Kollegen und Freunde haben den Text in der Rohfassung sorgfältig und mühsam durchgearbeitet, die zahlreichen Fehler ausgemerzt und Anregungen zur Textgestaltung gegeben:

- als praktizierende Transaktionsanalytikerin Petra Noelle, und als TA-Ausbildungskandidaten Dr. Rainer Luig und Maria Steels;
- als „Lay reader", allerdings mit persönlicher TA-Erfahrung, Uschi Tapprogge, die auch noch bei der Endkorrektur mitgewirkt hat;
- als Seminarteilnehmerin Dagmar Goldhammer, die das Stichwort-Verzeichnis betreut hat.

Sie alle haben viel Aufmerksamkeit, Fleiß und Geduld eingebracht, und ich möchte ihnen dafür und für den großen Zeitaufwand herzlich danken. Vor allem aber danke ich meiner Frau Hannelore Rautenberg für ihre einfühlsame, klärende und fröhliche Mitarbeit.

Wo wir, meine Helfer und ich, dennoch Mängel übersehen haben, bin ich dankbar für jeden Hinweis, der dazu beiträgt, daß spätere Auflagen weiter verbessert werden können.

Wachtberg, März 1990 *Werner Rautenberg*

I.

Einführung

1. TA: Was ist das?

„Die Transaktionsanalyse ist eine Theorie der menschlichen Persönlichkeit und zugleich eine Richtung der Psychotherapie, die darauf abzielt, sowohl die Entwicklung wie auch Veränderungen der Persönlichkeit zu fördern."

So lautet die Definition der TA, die die internationale Vereinigung für Transaktionsanalyse (International Transactional Analysis Association) vorschlägt.[1] Sicher trifft das so zu, und doch ist die TA weit mehr. Unter den Methoden der Psychologie zeichnet sich die Transaktionsanalyse aus durch die Tiefe ihrer Theorie und den weiten Fächer ihrer Anwendungsmöglichkeiten.

Als *Theorie der menschlichen Persönlichkeit* vermittelt die TA ein Bild davon, wie Menschen psychologisch beschaffen sind. Zur Veranschaulichung dient eine Darstellung mit drei übereinanderliegenden Kreisen, die als *Ich-Zustands-Modell* bekannt geworden ist. Dieses Modell hilft uns, menschliche Verhaltensweisen zu verstehen, d.h. zu begreifen, wie ihre Persönlichkeit sich in ihrem Tun und Lassen äußert.

Die TA stellt auch eine *Kommunikationstheorie* dar. Daraus läßt sich eine Methode ableiten zur *Analyse von Systemen und Organisationen.*

Des weiteren bietet die TA eine *Entwicklungstheorie* an. Das Konzept des *Lebensskripts* erklärt, wie die Erlebens- und Verhaltensmuster, die unser heutiges Leben kennzeichnen, in unserer Kindheit entstanden sind. Im Rahmen der Skripttheorie gibt die TA Erklärungen dafür, wie wir manchmal Strategien aus der Kindheit im Erwachsenendasein wieder einsetzen, selbst wenn diese Ergebnisse zeitigen, die für uns verheerend oder schmerzlich sind. Damit hält die TA auch eine *Theorie der Psychopathologie bereit.*

Auf dem Gebiet ihrer praktischen Anwendungen stellt die TA zunächst eine Methode der Psychotherapie dar. Sie wird eingesetzt zur Behandlung aller möglichen psychischen Störungen, von alltäglichen Daseinsproblemen bis hin zu schweren Psychosen. Die Methode wird angewandt in der Einzel-, Gruppen-, Paar- und Familientherapie.

Außer in der Therapie wird die TA auch im Schulwesen eingesetzt. Sie hilft Schülern und Lehrern zu klarer Kommunikation und zur Vermeidung unproduktiver Konfrontationen. Sie eignet sich ganz besonders dort, wo es um Beratung geht.

Bei der Ausbildung von Führungskräften und im Kommunikationstraining sowie zur Analyse von Organisationen hat sich die TA als überaus effektiv erwiesen.

Es gibt eine ganze Reihe weiterer Fachrichtungen, in denen die TA Anwendung findet. Hier seien genannt Soziale Dienste aller Art, Polizei- und Strafvollzugsbehörden und die Seelsorge.

So läßt sich die TA auf jedem Gebiet anwenden, wo es um das Verständnis des einzelnen, das Erfassen von Beziehungen und die Theorie und Praxis der Kommunikation geht.

Schlüsselbegriffe der TA

Die TA-Theorie stützt sich auf ein paar Schlüsselbegriffe, die dieses Modell von jedem anderen psychologischen System unterscheiden. Wir werden in den folgenden Kapiteln all diese Ideen im einzelnen untersuchen und durch Beispiele veranschaulichen. Vorweg jedoch geben wir einen kurzen Überblick und schlagen vor, daß der Leser diesen Abschnitt einmal durchgeht, um sich mit den Fachausdrücken und ein paar allgemeinen Begriffen vertraut zu machen.

Das Ich-Zustands-Modell

Unter allen TA-Begriffen ist das *Ich-Zustands-Modell* der wichtigste. Ein *Ich-Zustand* ist eine Gesamtheit von zusammenhängenden Verhaltensweisen, Denkmustern und Gefühlen. Es ist die Weise, in der wir einen Teil unserer Persönlichkeit zu einem bestimmten Zeitpunkt äußern. Dabei werden drei Ich-Zustände unterschieden.

Wenn mein Verhalten, Denken und Fühlen eine Reaktion auf das darstellt, was um mich herum hier und jetzt geschieht, und ich dabei alle Möglichkeiten nutze, die ich als Erwachsener zur Verfügung habe, so sagt man, ich bin in meinem *Erwachsenen-Ich-Zustand.*

Dann kommt es vor, daß ich das Verhalten, die Denkweisen und Empfindungen von Vater oder Mutter oder von anderen, die ich als Elternfiguren erlebt habe, an den Tag lege. Wenn ich das tue, so sagt man, ich bin in meinem *Eltern-Ich-Zustand.*

Manchmal kehre ich zurück zu Verhaltensweisen, Gedankengängen und Gefühlen, wie ich sie in meiner Kindheit erlebt habe. Dann sagt man, ich bin in meinem *Kind-Ich-Zustand.*

Wenn wir das Ich-Zustands-Modell benutzen, um verschiedene Aspekte der Persönlichkeit zu verstehen, heißt es in der TA, wir befassen uns mit der *strukturellen Analyse* oder einfach *Strukturanalyse.*

Transaktionen, Strokes und Gestaltung der Zeit

Des weiteren liegt es bei mir, aus welchem der drei Ich-Zustände heraus ich mich an dich wende. Du kannst dann deinerseits aus jedem der drei Ich-Zustände antworten. Ein solcher Austausch von Mitteilungen wird als *Transaktion* bezeichnet.

Die Verwendung des Ich-Zustands-Modells zur Analyse einer Folge von Transaktionen wird *Transaktionsanalyse im engeren Sinn* genannt. Der Zusatz „im engeren Sinn" bedeutet, daß von diesem Kapitel der TA die Rede ist und nicht von der TA als Ganzem. -Wenn du mit mir eine Transaktion vollziehst, wenn wir also Botschaften austauschen, dann nehme ich dich automatisch zur Kenntnis, und du gibst mir eine solche Anerkennung wieder zurück. In der Sprache der TA bezeichnet man jede Handlung, mit der jemand anders zur Kenntnis genommen, d.h. seine Existenz anerkannt wird, als *Stroke.* Wir Menschen brauchen Strokes, um uns wohlzufühlen, um körperlich und psychisch gesund zu bleiben.

Bei ihren Transaktionen in Gruppen oder auch zu zweit verwenden die Menschen ihre Zeit auf ganz unterschiedliche Weise. Dabei ergeben sich bestimmte Kategorien, die man einzeln aufführen und analysieren kann. Man spricht dann von der *Gestaltung der Zeit.*

Das Lebensskript

Jeder von uns entwirft in seiner Kindheit seine eigene Lebensgeschichte. Diese Geschichte hat einen Anfang, eine Mitte und ein Ende. Die Grundzüge des Lebenslaufs verfassen wir in der allerersten Lebenszeit, noch ehe wir richtig sprechen können. In der späteren Kindheit schmükken wir die Geschichte dann mit weiteren Einzelheiten aus. Wenn wir sieben Jahre alt sind, ist die Geschichte zum größten Teil fertig, aber auch als Jugendliche können wir noch weiter daran arbeiten und das eine oder andere revidieren.

Als Erwachsene haben wir im allgemeinen das Bewußtsein für die Lebensgeschichte verloren, die wir für uns geschrieben haben. Und dennoch werden wir sie sehr wahrscheinlich getreu ausleben. Ohne daß wir dessen innewerden, führen wir unser Leben mit großer Wahrscheinlichkeit so, daß wir auf die Endstation zustreben, die wir als Kleinkinder einmal beschlossen hatten. Diese nichtbewußte Lebensgeschichte wird in der TA als *Lebensskript* bezeichnet.

Das Skriptkonzept ist neben dem Ich-Zustands-Modell ein zentraler Begriff in der TA. Besonders wichtig ist es für die psychotherapeutischen Anwendungen. Bei der *Skriptanalyse* benutzen wir das Skriptkonzept um zu verstehen, wieso Menschen, ohne es zu merken, sich in Schwierigkeiten bringen, und wie sie es anstellen könnten, die sich daraus ergebenden Probleme zu lösen.

Das „Discounten", das „Redefinieren" und die Symbiose

Warum beschließt ein kleines Kind ein Lebensskript? Für das Kleinkind ist das Skript sozusagen die beste Strategie, die es ersinnen kann, um zu überleben und durchzukommen in einer Welt, die ihm oft genug feindselig vorkommt. Und in unserem Kind-Ich glauben wir wohl immer noch, daß jede Bedrohung für das Weltbild, das wir als Kind einmal entworfen hatten, auch eine Bedrohung ist für die Befriedigung unserer Bedürfnisse oder sogar für unser Überleben. Daher verzerren wir wohl bisweilen unsere Wahrnehmung der Realität dergestalt, daß sie zu unserem Skript paßt. Tun wir das, so sagt man, wir deuten etwas um oder *redefinieren.*

Wenn wir sicherstellen wollen, daß die Welt auch zu unserem Skript paßt, so können wir diejenigen Informationen einfach ignorieren, die uns zum Erfassen und Beurteilen einer Situation zur Verfügung stünden. Wir werden also, ohne daß wir das bewußt wollten, diejenigen Aspekte der Situation ausblenden, die in Widerspruch stehen zu unserem Skript. Wir blenden aus oder erfassen etwas „unter Wert", und so etwas nennt man in der TA *discounten.*

Wenn wir unser Skript aufrechterhalten wollen, kann dazu auch gehören, daß wir als Erwachsene manchmal in ganz bestimmte Beziehungen geraten. Diese stellen nichts anderes dar als eine Neuauflage derjenigen Beziehungen, die wir als Kinder zu unseren Eltern hatten. Auch das tun wir, ohne uns das klarzumachen. In einer solchen Situation spielt einer der Partner in der Beziehung die Rolle des Eltern-Ichs und des Erwachsenen-Ichs, während der andere das Kind-Ich spielt. Im Umgang miteinander benehmen sie sich so, als hätten sie insgesamt nur drei Ich-Zustände zur Verfügung und nicht sechs. Eine solche Beziehung nennt man *Symbiose.*

Maschen, Rabattmarken und Spiele

Es kann sein, daß wir als kleine Kinder bemerken, daß in unserer Familie bestimmte Gefühle wohlgelitten und andere verboten sind. Um an unsere Strokes zu kommen, können wir beschließen, nur die zugelassenen Empfindungen zu fühlen. Ein solcher Beschluß wird getroffen, ohne daß wir das bewußt wahrnähmen. Wenn wir dann als Erwachsene unser Skript ausleben, überdecken wir auch weiterhin unsere echten Empfindungen mit den Gefühlen, die für uns als Kinder erlaubt waren. Diese Ersatzgefühle nennt man auch *Maschengefühle.*

Wenn wir ein Maschengefühl erleben und es für uns sozusagen horten, statt es gleich auszudrücken, so sagt man, wir kleben eine *Rabattmarke* ein.

Ein *Spiel* ist eine ständig wiederholte Abfolge von Transaktionen, bei der beide Seiten am Ende Maschengefühle erleben. Dazu gehört immer ein *Umschlag,* ein Augenblick, wo beide Spieler erleben, daß etwas Unerwartetes und Unangenehmes passiert ist. Die Menschen spielen ihre Spiele, ohne daß sie sich das richtig klarmachen.

Autonomie

Wenn wir uns als Erwachsene voll entfalten wollen, müssen wir die Strategien zur Lebensbewältigung, die wir als Kleinkinder einmal beschlossen hatten, überprüfen und auf den neuesten Stand bringen. Stellen wir dann fest, daß die alten Strategien uns nichts mehr bringen, müssen wir an ihre Stelle neue setzen, die wirklich funktionieren. In der Sprache der TA müssen wir also aus unserem Skript aussteigen und wirkliche *Autonomie* erwerben. Die Instrumente der TA sollen dem Menschen helfen, eine solche Autonomie zu erreichen. Dazu gehört *wache Bewußtheit, Spontaneität* und *die Fähigkeit zur Intimität.* Auf diese Weise gewinnt der Mensch auch die Fähigkeit, bei der Lösung seiner Probleme alle Möglichkeiten einzubringen, die er als Erwachsener hat.

Grundüberzeugungen in der TA

Die TA geht aus von gewissen Grundanschauungen, in denen tiefe Überzeugungen zum Ausdruck kommen. Es handelt sich da um die Einstellung zum Menschen, zum Leben überhaupt und zu den Zielen einer Veränderung. [2]

Diese Anschauungen, auf denen die ganze TA beruht, besagen:

Die Menschen sind in Ordnung.*

Jeder hat die Fähigkeit zum Denken.

Der Mensch entscheidet über sein eigenes Schicksal und kann seine Entscheidungen auch ändern.

Für die TA-Praxis führt das folgerichtig zu zwei ganz wichtigen Prinzipien:

Die Grundlage für jede Arbeit ist ein Vertrag.

Die Kommunikation ist frei und offen.

Die Menschen sind in Ordnung

Die wichtigste Grundüberzeugung der TA besagt, daß *die Menschen in Ordnung sind.* Was heißt das in der Praxis? Für dich als Mitmensch und für mich selbst gilt: wir haben beide unseren Wert und unsere Würde als Menschen. Ich akzeptiere mich, so wie ich bin, und ich akzeptiere dich, so wie du bist. Diese Überzeugung gilt für das Wesen des Menschen, nicht unbedingt für sein Verhalten. Es kann durchaus sein, daß mir das, was du *tust*, nicht paßt und ich das nicht akzeptiere. Aber ich akzeptiere immer, was du *bist*. Dein Wesen als Mitmensch ist für mich in Ordnung, selbst wenn es dein Verhalten vielleicht nicht ist.

Ich stehe nicht über dir, und du stehst nicht über mir, sondern als Menschen bewegen wir uns auf der gleichen Ebene. Das ist auch so, wenn wir uns in unseren Leistungen unterscheiden. Und das gilt unabhängig von unserer Rasse, unserem Alter oder unserer Religionszugehörigkeit.

---

* *Anmerkung des Übersetzers:* Im Original heißt es: „People are OK." Der Übersetzer ist sich der Schwierigkeit bewußt, das vieldeutige „OK" im Deutschen zutreffend wiederzugeben. Wenn jemand im Sinne des englischen Sprachgebrauchs „OK" ist, so heißt das, daß es schon seine Richtigkeit hat mit ihm, daß ihm letztlich nichts fehlt und daß er sich deshalb auch wohlfühlen kann. In der deutschen Redensart „Du bist ok" geht die Bedeutung, daß es mit dem anderen - in einem letztlich metaphysischen Sinne - schon seine Richtigkeit hat, allzu leicht in einer oberflächlichen Anerkennung oder Sympathiebezeugung verloren. Der englische Sprachgebrauch, wie der Übersetzer ihn kennengelernt hat, umfaßt dreierlei: die tiefe Überzeugung von der „Richtigkeit" des Mitmenschen, so wie er geschaffen ist, damit die Anerkennung seiner Person, und für den anderen die Möglichkeit, das auch für sich zu beanspruchen und sich damit wohlzufühlen.

Jeder hat die Fähigkeit zum Denken

Jeder, der nicht schwere Hirnschädigungen hat, hat die Fähigkeit zu denken. Deshalb hat jeder von uns auch die Verantwortung dafür, zu entscheiden, was er vom Leben will. Und jeder einzelne wird schließlich mit den Folgen dessen leben müssen, was er selbst beschlossen hat.

Das Modell ist entscheidungsorientiert

Du und ich, wir sind beide in Ordnung. Aber vielleicht legen wir bisweilen ein Verhalten an den Tag, das nicht in Ordnung ist. Tun wir das, so befolgen wir Strategien, die wir als kleine Kinder *beschlossen* haben. Solche Strategien stellen die besten Wege dar, die wir als Kleinkinder ersinnen konnten, um zu überleben und in einer Welt, die uns feindselig vorkam, zu bekommen, was wir brauchten. Als Erwachsene setzen wir manchmal die gleichen Muster ein, auch noch, wenn uns das nichts oder nur Schmerzen einbringt.

Selbst als wir noch klein waren, konnten unsere Eltern nicht *bewirken,* daß wir uns in eine Richtung und nicht in eine andere entwickelt haben. Gewiß konnten sie starken Druck auf uns ausüben. Aber ob wir diesem Druck nachgeben, uns dagegen auflehnen oder ihn einfach ignorieren wollten, lag doch bei uns selbst.

Das gleiche gilt für uns als Erwachsene. Wir sagen zwar in der Umgangssprache, jemand *läßt* uns verzweifeln oder *macht* uns wütend oder verrückt. Aber weder ein anderer Mensch, noch „die Umwelt" oder „die Gesellschaft" kann *bewirken*, daß wir etwas Bestimmtes fühlen oder uns in einer bestimmten Weise verhalten. Andere Mitmenschen oder unsere Lebensumstände mögen einen starken Druck auf uns ausüben. Aber ob wir uns diesem Druck fügen, bleibt immer unsere eigene Entscheidung. Für unsere eigenen Gefühle und unser Verhalten sind wir selbst verantwortlich.

Jedesmal, wenn wir eine Entscheidung treffen, haben wir später auch die Möglichkeit, diese Entscheidung wieder zu ändern. Das gilt auch für die frühen Beschlüsse, die wir über uns selbst und über die Welt treffen. Und wenn solche frühkindlichen Beschlüsse uns als Erwachsene nur Unannehmlichkeiten einbringen, können wir der ursprünglichen Entscheidung nachgehen und sie ändern, also eine neue und passendere Entscheidung treffen.

Das heißt, Menschen können sich ändern. Doch wir schaffen eine Änderung nicht allein durch Einsicht in unsere alten Verhaltensmuster, sondern dadurch, daß wir uns aktiv dafür entscheiden, diese Muster zu ändern. Auf diese Weise können wir uns echt und dauerhaft wandeln.

Jede Arbeit stützt sich auf einen Vertrag

Wenn du Transaktionsanalytiker bist und ich bin dein Klient, dann haben wir *gemeinsam die Verantwortung* dafür, daß die Veränderungen gelingen, die ich vornehmen will. Das ergibt sich aus der Voraussetzung, daß wir auf der gleichen Ebene miteinander umgehen.

Dabei ist es nicht deine Sache, etwas *mir zuliebe* zu tun. Und genauso wenig gehe ich auf dich zu in der Erwartung, daß du alles, was du machst, *für mich* tust.

Da wir beide an einem Veränderungsprozeß beteiligt sind, ist es wichtig, daß wir beide klar vor Augen haben, wie wir unsere Aufgaben aufteilen. Deshalb schließen wir einen *Vertrag* ab. Dabei handelt es sich für beide Teile um eine Festlegung ihrer Verantwortung. Als Klient stelle ich fest, was ich ändern will und was ich zu tun bereit bin, um diese Veränderung herbeizuführen. Und du bestätigst als Transaktionsanalytiker, daß du bereit bist, mit mir an dieser Aufgabe zu arbeiten. Du verpflichtest dich, dein fachliches Können und Wissen einzubringen, so gut du kannst, und sagst, welchen Gegenwert du für deine Arbeit von mir erwartest.

Die Kommunikation ist frei und offen

Eric Berne legte großen Wert darauf, daß sowohl der Klient wie auch der Transaktionsanalytiker voll informiert sein muß über alles, was in ihrer gemeinsamen Arbeit passiert. Das ergibt sich schon aus der Grundüberzeugung, daß die Menschen in Ordnung sind und daß jeder denken kann. Für die Praxis heißt das, daß der Klient seine „Personalakte" einsehen kann. Und der Transaktionsanalytiker lädt seinen Klienten dazu ein, sich mit dem Gedankengut der TA vertraut zu machen, damit er sich gleichberechtigt am Veränderungsprozeß beteiligen kann. Um die Kommunikation zu erleichtern, werden TA-Begriffe sprachlich ganz einfach ausgedrückt, Fremdwörter und komplizierte Fachausdrücke, wie sie in gewissen anderen psychologischen Richtungen durchaus üblich sind, werden weitgehend vermieden, und die TA hält sich so weit wie möglich an die Umgangssprache. Das hat einige Kritiker zu der Annahme verleitet, eine so einfache Sprache spiegele auch Oberflächlichkeit im Denken wider. Aber das ist ein Irrtum. Zwar ist die Sprache der TA einfach, aber die Theorie dringt tief ein und ist gründlich durchdacht.

II.

Wie wir die menschliche Persönlichkeit darstellen

Das Modell der Ich-Zustände

2. Das Ich-Zustands-Modell

Führe dir einmal vor Augen, wie du die letzten 24 Stunden erlebt hast. Gab es da Augenblicke, wo du genauso gehandelt, gedacht und gefühlt hast, wie du es als kleines Kind gemacht hast?

Und gab es andere Zeiten, wo du dich so verhalten, auch so gedacht und gefühlt hast, wie du es vor langer Zeit von deinen Eltern oder von anderen Menschen übernommen hattest, die für dich Elternfiguren waren?

Und gab es schließlich auch Situationen, wo dein Verhalten, dein Denken und Fühlen nichts anderes war als eine Reaktion im Hier und Jetzt auf das, was gerade um dich herum passiert war? In diesen Situationen hast du reagiert als der Erwachsene, der du heute bist, und bist nicht wieder eingetaucht in deine Kindheit.

Nimm dir die Zeit und notiere für jede dieser drei Weisen von Verhalten plus Denken plus Fühlen mindestens ein Beispiel, das dir aus dem Erleben der letzten 24 Stunden einfällt.

Gerade hast du die erste Übung gemacht, bei der du das *Ich-Zustands-Modell* verwandt hast. Betrachten wir einmal, was du dabei gemacht hast. Im Grunde hast du drei unterschiedliche Weisen des In-der-Welt-Seins untersucht. Und jede dieser drei Weisen bildete eine Gesamtheit von *Verhalten, Denken und Fühlen.*

Wenn ich mich so verhalte, so denke und fühle, wie ich es als Kind getan habe, so sagt man, ich bin in meinem *Kind-Ich-Zustand* oder einfach in meinem *Kind-Ich.* Wenn ich mich in einer Weise verhalte, wenn ich so denke und fühle, wie ich es von meinen Eltern oder anderen Elternfiguren übernommen habe, so heißt es, ich bin in meinem *Eltern-Ich-Zustand* oder meinem *Eltern-Ich.* Und wenn ich mich so verhalte, so denke und empfinde, daß ich damit im Hier und Jetzt direkt reagiere auf Geschehnisse um mich herum, und dabei alle Möglichkeiten nutze, die ich als Erwachsener habe, so sagt man, ich bin in meinem *Erwachsenen-Ich-Zustand* oder in meinem *Erwachsenen-Ich.*

Unter Transaktionsanalytikern ist es üblich, einfach zu sagen: ich bin „in meinem Kind", „in meinem ELTER"* oder "in meinem Erwachsenen".

Fügen wir diese drei Ich-Zustände zusammen, so erhalten wir das dreiteilige *Ich-Zustands-Modell* der menschlichen Persönlichkeit, welches den Kern der TA-Theorie bildet. Üblicherweise wird es dargestellt in Form von drei übereinanderliegenden Kreisen, wie sie in der Abbildung 2.1 wiedergegeben werden. Der Einfachheit halber werden die drei Ich-Zustände häufig mit ihrem Anfangsbuchstaben bezeichnet.**

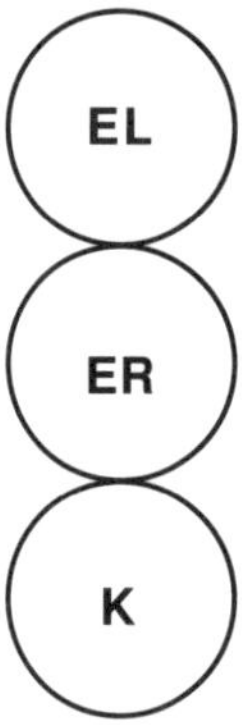

Eltern-Ich-Zustand
Verhalten, Denken und Fühlen, das von den Eltern oder Elternfiguren übernommen wurde

Erwachsenen-Ich-Zustand
Verhalten, Denken und Fühlen, das eine direkte Reaktion auf das Hier und Jetzt ist

Kind-Ich-Zustand
Verhalten, Denken und Fühlen, das aus der Kindheit stammt und jetzt wieder abläuft

Abbildung 2.1:
Strukturdiagramm erster Ordnung: Das Ich-Zustands-Modell

---

* *Anmerkung des Übersetzers:* Es ist im Deutschen grammatisch kaum möglich, die englische Redewendung „in my Parent" wiederzugeben, weil es zu dem deutschen Wort „Eltern" einfach keine Einzahl gibt. Zwar ist es in manchen TA-Gruppen gebräuchlich zu sagen „in meinem Elter" oder auch „in meinem Eltern", aber das klingt künstlich und ist im Grunde das Gegenteil von dem, was Berne mit der Verwendung einer jedermann zugänglichen Umgangssprache bewirken wollte.

** *Anmerkung des Übersetzers:* Im Englischen also durch ein großes P für Parent, ein großes A für Adult, und ein großes C für Child, so daß die Autoren hier vom PAC - Modell sprechen. Im Deutschen müßte das konsequenterweise EEK-Modell heißen. Da die Übersetzungen für *Parent* (das Eltern-Ich) und für *Adult* (das Erwachsenen-Ich) mit dem gleichen Buchstaben beginnen, nimmt man im Deutschen entweder den zweiten Buchstaben zu Hilfe und schreibt dann El-Er-K, oder man kennzeichnet die ersten beiden Ich-Zustände, um Verwechslungen zu vermeiden, von vornherein mit dem zweiten Buchstaben und erhält dann die Abkürzungen L, R und K. In einigen TA-Kreisen ist das heute die gängige Praxis, und dort sind sogar neue Begriffe zur Erklärung der Abkürzungen eingeführt worden: „Lehrhaft" für das L und „Reflektierend" für das R. Allerdings wird dadurch der Verweis auf die Herkunft dieser beiden Ich-Zustände abgeschwächt - für die klinische Anwendung der TA ist das sicher von Nachteil, aber für den Einsatz unter „Gesunden", etwa beim Führungstraining in Organisationen, wohl weniger wichtig.

Diese einfache Version des Diagramms, in dem die drei Kreise nicht unterteilt sind, wird *Strukturdiagramm* genannt. In einem späteren Kapitel werden wir uns mit einer ausführlicheren Version befassen, die als Strukturdiagramm zweiter Ordnung bekannt ist.

Wenn wir darangehen, die menschliche Persönlichkeit unter Zuhilfenahme von Ich-Zuständen zu analysieren, so betreiben wir eine *strukturelle Analyse* oder *Struktur-Analyse.*

Beispiele für Ich-Zustands-Wechsel

Uschi sitzt am Lenkrad, steuert ihren Wagen sicher durch den dichten Verkehr, beobachtet ständig die Position und die Geschwindigkeit der anderen Fahrzeuge und achtet auf Verkehrszeichen. Sie steuert also ihren eigenen Wagen in ständiger Reaktion auf das, was hier und jetzt um sie herum geschieht. Hier ist Uschi in ihrem *Erwachsenen-Ich-Zustand.*

Plötzlich kommt ein anderer Wagen, überholt sie und zieht knapp vor ihr scharf nach rechts. Uschi ist erschreckt und hat einen kurzen Augenblick lang Angst, es könnte zu einem Zusammenstoß kommen. Sie sieht kurz in den Rückspiegel, überzeugt sich, daß die Straße hinter ihr frei ist, und bremst so vorsichtig, daß ein Zusammenstoß vermieden wird.

Während dieser ganzen Zeit ist sie in ihrem *Erwachsenen-Ich* geblieben. Ihr Erschrecken, ihre Angst waren eine durchaus angemessene Reaktion auf die Gefahr im Hier und Jetzt und hatten ihren Körper dabei unterstützt, rascher zu reagieren, um einen Zusammenstoß zu vermeiden.

Während nun der andere Fahrer vor ihr davonbraust, schüttelt Uschi den Kopf und kneift die Lippen mißbilligend zusammen. Sie wendet sich an ihre Mitfahrerin und sagt: „So etwas gehört aus dem Verkehr gezogen!" Damit ist Uschi in ihren *Eltern-Ich-Zustand* übergewechselt. Als sie noch klein war, hatte sie im Auto oft neben Vater gesessen und miterlebt, wie er sich über andere Fahrer ärgerte, seinen Kopf schüttelte und seine Lippen genauso aufeinanderpreßte.

Darauf biegt Uschi ein und fährt auf ihr Büro zu. Sie schaut auf die Uhr und sieht, daß sie durch den Verkehr so aufgehalten worden war, daß es für den wichtigen Termin mit ihrem Chef jetzt zu spät ist. Das Herz krampft sich ihr zusammen, und einen Augenblick lang fühlt sie sich wie in Panik. Wieder ist Uschi gewechselt, diesmal in ihren *Kind-*

Ich-Zustand. Sie ist in Kontakt gekommen mit alten Erinnerungen, wie sie zu spät zur Schule gekommen ist und Angst hatte vor der Strafe, die sie jetzt vom Lehrer zu erwarten hatte. Das Gefühl der Panik ist eine Reaktion auf solche alten Erinnerungen. Es bezieht sich nicht auf irgend etwas, auf das sie sich mit einiger Wahrscheinlichkeit gefaßt machen müßte in dieser Situation, die sie jetzt als Erwachsene erlebt.

In dem Augenblick wird sich Uschi nicht *bewußt* dessen inne, daß sie ein Kindheitserleben wieder aufgelegt* hat. Fragst du sie aber: „Erinnert dich diese Situation an etwas, was du als Kind erlebt hast ?", dann wird ihr vielleicht diese alte Szene aus der Schulzeit wieder bewußt. Aber es kann auch sein, daß sie solche schmerzlichen Erinnerungen so gründlich weggesteckt hat, daß sie nicht in der Lage ist, sich gleich daran zu erinnern. Dazu braucht sie vielleicht länger, vielleicht müßte sie sich sogar in eine Therapie begeben, wenn sie sich diese tieferen Erinnerungen wieder ins Bewußtsein rufen wollte.

Wie Uschi jetzt die Gefühle und Gedanken aus ihrer Kindheit wieder erlebt, zeigt sie auch Verhaltensweisen, wie sie sie damals als kleines Schulmädchen zuerst erlebt hatte. Ihr Herz klopft. Sie legt ihre Hand an den Mund und reißt die Augen auf. Wer sie von nahem sieht, kann feststellen, daß sie einen Schweißausbruch hat.

Doch nach einer kurzen Weile denkt Uschi bei sich: „Moment mal! Wovor habe ich eigentlich Angst? Mein Chef ist ein vernünftiger Mann. Wenn er hört, wieso ich zu spät komme, wird er schon Verständnis haben. Außerdem können wir die Zeit ja nachholen; ich brauche nur die Pause etwas abzukürzen." Uschi ist wieder in ihrem Erwachsenen-Ich. Ihre Mitfahrerin sieht, wie sie sich wieder entspannt und ihre Hand vom Mund nimmt. Auf Uschis Gesicht spielt ein Lächeln, und sie lacht. Dieses Lachen ist das Lachen der erwachsenen Frau, die sie heute ist. Das klingt ganz anders als das nervöse Kichern eines verängstigten Kindes.

Bitte, lies jetzt nicht weiter, sondern geh noch einmal zurück zu den Beispielen, die du dir notiert hattest dazu, wie du in den letzten 24 Stunden im Kind-Ich, im Eltern-Ich und im Erwachsenen-Ich warst.

---

* *Anmerkung des Übersetzers:* Die Metapher vom „wieder Auflegen" (eng. *re-play*, noch einmal abspielen) wird von den Autoren häufig verwandt. Sie weist auf einen Vorgang hin, bei dem wie auf einem Tonbandgerät ein altes Band wieder aufgelegt wird oder auf einem Plattenspieler eine vertraute Platte: längst vergangenes Erleben ist auf einmal wieder gegenwärtig. Wer sich den von früher her bekannten Text lieber gedruckt als auf Tonträger aufgenommen und abspielbar vorstellt, mag bei „wieder auflegen" etwa an die Neuauflage eines vor langer Zeit einmal gedruckten Buches denken.

Der Kind-Ich-Zustand

Mach dir nochmal klar, wie das jedesmal war, wenn du in deinem Kind-Ich-Zustand warst. Schreib auf, welche *Gefühle* du erlebt hast. Dabei kann es nützlich sein, wenn du die Szene für dich selbst noch einmal regelrecht als Rollenspiel durchlebst.

Schreib auf, was du *gedacht* hast. Das Denken des Kind-Ichs kannst du oft unschwer finden, wenn du dich einmal fragst:

„Wie habe ich innen drin mit mir gesprochen?" Untersuche einmal, was du dir in dem Augenblick im Kopf gesagt hast über dich selbst, über die anderen Menschen und über die Welt im allgemeinen.

Und zum Schluß schreib auf, wie du dich *verhalten* hast, als du im Kind-Ich warst. Dazu kann es nützlich sein, im Kind-Ich noch einmal ein Rollenspiel zu machen, diesmal vor dem Spiegel.

Und dann überprüfe, wieso diese Gefühls-, Denk- und Verhaltensweisen Neuauflagen dessen sind, was du gefühlt und gedacht und wie du dich verhalten hast, als du noch klein warst. Vielleicht gelingt es dir sogar festzustellen, welche Erlebnisse aus der Vergangenheit du jeweils wieder aufgelegt hast. Wie alt bist du bei den einzelnen Erlebnissen gewesen?

Der Eltern-Ich-Zustand

Und nun halte entsprechend fest, welche zusammengehörigen Gefühle und Gedanken und welche Verhaltensweisen du jedesmal erlebt hast, als du in deinem Eltern-Ich warst. Wenn es dir Spaß macht, mache für jede dieser Situationen wieder ein Rollenspiel.

Der einfachste Weg, sich das Denken aus dem Eltern-Ich heraus zu vergegenwärtigen, besteht oft darin, sich zu fragen: „Was höre ich im Kopf, was Mutter oder Vater dazu sagt?" Oder vielleicht kommt die Stimme in deinem Kopf von jemand anders, von einer Tante, von einem Onkel, von Oma oder Opa oder von einem Lehrer.

Also überprüfe, wieso du jedesmal, wenn du im Eltern-Ich warst, Verhaltensweisen, Gedanken und Gefühle von deinen wirklichen Eltern oder Elternfiguren übernommen hast. Für jede solche Situation wirst du vermutlich mit Leichtigkeit entdecken, wer derjenige gewesen ist, den du gerade nachahmst.

Der Erwachsenen-Ich-Zustand

Schließlich schreib all die zusammenhängenden Verhaltensweisen, Gedanken und Gefühle auf, die du bei den Gelegenheiten identifiziert hast, als du im Erwachsenen-Ich gewesen bist.

Um das Erwachsenen-Ich zu unterscheiden vom Kind-Ich oder Eltern-Ich, frag dich jedesmal: „War meine Verhaltensweise, oder war mein Denken oder mein Fühlen angemessen für einen Erwachsenen, der auf das eingeht, was in dem Augenblick gerade um ihn herum passiert?" Wenn du die Frage bejahen kannst, dann kannst du die entsprechende Reaktion dem Erwachsenen-Ich zuschreiben.

Nun kann es sein, daß du bei den Situationen, in denen du im Erwachsenen-Ich warst, Verhaltensweisen und Gedanken, aber keine Gefühle feststellen kannst. Mit der Realität im Hier und Jetzt können wir großenteils effektiv umgehen, ohne dabei Gefühle zu erleben. Aber manchmal verspüren wir durchaus auch Empfindungen, wenn wir gerade im Erwachsenen-Ich sind.

Wie lassen sich nun die Gefühle des Erwachsenen-Ichs von denen des Kind-Ichs unterscheiden?

Gefühle des Erwachsenen-Ichs stellen sich dar als eine angemessene Weise, mit der gerade erlebten Situation umzugehen. Denke z.B. an den Schrecken von Uschi, als das andere Auto sie plötzlich geschnitten hat. Ihre Gefühlsreaktion hat ihre Reflexe beschleunigt und ihr damit geholfen, einen Unfall zu vermeiden.

Wenn du dich bisher noch nicht mit dem Konzept der Ich-Zustände befaßt hast, fragst du dich vielleicht, ob bestimmte Gefühle, Gedanken oder Verhaltensweisen, die du aufgeschrieben hast, zum Erwachsenen-Ich und nicht zum Kind-Ich oder Eltern-Ich gehören. Wenn du das feststellst, sei unbesorgt. Beim Weiterlesen und bei den folgenden Übungen hast du noch reichlich Gelegenheit, eine wichtige Fähigkeit zu entwickeln: die Fähigkeit zur Unterscheidung zwischen den Ich-Zuständen.

Zu einer gesunden und ausgeglichenen Persönlichkeit gehören alle drei Ich-Zustände. Wenn wir unsere Probleme im Hier und Jetzt lösen wollen, brauchen wir unser Erwachsenen-Ich, um unser Leben zweckmäßig und sinnvoll zu meistern. Wenn wir im Zusammenleben mit den Menschen nicht anecken wollen, brauchen wir auch die Verhaltensweisen, die wir in unserem Eltern-Ich gespeichert haben. In unserem Kind-Ich haben wir immer wieder Zugang zu der Spontaneität, zu der Kreativität und zu jenem unmittelbaren Begreifen einer Situation, das uns in unserer Kindheit so leicht gefallen war.

Definition der Ich-Zustände

Eric Berne hat einen Ich-Zustand definiert als ein *in sich geschlossenes Muster von Fühlen und Erleben, das in direktem Zusammenhang steht mit einem in sich geschlossenen Verhaltensmuster.*[2]

Berne war präzise in seiner Ausdrucksweise. Es lohnt sich, hier innezuhalten und sich klarzumachen, was er mit dieser Definition zum Ausdruck bringen wollte.

Zunächst einmal sagt Berne, daß jeder Ich-Zustand definiert wird durch eine Kombination von Fühlen und Erleben, welche *in sich geschlossen* ist, wo also Fühlen und Erleben zusammen ablaufen.

Als Uschi beispielsweise merkte, daß sie zu ihrem Termin zu spät eintreffen würde, kamen ihr von der Kindheit her Erinnerungen an Angst vor Strafe. Das *erlebte* sie, und dabei hatte sie ein *Gefühl von Panik.* Würdest du Uschi weiter danach fragen, so würde sie dir wohl eins bestätigen: Wenn sie ihre Kindheit in dieser Weise wieder erlebt, dann empfindet sie jedesmal auch diese Kindheitsgefühle. Alle die Erinnerungen, die Uschi an die Erlebnisse ihrer Kindheit hat, und dazu die Gefühle, die sie begleitet haben, haben wir mithin als Teile von Uschis Kind-Ich-Zustand eingeordnet.

Sodann führt Berne auf, daß die *Verhaltensweisen,* die für jeden Ich-Zustand typisch sind, ihrerseits ein geschlossenes Ganzes bilden.

Würde ich Uschi eine Zeitlang beobachten, bekäme ich die Bestätigung, daß sie drei unterschiedliche Arten von jeweils zueinander passenden Verhaltenssignalen äußert.

Ein „Satz" solcher Signale definiert ihr Erwachsenen-Ich, ein weiterer ihr Eltern-Ich und ein dritter ihr Kind-Ich. Die einzelnen Signale, die in ihrer Gesamtheit einen solchen „Satz" bilden, werden ständig zusammen geäußert. Zwischen einem solchen "Satz", also einer Gesamtheit von Verhaltensäußerungen, und den beiden anderen besteht ein klarer und konsequent eingehaltener Unterschied.

Nehmen wir den Augenblick, wo Uschi die Augen aufreißt und einen leichten Schweißausbruch hat, während ihr Herz schneller schlägt. Da ist vorhersehbar, daß sie auch ihre Hand irgendwo in die Nähe des Mundes bringen wird. Diese Signale sind ein Teil jener Gesamtheit von Äußerungen, welche Uschis Kind-Ich-Zustand kennzeichnen. Könnte ich Uschi über eine gewisse Zeit hinweg beobachten, so wäre ich in der Lage, eine ganze Reihe von weiteren Verhaltensweisen anzuführen, die ebenfalls in diese Gesamtheit hineingehören. Z.B. könnte Uschi auch ihren Kopf zur Seite neigen und anfangen, mit ihrem Fuß zu wippen, und wenn sie spricht, hat sie vielleicht eine hohe und zittrige Stimme. Und natürlich könnte ich ähnliche Zusammenstellungen machen für Verhaltensweisen, die ihrerseits ein geschlossenes System bilden und auf Uschis Erwachsenen- bzw. Eltern-Ich-Zustand hinweisen.

Kehren wir zurück zu Bernes Definition und konzentrieren uns auf den Satzteil „in direktem Zusammenhang mit". Berne führt an, daß ich, wenn ich mit dem Fühlen und Erleben in Kontakt bin, das einen bestimmten Ich-Zustand definiert, auch die Verhaltensweise zeige, die für diesen Ich-Zustand charakteristisch ist. Wenn z.B. Uschi ihre Kindheiterinnerungen an das Zuspätkommen in der Schule *erlebt* und die Panik, die sie damals ergriffen hatte, *fühlt,* zeigt sie auch die Gesamtheit von *Verhaltensweisen,* die sie als Kind an den Tag legte. Diese Verhaltensweisen stehen in direktem Zusammenhang mit ihren Gefühlen und Erlebnissen und kennzeichnen in ihrer Gesamtheit Uschis Kind-Ich-Zustand.

Durch was zeichnet sich nun das Ich-Zustands-Modell eigentlich aus? Es gibt uns eine Möglichkeit an die Hand, in der dargelegten Weise eine zuverlässige Verbindung herzustellen zwischen Verhalten, Erleben und Fühlen. Wenn du siehst, daß ich die in sich geschlossenene Gesamtheit von Verhaltensweisen an den Tag lege, die für meinen Kind-Ich-Zustand charakteristisch ist, dann kannst du sicher davon ausgehen, daß ich auch Erleben und Fühlen aus meiner Kindheit wieder durchlaufe. Wenn du siehst, daß ich mein Verhalten ändere und anfange, die Signale zu zeigen, die meinen Erwachsenen-Ich-Zustand definieren, dann kannst du gewiß annehmen, daß mein Erleben und Fühlen zu einem erwachsenen Menschen passen, der auf das Hier und Jetzt antwortet. Zeige ich nach außen Verhaltensweisen, die ich von meinen Eltern übernommen habe, so kannst du mit Sicherheit annehmen, daß ich im Innern auch die Gefühle und Erlebnisse wieder auslebe, die ich ebenfalls von ihnen übernommen habe.

Nun komm noch einmal zurück zu den persönlichen Beispielen, die du darüber aufgeschrieben hast, wie du in deinem eigenen Kind-Ich, Eltern-Ich oder Erwachsenen-Ich gewesen bist im Laufe der letzten 24 Stunden.

Überprüfe, ob die Gefühle und Gedanken, die du für deinen Kind-Ich-Zustand aufgezeichnet hast, eine Gesamtheit darstellen, die für dich überzeugend zusammenpaßt. Überprüfe, ob die Verhaltensweisen, die du für dein Kind-Ich aufgeschrieben hast, ebenfalls ein in sich geschlossenes Ganzes ergeben.

Überprüfe, ob deine Verhaltensweisen aus dem Kind-Ich auch jedesmal begleitet sind von entsprechenden, also kindhaften Gefühlen und Gedanken.

Und nun führe die gleichen drei Schritte aus für die Verhaltensweisen, Gedanken und Gefühle in deinem Eltern-Ich und deinem Erwachsenen-Ich.

Vergleiche die drei „Sätze" von Verhalten, Denken und Fühlen, die du notiert hast als charakteristisch für deine drei Ich-Zustände. Mach dir klar, wieso diese drei Gesamtheiten sich wirklich deutlich voneinander unterscheiden.

Ist die Unterscheidung von Ich-Zuständen Ausdruck der Realität?

In den Übungen dieses Kapitels konntest du bisher feststellen, ob deine eigenen Verhaltensweisen, Gefühle und Erlebnisse so zusammenhängen, wie das Ich-Zustands-Modell das nahelegt. Aber welche Beweise gibt es dafür, daß dieses Modell auf die Menschen allgemein zutrifft?

Wollen wir Beweise dafür zusammentragen, so müssen wir Beobachtungsmethoden wählen, durch die die vorgefaßten Meinungen der Beobachter so weit wie möglich ausgeschaltet werden. Wir müssen die Ergebnisse so analysieren, daß wir beurteilen können, ob sie nicht Zufallsprodukte sind. Haben wir geeignete Beobachtungs- und Analysemethoden ausgewählt, müssen wir sie einsetzen, um zwei Fragen zu untersuchen:

Erstens: zeigt der Mensch wirklich drei in sich zusammenhängende und klar unterscheidbare „Sätze" von Verhaltensweisen, die unseren Definitionen der drei Ich-Zustände entsprechen?

Zweitens: entspricht denn das Fühlen und Erleben, über das eine Person berichtet, wirklich jenen „Sätzen" von Verhaltenssignalen, die nach unserem Modell zu erwarten wären?

Die Antwort auf diese beiden Fragen ist ein klares „Ja", und das wird inzwischen durch eine Fülle von Beobachtungsmaterial gestützt. Es würde den Rahmen dieses Buches sprengen, im einzelnen auf derartige Untersuchungen einzugehen. Wer das aber weiter verfolgen will, findet Hinweise in den Fußnoten zu diesem Kapitel.[3]

Ich-Zustände und Über-Ich, Ich und Es

Die Dreiteilung der Persönlichkeit im Ich-Zustands-Modell erinnert an eine andere berühmte Dreiteilung. Siegmund Freud hat für das Seelenleben drei Grundkategorien aufgestellt: das Über-Ich, das Ich und das Es. Da fällt natürlich gleich ins Auge, wie sehr sich die beiden Modelle ähneln. Auf den ersten Blick sieht das Eltern-Ich aus wie das beurteilende Über-Ich, das „beobachtet, anordnet, befiehlt und droht". Das Erwachsenen-Ich hat Ähnlichkeit mit Freuds Ich, das die Realität prüft. Und das Kind scheint dem Es zu ähneln, dem Sitz unzensierter Triebe und Instinkte.

Wenn man bedenkt, daß Berne eine Ausbildung als Psychoanalytiker Freudscher Observanz genossen hat, sind solche Ähnlichkeiten nicht weiter überraschend. Aber einige Autoren haben darüber hinaus behauptet, das Eltern-Ich, das Erwachsenen-Ich und das Kind-Ich von Berne seien nichts anderes als oberflächlich vereinfachte Versionen der drei psychischen Instanzen Freuds. Das aber ist ein gravierendes Mißverständnis, auch wenn Berne selbst sich in seinen ersten Schriften schwer tat, die Unterschiede zwischen seinem Modell und dem von Freud deutlich zu machen.

Für die Unterscheidung kommt es zunächst einmal darauf an, daß das Eltern-Ich, das Erwachsenen-Ich und das Kind-Ich definiert werden aufgrund *beobachtbarer* Verhaltens-Indizien. Im Gegensatz dazu handelt es sich bei dem Über-Ich, dem Ich und dem Es um rein theoretische Konzepte. Es gibt keine Möglichkeit, mich einfach anzusehen oder mir zuzuhören und daraufhin festzustellen, ob ich etwa im „Über-Ich" bin, aber aus der Beobachtung läßt sich durchaus feststellen, daß ich in meinem Eltern-Ich bin. Sodann beziehen sich die Ich-Zustände auf ganz bestimmte Personen in ihrer lebendigen Identität, während die drei psychischen Instanzen Freuds nicht konkret greifbar werden. Wenn jemand in seinem Eltern-Ich ist, benimmt er sich nicht nur in einer Weise, die allgemein gesagt „elterlich" ist, sondern erlebt das Verhalten, Fühlen und Denken seiner *eigenen* Mutter oder des *eigenen* Vaters oder einer anderen *real erlebten* Bezugsperson. Und wenn er „im Kind" ist, verhält er sich nicht einfach „kindhaft", sondern legt ein Verhalten an den Tag, das er in seiner *eigenen* Kindheit durchlebt hat, mitsamt der damaligen Erfahrung und den damit einhergehenden Gefühlen.

Das Eltern-Ich, das Erwachsenen-Ich und das Kind-Ich sind Realitäten, die auch Einflüsse aus dem Über-Ich, dem Ich und dem Es *einschließen.* Berne hat festgestellt, daß der Mensch im Eltern-Ich „das gesamte Verhalten der Elternfigur" reproduziert, „einschließlich ihrer Hemmungen, ihrer Denkweise und ihrer Impulse". In gleicher Weise gehören zum Erwachsenen-Ich die ihm eigenen Hemmungen, Denkweisen und Impulse, und genau so ist es beim Kind-Ich.

Berne hat auf der Grundlage des Freudschen Modells dann die Vorstellungen von Paul Federn übernommen, daß es „Ich-Zustände" geben müsse, unterschiedliche Verfassungen, in denen sich das Ich zu einem bestimmten Zeitpunkt äußert. Diese hat er dann klassifiziert als drei verhaltensmäßig beobachtbare Ich-Zustände, die er *Parent, Adult* und *Child* nannte, zu deutsch etwa „Mutter" bzw. „Vater", „Erwachsener" und „Kind".

Das Freudsche Konzept und das Modell der Ich-Zustände sind also nicht „ein und dasselbe". Aber sie widersprechen einander auch nicht. Es sind einfach verschiedene Weisen, ein Bild der menschlichen Persönlichkeit zu entwerfen.[4]

Ich-Zustände sind Bezeichnungen, nicht reale Gegebenheiten

Einen Ich-Zustand kann man nicht auf eine Schubkarre laden, und man kann ihn auch nicht anfassen oder wiegen. Genau so wenig läßt er sich an irgendeiner Stelle des Organismus lokalisieren, und zwar aus dem einfachen Grunde, daß ein Ich-Zustand keine „Sache", nicht irgendein *Ding*, sondern ein *Name* ist, eine Benennung, mit der wir eine Gesamtheit von Erscheinungen bezeichnen, nämlich von zusammengehörigen Gefühlen, Gedanken und Verhaltensweisen. Die drei Ausdrücke Eltern-Ich, Erwachsenen-Ich und Kind-Ich verwenden wir wie Etiketten, um den jeweils unterschiedlichen Komplex von Gefühlen, Gedanken und Verhaltensweisen zu benennen, wie er in diesem Kapitel besprochen worden ist.

In der Alltagssprache gehen wir mit den Ich-Zuständen oft so um, als handle es sich um „Dinge, die wir besitzen". Das hört sich dann so an: „Mein Kind will jetzt Spaß haben", oder: „Du hast einen starken Erwachsenen."

Bedenklich ist dabei nur, daß wir uns unversehens eine Ausdrucksweise angewöhnen, als hätten Ich-Zustände eine Eigenexistenz unabhängig von der Person, um die es geht. Natürlich stimmt das nicht. Nicht „mein Kind"will Spaß haben, sondern *ich* will Spaß haben, und unter Umständen bin ich gerade in meinem Kind-Ich, wenn ich das will. Und genau so habe ich nicht etwa "einen starken Erwachsenen", sondern *ich* habe einfach die Fähigkeit, das zu tun, was dem Erwachsenen-Ich zugeschrieben wird, etwa die Realität zu prüfen oder die Wahrscheinlichkeit des Eintretens bestimmter Folgen zu erfassen.

In diesem Buch haben wir es vermieden, so zu reden, als wären Ich-Zustände „Dinge", und dem Leser legen wir nahe, es auch so zu halten.

Das übermäßig vereinfachte Modell

Nachdem Mitte der sechziger Jahre „Spiele der Erwachsenen" ein Bestseller geworden war, wurde die TA hier und da als eine Theorie für Schmalspurpsychologen betrachtet, und schon bald folgte eine Schar von Autoren und Vortragsrednern diesem übrigens recht einträglichen Trend. So sind etliche der ursprünglichen Berneschen Konzepte so verwässert worden, daß sich das neue Produkt noch leichter an den Mann bringen ließ. Aus dem Berneschen Gedankengut sind einfach diejenigen Aspekte plakativ herausgestellt worden, die leicht verständlich waren und sensationell wirkten, und ausgelassen wurde all das, was tieferes Nachdenken oder sorgfältigere Beobachtung erfordert hätte.

In dieser Phase fand eine solche allzu sehr vereinfachte Version weite Verbreitung. Auch heute stoßen wir vielerorts noch auf dieses „Modell für den Hausgebrauch", das eine endlose Serie von Mißverständnissen heraufbeschworen hat, und zwar unter den Transaktionsanalytikern selbst wie auch bei Kollegen, die die Entwicklung der TA aus der Warte anderer Methoden verfolgt haben.

Betrachten wir an dieser Stelle einmal das übermäßig vereinfachte Modell - *aber wir schlagen dem Leser NICHT vor, es zu benutzen. In diesem Buch verwenden wir es nirgendwo.* Wir stellen es lediglich deshalb vor, weil der Leser wahrscheinlich in der älteren TA-Literatur ohnehin darauf stoßen wird. Zudem wird er es in der Denkweise vieler Kollegen erkennen, die in jener bewegten Zeit, also in den sechziger Jahren, mit der TA in Berührung gekommen sind. Was wird nun in diesem übermäßig vereinfachten Modell gelehrt? Es besagt lediglich: „Wenn ich denke, bin ich im Erwachsenen-Ich. Wenn ich fühle, bin ich im Kind-Ich. Und wenn ich den Wert oder Unwert von Menschen oder Erscheinungen beurteile, bin ich im Eltern-Ich".

So einfach ist das! Da nimmt es nicht Wunder, daß Kritiker aus anderen Richtungen, denen dieses Modell als Kern der TA-Konzeption präsentiert wurde, sich entsetzt fragen: „Und *das* ist schon alles?" Wer in diesem Kapitel gelesen hat, was das Ich-Zustands-Modell in Wirklichkeit besagt, wird sich vielleicht fragen, ob das vereinfachte Modell überhaupt noch Ähnlichkeit hat mit der echten Fassung. Doch Ähnlichkeiten gibt es schon. In dem vereinfachten Modell werden *einige* charakteristische Aspekte jedes Ich-Zustandes dargestellt, aber andere, die für unser Modell ganz wesentlich sind, werden einfach weggelassen.

Betrachten wir erst einmal, was an dem vereinfachten Modell stimmt. Inwiefern ist es dem echten Modell ähnlich? Du weißt ja: wenn ich in meinem Erwachsenen-Ich bin, reagiere ich auf das Hier und Jetzt mit allen Kräften und Fähigkeiten, die mir als erwachsenem Menschen zur Verfügung stehen, und dazu gehört im allgemeinen ein gewisses Problemlösungs-Verhalten. Ich erlebe mich mithin als „denkendes Wesen". Wenn jemand mein Verhalten beobachtet, würde er es wahrscheinlich in dem Sinne deuten, daß ich gerade „denke".

Wenn ich ins „Kind-Ich" gehe, fange ich an, Verhalten, Gefühle und Gedanken aus meiner eigenen Kindheit zu reproduzieren. Kinder, besonders die ganz kleinen, gehen auf die Welt vorwiegend gefühlsmäßig ein. Bin ich also im Kind-Ich, erlebe ich mich meist als „fühlendes Wesen". Wenn mich dann jemand beobachtet, würde er wahrscheinlich bestätigen, daß ich augenscheinlich „Gefühle ausdrücke".

Bin ich im Eltern-Ich, entlehne ich mein Verhalten, Denken und Fühlen entweder von Vater oder Mutter oder von einer anderen Bezugsperson, und zwar so, wie ich diese Person als Kind erlebt habe. Aus der Sicht des Kindes sind die Großen doch meist damit befaßt, Weisungen aufzustellen über das, was zu geschehen hat oder was nicht passieren darf, oder Urteile darüber auszusprechen, wie die Dinge laufen und wie die Welt überhaupt zu sehen ist. Wenn ich im Eltern-Ich bin, werde ich mithin großenteils das tun, was meine Eltern getan haben, also Werturteile fällen darüber, wie eigentlich alles sein sollte und was die Menschen tun und lassen müßten.

Daraus ergibt sich, daß das vereinfachte Modell uns ein paar einfache erste Hinweise dafür gibt, wie wir Ich-Zustände erkennen können. Wenn ich im Erwachsenen-Ich bin, werde ich *oft* nachdenken. Wenn ich im Kind-Ich bin, werde ich *oft* Gefühle erleben. Und wenn ich im Eltern-Ich bin, fälle ich sicher *oft* Werturteile. Aber diese ersten Hinweise auf einen Ich-Zustand reichen bei weitem nicht aus, um uns ein umfassendes Verständnis zu vermitteln von dem, was jeder Ich-Zustand darstellt. In dem unzulässig vereinfachten Modell wird nirgends erwähnt, daß ich doch in *jedem* meiner drei Ich-Zustände fühlen *und* denken *und* Werturteile abgeben kann.

Noch mehr fällt bei dem übermäßig vereinfachten Modell ein weiterer Mangel ins Gewicht: die Bedeutung der *Dimension der Zeit* für die Ich-Zustände wird völlig unterschlagen. Berne hat immer wieder betont, daß das Eltern-Ich und das Kind-Ich Einblendungen aus der *Vergangenheit* sind. Bin ich im Kind-Ich, dann durchlebe ich Verhaltensweisen, Gedanken und Gefühle *aus meiner eigenen Vergangenheit* - aus meiner Kindheit. Wenn ich im Eltern-Ich bin, gebe ich mich Verhaltensweisen, Gedanken und Gefühlen hin, die ich *in der Vergangenheit* von Eltern und Elternfiguren übernommen habe. Und nur, wenn ich im Erwachsenen-Ich bin, reagiere ich auf Situationen mit all den Möglichkeiten und Fähigkeiten, über die ich *in der Gegenwart* als erwachsener Mensch verfüge.

Nach diesen kurzen Hinweisen lassen wir das unzulässig vereinfachte Modell beiseite, das gewiß Anregungen geboten hat für leicht lesbare Psychoheftchen und interessante Kurzvorträge. Worum es in der TA nun wirklich geht, das allerdings wird daraus kaum deutlich, und deshalb halten wir uns in diesem Buch von jetzt ab an Eric Bernes ursprüngliches Modell.

3. Die funktionelle Analyse der Ich-Zustände

In diesem und in dem nächsten Kapitel befassen wir uns mit ausführlichen Darstellungen des Ich-Zustands-Modells, die entweder die *Struktur* oder die *Funktion* der Ich-Zustände aufzeigen.

Das *strukturelle* Modell (oder einfach *Strukturmodell*) zeigt, *was* in jedem Ich-Zustand ist. Das *funktionelle* Modell (oder *Funktionsmodell*) unterteilt die Ich-Zustände so, daß ersichtlich wird, *wie* wir sie einsetzen. Um das gleiche fachgerechter auszudrücken: das strukturelle Modell der Ich-Zustände befaßt sich mit dem *Inhalt* der Ich-Zustände. Das funktionelle Modell befaßt sich mit der Art der Vorgänge – man sagt, mit dem *Prozeß*.

STRUKTUR = „WAS" = INHALT

FUNKTION = „WIE" = PROZESS

Das funktionelle Modell ist wahrscheinlich leichter verständlich für jemand, der sich zum ersten Mal mit diesen Dingen auseinandersetzt, deshalb betrachten wir es als erstes. Es ist in der Abbildung 3.1 wiedergegeben.

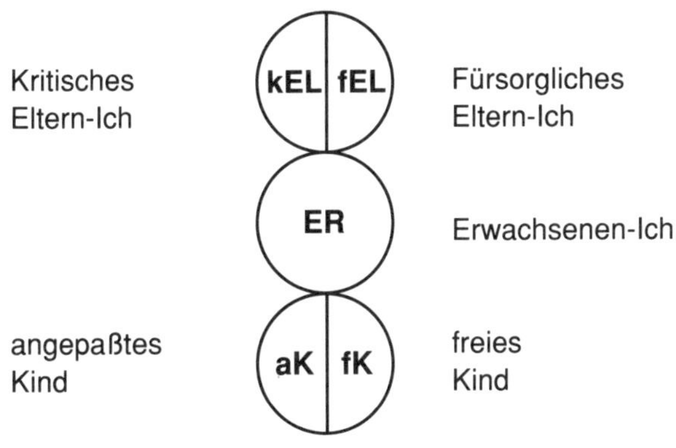

Abbildung 3. 1: Die funktionelle Analyse der Ich-Zustände

Das angepaßte Kind und das freie Kind

Stell dir vor, ich bin in meinem Kind-Ich. Ich verhalte mich, denke und empfinde genau so, wie ich das in meiner Kindheit immer getan habe. Als Kind bin ich einen großen Teil der Zeit auf das eingegangen, was die Eltern oder andere Elternfiguren von mir erwarteten. So hatte ich gelernt, daß ich gut daran tat, wenn ich besser durchkommen wollte, zu den Nachbarn höflich zu sein, auch wenn ich sie vielleicht nicht besonders mochte. Und wenn ich mir die Nase geputzt hab, habe ich das mit dem Taschentuch getan und nicht mit dem Hemdsärmel, auch wenn der Hemdsärmel praktischer gewesen wäre. Schon recht früh hatte ich mir klar gemacht, daß Papa mich mehr mochte, wenn ich ruhig war, also war ich meistens still, wenn er in der Nähe war. Mutter hatte es gerne, wenn ich lachte, und mochte es anscheinend gar nicht, wenn ich weinte oder wütend wurde. Wenn ich also bei der Mutter war, lachte ich viel, selbst wenn mir manchmal traurig zumute war und ich lieber geweint hätte, oder wenn ich wütend war und sie am liebsten angeschrien hätte.

Und heute als Erwachsener verhalte ich mich oft so, als legte ich die alte Platte wieder auf, ich zeige also ein Verhalten, das ich als Kind beschlossen hatte, um auf das einzugehen, was meine Eltern von mir erwarteten. Wenn ich das tue, so sagt man, ich bin in dem Teil meines Kind-Ich-Zustandes, der als *angepaßtes Kind* bezeichnet wird.

Es gab in meiner Kindheit oft Zeiten, wo ich mich gegen solche Einengungen auflehnte. Kaum guckte Vater nicht mehr hin, schnitt ich der kleinen Tochter des Nachbarn nebenan eine Fratze. Wenn ich alleine war, habe ich meine Nase manchmal extra auf dem Hemdsärmel abgeputzt, weil ich es einfach leid war, immer das Taschentuch zu nehmen. Es hat sogar Tage gegeben, wo ich mich mit diesem ewigen Lachen, so bald Mutter in der Nähe war, so schlecht fühlte, daß ich einfach beschloß, den ganzen Tag extra eine Schnute zu ziehen, nur um es ihr zu zeigen. Wenn ich mich so verhielt, war das so, als nähme ich die Vorschriften meiner Eltern und drehte sie gerade um. Statt mich ihren Erwartungen zu fügen, tat ich so weit wie möglich das gerade Gegenteil. Im Erwachsenenleben rebelliere ich wohl immer noch in ähnlicher Weise. Dabei bin ich mir oft nicht darüber klar, daß mein Verhalten eine Rebellion darstellt. Wenn ich von meinem Chef eine schwierige Aufgabe bekomme, entdecke ich vielleicht, daß ich „nicht genug Zeit habe", die Arbeit termingerecht abzuliefern. In Wirklichkeit habe ich so viel Zeit wie alle anderen auch, nämlich 24 Stunden pro Tag.

Doch wenn ich dem Chef sagen kann, ich bin nicht fertig geworden, dann spüre ich vielleicht so eine dumpfe Befriedigung, als würde ich sagen: „Jetzt zeige ich's dir!" Im Grunde ist das ganz ähnlich wie damals, als ich vier Jahre alt war. Damals verspürte ich die gleiche störrische Befriedigung, als ich Mama zeigte, daß sie *mich nicht dazu bringen konnte,* meinen Teller endlich leer zu essen.

Wenn ich in eine solche Rebellion verfalle, reagiere ich jedoch immer noch auf Kindheitsregeln. Deshalb sagt man, ich bin auch dann noch in meinem *angepaßten Kind.* Einige frühere TA-Autoren haben die Rebellion in einer besonderen Unterteilung des Ich-Zustandes untergebracht, die sie *rebellisches Kind* nannten. Diese Bezeichnung ist auch noch in moderneren Werken gelegentlich anzutreffen. Wir folgen unsererseits der derzeit üblichen Praxis und betrachten die Rebellion logischerweise als jener Gesamtheit von Verhaltensweisen zugehörig, die das angepaßte Kind-Ich kennzeichnen.

In meiner Kindheit gab es jedoch auch Zeiten, in denen ich mich völlig unabhängig von irgendeinem elterlichen Druck verhielt. Dann habe ich mich weder den Erwartungen meiner Eltern gefügt noch mich dagegen aufgelehnt. Ich habe mich lediglich so aufgeführt, wie ich gerade wollte. Als mein Hamster gestorben war, habe ich geweint, weil ich traurig war. Und wenn meine kleine Schwester mich geschubst hat, bin ich wütend geworden und habe sie wieder geschubst. Und ich habe stundenlang begeistert Geschichten gelesen und mich gefreut, wenn ich begriffen hatte, wie ein Puzzle zusammenpaßt, nicht meinen Eltern zuliebe, sondern für mich selbst, einfach aus Spaß.

Wenn ich als Erwachsener in meinem Kind-Ich-Zustand bin, verhalte ich mich manchmal in solch unzensierter Weise wie in meinen Kindertagen. Man sagt dann, ich bin in dem Teil meines Kind-Ich-Zustandes, der als *freies Kind* bezeichnet wird. Bisweilen wird auch die Bezeichnung *natürliches Kind* verwandt, um diese Unterteilung des Ich-Zustandes zu beschreiben.

Im funktionellen Modell wird der Kind-Ich-Zustand mithin unterteilt in das *angepaßte Kind* und das *freie Kind.* In der Darstellung des Ich-Zustands-Modells wird also der Kreis für das Kind halbiert (s. Abb. 3.1).

Das positive und das negative angepaßte Kind

Als Erwachsene verbringen wir alle einen beträchtlichen Teil unserer Zeit im angepaßten Kind. Wir richten uns nach Tausenden von Regeln, die uns sagen, wie wir zu leben haben und wie wir in der Welt akzeptiert werden. Dabei denken wir im allgemeinen nicht bewußt darüber nach, ehe wir uns entschließen, solche Regeln zu befolgen. Ehe ich über die

Straße gehe, blicke ich nach links und nach rechts, so wie mein Vater und die Lehrer es mir beigebracht hatten, als ich zum ersten Mal allein in die Schule gehen durfte. Wenn ich bei einer Abendeinladung am Tisch sitze und noch etwas nachhaben möchte, sage ich: „Bitte!" Als Kind habe ich das als etwas ganz Selbstverständliches gelernt, weil ich ganz richtig aufgefaßt hatte, daß man mich für „ungezogen" halten würde, wenn ich nicht „bitte" sagte. Ja, und wenn ich als ungezogen gälte, müßte ich wohl noch länger warten, ehe ich bei Tisch etwas nachbekäme.

Unsere Verhaltensweisen aus dem angepaßten Kind wirken sich auf solche und ähnliche Weise für uns durchaus vorteilhaft aus. Indem wir uns an solche Muster halten und geltende Regeln befolgen, erreichen wir oft, was wir wollen, in einer Weise, die für uns und andere angenehm ist. Und wir sparen sehr viel seelische Energie. Man braucht sich nur vorzustellen, wie das wäre, wenn wir uns jedesmal akzeptable Tischsitten ausdenken müßten, wenn wir uns zum Essen hinsetzten!

Wenn wir solche produktiven Weisen beschreiben, wie wir uns aus dem angepaßten Kind-Ich-Zustand heraus verhalten, können wir vom *positiven* angepaßten Kind reden. Im Englischen bezeichnen einige Autoren das als das „ok-angepaßte-Kind". Im Gegensatz dazu sagt man, wir sind im *negativen angepaßten Kind* (oder im Nicht-ok-angepaßten-Kind), wenn wir Verhaltensweisen aus der Kindheit durchleben, die für unsere Erwachsenen-Situation nicht mehr angemessen sind. Als kleines Kind habe ich vielleicht gelernt, daß es höchst wirksam war zu trotzen, wenn ich Vater oder Mutter auf mich aufmerksam machen wollte. Auch jetzt als Erwachsener schmolle ich unter Umständen manchmal immer noch in der Hoffnung, dadurch zu erreichen, was ich will. Wenn ich das tue, ignoriere ich die Alternative, die mir als Erwachsener offensteht, einfach direkt um das zu bitten, was ich will.

Vielleicht habe ich als Kind auch erfahren, wie gefährlich es sein konnte, mich vor anderen in Pose zu setzen. Vielleicht hat meine Mutter mich als „Angeber" heruntergeputzt. Oder ich bin von meinen Klassenkameraden gehänselt worden, als ich in der Schule etwas aufsagen mußte. Wenn ich dann als Erwachsener aufgefordert werde, mich öffentlich zu äußern, werde ich rot und fange an zu stottern, und dabei fühle ich mich verlegen und denke bei mir: „Ich bin einfach kein guter Redner!" Doch im Hier und Jetzt, in der realen Situation bin ich doch durchaus fähig zu sprechen, und die Situation birgt für mich auch weiter keine Risiken.

Wir alle legen zu Zeiten Verhaltensmuster des negativen angepaßten Kindes an den Tag. Wir werden später darstellen, wieso das so ist. Ein Ziel für persönliche Veränderung in der TA kann darin liegen, diese alten überholten Muster zu ersetzen durch neue, wo wir all die Alternativen auch nutzen, die wir als Erwachsene haben.

Das postive und das negative freie Kind

Auch die Verhaltensweisen des freien Kindes lassen sich als positive oder negative einordnen. Wenn jemand sagt, er ist „im freien Kind", so besagt das, daß er Verhaltensweisen zeigt, die aus seiner Kindheit stammen und elterliche Weisungen oder Grenzziehungen völlig außer acht lassen. Das kann manchmal produktiv sein und das Lebensgefühl des Erwachsenen steigern, und dann klassifiziert man das als positiv. Stellen wir uns beispielsweise einmal vor, ich hätte als Kind beschlossen, meine Eltern nie merken zu lassen, wenn ich mich geärgert hatte. Als Erwachsener könnte ich die gleiche Strategie befolgt haben, ohne es zu merken. Durch den angestauten Ärger bin ich dann unter Umständen depressiv geworden oder habe mich körperlich verspannt. Und dann beschließe ich vielleicht im Laufe der Therapie, meine Gefühle einmal zuzulassen und den ganzen Ärger auszudrücken, den ich spüre. Trommele ich dann wütend auf ein Kissen ein, dann mobilisiere ich endlich die unzensierte Energie im freien Kind, die ich jahrelang zurückgehalten habe. Wahrscheinlich stelle ich anschließend fest, daß ich mich wohler fühle und auch körperlich entspannter bin.

In ähnlicher Weise sind manche von uns längst erwachsen und hängen immer noch fest an unausgedrückten Kind-Ich-Gefühlen, an Trauer, Angst oder dem Wunsch nach körperlicher Berührung. Wenn wir solche Emotionen zum Ausdruck bringen in einer Situation, die für uns Sicherheit bietet, dann legen wir ein Verhalten an den Tag, das aus dem positiven freien Kind kommt.

Aber es gibt auch Zeiten, wo das Verhalten des freien Kindes deutlich negativ ist. Wenn ich bei einer feierlichen Einladung bei Tisch laut rülpse, gebe ich zwar dem Drängen meines unzensierten Kindes nach. Aber die sozialen Konsequenzen werden für mich mit Wahrscheinlichkeit unangenehmer sein, als wenn ich das Rülpsen unterdrückt hätte. Schon ernster wirkt das negative Verhalten aus dem freien Kind heraus, wenn ich mit meinem Motorrad mit Höchstgeschwindigkeit auf belebter Straße dahinrase und dabei mein eigenes Leben und das anderer in Gefahr bringe.

Überfliege noch einmal die letzten 24 Stunden und notiere die Situationen, wo du im positiven angepaßten Kind warst. Wie hast du dich jeweils verhalten? Erinnerst du dich daran, welche Kindheitssituationen du erneut durchlebt hast?

Nun tu das entsprechend für die Situationen, in denen du im negativen angepaßten Kind warst, dann im positiven freien Kind und schließlich im negativen freien Kind.

Dann nimm dir einen Augenblick Zeit und schreibe all die Wörter auf, die dir einfallen, wenn du jemand im positiven angepaßten Kind beschreiben willst. (Wenn du in einer Gruppe arbeitest, mache den Vorschlag, daß ihr eine Minute lang einen „Brainstorm" oder Ideenwirbel macht, bei dem jemand die Wörter aufschreibt, die euch einfallen).

Schließlich beschreibe entsprechend jemand, der im negativen angepaßten Kind, im positiven freien Kind und im negativen freien Kind ist.

Das kritische Eltern-Ich und das fürsorgliche Eltern-Ich

Eine Zeitlang, als ich klein war, haben meine Eltern mir gesagt, was ich zu tun hatte, sie haben mich kontrolliert oder kritisiert. „Geh schlafen! Renn doch nicht so auf der Straße! Putz dir die Nase ! Das ist gut, albern, clever, unanständig, das ist ordentlich, das gehört sich nicht..." Wenn ich mich so verhalte, daß ich meine Eltern in dieser Rolle nachahme, sagt man, ich bin im *kritischen Eltern-Ich* (das manchmal auch als *kontrollierendes Eltern-Ich* bezeichnet wird).

Dann gab es Zeiten, wo meine Eltern mich umsorgten oder irgendwie betreut haben. Ich durfte bei meiner Mutter auf dem Schoß sitzen und kuscheln. Oder Vater hat mir vor dem Einschlafen eine Geschichte vorgelesen. Als ich hingefallen bin und mir das Knie aufgeschlagen habe, kam bestimmt Vater oder Mutter, um mich zu trösten und mir einen Verband zu machen. Wenn ich nun bei mir Verhaltensweisen erlebe, die meine Eltern mir gezeigt haben, wenn sie mich versorgt und betreut haben, sagt man, ich bin im *fürsorglichen Eltern-Ich,* das häufig auch als *nährendes Eltern-Ich* (vom engl. nurturing) bezeichnet wird. Auch diese Unterteilung im funktionellen Eltern-Ich wird dadurch angedeutet, daß der Kreis für den Ich-Zustand zweigeteilt wird, genau so wie wir das für das Kind-Ich getan haben (s. Abb. 3.1).

Das positive und das negative kritische und fürsorgliche Eltern-Ich

Die TA-Autoren unterscheiden für jeden dieser Teile des Eltern-Ichs einen positiven und einen negativen Anteil. (Hier werden bisweilen die Ausdrücke „ok" und „Nicht-ok" verwandt.) Sie sagen dann, wir sind im *positiven kritischen Eltern-Ich,* wenn unsere elterlichen Anweisungen an andere echt darauf abzielen, diese zu schützen oder zu fördern. So kann ein Arzt seinem Patienten sagen: „Schluß mit dem Rauchen! Das ist für Sie gefährlich." Er legt wieder den Befehlston an den Tag, den er bei seinen Eltern gehört hatte, als er noch klein war: „Geh nicht auf die Straße, wenn Autos kommen!"

Das negative kritische Eltern-Ich beschreibt elterliche Verhaltensweisen, durch die der Mitmensch niedergemacht (abgewertet) wird. Der Chef, der seine Sekretärin anknurrt: „Da haben sie *wieder* einen Fehler gemacht!", gibt vielleicht den Tonfall und die gereizten Gesten dessen wieder, der mit ihm genau so geredet hatte, als er als Sechsjähriger zur Schule ging.

Im positiven fürsorglichen (oder nährenden) Eltern-Ich sorgen wir für jemand aus einer Einstellung echten Respekts für den Mitmenschen heraus, dem wir helfen.

Das negative fürsorgliche Eltern-Ich besagt, daß „Hilfe" geleistet wird aus einer Überlegenheitsposition heraus, welche den Mitmenschen herabwürdigt. Verhalten, das aus dem positiven fürsorglichen Eltern-Ich kommt, zeigt sich beispielsweise dann, wenn jemand zu seinem Arbeitskollegen sagt: „ Schaffst du das allein? Wenn du Hilfe brauchst, sag es mir bitte!". Das negative Gegenstück dazu kommt zum Ausdruck, wenn jemand zu ihm hingeht und sagt: „Komm mal her, ich helf dir schon", ihm die Arbeit aus der Hand nimmt und für ihn fertigmacht. Die überbesorgte Mutter, die ihr Kind vor „Liebe" schier erdrückt, ist das klassische Beispiel für das Verhalten des negativen fürsorglichen Eltern-Ichs.

Vergegenwärtige dir den Ablauf des Tages und halte die Situationen fest, in denen du anderen gegenüber aus deinem kritischen Eltern-Ich heraus aufgetreten bist. Bei welchen Anlässen hast du aus dem positiven kritischen Eltern-Ich reagiert? Wann aus dem negativen kritischen Eltern-Ich? Kannst du dich erinnern, wen von deinen Eltern oder Elternfiguren du jeweils nachgeahmt hast?

Und nun tu das gleiche für die Anlässe, bei denen du ins positive oder negative fürsorgliche Eltern-Ich gegangen bist. Dann schreib eine Minute lang alle Wörter auf, die dir einfallen, wenn du jemand beschreiben willst im positiven kritischen Eltern-Ich. (In einer Gruppenarbeit macht eine Minute lang einen Ideenwirbel.) Anschließend tu das gleiche der Reihe nach für das negative kritische Eltern-Ich, das positive fürsorgliche Eltern-Ich und das negative fürsorgliche Eltern-Ich.

Das Erwachsenen-Ich

Im funktionellen Modell wird das Erwachsenen-Ich im allgemeinen nicht unterteilt. Dem Erwachsenen-Ich ordnen wir jedes Verhalten zu, welches eine Reaktion auf die jeweilige Situation im Hier und Jetzt darstellt und bei dem alle Möglichkeiten eingebracht werden, die der Betreffende als Erwachsener überhaupt hat. Damit haben wir die einzelnen Teile des funktionellen Modells besprochen. Die Abbildung 3.1 zeigt, wie man sie zusammenfügt.

Wenn ich feststellen will, welchen Teil im funktionellen Ich-Zustands-Modell du gerade gebrauchst, kann ich das nur an deinem Verhalten sehen. Aus diesem Grunde kann man diese funktionellen Unterteilungen auch als *verhaltensbezogene Beschreibungen* bezeichnen.

Das Egogramm

Welche Rolle spielen die einzelnen funktionellen Anteile der Ich-Zustände für deine Persönlichkeit? Jack Dusay hat ein intuitives Verfahren konzipiert, um das klarzumachen. Er bezeichnet es als *Egogramm*.[2]

Um ein Egogramm zu entwerfen, zeichnest du zuerst eine horizontale Linie. Dann setze in der Längsrichtung die Bezeichnungen für die fünf wichtigen Unterteilungen in der funktionellen Betrachtung ein. Es hat sich eingebürgert, das folgendermaßen abzukürzen: kEL für das kritische Eltern-Ich, fK für das freie Kind usw. Zeichne sie in der Reihenfolge ein, die in der Abbildung 3.2 wiedergegeben ist.

kEL	fEL	ER	fK	aK

Abbildung 3. 2

Dann setze auf jede der fünf Unterteilungen eine Säule, deren Höhe sich nach der Zeit richten soll, die du in der betreffenden Erlebens- und Verhaltensweise verbringst.

Beginne mit dem Anteil, den du deiner Meinung nach am meisten gebrauchst, und zeichne dafür die entsprechende Säule ein. Nimm den Anteil, den du für dein Gefühl am wenigsten einsetzt, und zeichne auch dafür die passende Säule. Gehe so vor, daß die *relative* Höhe der beiden Säulen deinem intuitiven Eindruck davon entspricht, wieviel Zeit du in jedem dieser Anteile verbringst.

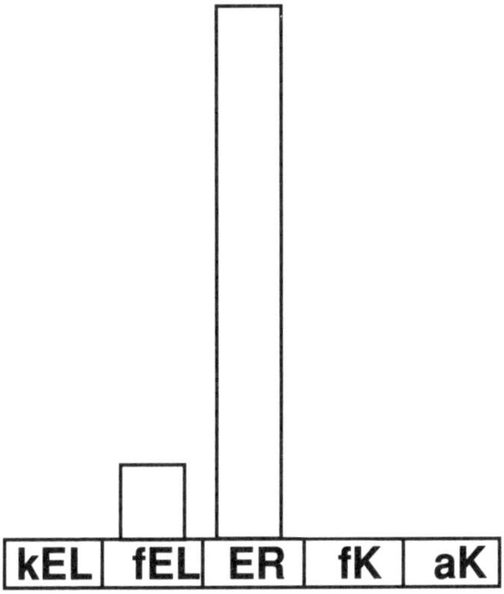

Abbildung 3. 3

Wenn ich z.B. den Eindruck habe, daß ich mich am meisten im Erwachsenen-Ich und am wenigsten im fürsorglichen Eltern-Ich aufhalte, dann sehen meine ersten Säulen etwa so aus wie in der Abb. 3.3.

Nun zeichne die anderen drei Säulen ein und vervollständige so dein Egogramm, daß die Höhe jeder Säule die Zeit wiedergibt, die du vergleichsweise in dem betreffenden funktionellen Anteil des Ich-Zustandes verbringst. Mein vollständiges Egogramm sieht dann vielleicht so aus:

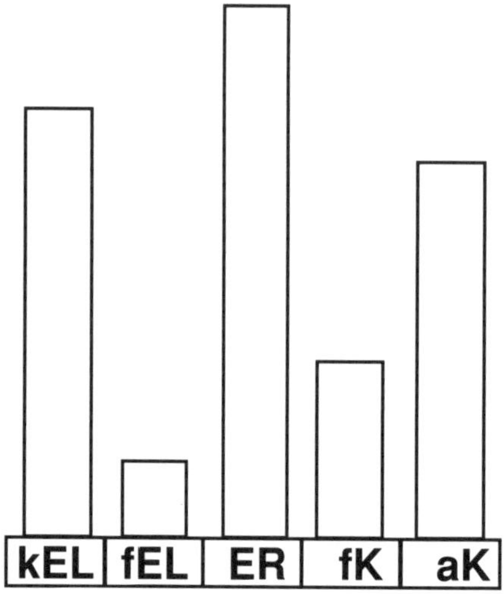

Abbildung 3. 4

Wie hoch die Säulen im einzelnen sind, ist nicht so wichtig. Worauf es hier ankommt, ist die Höhe jeder Säule im Vergleich zu den anderen.

Jack Dusay hat nicht vorgeschlagen, diese Säulen aufzuteilen in positive und negative Anteile, aber es kann interessant sein, das einmal zu tun. Für das kEL, das fEL, das fK und das aK kannst du einen Teil der Säule schraffieren, der den negativen Teil wiedergibt. Der Rest der Säule stellt dann den positiven Anteil dar. Ich glaube z.B., daß der größte Teil der Zeit, die ich im angepaßten Kind verbringe, darin besteht, daß ich mich in positiver Weise an geltende Regeln halte. Wenn ich in unzensierter Weise meinem freien Kind Raum gebe, dann führen die meisten dieser Verhaltensweisen auch zu angenehmen und produktiven Resultaten. Im fürsorglichen Eltern-Ich bin ich nicht sehr oft, doch wenn ich mich dort befinde, kommt es kaum je vor, daß ich meine Mitmenschen in negativer Weise „erdrücke". Ich bin oft im kritischen Eltern-Ich, und den größten Teil dieser Zeit verbringe ich damit, anderen in positiver Weise Anweisungen zu geben. Wenn ich das alles auf dem Egogramm einzeichne, so stellt sich das wie folgt dar:

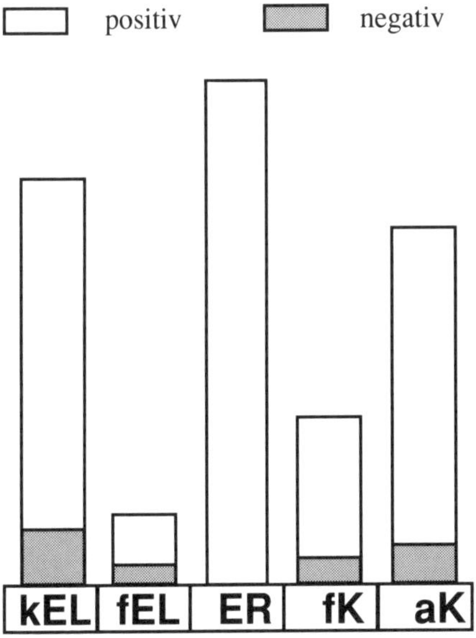

Abbildung 3. 5

Nun zeichne dein eigenes Egogramm.

Bei einer Gruppenarbeit tausche deine Ideen aus mit einem anderen Gruppenmitglied; zeichne ohne lange Überlegung und aus der Intuition heraus.

Hast du dabei über dich etwas erfahren?

Manche Menschen finden, daß ein Egogramm für jede Situation zu ihnen paßt. Andere stellen fest, daß sie zwei oder sogar mehr verschiedene Egogramme entwerfen müssen. Unter Umständen haben sie beispielsweise ein „Arbeitsegogramm" für ihren Beruf und ein „Privategogramm" für daheim. Trifft das auch auf dich zu, so zeichne die benötigten Egogramme. Was kannst du daraus lernen?

Erkläre die Egogrammtechnik jemandem, der dich gut kennt, und bitte ihn, *dein* Egogramm zu zeichnen. Was kannst du daraus lernen, wenn du seine Zeichnung mit deiner eigenen vergleichst?

Die Konstanz-Hypothese

Jack Dusay spricht von einer *Konstanz-Hypothese:* „Wenn die Intensität eines Ich-Zustandes zunimmt, muß ein anderer oder müssen andere zum Ausgleich schrumpfen. Es kommt zu einer Verlagerung der psychischen Energie, so daß die gesamte Energiemenge konstant bleibt."

Dusay sagt, die beste Weise, mein Egogramm zu verändern, bestehe darin, den Anteil zu *verstärken*, von dem ich mehr haben möchte. Tue ich das, so wird Energie automatisch abgezogen von anderen Anteilen, von denen ich relativ weniger haben möchte.

Nehmen wir einmal an, ich betrachte mein Egogramm und beschließe, ich möchte mehr im fürsorglichen Eltern-Ich und weniger im kritischen Eltern-Ich sein. Ich gehe daran, mein Verhalten aus dem fürsorglichen Eltern-Ich heraus zu vermehren. Ich fange etwa mit Kleinigkeiten an, biete jeden Tag jemandem an, ihm die Schultern zu massieren, oder im Beruf experimentiere ich damit, daß ich anderen eine Verrichtung so zeige, wie sie gemacht wird, statt immer gleich Befehle oder Anweisungen zu geben. Ich bemühe mich also gar nicht darum, mein Verhalten aus dem kritischen Eltern-Ich heraus zu beschneiden. Aufgrund der Konstanz-Hypothese darf ich erwarten, daß dieses automatisch zurückgeht, wenn ich dem fürsorglichen Eltern-Ich mehr Energie zuführe.

Hast du etwas, was du in deinem Egogramm ändern willst?

Wenn ja, dann entscheide dich, welche Säule du erhöhen willst, um die Veränderung herbeizuführen.

Zähle mindestens fünf neue Verhaltensweisen auf, die du zeigen kannst, um diesen Anteil des betreffenden Ich-Zustandes zu steigern. Nimm dir fest vor, das in der nächsten Woche auch umzusetzen.

Nun zeichne dein Egogramm noch einmal. Wenn möglich, bitte den Mitmenschen, der dich gut kennt, dein Egogramm jetzt noch einmal zu zeichnen. (Sage ihm aber nicht, welche Veränderungen du in deinem Egogramm vornehmen wolltest.) Entspricht dein neues Egogramm der Konstanz-Hypothese ?

4. Das strukturelle Modell zweiter Ordnung

In dem funktionellen Modell des letzten Kapitels haben wir die Ich-Zustände aufgeteilt, um deutlich zu machen, *wie* sie sich im Verhalten, in ihrem *Prozeß* äußern. Wenn wir uns nun dem *strukturellen* Modell zweiter Ordnung zuwenden, untersuchen wir, *was* in den Ich-Zuständen ist, also ihren *Inhalt*.

Ich erlebe die Welt, und zwar von der ersten Lebenssekunde an, und was ich da erlebe und erfahre, speichere ich in meinem Gedächtnis.

Zeichnen wir nun wirklich jede Sekunde unseres Lebens auf? Haben wir unsere gesamte Lebenserfahrung irgendwo in unserem Gedächtnis? Und haben wir die Fähigkeit, uns an alles auch wieder zu erinnern? Niemand weiß das ganz sicher. Und es ist auch noch nicht restlos erforscht, wie diese Speicherung vor sich geht. Was wir wissen, ist, daß jeder Mensch Erinnerungen an seine Vergangenheit festhält. Einige lassen sich leicht ins Bewußtsein zurückrufen, während wir an andere nur schwer herankommen. Vor allem frühkindliche Erinnerungen kommen uns wohl nur in gewissen Phantasien und im Traum wieder.

Jeder von uns hat eine riesige Zahl von Erfahrungen in seinem Gedächtnis gespeichert, die sich auf Gedanken, Verhaltensweisen und Gefühle beziehen. Das strukturelle Modell zweiter Ordnung bezweckt, solche Erinnerungen in nützlicher Weise zu *klassifizieren,* und zwar innerhalb des vertrauten Rahmens der Ich-Zustände.

Wenn du willst, kannst du dir das strukturelle Modell zweiter Ordnung vorstellen wie eine Art *Ablagesystem.* Stell dir einen Geschäftsmann an seinem Schreibtisch vor. Tag für Tag befaßt er sich mit allerlei verschiedenen Papieren - eingehende Post, Antwortschreiben, Rechnungen, Personalunterlagen usw. Am Ende seiner Tagesarbeit wird er nicht einfach die vielen Blätter so, wie sie sind, beiseite legen, sondern er ordnet sie systematisch in seiner Ablage ein. Die Gründe dafür sind klar. Durch seine Ablage kann er die Unterlagen so *organisieren*, wie es für seinen Betrieb nützlich ist. Wenn dann bilanziert werden muß, braucht er nur den Ordner mit der Aufschrift „Rechnungen" vorzunehmen, und sein Buchhalter hat automatisch alle Unterlagen für die Ausgaben.

In der gleichen Weise bedient sich der Transaktionsanalytiker des Strukturmodells zweiter Ordnung, um die Spuren von Gedanken, Gefühlen und Verhaltensweisen, auf die er im Gedächtnis eines Menschen stößt, so „abzulegen", daß er damit seine Persönlichkeit anhand der strukturellen Analyse besser verstehen kann.[1]

Das strukturelle Modell zweiter Ordnung ist in der Abbildung 4.1 dargestellt. Wie funktioniert das nun als „Ablage"?

Als Kinder bekommen wir alle Botschaften von unseren Eltern. Über jede Botschaft, die wir erhalten, machen wir uns ganz bestimmte Gedanken, und in unserer Phantasie kommen uns in Verbindung mit der Botschaft bestimmte Vorstellungen.

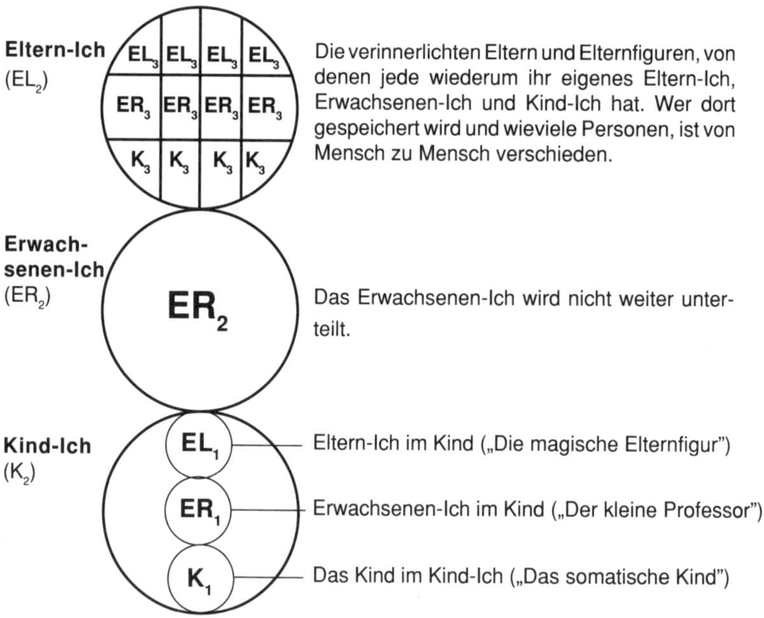

Abbildung 4. 1: Das strukturelle Modell zweiter Ordnung

Wenn wir eine Botschaft bekommen, erleben wir Gefühle, und wir beschließen, wie wir darauf reagieren wollen. Außerdem begründen uns unsere Eltern vielleicht auch, warum diese Botschaft wichtig ist, und sie äußern vielleicht auch Emotionen, die eine verdeckte Botschaft enthalten zusätzlich zu derjenigen, die sie offen vermitteln.

Im Strukturmodell zweiter Ordnung werden die Botschaften, die wir von unseren Eltern oder Elternfiguren erhalten haben, im EL_3 „abgelegt". Die Gründe, die sie uns dafür genannt haben, warum das so wichtig ist, werden im ER_3 gespeichert. Und ist die Botschaft begleitet von einem unausgesprochenen oder verdeckten Anteil, so wird dieser im K_3 aufbewahrt.

Was wir selber denken über diese Botschaften, wird ein Teil des Inhalts unseres eigenen ER_2. Die Vorstellungen, die wir uns darüber machen, was passieren würde, wenn wir diese Botschaften befolgen würden oder wenn wir sie nicht befolgen, werden ein Teil des EL_1. Die Gefühle, mit denen wir auf unsere Vorstellungen reagieren, werden im K_1 aufbewahrt, und unsere frühere Entscheidung darüber, was wir tun werden, kommt aus dem ER_1.

In den folgenden Abschnitten befassen wir uns mit den verschiedenen Ordnern in dieser immensen Ablage und sehen uns einmal im einzelnen an, was dort untergebracht ist.

Struktur-Analyse zweiter Ordnung: Das Eltern-Ich

Wir haben gesehen, daß der Eltern-Ich-Zustand die Gesamtheit aller Gedanken, Gefühle und Verhaltensweisen umfaßt, die du von deinen Eltern und Elternfiguren übernommen hast. Im strukturellen Modell wird also jetzt der *Inhalt* des Eltern-Ichs definiert als Gesamtheit der Gedächtnisspuren dieser elterlichen Gedanken, Gefühle und Verhaltensweisen.

Wenn wir das fachgerecht ausdrücken wollen, so bezeichnen wir all das als „elterliche *Introjekte"*. Wenn wir etwas in dieser Weise verinnerlichen, d.h. introjizieren, so ist das, als ob wir einen Bissen ganz runterschlucken, statt ihn zu kauen und damit für die Verdauung aufzubereiten. Genau das tun Kinder durchweg, wenn sie die Gestalt ihrer Eltern in sich aufnehmen.

Ein Kind erlebt seine Eltern einen Großteil der Zeit als Menschen, die Weisungen geben und ihm erklären, wie die Welt beschaffen ist und was das zu bedeuten hat, ihm also die Welt definieren. Der Inhalt des Eltern-

Ichs wird also großenteils aus solchen Weisungen und Definitionen bestehen. „Streck deine Hand nicht ins Feuer", „Stehlen gehört sich nicht", „Die Welt ist gut, böse, schön, beängstigend". Und bei diesen Worten erinnern wir uns an die Gesten, an den Tonfall und die Gefühlsäußerungen, von denen sie begleitet waren.

Im strukturellen Modell zweiter Ordnung teilen wir das Eltern-Ich zunächst danach auf, von wem die einzelne Botschaft stammte, an die wir uns erinnern. Bei den meisten Menschen wird das Vater und Mutter sein. Vielleicht waren auch die Großeltern wichtige Figuren, und auch die Lehrer spielen hier oft eine Rolle. Die Zahl und Identität der Menschen, die dir die Inhalte deines Eltern-Ichs vermittelt haben, sind für dich etwas ganz Persönliches und letztlich einzigartig.

Als nächstes zeichnen wir ein, daß jede unserer Elternfiguren ihrerseits einen Eltern-Ich-Zustand, ein Erwachsenen-Ich und ein Kind-Ich hatte. Auf diese Weise erhalten wir das Bild des Eltern-Ichs, das in der Abbildung 4.1 wiedergegeben ist.

Merk dir noch, daß das gesamte Eltern-Ich in diesem Diagramm, wie allgemein üblich, als EL_2 bezeichnet wird. Um dann jeweils das EL, ER und K in der Unterteilung des EL_2 zu bezeichnen, benutzen unterschiedliche TA-Autoren verschiedene Kennzeichnungen. In unserem Beispiel haben wir sie als EL_3 ,ER_3 und K_3 eingetragen.

Das Eltern-Ich im Eltern-Ich-Zustand (EL_3)

Mein Vater hatte eine ganze Reihe von Redensarten und Anweisungen, die er von seinen eigenen Eltern verinnerlicht hatte.Einige davon hat er an mich weitergegeben, und ich habe sie in mein Eltern-Ich eingelagert zusammen mit denen, die ich von meiner Mutter erhalten habe. Auf diese Weise stellt sich das Eltern-Ich im Eltern-Ich-Zustand als ein Speicher von Botschaften dar, die vielleicht von einer Generation zur anderen weitergegeben werden. So sagen die Eltern in Schottland zu ihren Kindern: „Haferflocken machen groß und stark. Also iß auch morgens schön deinen Teller leer."

Man hört direkt wie ihre Urahnen, in Felle gehüllt, *ihren* Kindern das Gleiche sagen, wie sie so Morgen für Morgen in ihrer Höhle sitzen und in ihrem Trog herumrühren.

Das Erwachsenen-Ich im Eltern-Ich-Zustand (ER_3)

Das Erwachsenen-Ich im Eltern-Ich-Zustand stellen wir uns vor als eine Sammlung von Feststellungen über die Realität, die jemand von den Figuren im Eltern-Ich gehört und von ihnen übernommen hat. Von solchen Äußerungen werden viele, objektiv gesehen, sicher zutreffen. Andere jedoch stimmen einfach nicht und spiegeln nur die Irrtümer wieder, denen die Eltern selbst erlegen sind, oder einfach Phantasievorstellungen über die Welt, die sie gehabt haben. Noch andere sind wohl Äußerungen über Dinge, die früher einmal absolut richtig waren, aber heute nicht mehr gelten. So war etwa die Behauptung: „Der Mensch kann nicht auf dem Mond herumspazieren" früher einmal Realität.

Das Kind-Ich im Eltern-Ich-Zustand (K_3)

Auch Mutter, Vater und der Lehrer hatten ihr eigenes Kind-Ich. Als ich sie in mein Eltern-Ich aufgenommen habe, habe ich natürlich auch das mit verinnerlicht, was ich von ihrem Kind-Ich wahrgenommen hatte. Wenn ich heute die Erinnerungen wachrufe, die ich von ihnen gespeichert habe, komme ich unter Umständen auch in Kontakt mit den Gefühlen, Gedanken oder Verhaltensweisen, die aus ihrem Kind-Ich stammten. Es ist möglich, daß ich selbst so fühle oder reagiere, wie jene Elternfigur es getan hatte, als ich klein war.

Als meine Mutter noch ein kleines Mädchen war, hat sie beschlossen, sich dadurch durchzusetzen, daß sie schmollte und ein beleidigtes Gesicht aufsetzte. Später, als ich Kind war und sie von mir etwas wollte, hat sie oft in der gleichen Weise geschmollt und beleidigt ausgesehen. Ich habe jetzt in meinem Eltern-Ich-Zustand eine Botschaft, die in etwa besagt: Wenn ich irgendwo etwas zu sagen habe und die anderen parieren müssen, schaffe ich das am besten, wenn ich schmolle und beleidigt dreinschaue.

Struktur-Analyse zweiter Ordnung: Das Erwachsenen-Ich

Der Inhalt meines Erwachsenen-Ichs wird definiert als das Denken, Fühlen und Verhalten, das ich an den Tag lege als Reaktion auf das Hier und Jetzt. Das besagt, daß das Erwachsenen-Ich derjenige „Ordner in der Ablage" ist, in dem all die Verfahren untergebracht sind, die mir jetzt als Erwachsenem zur Verfügung stehen, um die Realität zu überprüfen und Probleme zu lösen.

Im Erwachsenen-Ich bringen wir nicht nur unter, wie wir die Welt um uns herum aufnehmen, d.h. wie wir die Realität erfassen und überprüfen, sondern auch unser „erwachsenes" Urteil über den Inhalt unserer eigenen Ich-Zustände, also des Eltern-Ichs und des Kind-Ichs. Ich habe z.B. in meinem EL_2 ein Elterngebot, das besagt: „Eh du über die Straße gehst, sieh nach links und nach rechts!" Als Erwachsener habe ich diese Botschaft überprüft und festgestellt, daß sie auch in der heutigen Realität ihren Sinn hat. Diese Schlußfolgerung ist sozusagen abgelegt im ER_2.

Wenn ich im Erwachsenen-Ich bin, erlebe ich mich so (und werde auch von anderen so wahrgenommen), daß ich großenteils das tue, was man als „denken" bezeichnet. Aber aus dem Kapitel 2 wirst du dich erinnern, daß das Erwachsenen-Ich seiner Definition nach nicht nur das Denken im Hier und Jetzt, sondern auch die gegenwartsbezogenen *Gefühls*reaktionen beinhaltet. Vielleicht fragst du dich, wieso Gefühle etwas zu tun haben mit Problemlösungen. Stell dir vor, in diesem Augenblick kommt ein Tiger, der aus einem Zirkus entwichen ist, durch das Fenster in dein Zimmer. Wenn du so reagierst, wie die meisten Menschen, dann wäre dein Gefühl im Hier und Jetzt ganz einfach Angst. Und diese Emotion wäre überaus sinnvoll: Sie würde dir Beine machen, die Energie verdoppeln, mit der du das Weite suchst.

Oder stell dir vor, du bist in einem überfüllten Omnibus. Dein Nachbar drängt dich so lange zur Seite, bis du beinahe zur Tür hinausfällst. Der Ärger, den du verspürst, ist für dich der Stimulus, daß du ihn seinerseits zurückdrängst, um für deine Sicherheit zu sorgen und wieder an den Platz zu kommen, der dir zusteht.

Wenn ich im Hier und Jetzt traurig bin, dann ist das meine Weise, ein anderes Problem zu lösen: nämlich umzugehen mit dem Verlust eines Menschen oder überhaupt von etwas, an dem mir sehr lag.

Im strukturellen Modell zweiter Ordnung nehmen wir im allgemeinen keine Unterteilungen des Erwachsenen-Ichs vor. Das ER_2 wird im Diagramm einfach als normaler Kreis dargestellt.

Struktur-Analyse zweiter Ordnung: Das Kind-Ich

Das ganze Erleben, das jemand aus seiner Kindheit gespeichert hat, all seine Erfahrungen definieren wir als Bestandteil seines Kind-Ich-Zustandes. Das sind viele Millionen einzelne Erinnerungen, und diese lassen sich auf mancherlei unterschiedliche Weise einordnen. Eine Methode wäre natürlich, sie je nach dem Lebensalter, aus dem sie stammen, zusammenzufassen. In der TA gibt es Autoren, die so vorgegangen sind, vor allem Fanita English.[2]

Häufiger jedoch wird der Kind-Ich-Zustand in der strukturellen Analyse so unterteilt, wie die Abbildung 4.1 das wiedergibt. Die Gründe dafür sind einfach; denn schon als Kind hatte ich ein Eltern-Ich, ein Erwachsenen-Ich und ein Kind-Ich.

Jedes Kind hat Grundbedürfnisse und tiefe Wünsche (Kind-Ich). Es hat Vorstellungen darüber, wie es sich diese am besten erfüllen kann (Eltern-Ich). Und es verfügt über intuitive Möglichkeiten, Probleme zu lösen (Erwachsenen-Ich). Um das anzudeuten, tragen wir kleine Kreise für das Eltern-Ich, das Erwachsenen-Ich und das Kind-Ich in den größeren Kreis ein, der den Kind-Ich-Zustand bezeichnet.

Diese drei Unterteilungen des Kind-Ichs werden üblicherweise EL_1, ER_1 und K_1 genannt, und der ganze Kind-Ich-Zustand im Strukturmodell zweiter Ordnung wird als K_2 bezeichnet.

Das Eltern-Ich im Kind-Ich-Zustand.(EL_1)

Jedes Kind lernt schon früh im Leben, daß es so etwas wie Regeln gibt, an die man sich zu halten hat. Diese werden von Vater und Mutter bestimmt.

Im Unterschied zum Erwachsenen hat das Kleinkind nicht die Denkmöglichkeiten zur Verfügung, die nötig wären, um solche Regeln dahingehend zu überprüfen, ob sie überhaupt sinnvoll sind. Das Kind weiß nur eins: es hat zu folgen. Doch oft hat es dazu einfach keine Lust. Und so ersinnt es Wege, wie es sich selbst durch Angst oder Verlockungen zum Gehorchen bringen kann.

„Wenn ich mein Abendgebet nicht spreche, kommt der Teufel aus der Hölle und holt mich."

„Wenn ich meinen Teller nicht leer esse, geht die Mutter fort und läßt mich allein und kommt nie wieder."

„Wenn ich nur brav bin, hat mich jeder gern."

In dieser magischen Form speichern Kleinkinder ihre eigene Version der Botschaften ein, die sie von den Eltern erhalten haben. Diese Eindrücke sind Phantasievorstellungen des Kindes darüber, was die Eltern mit ihren Botschaften erreichen wollen, und deshalb werden sie in dem Modell als Inhalt des Eltern-Ich-Zustandes des Kindes zusammengefaßt. Auch später als Erwachsener kann ich noch in mein Kind-Ich zurückkehren und in Kontakt kommen mit diesen magischen Botschaften, die das Eltern-Ich in meinem Kind-Ich-Zustand ausmachen, das wir als EL_1 bezeichnen. Die Version unseres Vaters oder unserer Mutter, die wir dort aufbewahren, kann oft viel bedrohlicher sein, als Vater oder Mutter in Wirklichkeit waren. Selbst wenn Eltern ihr Kind liebhaben und es hegen und pflegen, so gut sie können, selbst dann ist es möglich, daß das Kind sie so wahrnimt, als bekäme es von ihnen destruktive Botschaften, z.B.:

„Wenn du nur tot wärst!"

„Du darfst dich nie richtig freuen!"

„Du hast nicht zu denken!"

Eine derartige bedrohliche Färbung hat dazu geführt, daß einige frühere TA-Autoren das EL_1 mit einer Reihe furchterregender Spitznamen bedacht haben. So ist von der Hexenmutter, dem Ungeheuer, und den Schweine-Eltern gesprochen worden*.

Aber die grandiose Phantasie des Kindes kann genau so gut positiv sein wie negativ. Das Eltern-Ich im Kind-Ich-Zustand stellt sich genau so gut die liebe Patin, die gute Fee oder den freundlichen Weihnachtsmann vor. Aus diesem Grunde haben wir den Ausdruck „Magisches Eltern-Ich" für das EL_1 vorgezogen. Berne hat das EL_1 als Elektrode bezeichnet. Damit weist er auf die Art hin, in der das Kind beinah zwanghaft reagiert auf diese magischen Vorstellungen von Lohn und Strafe.

Das Erwachsenen-Ich im Kind-Ich-Zustand oder der „Kleine Professor" (ER_1)

Das ER_1, das Erwachsenen-Ich im Kind-Ich-Zustand, ist die Bezeichnung für die ganze Sammlung von Strategien, die dem Kind offenstehen zur Problemlösung. In dem Maße, wie das Kind wächst, werden diese Strategien weiterentwickelt und verändert. Die Wissenschaftler, die die Entwicklung des Kindes erforscht haben, haben solche Veränderungen im einzelnen untersucht. Wer das Erwachsenen-Ich im Kind-Ich-Zustand wirklich verstehen will, muß sich mit solchen Arbeiten vertraut machen.[3]

Als kleines Kind habe ich mich natürlich für die Welt um mich herum interessiert, und ich wollte dahinter kommen, wie es da so zuging. Aber um festzustellen, was es auf sich hatte mit den Dingen und Vorgängen in der Welt, habe ich mich nicht an die Denkprozesse gehalten, die die Großen als „logisch" bezeichnen. Ich habe mich mehr auf momentane Eindrücke gestützt, mich einfach auf meine Intuition verlassen. Gleichzeitig habe ich immer mehr Neues dazugelernt, und zwar viel schneller, als die Großen das überhaupt aufnehmen können. Und desshalb be-

* *Anmerkung des Übersetzers:* Im Englischen Witch Mother, Ogre und Pig Parent.

zeichnet man dieses Vermögen, das wir aus unseren Kindertagen noch gespeichert haben in unserem ER_1, gern als den „Kleinen Professor".

Auch im Erwachsenenleben kann ich immer noch in meinen Kind-Ich-Zustand zurückgehen und dort in Kontakt kommen mit der Intuition und Kreativität, über die ich im ER_1 verfüge.

Das Kind-Ich im Kind-Ich-Zustand (K_1)

Rita, sechs Jahre alt, liegt auf der Erde und ist ganz vertieft in ein Buch, das sie gerade von der Schule mitgebracht hat. Da kommt die Katze herein. Rita blickt auf und streckt den Arm aus, will sie streicheln, aber die Katze ist heute schlechter Laune, sie kratzt Rita den Arm auf, und schon fängt es an zu bluten. Im gleichen Augenblick hat Rita vergessen, wie eine Sechsjährige zu lesen und nachzudenken. Sie krümmt sich vor Schmerz und fängt laut an zu weinen, und die Mutter kommt sofort aus dem Nebenzimmer, auch wenn gar keine Worte gesprochen worden sind. So lange die Wunde nicht verbunden ist und Mutter nicht ein paar tröstende Worte gesprochen hat, fühlt sich Rita wieder als Baby. Obwohl sie schon sechs Jahre alt ist, ist sie in das Kind-Ich einer Einjährigen zurückgegangen.

Auch als erwachsene Frau hat Rita diese Szene noch in ihrem Gedächtnis gespeichert. Wenn sie sich daran erinnert, kommt sie zuerst mit dem Erwachsenen-Ich in ihrem sechsjährigen Kind-Ich-Zustand in Kontakt (wie sie das Buch las), dann aber wird sie ins K_1 hinüberwechseln, in das frühere Kind innerhalb des Kind-Ichs, wenn sie den Schmerz und die Angst noch einmal erlebt, wie die Katze sie damals gekratzt hatte.

Ganz kleine Kinder erleben die Welt im wesentlichen als eine Folge von Körpergefühlen. Diese bilden dann den Hauptanteil der Erinnerungen, die im Kind-Ich innerhalb des Kind-Ich-Zustandes gespeichert sind. Aus diesen Gründen wird das K_1 manchmal auch als *Somatisches Kind* bezeichnet. Somatisch heißt soviel wie körperlich, und damit soll angedeutet werden, daß die tiefste Schicht unseres Kind-Ichs eng mit dem Leben (und Erleben) unseres Körpers verflochten ist und in enger Verbindung steht zu unseren physiologischen Funktionen.

Das Ganze sieht so aus wie eine „russische Puppe". Wenn man diese aufschraubt, findet man in der äußeren Hülle wiederum eine Puppe, genauso, nur kleiner. Auch diese läßt sich aufschrauben, und darin steckt dann eine noch kleinere Puppe. Und wenn man die dann wieder aufschraubt ... Das Modell des Kind-Ichs in der Strukturanalyse zweiter Ordnung sieht genau so aus. In der Struktur meines Kind-Ichs im Alter von sechs Jahren habe ich ein früheres, sagen wir dreijähriges Kind. In diesem wiederum steckt ein noch früheres Kind, und so fort. Wenn wir diese Vorstellung als Diagramm zeichnen, begnügen wir uns normalerweise mit dem ersten Schritt, wie das in der Abbildung 4.1 dargestellt wird. Für den Therapeuten kann es sehr wichtig sein, diese Struktur ständig vor Augen zu haben. Es hängt viel davon ab, wie er mit den verschiedenen Altersstufen des Kind-Ichs umgeht, die sein Klient im Laufe der Therapie durchläuft.

Fügen wir dieses K_2 zu den Bildern hinzu, die wir vom Erwachsenen-Ich und Eltern-Ich entworfen haben, bekommen wir das vollständige Diagramm der Strukturanalyse zweiter Ordnung, wie es in der Abbildung 4.1 wiedergegeben ist.

Die Unterscheidung zwischen Struktur und Funktion

Wer das Ich-Zustands-Modell effektiv nutzen will, muß den Unterschied zwischen Struktur und Funktion begriffen haben und sich klar vor Augen halten. In der Geschichte der TA-Theorie sind Struktur und Funktion immer wieder verwechselt worden, und das hat ständig zu neuen Problemen geführt. Doch die Unterschiede sind im Grunde leicht verständlich. Sie alle ergeben sich aus einer einzigen Tatsache, von der du bereits gehört hast.

Im funktionellen Modell werden beobachtete Verhaltensweisen untergebracht, und im strukturellen Modell die gespeicherten Erinnerungen und Strategien.

So lange du dir das ständig vor Augen hältst, wirst du zwischen Struktur und Funktion präzise unterscheiden. Einer der Autoren (Vann Joines) hat diese grundlegende Unterscheidung 1976 in einem Artikel im *TA-Journal* ausführlicher erklärt.[4]

Dort heißt es: „Berne hat in seinen Ausführungen sorgfältig zwischen strukturellen und funktionellen Diagrammen unterschieden. Dafür hatte er unseres Erachtens gute Gründe, schon der Logik wegen. Viele Autoren unternehmen heutzutage den Versuch, diese beiden Grundkategorien einander gleichzusetzen. Dies erinnert an den Versuch zu behaupten, „Rad" sei das Gleiche wie „sich drehen". Die beiden Kategorien beziehen sich auf unterschiedliche Aspekte der Realität. Bei der Analyse von Ich-Zuständen bezieht sich „strukturell" auf die Bestandteile der Persönlichkeit, während „funktionell" oder „deskriptiv" sich auf die Art und Weise bezieht, in der sich die Persönlichkeit zu einem bestimmten Zeitpunkt verhält, also „funktioniert." Nehmen wir zum Vergleich eine Umlaufpumpe, wie sie in manchen Häusern zum Heizen oder Kühlen eingebaut ist. Eine solche Pumpe läßt sich „strukturell" betrachten: man zeigt die verschiedenen Bestandteile auf, den Kompressor, die Leitungen, den Thermostat usw. Genau so kann man die Pumpe „funktionell" oder „beschreibend" betrachten und dann darüber reden, wie sie das Gebäude erwärmt oder abkühlt, indem sie Luft transportiert, Strom verbraucht u.dgl. Es entsteht so eine Beschreibung davon, wie das gesamte System zu einem bestimmten Zeitpunkt funktioniert."

Wenn es darum geht, den Unterschied zwischen Struktur und Funktion abzuklären, dann hältst du dir am besten solche Bilder vor Augen wie das Rad oder die Umlaufpumpe.

Eine andere Weise, sich den Unterschied zu verdeutlichen, ist die einfache Gleichung:

STRUKTUR = „WAS" = INHALT

FUNKTION = „WIE" = PROZESS

Wieso ist es so wichtig, das präzise voneinander zu unterscheiden?

Wenn wir aufzeichnen wollen, wie Menschen miteinander umgehen, so müssen wir stets *das funktionelle Modell* verwenden. *Das strukturelle Modell* ist dann am Platze, wenn es um das Verständnis dessen geht, was im einzelnen innerlich abläuft. Wenn wir das Gleiche fachgerecht ausdrücken wollen, sagen wir: Die *interpersonalen* Aspekte der TA-Arbeit erfordern das funktionelle Modell, während *intrapsychische* Dinge mit Hilfe des strukturellen Modells zu untersuchen sind. Nehmen wir als Beispiel das III. große Kapitel in unserem Buch: „Wie gehen wir miteinander um?" Hier reden wir fast nur über Funktionen. Das IV. Kapitel über das „Lebensskript" bezieht sich hauptsächlich auf die Struktur. Wenn ich dich ansehe und dir zuhöre und beurteilen will, in welchem Ich-Zustand du bist, kann ich mein Urteil nur aufgrund des funktionellen Modells treffen. Wenn ich sehe, daß du den Kopf auf die Seite neigst, deine Stirn zusammenziehst und einen Finger in den Mund steckst, so legen mir meine Beobachtungen die Schlußfolgerung nahe, daß du in dem funktionellen Ich-Zustand „angepaßtes Kind" bist.

Es ist unmöglich, in ähnlicher Weise durch Beobachtung ein Urteil darüber abzugeben, ob du „in deinem Kleinen Professor" bist oder dich etwa „aus dem Eltern-Ich im Eltern-Ich-Zustand heraus" äußerst. Mit diesen Bezeichnungen werden Ansammlungen von Erinnerungen definiert, nicht Gesamtheiten von Verhaltensweisen. Nur wenn ich auf den *Inhalt* dessen achte, was du sagst, kann ich anfangen, Hinweise zur strukturellen Analyse zweiter Ordnung zusammenzutragen. Wenn ich etwas wissen will über den Inhalt deines Kleinen Professors oder des Eltern-Ichs im Eltern-Ich-Zustand - also über das *Was,* und nicht über das *Wie* - muß ich eine Art Detektivarbeit leisten. Zunächst einmal muß ich dir eine ganze Menge Fragen stellen. Und wahrscheinlich kommt mir dabei auch meine allgemeine Kenntnis von unterschiedlichen Persönlichkeitstypen zugute und mein Wissen aus der Entwicklungspsychologie.

Im nächsten Kapitel werden wir uns mit den vier Weisen befassen, die Ich-Zustände zu diagnostizieren, wie Eric Berne sie beschrieben hat, und sehen, wie die Unterscheidung zwischen Struktur und Funktion sich dort auswirkt.

Beziehungen zwischen Struktur und Funktion

Zwei Dinge können durchaus *unterschiedlich* sein, aber doch *in Beziehung* zueinander stehen. Das gilt für Struktur und Funktion. Die Art und Weise, wie ich mich zu einem bestimmten Zeitpunkt verhalte, hängt zum Teil von der Gesamtheit der Erinnerungen und Strategien ab, mit denen ich innerlich in Kontakt bin. Stellen wir uns vor, ich zeige ein Verhalten, das dem entspricht, was wir als funktionellen Ich-Zustand des negativen angepaßten Kindes kennengelernt haben.

Ich sitze etwa zusammengekauert da, mit angezogenen Armen und Beinen, knirsche mit den Zähnen, habe ein hochrotes Gesicht, und auf meiner Stirn stehen Schweißtropfen.

Wenn du mich in diesem Augenblick betrachten würdest, was könntest du dann aussagen über den Teil im strukturellen Diagramm, mit dem ich innerlich in Berührung bin?

Du könntest mit einigem Grund davon ausgehen, daß ich Körperempfindungen der Art habe, die zur Definition des Somatischen Kindes, des K_1 passen. Und das ist durchaus möglich.

Aber genau so gut kann es sein, daß ich innerlich in Kontakt bin mit Bildern des furchterregenden Ungeheuers oder der Hexenfigur, die ich für mich als Elterngestalten gesehen habe, als ich drei Jahre alt war, und die jetzt den Speicher meines EL_1 ausfüllen. Genau so gut ist es aber auch möglich, daß ich nur die Art und Weise nachahme, in der mein Vater sich zusammenkauerte und rot wurde, wenn er als Kind sich bedroht fühlte. Wenn das der Fall ist, bin ich in Kontakt mit einem Teil meines eigenen Eltern-Ichs, nämlich mit dem Kind in jener Eltern-Ich-Unterteilung, in dem ich meinen Vater verinnerlicht habe (das K_3 des Vaters).

Und wenn du noch so kenntnisreich und scharfsinnig bist, du kannst nicht wissen, ob ich nicht ein hervorragender Schauspieler bin und diese ganze Szene nur spiele, um irgend etwas aus meinem Erwachsenen-Ich heraus zu erreichen, von dem du nichts ahnst. Wenn das der Fall ist, dann ist es wahrscheinlich, daß ich innerlich wechsele zwischen den Inhalten meines Erwachsenen-Ichs, des ER_2, und des kleinen Professors, ER_1.

Noch einmal: Wenn du mich ansiehst und mir zuhörst, kannst du die Funktion *beobachten*. Strukturaspekte jedoch kannst du nur *folgern*.

5. Das Erkennen der Ich-Zustände

Eric Berne hat vier Weisen aufgezählt, wie man die Ich-Zustände erkennnen kann. Er bezeichnete sie als :

Verhaltensbezogene Diagnose
Soziale Diagnose
Lebensgeschichtliche Diagnose
Phänomenologische Diagnose.

Berne betonte, es sei am besten, mehrere Methoden gleichzeitig zu benutzen. Zur kompletten Diagnose gehören alle vier, und zwar in der obigen Reihenfolge. Am wichtigsten von den vieren ist die verhaltensbezogene Diagnose. Die anderen drei dienen zu deren Überprüfung.[1]

Die verhaltensbezogene Diagnose

Bei der verhaltensbezogenen Diagnose wird das Verhalten der Person beobachtet und aufgrund dessen beurteilt, in welchem Ich-Zustand sie sich befindet. Dabei läßt sich folgendes wahrnehmen:

Wörter, Sätze, Redewendungen (was sie sagt)
Sprechweise (Stimmklang, Lautstärke, Redegeschwindigkeit u.dergl.: wie sie spricht)
Gestik
Körperhaltung
Gesichtsausdruck.

Wenn du den Ich-Zustand von jemand in seinem funktionellen Aspekt diagnostizieren willst, beobachtest du natürlich mehrere dieser Indizien gleichzeitig. Stimmen die einzelnen Hinweise miteinander überein?

Stell dir z.B. vor, du siehst mich aufrecht auf dem Stuhl sitzen. Ich habe beide Füße fest auf dem Boden, und beim Betrachten siehst du direkt die senkrechte Mittelachse, die durch meinen Körper geht. Nach diesen Hinweisen ziehst du einen ersten vorsichtigen Schluß, nämlich daß mein Verhalten dem Erwachsenen-Ich entsprechen könnte.

Dann betrachtest du mein Gesicht und siehst, daß ich geradeaus sehe und meine Gesichtsmuskeln entspannt sind. Wenn ich dann anfange zu sprechen, vernimmst du einen ausgeglichenen Stimmklang. Jetzt hast du aus dem Gesichtsausdruck und vom Stimmklang her übereinstimmende Hinweise, die die verhaltensbezogene Diagnose des Erwachsenen-Ich-Zustandes stützen.

Ein einzelner Hinweis ist an sich niemals ausreichend. Vielleicht sitze ich dort und diskutiere über die gedanklichen Voraussetzungen des Ich-Zustands-Modells. Würde ich meine Worte aufschreiben, so würden sie „erwachsen" wirken. Aber wenn du mich aufmerksam ansiehst, so bemerkst du, daß ich jetzt meine Füße so bewegt habe, daß ich mit den Zehen des einen Fußes mich auf den Zehen des anderen abstütze. Den Kopf habe ich auf die Seite gelegt, und mit der linken Hand trommele ich auf die Stuhllehne. Durch meine Gestik und Körperhaltung gewinnst du Hinweise darauf, daß ich höchst wahrscheinlich in meinem angepaßten Kind bin, auch wenn meine Worte so „erwachsen" klingen.

Gibt es allgemeingültige Indizien zum Erkennen der Ich-Zustände?

In TA-Büchern werden meistens Tabellen bestimmter allgemeingültiger Indizien aufgeführt, die bei der verhaltensbezogenen Diagnose hinzuzuziehen sind. So heißt es dann, daß der erhobene Zeigefinger zum kritischen Eltern-Ich gehört. Die weinerliche Stimme soll auf das angepaßte Kind hinweisen. Und wenn jemand ausruft: „Bravo! Prima!", so soll das ein Indiz sein für das freie Kind, und so weiter.

Wenn man aber ein solches Konzept von „verbindlichen Indizien" näher betrachtet, so kommen einem doch Bedenken, vor allem wenn man zurückgeht zum Wesen des Ich-Zustands-Modells, wie es ursprünglich definiert worden ist.

Derartige „Patentrezept"-Tabellen legen doch die Annahme nahe, daß ich, wenn ich, sagen wir, im angepaßten Kind bin, mich so verhalte *wie ein Kind*, das sich den Forderungen seiner Eltern beugt. Entsprechend würde ich mich im fürsorglichen Eltern-Ich so aufführen *wie eine Mutter oder ein Vater*, die sich um ein Kind kümmern.

Aber das ist etwas anderes als das, was das Ich-Zustands-Modell besagt. Was sage ich denn aus, wenn ich die Sprache des Modells in der rechten Weise anwende?

Wenn ich sage, ich bin „in meinem Kind-Ich", dann meine ich damit, daß ich mich so verhalte, so denke und so empfinde, wie das Kind, das *ich* einmal war - also nicht einfach wie *irgendein* Kind. Und wenn ich „im fürsorglichen Eltern-Ich" bin, benehme ich mich, denke und fühle, wie das *mein* Vater oder *meine* Mutter getan haben, und nicht wie „Eltern im allgemeinen" .

Daraus folgt, daß zu einer verläßlichen Verhaltensdiagnose meines angepaßten Kind-Ich-Zustandes erforderlich wäre, genau zu wissen, wie *ich* damals in meiner Kindheit dreingeschaut und wie ich gesprochen habe, wenn ich mich meinen Eltern zu fügen hatte. Und wenn du mein fürsorgliches Eltern-Ich erkennen willst, dann müßtest du meine Mutter oder meinen Vater beobachtet haben, als sie mich damals vor langen Jahren betreut hatten.

Verhaltensindizien, die mein angepaßtes Kind in ihrer Gesamtheit, oder mein freies Kind definieren, unterscheiden sich also von denen, die auf dein Kind zutreffen, weil wir verschiedene Kinder gewesen sind. Und weil wir auch verschiedene Eltern haben, hat jeder von uns seine einzigartige Gesamtheit von Verhaltensweisen, die bei ihm das kritische oder fürsorgliche Eltern-Ich ausmachen.

Heißt das nun, daß derartige Tabellen von „allgemeingültigen Indizien" unnütz sind ?

Gottseidank ist dem nicht so. Es gibt eine ganze Reihe von Verhaltensweisen, die schon typisch sind für *Kinder im allgemeinen,* wenn sie ihren Eltern gehorchen oder wenn sie spontan aus sich herausgehen. Und es gibt Verhaltensweisen, die *Eltern im allgemeinen* oft an den Tag legen, wenn sie kritisch oder fürsorglich mit ihren Kindern umgehen. Wenn wir also solche typischen Verhaltensweisen suchen, ergibt das einen nützlichen Anfang für die Diagnose funktioneller Ich-Zustände. Wir müssen uns nur darüber klar sein, daß dies nur ein erster Anfang ist. Wenn wir unsere Diagnose absichern wollen, müssen wir die Person kennenlernen. Erst im Laufe der Zeit können wir eine Liste jener einzigartigen Verhaltensweisen zusammenstellen, die auf Ich-Zustandswechsel hinweisen. Wir haben es vorgezogen, in unserem Buch keine Tabellen für „allgemein verbindliche Hinweise" aufzustellen. Statt dessen möchten wir dich einladen, deine eigene Liste anzufertigen.

Unterteile einen großen Bogen in sechs Spalten. In die linke Spalte schreibst du „Indizien aus". Und in die anderen fünf Spalten trägst du die Bezeichnungen für die fünf funktionellen Unterteilungen von Ich-Zuständen ein, die wir im Egogramm verwandt haben: kEL, fEL, ER, fK, aK.

Und nun setze in die linke Spalte mit der Überschrift „Indizien aus" Bezeichnungen, die du gleichmäßig von oben nach unten über das Blatt verteilst:

Wörter, Sätze, Redewendungen
Stimmklang, Lautstärke, Sprechgeschwindigkeit
Gestik
Körperhaltung
Gesichtsausdruck

Wenn du jetzt noch fünf waagerechte Linien einzeichnest, bekommst du fünf Felder in jeder Spalte, eine für „Wörter", eine für „Stimmklang" und so weiter.

Nun geht es darum, die Indizien aus deinem Verhalten *für dich* in jede Spalte einzusetzen.

Nehmen wir z.B. die Spalte „kritisches Eltern-Ich". Dort trägst du die Verhaltensindizien ein, die du von dir kennst, wenn du die Weise nachahmst, wie sich deine Eltern anderen Menschen gegenüber kritisch verhalten oder ihnen Weisungen gegeben haben. Denk an Situationen, wo du häufig ins kEL gehst. Das könnte sein, wenn du deinen Mitarbeitern im Beruf Weisungen zu geben hast. Wenn du Kinder hast, konzentriere dich darauf, wie du dich verhältst, wenn du deinen Kindern sagst, was sie zu tun haben.

Ich gebe dir ein paar Beispiele dafür, was ich für mich in die kEL-Spalte einsetzen würde:

Wörter: „Laß das! Stop! Los! So geht das. Das ist gut. Schlecht! Du müßtest... Du mußt jetzt..."

Stimmklang: tief, voll, schroff.

Gestik: Die gestreckte Rechte unterstreicht nachdrücklich jedes Wort; dann werden die Finger jeder Hand gespreizt aneinandergelegt und leicht gedrückt, schließlich bleiben die Hände hinter dem Kopf verschränkt.

Körperhaltung: Weit auf den Sessel zurückgelehnt, Kopf nach hinten, Kinn etwas vorgestreckt.

Gesichtsausdruck: Mundwinkel leicht herabgezogen, Stirn in Falten gelegt, Blick von oben herab.

Vielleicht stellst du fest, daß einige dieser Indizien auch auf dich zutreffen. Was hier wichtig ist, ist, daß du deine eigene einzigartige Liste zusammenstellst. Und jetzt mach dich an die Arbeit.

Schreibe nur das auf, was man auch sehen und hören kann. Hüte dich vor dem Interpretieren. Wenn du die Spalte „Gesichtsausdruck" ausfüllst, dann trage dort nur ein, was du mit deinem Gesicht anstellst, und zwar so, daß andere es sehen können. Vermeide also Ausdrücke wie „herablassend, herrisch, hochmütig ...". Das wären Interpretationen. Wenn du mich ansiehst und mir zuhörst, hast du vielleicht den Eindruck, daß ich herrisch bin. Aber das Herrische ist nicht etwas, was du beobachten kannst, sondern eine Interpretation, die du für dich selbst vornimmst. Übe dich darin, bewußt nur das festzuhalten, was du beobachtest. Wenn du dann anschließend deine Beobachtungen interpretierst, dann bleibe dir bewußt, daß die Interpretation etwas anderes ist, als was du beobachtet hast.

Wenn du die Spalte für das kritische Eltern-Ich ausgefüllt hast, dann fülle die anderen Spalten in gleicher Weise aus. Für das fürsorgliche Eltern-Ich führe die Verhaltensweisen an, die du zeigst, wenn du die Art und Weise nachahmst, in der Vater oder Mutter für andere Menschen gesorgt haben. Und auch hier: wenn du selbst Kinder hast, so verhältst du dich mit Wahrscheinlichkeit manchmal genau so, wenn du für deine eigenen Kinder sorgst.

Beim angepaßten Kind führe diejenigen Verhaltensindizien an, die du zeigst, wenn du innerlich wiedererlebst, wie du dich als Kind nach anderen gerichtet hast. Vielleicht machst du das heute noch, wenn andere Menschen dir zusehen oder wenn du im Betrieb mit deinem Chef sprichst oder dergleichen.

Beim freien Kind laß dir einmal eine Szene einfallen, die nicht zu lange her ist, wo du aus dir herausgegangen bist wie das Kind, das du einmal gewesen bist, wo du dich also den Erwartungen anderer nicht gebeugt und dich auch nicht dagegen aufgelehnt hast. Vielleicht saßest du auf der Achterbahn, hast den Kopf in deinen Händen vergraben und hast vor Vergnügen gequietscht, als der Wagen steil hinunterschoß. Oder du warst beim Doktor zur Impfung und hast plötzlich vor Angst gezittert, als die Arzthelferin mit der Spritze ankam. Das beweist, daß sich die funktionellen Unterteilungen des Eltern-Ich und des Kind-Ich in negativer und auch in positiver Weise ausdrücken können. Entdeckst du typische Verhaltensweisen, wenn du andere aus deinem negativen kritischen Eltern-Ich heraus fertigmachst? Hast du als Vater oder Mutter die Tendenz, deine Kinder bisweilen mit deiner Fürsorge zu erdrücken oder gar zu ersticken? Wenn das der Fall ist, wie nehmen dich dann deine Kinder im negativen fürsorglichen Eltern-Ich wahr? Fühlst du dich im Umgang mit deinem Chef manchmal so, daß du einen Kotau vor ihm machst, ihm schmeichelst, aber ihn in Wirklichkeit zum Teufel wünschst? Ist das der Fall, wie würdest du dich dann im negativen angepaßten Kind sehen und hören, wenn du dich auf einem Videofilm beobachten könntest?

Und in die Spalte für das Erwachsenen-Ich trage die Verhaltensweisen ein, die du zeigst, wenn du im Hier und Jetzt als die erwachsene Person, die du bist, handelst. Vielleicht denkst du an eine Situation aus der jüngsten Vergangenheit, wo du bei der Arbeit mit einem Kollegen Informationen ausgetauscht hast. Oder aber du warst im Supermarkt und hast dort mitgenommen, was du auf deiner Einkaufsliste stehen hattest. Vielleicht war es auch beim Lesen dieses Buches und beim Erfassen der Ich-Zustände. Denke daran, daß der Erwachsenen-Ich-Zustand sich sowohl auf die Gefühle im Hier und Jetzt als auch auf das Denken bezieht. Deshalb gehört zu den Verhaltensweisen des Erwachsenen-Ichs auch der Ausdruck von Empfindungen, soweit die ausgedrückten Gefühle angemessene Reaktionen auf die jeweilige Situation darstellen.

Nun nimm die Spalte für das freie Kind für diejenigen Verhaltensweisen, die du an den Tag legst, wenn du dich so verhältst, als wärest du wieder ein spontanes Kind und nicht ein spontaner Erwachsener.

Es wird vorkommen, daß du nach den Beobachtungen meiner Verhaltensindizien weitere Fragen an mich richten mußt, wenn du beurteilen willst, zu welchen von meinen Ich-Zuständen eine bestimmte Verhaltensweise paßt. Nimm an, du siehst mich zusammengesunken da sitzen, vorwärts gebeugt, den Kopf aufgestützt. Meine Mundwinkel sind nach unten gezogen, ich seufze tief auf und habe Tränen in den Augen.

Aus all diesen Anzeichen kannst du schließen, daß ich Traurigkeit erlebe. Aber in welchem Ich-Zustand bin ich dann? Habe ich vielleicht erfahren, daß ein naher Verwandter von mir gestorben ist? Dann wäre meine Traurigkeit eine durchaus angemessene Reaktion auf das Hier und Jetzt und damit dem Erwachsenen-Ich zuzuordnen. Oder bin ich in Kontakt gekommen mit Erinnerungen an einen Verlust, den ich als Kind erlebt habe und über den ich mir bisher nie eine Trauerreaktion erlaubt habe? Wenn das so ist, dann kommt der Ausdruck meines Gefühls aus dem freien Kind. Es könnte aber auch sein, daß ich ein Muster aus meinem negativen angepaßten Kind wieder auflege, indem ich mich hängen lasse und traurig werde, um dadurch andere zu manipulieren.

Wenn du deine Einschätzung meiner Verhaltensindizien absichern willst, wirst du Fragen dazu stellen, in welcher Beziehung andere Menschen zu mir stehen. Erst erkundigst du dich nach meiner Lebensgeschichte und danach, wie meine Eltern so waren. Und du schaust dir vielleicht auch an, was ich aus meiner eigenen Kindheit heute wieder erleben kann.

Wenn wir uns jetzt mit Bernes drei anderen Diagnosemethoden befassen, so überprüfe damit jedesmal die Verhaltensliste, die du für dich selbst angefertigt hast. Wenn du dabei wieder etwas Neues entdeckst, so ändere oder erweitere die ursprüngliche Liste entsprechend.

Die soziale Diagnose

Der sozialen Diagnose liegt die Tatsache zugrunde, daß Mitmenschen oft mit mir in Beziehung treten aus einem Ich-Zustand heraus, der denjenigen Ich-Zustand sozusagen ergänzt, den ich gerade einsetze. Wenn ich also auf die innere Verfassung achte, aus der heraus jemand anders auf mich reagiert, kann ich von daher überprüfen, aus welchem Ich-Zustand ich selbst mich gerade geäußert habe. Wenn ich mich z.B. aus meinem Eltern-Ich heraus an dich wende, ist es schon wahrscheinlich, daß du aus deinem Kind-Ich heraus reagierst. Wenn ich das Gespräch mit dir aus meinem Erwachsenen-Ich heraus eröffne, wirst du mit einiger Wahrscheinlichkeit auch im Erwachsenen-Ich antworten. Und wenn ich mich von meinem angepaßten Kind aus an dich wende, wirst du wohl mit deinem Eltern-Ich reagieren. Werde ich mir also darüber klar, daß die Menschen um mich herum oft Kind-Ich-Reaktionen zeigen, habe ich Grund zu der Annahme, daß ich mich oft vom Eltern-Ich her an sie wende. Vielleicht bin ich Vorgesetzter und stelle fest, daß meine Mitarbeiter entweder radfahren oder hinter meinem Rücken meine Anordnungen unterlaufen. Das eine wie das andere sieht aus wie eine Reaktion aus dem angepaßten Kind heraus. Also ist es denkbar, daß ich im Umgang mit ihnen doch mehr im kritischen Eltern-Ich bin, als ich gedacht hätte. Wenn ich die Situation nun ändern will, kann ich die Verhaltensweisen aus dem kritischen Eltern-Ich zusammenstellen, die ich im Betrieb eingesetzt habe. Ich kann dann experimentieren und beispielsweise Verhaltensweisen aus dem Erwachsenen-Ich ausprobieren. Die Ich-Zustands-Reaktionen meiner Mitarbeiter ergeben für mich dann die soziale Diagnose darüber, wieweit es mir gelungen ist, aus meinem elternhaften Verhalten auszusteigen.

Nimm eine Situation aus der jüngsten Vergangenheit, als jemand auf dich anscheinend aus seinem Kind-Ich heraus reagiert hat. Welche Verhaltensindizien zeigte dieser andere, die deiner Interpretation nach auf das Kind-Ich hingewiesen haben?

Hast du das dadurch angeregt, daß du dich ihm aus dem kritischen Eltern-Ich oder aus dem fürsorglichen Eltern-Ich zugewandt hattest? Sollte das der Fall sein, dann sieh dir die entsprechende Spalte in deiner Zusammenstellung von Verhaltensindizien an, und mach dir klar, warum der andere dich in deinem Eltern-Ich wahrgenommen hat.

Wie hättest du dein Verhalten ändern müssen, wenn du bei ihm eine Reaktion aus einem anderen Ich-Zustand heraus hättest anregen wollen?

Und nun mache dieselbe Übung für Situationen, in denen jemand auf dich augenscheinlich aus seinem Erwachsenen-Ich oder aus seinem Eltern-Ich heraus reagiert hat.

Die lebensgeschichtliche Diagnose

Bei der „historischen" Diagnose oder Diagnose aus dem Lebenslauf ermitteln wir durch Fragen, wie der betreffende Mensch als Kind gewesen ist. Wir fragen nach seinen Eltern und Elternfiguren . Das gibt uns eine Kontrolle darüber an die Hand, wieweit unsere Eindrücke von seinen Ich-Zuständen, funktionell gesehen, richtig waren. Außerdem erfahren wir auch einiges über die Struktur des jeweiligen Ich-Zustandes. *Die historische Diagnose befaßt sich sowohl mit dem Prozeß wie auch mit dem Inhalt.*

Ein Beispiel: Ich sehe dich in einer Gruppe, wie du dasitzt mit hängenden Schultern und gerunzelter Stirn. Du hältst die Hand vor die Augen und sagst: „Ich bin total durcheinander. Ich kann nicht klar denken." Vom Verhalten her schließe ich, daß du im angepaßten Kind bist.

Wenn ich eine historische Diagnose anstellen will, kann ich dich fragen: „Wie hast du dich als Kind gefühlt, wenn dir jemand gesagt hat, du solltest denken?" Oder vielleicht sage ich auch: "Wie ich dich sehe, kommst du mir vor wie jemand, der jetzt gerade sechs Jahre alt ist. Fällt dir dazu irgend etwas aus deiner Kindheit ein?" Und du erinnerst dich vielleicht: „Ja, mein Papa hat mir immer zugesetzt, ich sollte Bücher lesen, und dann hat er gelacht, weil ich mit den Wörtern noch nicht so zurechtkam. Also habe ich mich dumm gestellt, bloß um ihn zu ärgern."

In einem anderen Augenblick lehnst du dich vielleicht gerade in deinem Stuhl zurück, hebst dein Kinn an und schaust von oben herab auf deine Nachbarin. Dann sagst du ihr: „Also was du da erzählst, ist doch Blödsinn. In Wirklichkeit ... " Die zuckt daraufhin vielleicht zusammen, zieht ihre Schultern hoch und reißt die Augen auf in der Art des angepaßten Kindes. Jetzt habe ich sowohl verhaltensmäßige wie auch soziale Hinweise darauf, daß du im kritischen Eltern-Ich bist. Wenn ich das aus historischer Sicht überprüfen will, dann kann ich sagen: „Bleib mal einen Augenblick so sitzen! Hat dein Vater so dagesessen, oder vielleicht deine Mutter, wenn sie dir gesagt haben, wie etwas in Wirklichkeit ist?" Es kann durchaus sein, daß du einen Aha-Effekt erlebst und lachst: „Ja natürlich, das ist mal wieder mein Papa!"

Was du mir berichtest, gibt mir also eine Möglichkeit, meine verhaltensbezogene Diagnose zu überprüfen. Wenn ich dich sehe, wie du eine Reihe von Verhaltensweisen aufweist, die nach meiner Meinung zum angepaßten Kind-Ich passen, dann habe ich jetzt die Bestätigung, daß dein inneres Erleben eine Wiederauflage der Art und Weise darstellt, wie du in der Kindheit auf elterlichen Druck reagiert hast. Und wo du im Verhalten elterliche Indizien zeigst, berichtest du mir, daß du die Verhaltensweisen deines eigenes Vaters reproduzierst.

Sieh dir noch einmal die Liste der Verhaltensindizien an, die du für dich erstellt hast. Benutze jetzt die historische Diagnose, um die Hinweise für jeden Ich-Zustand zu überprüfen.

Wenn du die Indizien für das kritische Eltern-Ich und das fürsorgliche Eltern-Ich durchgehst, frage dich bei jeder Verhaltensweise, von wem du sie übernommen hast, von Vater, Mutter oder einer anderen Elternfigur. Und welche verinnerlichten Gedanken und Gefühle begleiten dann dein Verhalten?

Bei den Anzeichen für das angepaßte Kind und für das freie Kind erinnere dich an Kindheitssituationen, wo du dich genauso verhalten hast. Wie alt bist du gewesen? Was hast du damals gedacht und gefühlt?

Beim Erwachsenen-Ich achte darauf, daß die Verhaltensweisen, die du angeführt hast, *nicht* ein Neuerleben aus deiner Kindheit sind, und auch kein elterliches Verhalten, das du verinnerlicht, also als Ganzes geschluckt hast.

Vielleicht stellst du jetzt fest, daß du die eine oder andere Verhaltensweise unter deinen Indizien besser in eine andere Spalte einträgst. So könnte sich herausstellen, daß gewisse Indizien, die du am Anfang dem Erwachsenen-Ich zugeordnet hattest, ihren Platz eher beim angepaßten Kind haben.

Die phänomenologische Diagnose

Bisweilen ist meine Rückkehr in die Vergangenheit keine Erinnerung, sondern ein Wiedererleben. Berne schrieb dazu: „Zur phänomenologischen Absicherung kommt es nur, wenn der Betreffende imstande ist, den ganzen Ich-Zustand in seiner vollen Intensität und nur wenig verblaßt wieder zu erleben."

Stell dir vor, du hast dich soeben an die Zeit erinnert, als Papa dir zugesetzt hat, du sollst lesen, und dich dann ausgelacht hat, weil du mit den Wörtern nicht zurechtgekommen bist. Wenn wir beiden in der Therapie miteinander arbeiten würden, dann könnte ich dich auffordern, zurückzugehen in diese Kindheitsszene. Das kann so gehen, daß du in deiner Vorstellung Papa vor dich hinstellst und ihm jetzt sagst, was du im Alter von sechs Jahren nicht sagen konntest. Vielleicht wirst du am Anfang vor deinem Papa eher winseln. Aber dann kommst du wieder in Kontakt mit einer furchtbaren Wut und schreist los: „Das ist gemein!", und schlägst dabei so auf ein Kissen ein, wie du damals am liebsten deinem Vater eine geschmiert hättest. Damit haben wir beide eine phänomenologische Diagnose über einen Teil des Inhalts deines Kind-Ichs getroffen.

Berne hat hier den Ausdruck „phänomenologisch" in einem Sinn gebraucht, der der üblichen Definition keineswegs entspricht. Wieso, hat er nie erklärt, und du tust gut daran, dich einfach an die hier beschriebene Bedeutung dieses Fachausdrucks zu halten.

Die Ich-Zustands-Diagnose in der Praxis

Im Idealfall setzen wir alle vier Diagnosemöglichkeiten ein. Aber in der Praxis ist das oft unmöglich, und dann diagnostizieren wir einfach so gut wir können.

Wenn wir die TA bei unserer Arbeit mit Organisationen oder im Schulwesen oder beim Kommunikationstraining einsetzen, oder wenn wir einfach nur unsere alltäglichen Beziehungen zu anderen Menschen verbessern wollen, müssen wir uns im wesentlichen auf die Verhaltensdiagnose verlassen. Die soziale Diagnose kann uns dann eine gewisse Absicherung geben. Und auch in der TA-Therapie ist die verhaltensbezogene Diagnose das erste und wichtigste Mittel, Ich-Zustände zu erkennen.

Wenn du deine Effektivität bei der Verwendung der TA steigern willst, so übe dich ständig darin, deine Verhaltensdiagnose zu verfeinern. Nimm immer wieder Bezug auf die Tabelle der Ich-Zustands-Indizien, die du für dich aufgestellt hast, und revidiere diese in dem Maße, wie dir deine eigenen Ich-Zustands-Wechsel mehr und mehr bewußt werden.

Wenn du die Möglichkeit dazu hast, nimm von dir selbst Tonbänder oder Videobänder auf. Analysiere deine Ich-Zustands-Indizien Sekunde für Sekunde. Und dann setze die Veränderungen in deiner Sprache und Sprechweise und, wenn du eine Videoanlage hast, in den Körpersignalen in Beziehung zu dem, was du innerlich erlebt hast.

Gewöhne dir an, im Umgang mit anderen Verhaltensdiagnosen zu stellen. Tu das, wenn du bei Sitzungen oder im Unterricht bist. Tu es oft, wenn du mit deinem Lebenspartner, deinem Chef oder deinen Mitarbeitern sprichst. Halte fest, wie dein Gegenüber den Ich-Zustand wechselt, und du selbst auch. Am Anfang mag dir das komisch vorkommen, aber bleib ruhig dabei, bis es dir zur zweiten Natur wird. Vor allem aber behalte deine Analysen für dich, so lange du nicht sicher bist, der andere will wirklich etwas darüber erfahren!

Und nimm jede Gelegenheit wahr, deine Verhaltensdiagnose durch historisches und phänomenologisches Beweismaterial zu überprüfen. *Tu das bei anderen aber nur, wenn sie sich im voraus ausdrücklich damit einverstanden erklären.* Je öfter du solche Überprüfungen vornimmst, um so genauer wird deine verhaltensbezogene Diagnose.

Das reale Selbst und die Exekutive

Der Einfachheit halber sind wir bei unserer Behandlung der Ich-Zustände bisher davon ausgegangen, daß jemand zur gleichen Zeit nur in *einem* Ich-Zustand weilen kann. In der Wirklichkeit sehen die Dinge nicht so einfach aus. Es ist durchaus möglich, daß jemand sich in einer Weise *verhält*, die zu dem einen Ich-Zustand paßt, während er sich in einem anderen Ich-Zustand *erlebt*.

Dafür ein Beispiel: Stell dir vor, ich bin auf der Arbeit und erarbeite mit einem Kollegen ein bestimmtes Projekt. Während der Diskussion richtet sich meine Aufmerksamkeit in den ersten Minuten voll und ganz auf die vor uns liegende Aufgabe. Würdest du meine Verhaltenssignale beobachten, so würdest du das sichere Urteil abgeben, daß ich im Erwachsenen-Ich bin. Auch mein inneres Erleben besagt, daß ich im Erwachsenen-Ich bin, ich reagiere ja auf das Hier und Jetzt, tausche Informationen aus und bewerte sie.

Wie aber das Gespräch dann immer länger dauert, kriege ich allmählich Langeweile. Im Kopf sage ich mir: „Wäre ich bloß wieder draußen! Heut ist so schönes Wetter - ich würde ja viel lieber in der frischen Luft spazierengehen. Aber ich glaube nicht, daß ich das kann.... "

Jetzt erlebe ich mich im Kind-Ich. Ich lege die Erinnerung an die Schulzeit wieder auf, als ich auf der Bank gesessen, dem Lehrer gelangweilt zugehört und nur den einen Wunsch gehabt hatte, nach draußen zu kommen, und zu spielen.

Aber trotz aller Langeweile bleibe ich bei dem vor uns liegenden Projekt. Wenn du mein Verhalten beobachten würdest, dann würdest du sehen, daß ich weiterhin Informationen austausche. Nach meinem äußeren Verhalten befinde ich mich noch immer in meinem Erwachsenen-Ich. Aber mein Verhalten paßt nicht mehr zu dem Ich-Zustand, den ich erlebe.

Um diese Situation zu beschreiben, hat Berne eine Unterscheidung vorgeschlagen zwischen dem *realen Selbst* und der *Exekutive*.[2]

Wenn ein Ich-Zustand das Verhalten einer Person bestimmt, dann sagt man, dieser Ich-Zustand ist *in der Exekutive*, d.h. er übt sozusagen die *Regierungsgewalt* aus. Wenn jemand sich aber so erlebt, als wäre er in einem bestimmten Ich-Zustand, dann sagen wir, daß er diesen Zustand als sein *reales Selbst* erlebt.

Meistens wird der Ich-Zustand, der in der Exekutive ist, auch als das reale Selbst erlebt. Bei dem oben beschriebenen Beispiel war zu Beginn der Projektdiskussion mein Erwachsenen-Ich in der Exekutive, und gleichzeitig erlebte ich es auch als mein reales Selbst. Aber als ich dann Langeweile kriegte, habe ich das Erleben meines realen Selbst in mein Kind-Ich verlagert. Dennoch habe ich weiterhin in einer Weise gehandelt, die zu meinem Erwachsenen-Ich gehört. Damit habe ich diesen Ich-Zustand also in der Exekutive gehalten.

Nun stell dir vor, mein Arbeitskollege hätte die Diskussion noch weiter fortgesetzt. Dann hätte ich bestimmt gegähnt und nicht mehr richtig aufgepaßt. Und dann hätte er auf eine Antwort auf eines seiner Argumente gewartet, und ich wäre dann wohl rot geworden und hätte gesagt: „Oh Verzeihung! Ich war wohl gerade nicht ganz bei der Sache." Damit wäre mein Kind-Ich in der Exekutive gewesen, und ich hätte es gleichzeitig auch als mein reales Selbst erlebt.

Denk dir mindestens drei weitere Beispiele aus, wo bei jemand der eine Ich-Zustand in der Exekutive ist, während er einen anderen Ich-Zustand als sein reales Selbst erlebt.

Fallen dir Beispiele dafür ein, wenn du an die Erlebnisse denkst, die du in der letzten Woche hattest?

Inkongruenz

Diese Unterscheidung zwischen der Exekutive und dem realen Selbst bringt natürlich für die Ich-Zustands-Diagnose besondere Probleme mit sich. Da der Ich-Zustand, der in der Exekutive ist, das Verhalten bestimmt, wäre zu erwarten, daß die Verhaltensindizien des Betreffenden auf diesen Ich-Zustand hinweisen würden. Solange dieser Ich-Zustand auch als reales Selbst erlebt wird, bekommst du aus deiner Verhaltensdiagnose ein präzises Bild des inneren Erlebens der betreffenden Person. Aber wie sieht das aus, wenn diese Person dann als reales Selbst in einen anderen Ich-Zustand überwechselt, der ursprüngliche Ich-Zustand aber weiterhin die Exekutivgewalt behält? Wie kann man so etwas feststellen mit Hilfe der verhaltensbezogenen Diagnose?

In Wirklichkeit kann man das eben manchmal nicht feststellen. Das gilt vor allem für die Zeiten, wo die Person in ihrem gesamten Verhalten relativ inaktiv ist. Du siehst mich beispielsweise dasitzen, wie ich einem Vortrag zuhöre. Ich sitze gerade, bewege mich nicht viel und sage auch nichts. Auf den ersten Blick nimmst du mich vom Verhalten her wahrscheinlich im Erwachsenen-Ich wahr. Aber innerlich hänge ich vielleicht den Träumereien meines Kind-Ichs nach. Wenn du dich da nicht weiter bemühst und deine Untersuchung nicht fortsetzt, hast du keine Möglichkeit dahinterzukommen.

Häufiger jedoch gibt der Mensch Verhaltenshinweise von sich, die andeuten, was in ihm abläuft. Es liegt doch auf der Hand: Wenn bei jemand die Exekutive in einem anderen Ich-Zustand liegt als dem, den er als reales Selbst erlebt, dann kommt es zu einer Spaltung zwischen seinem Verhalten und seinem inneren Erleben. Nach außen hin zeigt er dies im allgemeinen dadurch, daß seine augenfälligsten Verhaltensindizien auf den Ich-Zustand hindeuten, der in der Exekutive ist. Aber gleichzeitig wird er andere, subtilere Signale aussenden, die nicht zu denen des Ich-Zustandes passen, bei dem die Exekutive liegt. Hingegen passen sie genau zu dem Ich-Zustand, den er als sein reales Selbst erlebt. In der Fachsprache spricht man dann davon, daß sein Verhalten *inkongruent* ist.

Als ich mit meinem Arbeitskollegen das neue Projekt besprach, paßten meine auffälligsten Verhaltensweisen zu dem Ich-Zustand, bei dem während der ganzen Zeit die Exekutive lag, d.h. zu meinem Erwachsenen-Ich. Wenn du mich aber näher beobachtet und mir aufmerksamer zugehört hättest, hättest du ein paar Veränderungen wahrgenommen in dem Augenblick, wo es mir langweilig wurde und ich in meinem realen Selbst ins Kind-Ich überwechselte. Bis dahin war die Tonlage meiner Stimme, die sogenannte Satzmelodie, während meines Sprechens lebendig gewesen mit einem natürlichen Auf und Ab. Jetzt wurde sie plötzlich monoton. Meine Augen, die vorher regelmäßig hin und her gegangen waren zwischen der Arbeitsunterlage und dem Gesicht meines Kollegen, starrten plötzlich zerstreut auf einen Punkt auf dem Tisch. Solche Inkongruenzen könnten dich zu der Schlußfolgerung führen, daß ich mein Erleben des realen Selbst vom Erwachsenen-Ich in mein Kind-Ich verlagert hatte.

Inkongruenzen zu erkennen stellt eine der wichtigsten Fertigkeiten dar, die du als Benutzer der TA erwerben kannst. Zu diesem Thema werden wir zurückkehren, wenn wir uns im Kapitel 7 mit Transaktionen befassen.

Bernes Energietheorie

Eric Berne hat eine theoretische Erklärung dafür entwickelt, was eigentlich passiert, wenn wir unsere Exekutive und unser Bewußtsein für das reale Selbst zwischen zwei unterschiedlichen Ich-Zuständen aufteilen. Es würde den Rahmen dieses Buches überschreiten, wollten wir seine Theorie in allen Einzelheiten erörtern. Wir werden sie in diesem Abschnitt kurz skizzieren, und wenn du Näheres darüber erfahren willst, halte dich an die Literaturangaben im Anhang.

Als Hypothese hat Berne von Freud das Konzept der psychischen Energie oder *Kathexis* übernommen. Er ging davon aus, daß diese Energie in drei Formen existiert, als gebundene, ungebundene und freie Energie. Als Fachausdruck kommt noch der Terminus „aktive Kathexis" dazu, worunter die Summe der ungebundenen plus freien Kathexis zu verstehen ist.

Um den Unterschied zwischen diesen drei Formen von Kathexis zu veranschaulichen, brauchte Berne das Bild eines Affen auf einem hohen Baum. Wenn dieser da oben auf einem Ast sitzt, besitzt er *potentielle Energie*, die Energie, die frei werden würde, wenn der Affe herunterfallen würde. Die potentielle Energie wird der gebundenen Kathexis gleichgesetzt.

Wenn der Affe dann vom Ast herunterfällt, wird die potentielle Energie als *kinetische* Energie freigesetzt. Das ist eine Veranschaulichung des Wesens der ungebundenen Kathexis.

Der Affe ist jedoch ein Lebewesen und kann beschließen, nicht einfach so vom Ast herunterzufallen, sondern auf die Erde hinabzuspringen. Berne postuliert, daß dieser willensgelenkte Einsatz von Energie der freien Kathexis entspricht. Man stellt sich jeden Ich-Zustand so vor, als habe er eine Grenze. Die freie Kathexis kann durch solche Grenzen hindurch leicht von einem Ich-Zustand in den anderen fließen. Außerdem enthält jeder Ich-Zustand ein gewißes Maß an Energie, die innerhalb dieser Grenzen anzusiedeln ist. Wird diese Energie zu einem gegebenen Zeitpunkt nicht eingesetzt, so entspricht das der gebundenen Kathexis. Wird die dort steckende Energie doch eingesetzt, so wird damit die gebundene Kathexis in ungebundene Kathexis umgewandelt.

Als ich z.B. mit dem Gespräch im Betrieb begann, habe ich aktiv die Energie eingesetzt, die in meinem Erwachsenen-Ich angesiedelt ist. Die Kathexis in diesem Erwachsenen-Ich war also ungebunden. Indem ich meine Aufmerksamkeit auf die vor uns liegende Aufgabe richtete, habe ich auch die freie Kathexis ins Erwachsenen-Ich gelenkt.

Während der ganzen Szene in diesem Beispiel *hätte* ich auch eine gewisse Energie einsetzen könne, die innerhalb der Grenzen meines Eltern-Ichs angesiedelt ist. Ich hätte z.B. anfangen können, elterliche Urteile darüber wiederzuerleben, ob ich auch angestrengt genug arbeite. Das habe ich jedoch nicht getan. Die Kathexis innerhalb der Grenzen meines Eltern-Ichs blieb gebunden.

Berne hat die Annahme gemacht, daß ein Ich-Zustand dann die Exekutivgewalt übernimmt, wenn in ihm die Summe ungebundener plus freier Kathexis (d.h. die aktive Kathexis) in einem bestimmten Augenblick am größten ist. Der Ich-Zustand, der als reales Selbst erlebt wird, wird derjenige sein, der zu einem bestimmten Zeitpunkt die größte Menge freier Kathexis hat.

Zu Beginn meiner Diskussion im Betrieb war bei mir das Erwachsenen-Ich in der Exekutive, und ich erlebte es auch als mein reales Selbst. Daraus läßt sich schließen, daß ich in dieser Zeit die höchste aktive Kathexis *und* die höchste freie Kathexis im Erwachsenen-Ich hatte.

Als mir dann zunehmend klar wurde, daß ich Langeweile empfand, gab ich etwas freie Kathexis an meinen Kind-Ich-Zustand ab. Das ging dann so weiter, bis dieser Ich-Zustand schließlich eine höhere freie Kathexis enthielt als mein Erwachsenen-Ich oder mein Eltern-Ich. In dem Augenblick fing ich an, mein Kind-Ich als mein reales Selbst zu erleben. Aber mein Erwachsenen-Ich blieb weiterhin in der Exekutive und zeigte dadurch an, daß ich in meinem Erwachsenen-Ich-Zustand immer noch über das höchste Maß an aktiver Kathexis verfügte.

Wäre die Diskussion noch lange so weitergegangen, hätte ich vielleicht mehr und mehr von der gebundenen Kathexis, die im Kind-Ich angesiedelt ist, freigemacht, bis zum Schluß dieser Ich-Zustand mehr aktive Kathexis gehabt hätte als das Erwachsenen-Ich und damit auch die Exekutivgewalt übernommen hätte.

Wahrscheinlich wird aus alle dem klar, daß es bisweilen sein kann, daß jemand ein gewisses Ausmaß von aktiver Kathexis gleichzeitig in *allen drei* Ich-Zuständen hat. Ich könnte z.B. weiterhin die Exekutive bei meinem Erwachsenen-Ich belassen, indem ich mit meinem Kollegen technische Informationen austauschte. Dabei könnte ich aber auch einige Kathexis im Eltern-Ich freimachen und anfangen, mich innerlich dafür zu kritisieren, daß ich meine Aufgabe nicht genug verstanden hätte. Gleichzeitig könnte ich aber auch ein gewisses Ausmaß an Kind-Kathexis freimachen und anfangen, mich zu genieren, daß ich solchen Anforderungen aus dem Eltern-Ich nicht genüge.

Solltest du finden, daß die theoretischen Ausführungen dieses Abschnitts am Anfang zu kompliziert sind, dann mach dir bloß keine Gedanken.Wenn du Spaß hast an Theorie, möchtest du das Thema wahrscheinlich weiter vertiefen und wirst das ausführlicher nachlesen in den Beiträgen von Berne und anderen Theoretikern. Doch wenn dir Theorie nicht so liegt, dann laß diesen Abschnitt einfach beiseite. Er ist nicht wesentlich für das Verständnis irgend eines anderen Themas in diesem Buch.

6. Strukturelle Pathologie

Wir sind bisher davon ausgegangen, daß sich der Inhalt eines Ich-Zustandes immer deutlich von dem eines anderen abhebt. Wir haben außerdem angenommen, daß der Mensch nach Belieben von einem Ich-Zustand in den anderen überwechseln kann.

Was geschieht aber, wenn sich zwei Ich-Zustände inhaltlich vermischen, d.h. wenn ihre Inhalte durcheinanderkommen? Oder wenn jemand nicht in der Lage ist, in einen bestimmten Ich-Zustand zu gehen oder wieder aus ihm herauszukommen? Eric Berne bezeichnete diese beiden Probleme als *Trübung* und *Ausschluß*. Beide Phänomene faßt man zusammen unter der Bezeichnung *strukturelle Pathologie.*[1]

Die Trübung

Es kann mir passieren, daß ich etwas für meinen Erwachsenen-Ich-Inhalt halte, was in Wirklichkeit zum Inhalt meines Kind-Ichs oder Eltern-Ichs gehört. Wo das auftritt, sagt man, daß mein Erwachsenen-Ich *getrübt* ist.

Was hier passiert ist, wirkt so, als hätten Inhalte eines Ich-Zustandes dessen Grenze gesprengt und wären in einen anderen eingedrungen. Im Ich-Zustands-Diagramm stellen wir das dadurch dar, daß die Kreise sich überschneiden und die dadurch entstehende Zone schraffiert wird. Die Schraffierung soll die Trübung anzeigen.

Die Abbildung 6.1a zeigt, daß Inhalte aus dem Eltern-Ich ins Erwachsenen-Ich eingedrungen sind, also eine *Trübung aus dem Eltern-Ich* oder einfach eine *elterliche Trübung* vorliegt. Die Abbildung 6.1b zeigt eine *Kind-Trübung*. Und die Abbildung 6.1c zeigt die *doppelte Trübung,* bei der sowohl das Eltern-Ich als auch das Kind-Ich sich mit dem Erwachsenen-Ich überschneiden.

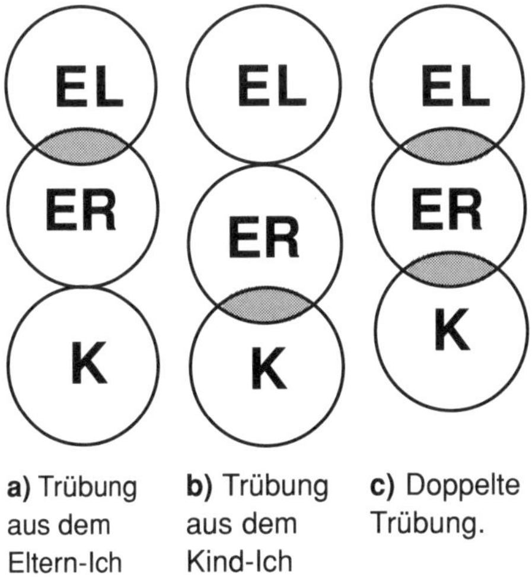

Abbildung 6. 1: Trübung

Trübung aus dem Eltern-Ich

Ich erleide eine Trübung aus dem Eltern-Ich, wenn ich fälschlicherweise elterliche Behauptungen für die Realität in meinem Erwachsenen-Ich halte. Es handelt sich um Überzeugungen, die ich übernommen habe und nun als Fakten erlebe. Berne sprach hier von *Vorurteilen.* Einige Beispiele:

„Alle Schotten sind geizig."

„Neger sind faul."

„Die Weißen beuten dich nur aus."

„Das Leben ist mühsam."

„Man darf niemand trauen."

„Du darfst nie aufgeben!"

„Was man will, das kann man auch. Und wenn etwas nicht hinhaut, dann fang eben wieder von vorne an!"

Wenn ich überzeugt bin, daß derartige Äußerungen die Realität spiegeln, dann befinde ich mich in einer Trübung.

Wenn jemand über sich selbst etwas aussagt und dabei sprachlich nicht von „ich" redet, sondern ständig „man" gebraucht, kann das ein Hinweis darauf sein, daß der Inhalt seiner Äußerungen Folge einer Trübung aus dem Eltern-Ich ist. So sagt Erika z.B.: „Na ja, was kann man da schon machen, da mußt man halt durch. Was soll´s? Und was man dabei fühlt, das kann man anderen sowieso nicht zeigen. „Vermutlich hat Erika diese Äußerungen von ihren Eltern übernommen, und wahrscheinlich glaubten ihre Eltern auch, damit die Realität charakterisiert zu haben.

Trübung aus dem Kind-Ich

Wenn ich mich in einer Kind-Trübung befinde, dann habe ich das klare Denkvermögen, das ich als Erwachsener doch habe, durch Dinge getrübt, die ich als Kind geglaubt hatte. Produkte meiner Vorstellung, die aus bestimmten Gefühlen herrühren, halte ich für Fakten. Vielleicht verlasse ich gerade eine Party und höre Gelächter, wie ich zur Tür hinausgehe. Schon sage ich mir: „Kaum drehe ich ihnen den Rücken zu, lachen sie über mich!"

In dem Augenblick durchlebe ich wieder eine Zeit aus meiner frühen Kindheit, als ich, noch ohne Worte, einen vagen Eindruck so verfestigt hatte, daß es eine Art Beschluß wurde: „Mit mir stimmt irgend etwas nicht. Alle anderen wissen was, bloß ich nicht. Aber keiner sagt es mir."

Dabei habe ich nicht das Bewußtsein, daß ich hier Dinge aus der Vergangenheit wie eine Schallplatte neu aufgelegt habe, daß es sich also um ein Wiedererleben handelt. In der Trübung verwechsele ich diese Kindheitssituation mit der Realität des Erwachsenen.

Wenn ich wollte, könnte ich in den Raum zurückgehen und nachprüfen, ob die Partygäste wirklich über mich gelacht hatten. Wenn sie ehrlich „Nein" sagten, könnte ich aus der Trübung aussteigen. Damit würde ich die Einschätzung der jetzigen Situation, wie ich sie im Erwachsenen-Ich vornehme, trennen von den überholten Kind-Ich-Bildern, die ich mir von der Welt gemacht hatte. Dann könnte mir klar werden, daß die anderen da drinnen über einen Witz gelacht hatten, der nichts mit mir zu tun hatte. Vielleicht würde ich mich dann sogar erinnern an Situationen in meiner Kindheit, als ich wirklich ausgelacht worden bin, aber jetzt könnte ich sie identifizieren als Erinnerungen an die Vergangenheit.

Nun stell dir vor, die Leute da drinnen hätten sich wirklich auf meine Kosten amüsiert. Dann kann ich aus meiner Trübung aussteigen und mir sagen: „Na und? Wenn die über mich lachen wollen, ist es schließlich ihre eigene Sache. Ich bin trotzdem in Ordnung."

Aber vielleicht schaffe ich es an dem Tage einfach nicht, aus meiner Kind-Trübung auszusteigen. Wenn ich dann höre, wie die Typen sagen: „Nee nee, über dich haben wir nicht gelacht", dann sage ich mir nur: „Natürlich! Ist doch klar, daß die das jetzt nicht zugeben."

Um solche Überzeugungen zu beschreiben, die typisch sind für Kind-Ich-Trübungen, hat Berne manchmal den Ausdruck *Selbsttäuschung** verwandt. Hier ein paar Beispiele dafür:

„Rechnen kann ich nicht."

„Natürlich mach ich Fehler."

„Ich kann eben nicht richtig schreiben."

„Ich und eine Fremdsprache lernen ? Das schaff ich nie."

„Wer mag mich denn schon?"

„Mit mir stimmt was nicht."

„Ich bin schon so dick auf die Welt gekommen."

„Ich kann das Rauchen einfach nicht aufgeben."

Stammt der Inhalt einer Kind-Trübung aus der ganz frühen Kindheit, dann mutet eine solche Selbsttäuschung oft sehr seltsam an. Das läßt sich besonders häufig beobachten, wenn das Kind sehr früh verletzt wurde, also eine Reihe traumatischer Erlebnisse gehabt hat.

„Ich kann andere Menschen umbringen, ich brauche nur zu ihnen hinzugehen."

„Wenn ich plötzlich tot bin, dann wird Mutter mich lieben."

„Die wollen mich mit ihren unsichtbaren Strahlen fertigmachen."

Doppelte Trübung

Es kommt zu einer doppelten Trübung, wenn jemand eine Überzeugung aus dem Eltern-Ich wieder auflegt, dieser dann mit einer Vorstellung seines Kind-Ichs zustimmt, und beides für Realität hält. Zum Beispiel:

(EL) „Man muß stets auf der Hut sein", zusammen mit:

(K) „Ich darf niemals jemand trauen". Oder:

(EL) „Kinder hat man zu sehen, aber nicht zu hören", zusammen mit:

(K) „Wenn ich im Leben durchkommen will, muß ich schön still sein."

In der letzten Zeit betrachten einige TA-Autoren jede Trübung als eine doppelte Trübung. Für sie besteht der Inhalt der doppelten Trübung aus allen veralteten, verzerrten Überzeugungen, die jemand über sich selbst, über die Mitmenschen und die Welt im allgemeinen hat. In der Sprache der TA spricht man dann von *Skriptüberzeugungen.*[2]

Nimm ein Blatt zur Hand und schreibe darauf: „Ich bin jemand, der..." Dann schreibe zwei Minuten lang alles auf, was dir so einfällt, wie du diesen Satz beendest.

---

* Im Englischen *delusion*.

Wenn zwei Minuten um sind, entspann dich, atme durch und sieh dich mal eine Weile im Zimmer um. Unterstütze deinen Wechsel ins Erwachsenen-Ich, indem du dich aufrecht im Stuhl zurechtsetzt.

Stell deine Füße fest auf den Boden und sieh dir an, was du aufgeschrieben hast. Bei jeder Behauptung, mit der du den Satz vervollständigt hast, frag dich, ob das eine Feststellung über die Realität ist oder eine Trübung aus dem Kind-Ich.

Wenn du zu der Schlußfolgerung kommst, daß bei den Äußerungen über dich selbst welche sind, die aus einer Kind-Ich-Trübung herrühren, dann mach dir klar, wie die Dinge in Wirklichkeit aussehen. Streich die Wörter durch, die Kind-Ich-Trübungen darstellen, und schreib stattdessen auf, wie die Korrektur aus dem Erwachsenen-Ich aussieht. Wenn du z.B. geschrieben hast: „Ich bin jemand, der mit anderen Menschen nicht auskommt", so könntest du statt des durchgestrichenen Satzes zum Beispiel schreiben: „Ich bin intelligent und freundlich und durchaus fähig, mit anderen auszukommen."

Korrigiere entsprechend alle Behauptungen, die aus Kind-Ich-Trübungen herrühren.

Und nun nimm ein anderes Blatt und schreib zwei Minuten lang alle Redensarten und Äußerungen auf, an die du dich erinnerst, wenn du deine Eltern und Elternfiguren wieder hörst.

Und dann schalte, wie gehabt, dein Erwachsenen-Ich ein. Geh deine Liste von elterlichen Redensarten und Äußerungen durch und frag dich bei jeder, ob es sich um eine Feststellung zur Realität oder eine elterliche Trübung handelt. Hast du den Eindruck, daß auch dabei welche sind, die du korrigieren müßtest, damit sie der Realität des Erwachsenen entsprechen, dann streich sie wieder durch und schreib deine neue Einsicht hin. So streichst du etwa durch: „Was man will, das kann man auch. Nur nicht aufgeben!" und schreibst stattdessen: „Wenn etwas nicht hinhaut, dann pack es anders an, damit es hinhaut." Diese Übung macht Spaß und ist nützlich. Du kannst sie machen, wenn du mal nichts anderes zu tun hast.

Der Ausschluß

Berne hat behauptet, daß Menschen bisweilen einen oder mehrere Ich-Zustände ausschließen, und sprach somit von *Ausschluß*.

Die Abbildungen 6.2a bis 6.2c zeigen die drei Möglichkeiten, wie ein

Ich-Zustand ausgeschlossen werden kann. In den Diagrammen kennzeichnen wir das dadurch, daß wir den ausgeschlossenen Ich-Zustand durchstreichen und zwischen diesem und dem daran anschließenden Kreis einen Strich ziehen.

Jemand, der sein *Eltern-Ich ausschließt*, hat bei seinem Tun keine festen Regeln über die Welt, sondern zimmert sich für jede Situation seine eigenen Regeln neu zurecht. Meist hat er eine sichere Intuition aus seinem Kleinen Professor und kapiert rasch, was um ihn herum vorgeht. Das ist dann jemand, den der Volksmund als „Teppichhändler" bezeichnen würde, sei er nun Spitzenpolitiker, erfolgreiche Führungskraft oder Mafia-Boß.

Wenn ich mein *Erwachsenen-Ich ausschließe,* schalte ich meine Fähigkeit ab, als Erwachsener die Realität zu prüfen. Statt dessen höre ich nur einen inneren Dialog zwischen Eltern-Ich und Kind-Ich. Mein Tun und Lassen, mein Fühlen und Denken spiegeln dann natürlich diesen ständigen Kampf wieder. Und weil ich meine ganze Fähigkeit zur Realitätsprüfung nicht einsetze, ist mein Denken und Handeln vielleicht so auffällig, daß ich unter Umständen als psychotisch diagnostiziert werde.

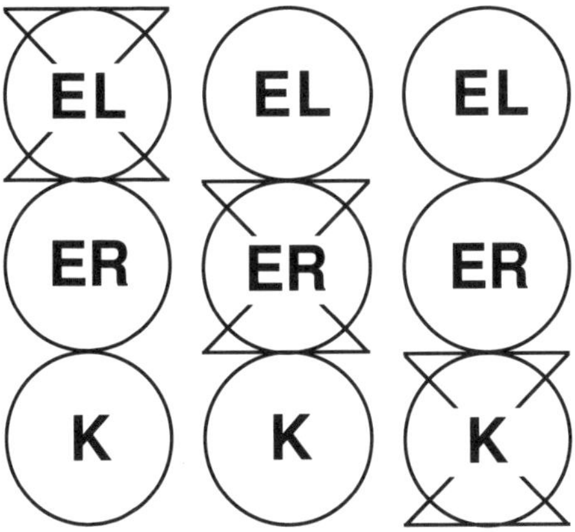

a) Eltern-Ich-Ausschluß **b)** Erwachsenen-Ich-Ausschluß **c)** Kind-Ich-Ausschluß

Abbildung 6. 2: Ausschluß

Jemand, der sein *Kind-Ich ausschließt*, hat keinen Zugang zu den gespeicherten Erinnerungen aus seiner eigenen Kindheit. Fragt man ihn: „Wie ist denn deine Kindheit gewesen?", so heißt die Antwort: „Weiß ich nicht. Ich hab überhaupt keine Erinnerung daran." Wenn wir als Erwachsene Gefühle ausdrücken, sind wir oft in unserem Kind-Ich-Zustand. Jemand mit einem Kind-Ich-Ausschluß gilt daher oft als kalt oder verkopft.

Wenn zwei der drei Ich-Zustände ausgeschlossen werden, dann bezeichnet man den noch funktionierenden Ich-Zustand als *konstant* (im Englischen auch als *„ausschließend"*). Im Diagramm stellt man das dar, indem man den Kreis dicker zeichnet. Die Abbildungen 6.3 a bis 6.3 c zeigen die drei Möglichkeiten dafür.

Jemand mit einem *konstanten Eltern-Ich* wird eine Reihe von elterlichen Regeln im Kopf haben und ständig darauf Bezug nehmen. Fragt man so jemand beispielsweise: „Wie könnten wir Ihrer Meinung nach diesen Plan weiterentwickeln?" so heißt die Antwort etwa: „Sehen Sie, ich glaube, der Plan ist gut. Aber lassen Sie sich´s gesagt sein: nur, wenn Sie sich exakt daran halten, glauben Sie mir!"

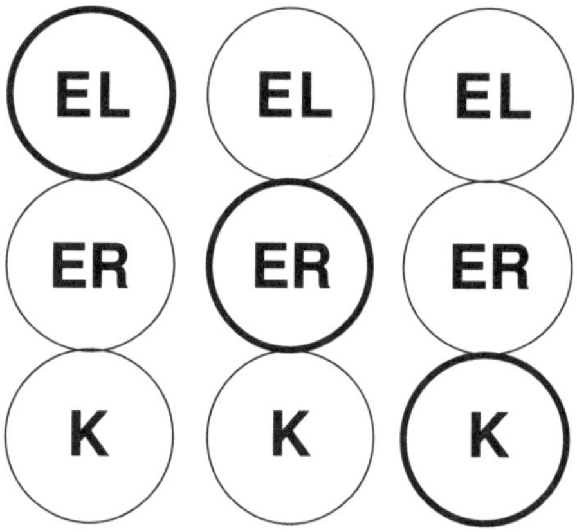

a) Konstantes Eltern-Ich **b)** Konstantes Erwachsenen-Ich **c)** Konstantes Kind-Ich

Abbildung 6. 3: Konstante (oder „ausschließende") Ich-Zustände

Frage ich: „Wie geht´s denn?", so lautet die Antwort: „Mein Gott, man muß halt allerhand in Kauf nehmen, oder?"

Ein Mensch mit einem *konstanten Erwachsenen-Ich,* ist, wie Berne sagt, „unfähig mitzumachen", etwa Blödsinn zu machen oder einfach mit anderen zu lachen. Hingegen funktioniert er „fast ausschließlich als Planer, Informationssammler und Datenverarbeiter".[3]

Wenn jemand ein *konstantes Kind-Ich* aufweist, so wird er sich ständig so aufführen, so denken und fühlen, als wäre er noch in seiner Kindheit. Stößt er auf Schwierigkeiten, reagiert er mit Emotionen und steigert sich tüchtig da hinein. Sowohl eine erwachsene Weise der Realitätsprüfung wie auch elterliche Regeln bleiben völlig ausgeschlossen. Er gilt dann häufig als „unreif" oder „hysterisch".

Ein Ausschluß ist nie total, sondern tritt immer bei bestimmten Anlässen auf. Wenn wir beispielsweise über jemand sagen, er „habe einen Kind-Ausschluß", meinen wir, daß er, bis auf ganz bestimmte Situationen, kaum je in seinen Kind-Ich-Zustand geht.

Solange nicht wenigstens ein Teil des Kind-Ichs da ist, kann der Mensch nicht „funktionieren". Außerhalb einer geschlossenen Anstalt kann er auch nicht funktionieren, wenn er nicht einen Rest Erwachsenen-Ich zur Verfügung hat. Und in der menschlichen Gesellschaft kommt er nicht sehr weit, ohne daß er einen Ansatz zu einem Eltern-Ich aufweist.

III.
Wie wir miteinander umgehen

Transaktionen, Strokes und Gestaltung der Zeit

7. Transaktionen

Du sitzt da und liest dieses Buch. Ich komme ins Zimmer und sage: „Guten Tag!" Du blickst auf und antwortest: „Tag!"

In diesem Augenblick haben wir eine einfache *Transaktion* abgeschlossen.

Eine Transaktion findet statt, wenn ich dir in irgendeiner Weise anbiete, mit dir in Verbindung zu treten, und du, zu mir hingewandt, darauf reagierst. Es handelt sich also um ein Hin und Her. Fachlich gesprochen wird die Eröffnung der Kommunikation, also das Hin, die „Ansprache", als *Stimulus* bezeichnet. Das Her oder die Antwort nennt man dann die *Reaktion.*

Damit haben wir die formelle Definition einer Transaktion: *Ein Transaktions-Stimulus plus eine Transaktions-Reaktion.* Berne sah in der Transaktion die „Grundeinheit alles sozialen Miteinanders".

Wir beide setzen unser Gespräch nun fort. Als Reaktion auf dein „Tag!" frage ich vielleicht „Na, wie ist es dir heute gegangen?" und du antwortest dann deinerseits. Damit erhalten wir eine Folge von Transaktionen. Die Reaktion in jeder vorhergehenden Transaktion dient der nächsten als Stimulus. Jede Kommunikation unter den Menschen erfolgt in Gestalt derartiger Abfolgen von Transaktionen.

Bei der *Analyse von Transaktionen* benutzen wir das Ich-Zustands-Modell zur Erklärung dessen, was während eines solchen Kommunikationsprozesses abläuft.[1]

Komplementärtransaktionen

Ich frage dich: „Wie spät ist es?" Du antwortest: „Ein Uhr." Wir haben im Hier und Jetzt Informationen ausgetauscht, unsere Worte klingen erwachsen, und unser Stimmklang sowie unsere Körpersignale bestätigen, daß wir im Erwachsenen-Ich sind.

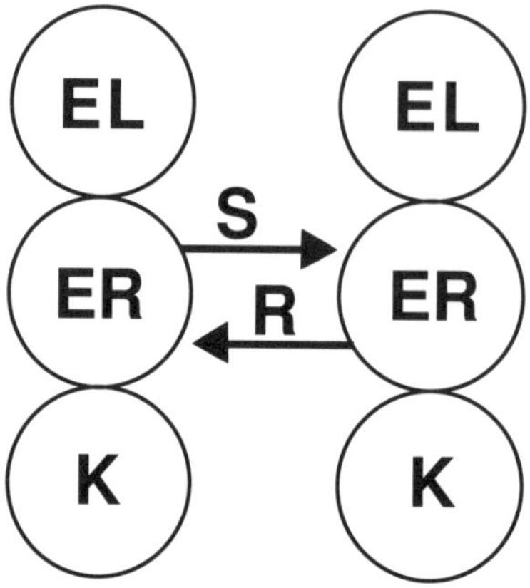

Abbildung 7. 1: Komplementär-Transaktion (Paralleltransaktion) zwischen den beiden Erwachsenen-Ich-Zuständen

Die Abbildung 7.1 gibt diese Transaktion zwischen zwei Erwachsenen-Ich-Zuständen wieder. Die Pfeile zeigen die Richtung jeder Mitteilung auf. Wer das fachgerecht ausdrücken will, kann diese Pfeile als *Vektoren,* d.h. als Träger einer Mitteilung (einer Frage, einer Anweisung, eines Aufrufs usw.) bezeichnen. Die Abkürzung S heißt einfach „Stimulus", und R heißt „Reaktion". Als ich mich mit der Bitte um Information an dich wandte, war ich in meinem Erwachsenen-Ich. Das deuten wir dadurch an, daß der „S"-Pfeil von dem ER-Kreis in meinem Ich-Zustands-Diagramm ausgeht. Ich wollte, daß du meine Ansprache, in diesem Fall also die Frage, in deinem Erwachsenen-Ich aufnimmst. Deshalb zeigt der Pfeil auf das ER in deinem Diagramm.

Mit deiner sachlichen Antwort bist du auch aus deinem Erwachsenen-Ich gekommen und hast damit gerechnet, daß ich die Information in meinem ER aufnehmen würde.

Der „R"-Pfeil weist also zurück von deinem ER-Kreis zu meinem.

Dies ist ein Beispiel für eine *Komplementärtransaktion,* im Deutschen auch häufig als *Paralleltransaktion* bezeichnet. Eine solche Transaktion wird folgendermaßen definiert: *Eine Komplementär- oder Paralleltransaktion liegt dann vor, wenn die Pfeile im Diagramm parallel verlaufen und der Kommunikationspartner aus dem angesprochenen Ich-Zustand heraus reagiert.* Mach dir klar, wieso diese Definition auf die ER-ER-Transaktion in unserem Beispiel zutrifft.

Die Abbildung 7.2 zeigt eine andere Art von Paralleltransaktionen. Diesmal treten Eltern- und Kind-Ich miteinander in Verbindung.

Der Abteilungsleiter blickt auf, als der Sachbearbeiter zehn Minuten zu spät zur Tür herein kommt. Er geht in sein Eltern-Ich und knurrt ihn an: „*Schon wieder* zu spät! So geht das ja nun nicht!"

Der Sachbearbeiter duckt sich und murmelt in seinem Kind-Ich: „Entschuldigung! Soll nicht mehr vorkommen."

Mit seinem elternhaften Knurren will der Abteilungsleiter erreichen, daß der Sachbearbeiter ihn aus dem Kind-Ich heraus wahrnimmt. Also geht der „S"-Pfeil von seinem EL-Kreis zum K-Kreis des Sachbearbeiters. Und natürlich geht der Sachbearbeiter in sein Kind-Ich. Die gemurmelte Entschuldigung soll den Abteilungsleiter in seinem Eltern-Ich besänftigen. Das kommt dadurch zum Ausdruck, daß der „R"-Pfeil entsprechend eingezeichnet wird.

Es ist leicht festzustellen, daß auch dieses Beispiel der Definition einer Paralleltransaktion entspricht.

Zwei weitere Möglichkeiten für Paralleltransaktionen lauten: EL zu EL und zurück, und K zu K und zurück. Entwirf für jede dieser Möglichkeiten ein Transaktionsdiagramm, und denk dir für beide ein paar Texte aus, sowohl für den jeweiligen Stimulus wie auch für die Reaktion.

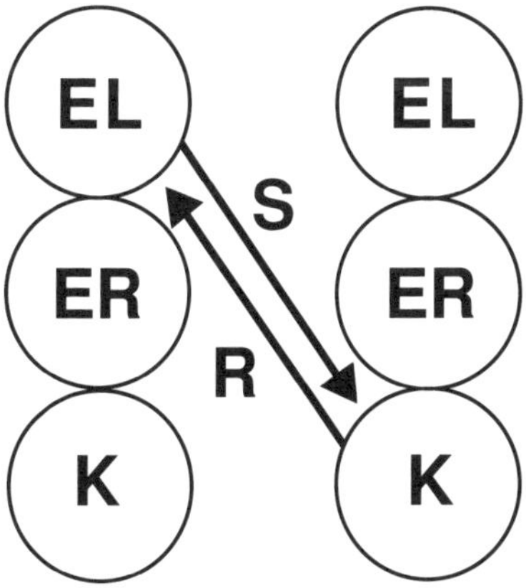

Abbildung 7. 2:

EL → K, K → EL: Komplementär- oder Paralleltransaktion

Eine detailliertere Analyse der Transaktion bekommen wir, wenn wir das funktionelle Modell heranziehen.

Beispiel:

Fritz (läßt sich in den Sessel fallen): „Mein Gott, bin ich müde! Also jetzt brauchte ich eine Massage von dir. Magst du?"

Martha (breitet lächelnd die Arme aus, in warmem Ton):
„Aber sicher doch."

Auch hier kommt es zu einer Paralleltransaktion. Der Stimulus geht vom fK zum fEL und die Reaktion vom fL zurück zum fK (Abbildung 7.3).

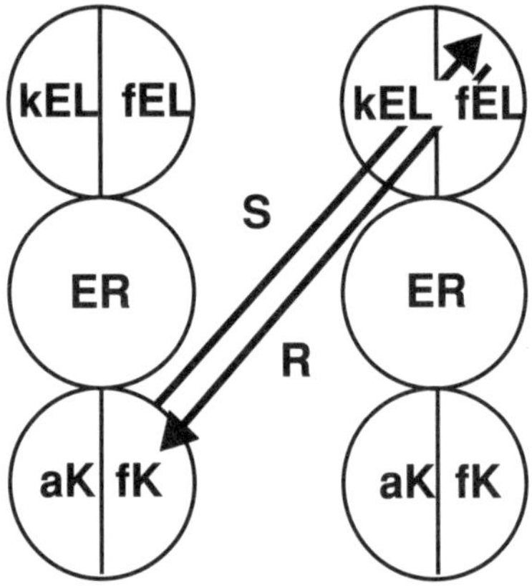

Abbildung 7. 3:
fK → fEL, fEL → fK: Komplementär- oder Paralleltransaktion

Die erste Kommunikationsregel

In einer Paralleltransaktion geschieht das, was zu erwarten war. Als ich dich nach der Uhrzeit fragte, also eine Information haben wollte, habe ich damit gerechnet, daß du aus deinem Erwachsenen-Ich heraus reagieren würdest, und das hast du auch getan. Und als der Abteilungsleiter den Sachbearbeiter angeknurrt hat, erwartete er eine Entschuldigung aus dem Kind-Ich und bekam sie auch.

Ein Gespräch kann durchaus aus einer Abfolge von Paralleltransaktionen bestehen. Dann erweckt die ganze Folge oder *Sequenz* den Eindruck, als könne man schon vorhersagen, was jetzt kommt.

Abteilungsleiter: „Mit der Entschuldigung ist es nicht getan! Das passiert in dieser Woche nun schon zum dritten Mal."

Sachbearbeiter (im Tonfall kleinlaut): „Es tut mir wirklich leid, Herr Müller. Ich bin halt im Verkehr steckengeblieben."

Abteilungsleiter: „Also kommen Sie mir bloß nicht damit! Dann hätten Sie eben früher abfahren müssen ... !"

Ein solches Hin und Her kann endlos so weiter gehen, bis den Gesprächspartnern der Atem ausgeht oder bis sie beschließen, etwas anderes zu tun.

Damit erhalten wir unsere *erste Kommunikationsregel:*

Solange die Pfeile in den einzelnen Transaktionen parallel verlaufen, die Transaktionen also komplementär sind, kann die Kommunikation unbegrenzt weitergehen.

Wir sagen keineswegs, daß sie „weitergehen *wird*", sondern sie „*kann* weitergehen". Dieses Gespräch wird natürlich nach einer gewissen Zeit auch wieder beendet werden. Aber solange die Transaktionen komplementär bleiben, solange also eine Paralleltransaktion auf die andere folgt, gibt es im Kommunikationsprozeß selbst nichts, was den glatten Fluß vom Stimulus und Reaktion unterbrechen würde.

Such dir ein Gespräch aus, das aus einer Abfolge von Paralleltransaktionen vom Erwachsenen-Ich zum Erwachsenen-Ich besteht. Dann tu das Gleiche für einen Austausch zwischen EL und K, EL und EL und zwischen K und K. Dann mach dir klar, ob für jedes dieser Gespräche auch die erste Kommunikationsregel gilt.

Bei einer Gruppenarbeit setzt euch zu zweit zusammen und veranschaulicht euch jede Art eines solchen Austauschs im Rollenspiel. Probiert dabei einmal aus, wie lange ihr eine solche Sequenz von Paralleltransaktionen durchhalten könnt.

Überkreuztransaktionen

Ich frage dich jetzt: „Wie spät ist es denn?" Du stehst auf, läufst rot an und brüllst los: „Wie spät? Wie spät? Da fragen Sie auch noch? Jetzt kommen Sie *schon wieder* zu spät!. Wie stellen Sie sich das eigentlich vor?"

Das ist natürlich nicht die ER-Reaktion, die ich mit meiner ER-Frage hatte anregen wollen. Du bist statt dessen in einen ärgerlichen Eltern-Ich-Zustand gegangen. Durch dein Geschimpfe forderst du mich auf, aus meinem ER heraus und in mein Kind zu gehen. Die Abbildung 7.4 zeigt das Transaktionsdiagramm für unser Hin und Her.

Dies ist ein Beispiel für eine Art von *Überkreuztransaktion*. Sie wird so genannt, weil die Pfeile im Diagramm bei diesem Transaktionstyp sich im allgemeinen kreuzen.

„Überkreuz" kennzeichnet auch sehr gut, was bei dieser Art von Hin und Her zwischen den Beteiligten läuft. Wenn du mich anbrüllst und damit meinen Stimulus durchkreuzest, „kommen wir hintereinander", wir liegen „überkreuz", und der Fluß unserer Kommunikation wird jäh gestört oder unterbrochen.

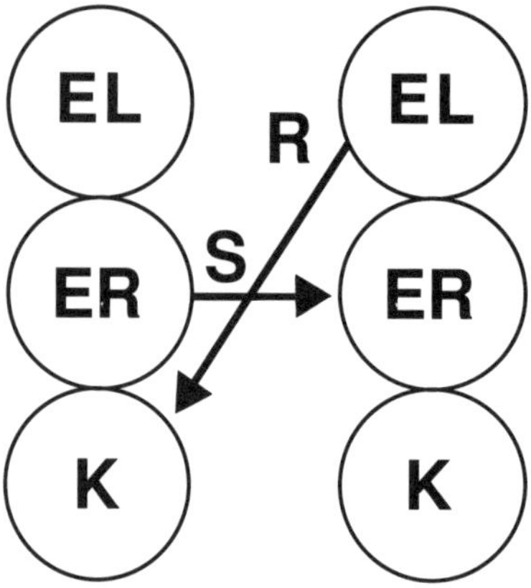

Abbildung 7. 4:
ER→ ER, EL→ K: Überkreuztransaktion

In der Sprache der Fachleute: Eine *Überkreuztransaktion* kommt zustande, wenn die Pfeile im Transaktionsdiagramm nicht parallel verlaufen, anders gesagt, wenn der Gesprächspartner aus einem anderen Ich-Zustand reagiert als dem, welcher angesprochen war.

Nehmen wir noch einmal die Szene zwischen dem Abteilungsleiter und dem Sachbearbeiter, der zu spät kommt. Der Sachbearbeiter kommt herein, und der Abteilungsleiter knurrt ihn aus dem Eltern-Ich an. Aber statt sich zu ducken und sich zu entschuldigen, sieht der Sachbearbeiter seinen Chef ganz normal an und antwortet mit ruhiger Stimme: „Ich höre, Sie sind ärgerlich, und ich verstehe durchaus, warum. Bitte sagen Sie mir, was ich jetzt tun kann, um das in Ordnung zu bringen."

Damit hat er den EL-K-Stimulus des Abteilungsleiters durch seine ER-ER-Reaktion durchkreuzt, wie das in der Abbildung 7.5 dargestellt ist. Auch hier wirkt die Reaktion in gewisser Weise störend ein auf den

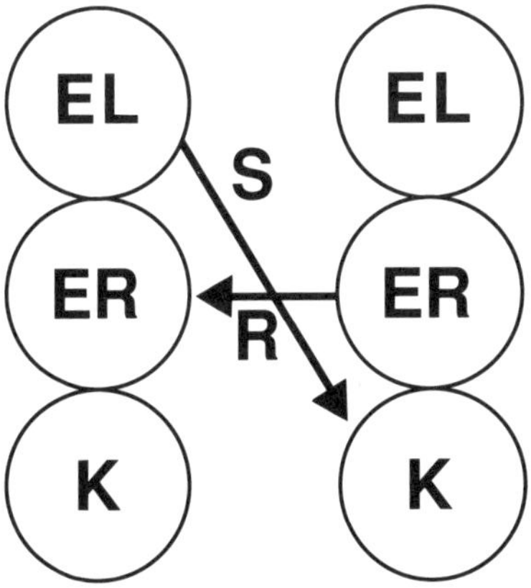

Abbildung 7. 5: EL→ K, ER→ ER: Überkreuztransaktion

Kommunikationsfluß, der von dem Gesprächspartner erwartet worden war, welcher den Stimulus ausgesandt hatte.

Um festzustellen, ob es sich im Einzelfall um eine Überkreuztransaktion handelt, müssen wir manchmal das detailliertere funktionelle Modell heranziehen. Ein Beispiel:

Fritz (läßt sich in den Sessel fallen): „Mein Gott, bin ich müde! Also jetzt brauche ich eine Massage von dir. Magst du?"

Martha (legt die Stirn in Falten, sieht ihn von oben herab an und sagt mit schroffer Stimme): „Du spinnst wohl! Meinst du, ich hätte Zeit für Massagen?"

Sie beantwortet Fritzens K-EL-Stimulus mit einer EL-K-Reaktion. Auf dem üblichen Diagramm mit der Ich-Zustands-Darstellung erster Ordnung stellt sich diese Transaktion als Paralleltransaktion dar. Aber wir haben doch den Eindruck, daß hier etwas überkreuz verlaufen ist. Das wird deutlich, wenn wir die funktionellen Ich-Zustands-Kreise nicht senkrecht, sondern waagerecht unterteilen. Wir setzen dann üblicherweise das kEL ganz oben hin, das fEL darunter und im Kind-Ich das fK auf die obere Hälfte und schließlich das aK ganz unten hin. Wenn wir unser Transaktionsdiagramm nun so zeichnen, wie wir das in der Abbildung 7.6 getan haben, sehen wir, daß Martha aus ihrem kEL heraus und nicht aus ihrem fEL reagiert hat. Sie wendet sich nicht an Fritzens fK, sondern an sein aK, und damit verlaufen die Pfeile überkreuz.

Die zweite Kommunikationsregel
Bei einer Überkreuztransaktion besteht eine gewisse Wahrscheinlichkeit, daß derjenige, dessen Stimulus durchkreuzt worden ist, in den vom Gesprächspartner angesprochenen Ich-Zustand gehen wird. Vielleicht bemüht er sich dann aus diesem neueingenommenen Ich-Zustand heraus um Paralleltransaktionen.

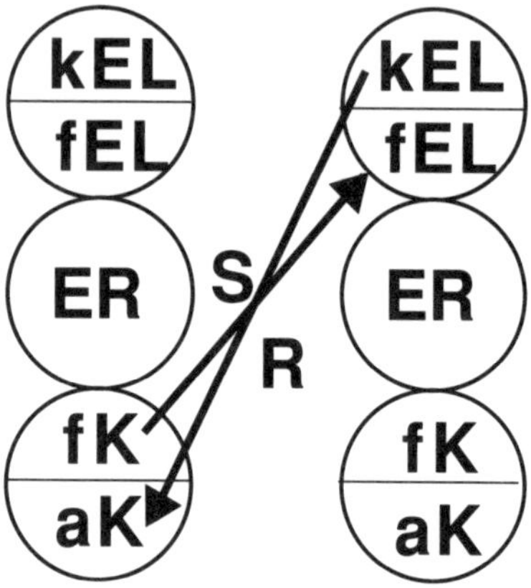

Abbildung 7. 6: fK→ fEL, kEL→ aK: Überkreuztransaktion

Wenn ich dich nach der Uhrzeit frage, und du brüllst mich an, weil ich zu spät gekommen bin, werde ich wahrscheinlich ins angepaßte Kind gehen und mich entschuldigen. Oder ich werde aus dem gleichen Ich-Zustand heraus rebellisch: „Ich kann ja schließlich nichts dafür. Ich versteh überhaupt nicht, weshalb Sie sich so aufregen." Darüber vergesse ich vollkommen, daß ich eigentlich wissen wollte, wie spät es ist.

Die *zweite Kommunikationsregel* besagt:

Die Überkreuztransaktion bedeutet eine Störung in der Kommunikation; soll diese wieder glatt ablaufen, muß einer der Gesprächspartner oder müssen beide den Ich-Zustand wechseln.

Eine solche „Störung" in der Kommunikation wird vielleicht kaum wahrgenommen, ähnlich als wenn bei einem ruhigen Flug die Maschine plötzlich durch einen leichten Stoß erschüttert wird, der weiter nicht auffällt. Im Extremfall aber kann es dazu kommen, daß beide Gesprächspartner wütend aus dem Zimmer rennen, die Tür hinter sich zuwerfen und nie wieder miteinander reden.

Eric Berne hat mathematisch nachgerechnet, daß es, theoretisch gesehen, zweiundsiebzig verschiedene Möglichkeiten gibt, wie Überkreuztransaktionen aussehen können. Für die Praxis kommen zum Glück nur wenige in Betracht, und das sind vor allem zwei, die am häufigsten vorkommen. Entweder wird ein ER-ER-Stimulus durch eine K-EL-Reaktion gekreuzt, oder es kommt zu einer EL-K-Reaktion.

Laß dir Beispiele dafür einfallen, wie es aussieht, wenn ein ER-ER-Stimulus durch eine K-EL-Reaktion durchkreuzt wird. Wie geht es im Gespräch wohl weiter, wenn der erste Gesprächspartner, der die Reaktion vernimmt, dann in sein EL gehen und aus diesem Ich-Zustand heraus eine Paralleltransaktion eröffnen würde?

Nun mach das Gleiche, wenn ein ER-ER-Stimulus durch eine EL-K-Reaktion durchkreuzt wird.

Und schließlich gib ein Beispiel für das, was passiert, wenn ein ER-ER-Stimulus durch eine Reaktion von K zu K gekreuzt wird. Zeichne dafür das Transaktionsdiagramm, und mach dir dabei klar, daß parallel verlaufende Pfeile *nicht in jedem Fall* bedeuten, daß eine Paralleltransaktion vorliegt.

Bei Gruppenarbeit macht zu zweit wieder ein Rollenspiel, bei dem jede Transaktion gekreuzt wird. Jedesmal wenn dein Gesprächspartner etwas sagt, achte darauf, welchen Ich-Zustand er oder sie bei dir angesprochen hat. Geh dann in einen anderen Ich-Zustand und reagiere daraus. Der oder die andere kreuzt dich dann seinerseits (ihrerseits). Beobachte einmal, wie lange du die Sequenz durchhalten kannst, ohne in Paralleltransaktionen zu verfallen. Wenn ihr fertig seid, tauscht euch aus über das, was ihr bei dieser Übung erlebt habt. Was war der Unterschied zu der vorigen Übung, bei der ihr darauf geachtet habt, daß nur Paralleltransaktionen erfolgt sind?

Verdeckte Transaktionen

Bei einer *verdeckten Transaktion* werden zwei Botschaften gleichzeitig übermittelt. Eine davon ist eine *offene* Botschaft; man spricht auch von einer Botschaft *auf der sozialen Ebene*. Die andere ist eine verdeckte Botschaft oder eine Botschaft *auf der psychologischen Ebene*.

Der Inhalt, der auf der sozialen Ebene übermittelt wird, geht oft vom

ER zum ER. Die Botschaften auf der psychologischen Ebene verlaufen zumeist vom EL zum K oder vom K zum EL.

Ehemann: „Was hast du mit meinem Hemd gemacht?"

Ehefrau: „Das hab ich dir in den Schrank gehängt."

Wenn wir uns an den gedruckten Text halten, würden wir sagen, daß es sich hier um eine Paralleltransaktion vom Erwachsenen-Ich zum Erwachsenen-Ich handelt. Für die soziale Ebene trifft das auch zu. Aber jetzt führen wir uns den Hergang noch einmal vor Augen, und zwar mit dem Tonband und gleichzeitig auf dem Bildschirm.

Ehemann (schroff, mit einer Satzmelodie, bei der die Tonhöhe gegen Ende des Satzes absinkt; Gesichtsmuskeln angespannt und Augenbrauen zusammengezogen): „Was hast du mit meinem Hemd gemacht?"

Ehefrau (mit zitternder Stimme, die nach oben geht; zieht die Schultern hoch, läßt den Kopf sinken und schaut vorsichtig unter ihren erhobenen Augenbrauen hervor): „Das hab ich dir in den Schrank gehängt."

Auf der psychologischen Ebene haben wir es mit einem parallelen Austausch EL-K, K-EL zu tun. Wenn wir die Botschaften, die auf dieser Ebene übermittelt werden, in Worte fassen würden, dann würde das so klingen:

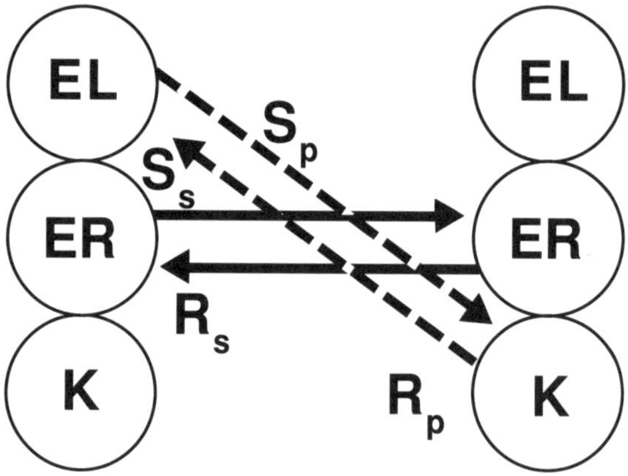

Abbildung 7. 7:
Verdeckte Transaktion des „Duplex"-Typs
(oder „Eigenkreuzung"): Soziale Ebene ER → ER, ER → ER;
Psychologische Ebene EL → K, K → EL.

Ehemann: „Du bringst ständig mein Zeug durcheinander!"

Ehefrau: „Ich tu ja alles, was ich kann, und immer schimpfst du noch."

So ergibt sich das Transaktionsdiagramm der Abbildung 7.7. Wir zeichnen Stimulus und Reaktion auf der sozialen Ebene als durchgezogene Pfeile ein und bezeichnen sie mit einem S_s bzw. R_s. Die gestrichelten Pfeile geben Stimulus und Reaktion auf der psychologischen Ebene wieder, also S_p und R_p.

Jede verdeckte Transaktion dieser Art , bei der eine soziale Botschaft von ER zu ER einen Austausch zwischen EL und K auf der psychologischen Ebene (weniger häufig von K zu K oder von EL zu EL) überdeckt, wird als *Duplextransaktion* oder *Eigenkreuzung* bezeichnet, eben weil die verdeckt übermittelte psychologische Botschaft die eigene ausgesprochene Botschaft auf der sozialen Ebene kreuzt.

Eric Berne hat auf eine andere Art verdeckter Transaktion verwiesen, die er als *anguläre Transaktion* oder *Winkeltransaktion* bezeichnete. Dabei wende ich mich an dich mit einem Stimulus von ER zu ER auf der sozialen Ebene. Aber meine geheime Botschaft geht von meinem Erwachsenen-Ich an dein Kind-Ich.

Natürlich hoffe ich, daß du auf meine unausgesprochene Aufforderung eingehst und meine gesprochenen Worte mit einer Kind-Reaktion beantwortest. Als Lehrbuch-Beispiel dafür nimmt man gern den Verkäufer, der einen Kunden zu einem Impulskauf verleiten will.

Verkäufer: „Die Kamera ist natürlich das Beste, was wir führen. Aber ob Sie sich das leisten können?"

Kunde (trotzig:) „Genau die nehme ich!"

Im Transaktionsdiagramm in der Abbildung 7. 8 sieht man, daß die Pfeile S_s und S_p nun einen Winkel bilden, daher der Name für diese Transaktion.

Natürlich hätte es durchaus sein können, daß das Gespräch anders verlaufen wäre:

Verkäufer: „... aber ob Sie sich das leisten können?"

Kunde (nachdenklich) : „Ja, da haben Sie schon recht. Für mich ist das einfach zu teuer. Nett, daß Sie mich darauf aufmerksam gemacht haben."

Hier hat das Manöver des Verkäufers versagt, mit seiner Abschlußtechnik ist es ihm diesmal nicht gelungen, das Kind-Ich des Kunden zu ködern oder, wie man auch sagt, zu „haken". In dem Beispiel wird gut deutlich, was bei allen Transaktionen zu beachten ist. Wenn ich einen Transaktionsstimulus an dich richte, kann ich damit niemals AUTO-

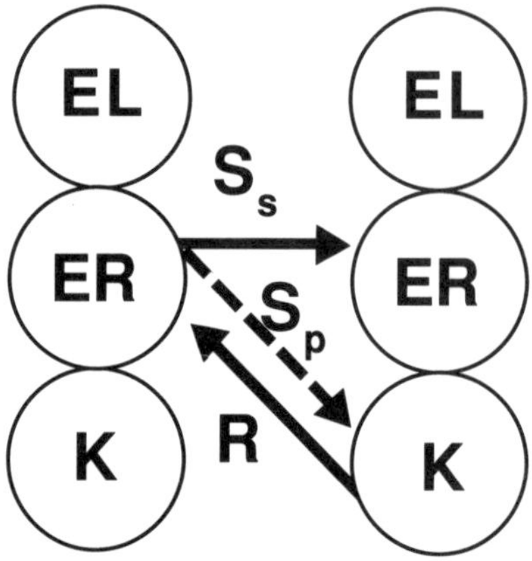

Abbildung 7. 8:
Verdeckte Transaktion des angulären Typs oder Winkeltransaktion

MATISCH BEWIRKEN, daß du einen bestimmten Ich-Zustand einschaltest. Ich kann dich damit lediglich dazu EINLADEN, aus diesem Ich-Zustand heraus zu reagieren.

Dritte Kommunikationsregel

Die „dritte Regel" von Berne besagt: *Bei der verdeckten Transaktion fällt die Entscheidung über das weitere Verhalten auf der psychologischen und nicht auf der sozialen Ebene.*

Berne hat geschrieben „fällt die Entscheidung" nicht „kann fallen". Damit behauptet er, daß in dem Augenblick, wo Menschen auf zwei Ebenen miteinander kommunizieren, das weitere Geschehen *immer* Ergebnis der geheimen Botschaften ist. Wenn wir Verhalten verstehen wollen, müssen wir auf die psychologische Ebene der Kommunikation achten.

In der Sprache der TA sprechen wir davon, daß wir Menschen das so zu betrachten haben, wie ein unvoreingenommener *Besucher aus dem All*. Berne hat das Bild von kleinen Wesen gebraucht, die vom Mars herabkommen und die Erdenbewohner beobachten. So ein Marsmensch versteht die Sprache der Menschen nicht. Er beobachtet lediglich, wie wir miteinander in Verbindung treten und bleiben, und stellt dann fest, welches Verhalten sich daraus ergibt.

Mach das einmal so wie so ein Marsbewohner. Mach dir immer die psychologische und auch die soziale Ebene klar. Überprüfe auch die Behauptung, die Berne mit solcher Sicherheit macht. Hatte er recht mit der Annahme, daß die Entscheidung über das weitere Verhalten *immer* * auf der psychologischen Ebene fällt?

Transaktionen und nonverbale Äußerungen

Bei einer verdeckten Transaktion wird die Botschaft auf der sozialen Ebene in Worten übermittelt. Wer sich auf der psychologischen Ebene verhalten will wie ein „Besucher aus dem All", muß nonverbale Indizien beobachten. Diese kommen in den Bewegungen, der Körperhaltung, in Blick und Gesichtsausdruck und vor allem in der *Sprechweise* zum Ausdruck. Unter Sprechweise sei hier alles verstanden, was nicht übermittelt werden kann, wenn der Wortlaut einer Äußerung schriftlich festgehalten wird. Dazu gehört der Stimmklang, die Lautstärke, die Tonhöhe, der Sprechrhythmus, die Redegeschwindigkeit, die Satzmelodie u.dgl. mehr.** Feinere Hinweise lassen sich entnehmen aus der Atmung, der Muskelspannung, dem Herzschlag, der Pupillenweitung, der Schweißabsonderung und so weiter.

Die Botschaften auf der psychologischen Ebene haben wir auch als „geheime Botschaften" bezeichnet. In Wirklichkeit sind sie absolut nicht geheim, wenn du weißt, wonach du Ausschau halten mußt. Die nonverbalen Indizien stehen zwar nicht im gedruckten Text, aber wenn du sie zu lesen verstehst, findest du sie leicht.

Kleine Kinder lesen diese Indizienschrift intuitiv. Wenn sie größer werden, bringt man ihnen systematisch bei, eine solche Intuition auszublenden. („Laß das bleiben, Liebling, man starrt Leute nicht so an, wenn man artig ist.") Wer die TA effektiv einsetzen will, muß sich als Erwachsener wieder darin schulen, Körperhinweise wahrzunehmen. Einen wichtigen Anfang hast du bereits dadurch gemacht, daß du die Verhaltensdiagnose der Ich-Zustände geübt hast.

Im Grunde hat jede Transaktion eine psychologische und eine soziale Ebene, nur daß die beiden bei einer verdeckten Transaktion auseinanderfallen. Die nonverbalen Botschaften strafen dabei jene Botschaften Lügen, die in Worten übermittelt werden.

---

* Hervorhebung vom Übersetzer.

** *Einfügungen des Übersetzers* (Im englischen Original ist lediglich von „voice tones" die Rede, was mißverständlich sein könnte.)

Im Kapitel 5 hast du erfahren, daß die Fachbezeichnung für ein solches Auseinanderfallen *Inkongruenz* heißt. Wo du dich so verhältst wie jener „Besucher aus dem All", hältst du Ausschau nach Stellen,wo eine Inkongruenz auftritt.

Und das führt uns nun zu einer Feststellung von breiterer Tragweite. *Wenn du Transaktionen präzise analysieren willst, mußt du bei JEDER sowohl die nonverbalen Indizien wie auch den Wortlaut bedenken.*

Denk an unser Beispiel von dem Ehemann, der seine Frau fragt, wo sein Hemd wäre. Wer lediglich die Worte liest, hat den Eindruck, es handle sich um eine ER-ER-Transaktion. Erst nach Einbeziehung der nonverbalen Hinweise hat sich herausgestellt, daß es im Grunde ein Austausch zwischen Eltern-Ich und Kind-Ich war. Wir könnten die gleichen Worte wiederholen und andere Gesamtheiten nonverbaler Indizien dazusetzen, und dann ergäbe sich jedesmal eine andere Art von Transaktion.

Probier das einmal aus. Behalte in dem Gespräch zwischen dem Ehemann und der Ehefrau den gleichen Wortlaut bei. Und dann stelle fest, wieviel unterschiedliche Transaktionsarten du ersinnen kannst, indem du in die Klammer unterschiedliche nonverbale Indizien setzt. Bei Gruppenarbeit spielt die gleiche Transaktion zwischen Mann und Frau mit unterschiedlichem nonverbalen Verhalten durch.

Alternativen

Keine Transaktionsart ist für sich genommen „gut" oder „schlecht".

Wenn du Kommunikation so gestalten willst, daß sie glatt fließt und vorhersehbar ist, dann bemühe dich um Paralleltransaktionen. Stellst du fest, daß dir deine Kommunikation mit einem Gesprächspartner oft unbefriedigend und sprunghaft vorkommt, so frage dich, ob ihr häufig Überkreuztransaktionen macht. Wenn das der Fall ist und du bist derjenige, der die Botschaft des Gegenübers häufig durchkreuzt, dann entscheide, ob du solche Kreuzungen nicht besser vermeidest, damit der Gedankenaustausch zwischen euch glatter abläuft.

Doch stell dir einmal vor, der langweiligste Kollege bei dir im Büro setzt alles daran, einen endlos glatten Kommunikationsablauf mit dir zustandezubringen! Oder deine Nachbarin von nebenan hat sich gerade zu dir gesetzt, um ihr Tagespensum an Jammergeschichten loszuwerden, wo du nur in Ruhe deinen Kaffee trinken wolltest... In so einer Situation bist du vielleicht froh, wenn du den glatten Ablauf stoppen kannst, indem du die Ansprache mit deiner Reaktion in voller Absicht kreuzest.

In seinem Artikel *Alternativen* hat Stephen Karpman die Behauptung aufgestellt und erläutert, wir hätten freie Verfügung über unsere Transaktionen und könnten jederzeit diejenigen einsetzen, die uns paßten. Vor allem könnten wir neue Weisen des Umgangs miteinander beschließen und damit ausbrechen aus den vertrauten, unbefriedigenden „festgefahrenen" Gesprächsmustern mit anderen Menschen.[2]

Im Betrieb entschuldigt sich Maria in einem fort und rechtfertigt sich andauernd. Ihre Gruppenleiterin besetzt die entgegensetzte Position, kritisiert Maria ständig und sagt ihr, wie alles eigentlich sein müßte.

Gruppenleiterin: „Sehen sie, dieser Bericht gehört auf ein *kleines* Blatt."

Maria: „Oh, das tut mir leid. Hab ich mal wieder falsch gemacht."

Gruppenleiterin: „Na schön, das haben Sie ja nicht absichtlich gemacht. Aber ich hab extra ein Rundschreiben rumgeschickt über die kleinen Formate."

Maria: „Ich will ja diese Rundschreiben auch lesen, aber ehrlich gesagt habe ich in der letzten Zeit soviel zu tun gehabt..."

Die beiden scheinen festgefahren auf der Schiene kritisches Eltern-Ich – angepaßtes Kind-Ich. Wenn Maria schließlich beschließt auszusteigen, wie kann sie dann ihre Alternativen nutzen?

Karpman schreibt: „Es geht darum, 'das zu verändern, was da läuft, und sich in jeder möglichen Weise davon freizumachen'. Um das zu erreichen, mußt du deinen Gesprächspartner aus seinem Ich-Zustand herausbringen oder deinen eigenen Ich-Zustand verändern oder beides." Er stellt vier Bedingungen auf, die erfüllt sein müssen, damit diese Strategie funktioniert.

Ein Ich-Zustand oder beide müssen wirklich wechseln.
Die Transaktion muß durchkreuzt werden.
Das Thema soll sich ändern.
Das alte Thema wird dann vergessen.

Unserer Meinung nach kommt es ganz wesentlich auf die erste und zweite Bedingung an. Wir glauben, daß die nächsten beiden „fakultative Zugaben" sind, obwohl sie im allgemeinen ebenfalls zu beobachten sind.

Gruppenleiterin: „Dieser Bericht gehört auf ein *kleines* Blatt."

Maria (macht ein total zerknirschtes Gesicht, sackt in sich zusammen und schlägt sich mit der Hand vor die Stirn): „Um Gottes willen, was hab ich da wieder falsch gemacht. Können Sie mir dies eine Mal noch verzeihen, Frau Lehmann?"

Gruppenleiterin: (bricht in Lachen aus).

Maria ist in ihr spielendes freies Kind übergewechselt, statt sich im angepaßten Kind zu entschuldigen. Die Gruppenleiterin hat Marias Einladung, ins freie Kind zu gehen, ihrerseits angenommen.

Das Kreuzen aus dem freien Kind heraus ist nur *eine* Alternative.

Vielleicht würde Maria doch erst die gängige Form des Durchkreuzens aus dem Erwachsenen-Ich ausprobieren.

Maria (nimmt Bleistift und Schreibblock zur Hand): „Also, ich notiere mir das jetzt: Welches Format soll ich in Zukunft für solche Berichte nehmen?"

Immer, wenn du den Eindruck hast, du bist in einer unbefriedigenden Folge von Transaktionen festgefahren, hast du die Alternative, die Äußerungen deines Gegenübers aus irgend einem der fünf Anteile des funktionellen Ich-Zustands-Diagramms zu kreuzen. Du kannst dich an jeden dieser fünf Anteile bei deinem Gegenüber wenden. Karpman behauptet sogar, daß du beliebig die negativen wie auch die positiven Ich-Zustands-Anteile ansprechen kannst. Maria hätte sich auch dafür entscheiden können, die Gruppenleiterin kurzerhand fertigzumachen und dadurch die Schelte ihres negativen kritischen Eltern-Ichs zu durchkreuzen, daß sie selbst aus ihrem negativen kritischen Eltern-Ich heraus zurückschlägt:

Gruppenleiterin: „Dieser Bericht gehört auf ein *kleines* Blatt."

Maria (richtet sich hoch auf, legt die Stirn in Falten, spricht in schroffem Tonfall): „Moment mal! Daran sind Sie doch schuld. *Sie* haben dafür zu sorgen, daß das auch bis zu uns durchkommt."

Wir halten es für sinnvoll, daß du dich am Anfang beim Ausprobieren von Alternativen an die positiven Anteile der Ich-Zustände hältst. Auf jeden Fall setze dein Erwachsenen-Ich ein für die Entscheidung darüber, welche Art des Durchkreuzens dir die Resultate bringt, die du in angemessener und sicherer Weise herbeiführen möchtest.

Du hast nie eine Garantie dafür, daß dir ein solches Vorgehen den gewünschten Erfolg bringt, also daß dein Kreuzen den anderen wirklich in einen neuen Ich-Zustand bringt. Geht die Sache daneben, dann probiere einmal, deinen eigenen Ich-Zustand zu wechseln und eine andere Art des Kreuzens zu versuchen.

Stell dir eine Situation vor, in der du den Eindruck hattest, auf einer allzu bekannten, unbefriedigenden Schiene von Paralleltransaktionen mit deinem Gegenüber festgefahren zu sein. Das könnte eine Situation am Arbeitsplatz sein. Vielleicht geht es dir auch in einer engen persönlichen Beziehung so. Nimm das funktionelle Modell und stelle fest, aus welchen Ich-Zustands-Anteilen du selbst und aus welchen dein Gegenüber agiert.

Jetzt laß dir mindestens vier Weisen einfallen, in denen du deine Ich-Zustands-Alternativen einsetzen könntest, um diesen Transaktionsfluß zu durchkreuzen. Halte im Augenblick ruhig einmal jede denkbare Überkreuzungsart fest, die dir einfällt, selbst wenn sie dir für die Praxis „unmöglich" erscheint. Suche nun aus dieser Liste potentieller Möglichkeiten eine oder auch mehrere aus, mit der oder mit denen du in geeigneter und sicherer Weise erreichen könntest, was du willst. Wenn du bestimmte Alternativen als „unangemessen" beiseite gelassen hast, sieh sie dir noch einmal an. Denke dabei daran, daß du die Möglichkeit hast, jeden deiner Ich-Zustände zu gebrauchen.

Ein Kreuzen, das völlig unüblich wirkt, ist manchmal genau das, was am besten funktioniert.

Gebrauche dein Erwachsenen-Ich, um Ungewöhnliches zu trennen von dem, was wirklich unsicher ist.

Erprobe deine Alternativen in der wirklichen Situation und sieh, was sie dir bringen.

In der Gruppe kann jeder, der will, eine „festgefahrene" Situation beschreiben, aus der er heraus will. Andere Gruppenmitglieder lassen sich dann, wie es ihnen gerade kommt, denkbare Alternativen einfallen und spielen jeden Einfall im Rollenspiel durch. Derjenige, der sein Problem lösen will, nimmt jede Idee zur Kenntnis, die in einem solchen „Ideenwirbel" (Brainstorm) vorgebracht wird, aber nimmt dazu in keiner Weise Stellung, bis er alle Anregungen aufgenommen hat. Dann liegt es bei ihm, sich zu entscheiden, ob er eine Möglichkeit, mehrere oder keine nützen will. Wenn er aber einen Vorschlag umsetzt, so tut er das in eigener Verantwortung, und kann nicht andere dafür haftbar machen.

8. Strokes

Du gehst über die Straße, und dein Nachbar kommt dir entgegen. Wie ihr euch begegnet, lächelst du und sagst: „Schönes Wetter heute, gelt?" Der Nachbar lächelt zurück und antwortet: „Wirklich."

Damit hast du mit deinem Nachbarn *Strokes* ausgetauscht. Ein *Stroke* wird definiert als *Einheit der Anerkennung*.[1] Dabei kann es sein, daß ich die *Existenz* des Mitmenschen zur Kenntnis nehme (natürlich in einer Weise, die für ihn wahrnehmbar ist), oder aber seine *Beschaffenheit* und *Eigenart*, oder auch sein *Verhalten* und seine *Leistung*.*

Ein solcher Austausch ist uns allen derart vertraut, daß wir normalerweise nicht weiter darüber nachdenken. Aber stell dir einmal vor, die gleiche Szene würde in leicht abgeänderter Version ablaufen. Wie dein Nachbar herankommt, lächelst du und sagst: „Schönes Wetter heute, gelt?" Der Nachbar geht überhaupt nicht darauf ein, sondern geht vorbei, als gäbe es dich gar nicht. Wie würdest du dich fühlen?

Wenn du so empfindest wie die meisten Menschen, würdest du dich über das Ausbleiben jeder Reaktion bei deinem Nachbarn zumindest wundern. Du würdest dich vielleicht fragen: „Was ist da schiefgelaufen?" Wir brauchen Strokes, und wir erleben es als Mangel, wenn wir keine kriegen.

Stimulus-Hunger

Berne hat verschiedene Arten von *Hunger* beschrieben, die wir alle bisweilen erleben. Einer ist das Bedürfnis nach körperlicher und seelischer Stimulation. Berne nannte das *Stimulus-Hunger*.

Er verwies auf die Arbeit von Forschern auf dem Gebiet der menschlichen Entwicklungspsychologie und auf ähnliche Beobachtungen im

---

* Berne sprach von einem *unit of recognition*; die anschließende im Deutschen wohl sinnvolle Verdeutlichung ist ein Einschub des Übersetzers.

Tierreich. Der Österreicher René Spitz hat in einer vielbeachteten Untersuchung Säuglinge beobachtet, die in einem Waisenhaus untergebracht waren[2]. Sie wurden vorzüglich ernährt und sorgfältig betreut, es fehlte gewiß nicht an Wärme oder Sauberkeit. Dennoch traten bei ihnen viel häufiger körperliche und emotionale Störungen auf als bei Kindern, die von ihren Müttern oder anderen direkten Bezugspersonen versorgt wurden. Spitz kam zu der Schlußfolgerung, daß das, was den Kindern im Waisenhaus fehlte, die nötige Stimulierung war. Außer den weißen Wänden des Zimmers gab es für sie von früh bis spät nichts, was sie hätten anschauen können. Vor allem aber hatten sie wenig Körperkontakt mit denen, die sie versorgten. Was sie entbehrten, waren die Berührungen und Liebkosungen, mit denen Säuglinge normalerweise von ihren Bezugspersonen bedacht werden.

Berne hat das Wort „stroke"* gewählt, weil er damit das Bedürfnis des Säuglings nach körperlicher Berührung deutlich machen wollte.

Als Erwachsene, so sagte er, sehnen wir uns immer noch nach Körperkontakt, aber wir lernen auch, uns anstelle einer körperlichen Berührung mit anderen Formen von Anerkennung zufrieden zu geben. Ein Lächeln, ein Kompliment oder auch ein vorwurfsvoller Blick oder gar eine Beleidigung – all das zeigt uns doch, daß unsere Existenz zur Kenntnis genommen worden ist. Berne hat den Ausdruck *recognition hunger*, Hunger nach Anerkennung, verwandt, um unser Bedürfnis nach dieser Art Zur-Kenntnisnahme durch andere zu beschreiben.

Arten von Strokes

Wir können verschiedene Arten von Strokes unterscheiden. Es kann sich handeln um

verbale oder nonverbale Strokes
positive oder negative Strokes
bedingte oder bedingungslose Strokes.

---

* *Anmerkung des Übersetzers:* Der Ausdruck *stroke* ist im Englischen vieldeutig, seine Grundbedeutung ist in etwa *Streich, Schlag*. Ein solcher Streich kann entweder wohltun oder auch schmerzhaft oder sogar tödlich sein. Die Übersetzung „Streicheleinheit" gibt nur die eine Seite wieder, und auch der Ausdruck „Zuwendung" trifft in manchen Fällen die Sache nicht. *Stroke* bedeutet neben anderem auch Ritterschlag oder Glockenschlag, aber auch ein so tragisches Ereignis wie ein elektrischer Schlag oder ein Schlaganfall. Aus diesen Gründen hielt der Übersetzer es für geraten, auf willkürliche Übersetzungen zu verzichten und den englischen Ausdruck beizubehalten.

Verbale und nonverbale Strokes

In dem Beispiel am Anfang dieses Kapitels werden zwischen dir und deinem Nachbarn verbale und nonverbale Strokes ausgetauscht. Ihr habt miteinander geredet, und ihr habt gelächelt.

Ihr hättet einander viele andere verbale Strokes zukommen lassen können, von einem einfachen „Mahlzeit!" bis zu einer längeren Unterhaltung.

Unter den nonverbalen Strokes seien erwähnt das Winken, das Nicken, das Händeschütteln oder die Umarmung.

Wenn du an das vorhergehende Kapitel denkst, machst du dir sicher klar, daß *jede Transaktion einen Austausch von Strokes darstellt.* Bei den meisten Transaktionen kommt es zum Austausch sowohl von verbalen als auch nonverbalen Strokes. Aber eine Transaktion kann auch gänzlich nonverbal ablaufen. Im Unterschied dazu ist es schwer, sich eine Transaktion vorzustellen, die rein verbal stattfindet und keinerlei nonverbalen Inhalt hat, vielleicht mit Ausnahme eines sachlichen Telefongesprächs.

Positive und negative Strokes

Ein *positiver Stroke* ist ein Stroke, den der Empfänger als angenehm empfindet. Ein *negativer Stroke* ist einer, der als schmerzlich erlebt wird. In unserem Anfangsbeispiel hast du mit deinem Nachbarn positive Strokes ausgetauscht, und zwar sowohl verbale wie auch nonverbale.

Hätte dein Nachbar auf deinen Gruß aber mit einem bösen Blick statt mit einem Lächeln reagiert, hätte er dir einen negativen nonverbalen Stroke gegeben. Intensiver wäre der nonverbale Stroke dann gewesen, wenn er dir unerwartet einen Kinnhaken versetzt hätte. Einen negativen verbalen Stroke gibt er dir dann, wenn er auf dein freundliches „Schönes Wetter, gelt?" hin sagt: „Na und?", oder sogar „Schon, schon, bis *Sie* jetzt aufgetaucht sind."

Nun könnte man sich vorstellen, daß der Mensch sich stets um positive Strokes bemühen und negative vermeiden würde. In Wirklichkeit funktionieren wir nach einem andern Prinzip: *Jede Art von Stroke ist besser als überhaupt kein Stroke.*

Diese These wird gestützt durch eine Reihe von Tierversuchen. In einem Experiment wurden zwei Gruppen von Rattensäuglingen in völlig gleichen primitiven Kästen gehalten. Die eine Gruppe bekam täglich ein paarmal einen Elektroschock und die andere Gruppe nicht. Zur Überraschung der Forscher entwickelte sich die Gruppe, die die

Schocks bekam, besser als diejenige, die eine solche Stimulierung nicht erfuhr, so schmerzlich sie auch war.[3]

Wir ähneln solchen Ratten. Um unseren Stimulus-Hunger zu stillen, können wir genauso negative Strokes wie positive aufnehmen.

Die ganz kleinen Kinder wissen das instinktiv. Fast alle haben wir von der frühesten Kindheit an Zeiten durchlebt, wo wir die positiven Strokes, die wir gewünscht hatten oder gebraucht hätten, nicht bekamen. Wir haben dann Mittel und Wege ausgedacht, an negative Strokes zu kommen. Die haben zwar weh getan, aber das war immer noch besser als die gefürchtete Alternative, sie gänzlich entbehren zu müssen, sich übersehen, vergessen und verlassen zu fühlen. Im Erwachsenen-Dasein befolgen wir dieses Muster aus der frühen Kindheit manchmal immer noch und bemühen uns weiterhin um negative Strokes. Hier liegt der Grund für gewisse Verhaltensweisen, die uns auf den ersten Blick widersinnig vorkommen, weil wir uns damit selbst bestrafen. Dieses Konzept werden wir wieder antreffen, wenn wir Spiele, Maschen und das Skript behandeln.

Bedingte und bedingungslose Strokes

Ein *bedingter Stroke* bezieht sich auf das, was du tust. Ein *bedingungsloser Stroke* bezieht sich auf das, was du bist.

> *Positiv und bedingt:* „Das haben Sie aber gut gemacht!."
> *Positiv und bedingungslos:* „Es ist so schön, daß du da bist."
> *Negativ und bedingt:* „Ihre Strümpfe gefallen mir nicht."
> *Negativ und bedingungslos:* „Ich hasse dich."

Suche für jede dieser vier Arten von Strokes fünf Beispiele, für die positiven bedingten und bedingungslosen, und für die negativen bedingten und bedingungslosen. Denke dabei bei jedem Beispiel an nonverbale und verbale Strokes.

Bei einer Gruppe laßt jeden mal seinem Nachbarn zur Linken einen bedingten positiven Stroke geben. Achtet dabei jedesmal darauf, wie der Stroke gegeben und wie er aufgenommen wird. Wenn alle durch sind, tauscht miteinander aus, was ihr beobachtet habt. Dann geht in der anderen Richtung genauso vor, und sprecht wieder darüber, wie die Strokes gegeben und wie sie aufgenommen wurden.

Stroken und Verstärkung des Verhaltens

Als Kinder probieren wir alle möglichen Verhaltensweisen aus, um herauszufinden, welche uns die Strokes einbringen, die wir brauchen. Wenn eine bestimmte Verhaltensweise sich als stroketrächtig herausstellt, ist die Wahrscheinlichkeit groß, daß wir dieses Verhalten wiederholen. Und mit jedem Mal, wo wir dadurch einen weiteren Stroke erhalten, wächst unsere Bereitschaft, dieses Verhalten auch weiterhin an den Tag zu legen.

Auf diese Weise *verstärkt* das Stroken das Verhalten, welches gestrokt wird. Erwachsene, die Strokes genauso sehr brauchen wie Kleinkinder, tendieren auch genau so dazu, in ihrem Verhalten ständig nach Wegen zu suchen, wie sie am sichersten an ihre Strokes kommen.

Denke daran, daß wir alle nach dem Prinzip reagieren „Igendeine Art von Strokes ist besser als gar keine."

Wenn ich den Eindruck habe, es gibt nicht genügend positive Strokes, um mein Strokebedürfnis zu erfüllen, dann gehe ich dazu über, mich nach negativen umzusehen. Und nehmen wir an, ich hätte als Kind beschlossen, mich lieber um negative Strokes zu bemühen als Gefahr zu laufen, Strokes ganz entbehren zu müssen. Wenn ich dann später als Erwachsener einen negativen Stroke bekomme, so wird auch dieser negative als Verstärkung für mein Verhalten wirken, und zwar *genauso wirksam wie ein positiver Stroke.* Das bringt uns weiter in unserem Verständnis dafür, daß Menschen beharrlich an Verhaltensmustern festhalten, mit denen sie sich augenscheinlich nur Eigentore schießen.

Diese Kenntnis kann uns auch leiten, aus solchen negativen Mustern auszusteigen. Das ist möglich, indem wir die Art und Weise verändern, in der wir uns um Strokes bemühen. Statt etwas anzustellen, um schmerzliche negative Strokes einzukassieren, können wir etwas unternehmen, um erfreuliche positive Strokes zu bekommen. Und mit jedem Mal, wo uns unser Verhalten einen positiven Stroke einbringt, wächst unsere Bereitschaft, dies neue Verhalten auch in der Zukunft an den Tag zu legen.

Hierbei sind die *Qualität* und *Intensität* der Strokes wichtig. Weder das eine noch das andere läßt sich quantitativ erfassen. Aber es leuchtet ein, daß der Mensch subjektiv die Strokes ganz unterschiedlich bewertet, je nach dem, von wem sie kommen und wie sie gegeben werden.

Nehmen wir z.B. an, daß wir beiden als Autoren für unser Buch einen positiven Stroke von einem angesehenen Transaktionsanalytiker bekommen, der es gerade von Anfang zu Ende durchgelesen hat. Einen solchen Stroke schätzen wir qualitativ mit Sicherheit höher ein als einen, den wir vielleicht von jemand bekommen, der an der TA nicht weiter interessiert ist und lediglich das Vorwort und die Kapitelüberschriften überflogen hat.

Nun stell dir vor, ein Kind erhielte von seinem Vater einen negativen Stroke, weil es etwas tut, was der Vater nicht leiden kann. Der Stroke wird vielleicht mit erhobenem Zeigefinger und strenger Stimme erteilt. Oder aber er kann auch begleitet sein von wütendem Schreien und von Schlägen. Natürlich erlebt das Kind das Negative im letzteren Fall intensiver als im ersteren.

Strokes geben und Strokes annehmen

Manche Menschen haben die Gewohnheit, Strokes zu geben, die am Anfang positiv klingen, aber am Ende einen negativen „Stachel" haben.

„Also ich habe den Eindruck, Sie haben das schon verstanden - mehr oder weniger."

„Der Mantel steht dir gut - hast du ihn gebraucht gekauft?"

Strokes dieser Art werden als *unechte Strokes* bezeichnet. Man hat den Eindruck, sie würden einem etwas Positives geben und dann wieder wegnehmen.

Es gibt auch Menschen, die recht großzügig positive Strokes austeilen, dabei aber unehrlich sind. Kaum hat dich so jemand im Zimmer entdeckt, eilt er herbei und erdrückt dich schier in einer besitzergreifenden Umarmung. Mit breitem Lächeln sagt er: „Toll! Wie mich das freut, daß du hier bist! Wie du reingekommen bist, wurde es richtig hell hier drinnen! Weißt du, ich habe gerade deinen Artikel gelesen und fand das *so* überzeugend und dabei *so* geistreich..." Und so geht das dann weiter.

Eric Berne sprach einfach davon, daß er dir *Honig um den Bart schmiert*. Andere Autoren sprechen von *Kunststoff-Strokes* oder *Plastik-Strokes*, um solche unehrlichen positiven Strokes zu kennzeichen. Aber es gibt auch Menschen, die gehen ins entgegengesetzte Extrem. Es fällt ihnen schwer, überhaupt positive Strokes zu erteilen. Meistens sind sie in einer Familie großgeworden, wo selten positiv gestrokt wurde. Auch die Gewohnheiten im eigenen Land oder Volk spielen eine Rolle. Engländer, Skandinavier oder Norddeutsche sind vielleicht sparsamer mit positiven Strokes, vor allem mit positiven körperlichen Strokes. Bei den Mittelmeervölkern oder den Lateinamerikanern ist positives Stroken eher an der Tagesordnung, und dort gelten dann die Nordländer als zurückhaltend und kalt.

Nun zum Annehmen von Strokes! Da haben wir alle unsere Eigenarten und Vorlieben. Vielleicht höre ich lieber Strokes für das, was ich tue, als für das, was ich bin. Dir sind vielleicht bedingungslose Strokes am liebsten. Ich vertrage unter Umständen eine ganze Menge negativer Strokes, während dich der geringste negative Stroke schon umwirft. Du kannst körperliche Strokes zutiefst genießen, wohingegen ich sofort zusammenzucke, wenn eine Berührung mehr ist als ein Händedruck.

Die meisten von uns kennen Strokes, die wir routinemäßig bekommen. Und weil wir sie so gut kennen, besteht die Gefahr, daß wir sie abwerten. Gleichzeitig wünschen wir uns insgeheim vielleicht andere Strokes, die wir selten erhalten. Vielleicht habe ich mich daran gewöhnt, positive verbale bedingte Strokes über mein klares Denkvermögen einzukassieren. Die mag ich zwar, aber sie kommen mir eher vor wie Kleingeld. Wonach ich mich in Wirklichkeit sehne, ist, daß mal jemand kommt und sagt: „Du siehst gut aus!" und mich in den Arm nimmt.

Vielleicht gehe ich sogar noch einen Schritt weiter und leugne *vor mir selbst,* daß ich die Strokes möchte, nach denen ich mich am meisten sehne. Nimm einmal an, daß ich als kleines Kind gern gehabt hätte, daß Mutter mich so richtig in den Arm genommen hätte, daß sie das aber kaum jemals getan hat. Das tut weh, und um den Schmerz zu lindern, beschließe ich vielleicht, meine Sehnsucht nach einer Umarmung auszublenden. Als Erwachsener behalte ich diese Strategie vielleicht bei, ohne daß mir das klar ist. Dann weiche ich körperlichen Strokes aus und leugne vor mir selbst das Bedürfnis danach, das nach wie vor unerfüllt bleibt.

In der TA-Sprache spricht man davon, daß jeder seinen *Lieblings-Stroke-Quotienten* hat. Der scherzhafte Reim: „Different strokes for different folks"* sagt das Gleiche mit anderen Worten. Wir sehen jetzt auch, wieso die Qualität eines Strokes sich nicht objektiv messen läßt; was für dich ein Stroke erster Güte ist, ist für mich vielleicht ein Stroke minderer Qualität.

Der Stroke-Filter

Bekommt jemand einen Stroke, der zu seinem Lieblings-Stroke-Quotienten nicht paßt, so wird dieser leicht ignoriert oder gering geachtet.

---

* Im Deutschen etwa: „Auch bei Strokes: Jedem das Seine!" - wobei sich im Englischen diese Redensart reimt.

Wir sagen, er *diskontiert* den Stroke oder *filtert ihn aus*. Wo das geschieht, lassen sich mit Wahrscheinlichkeit gewisse Inkongruenzen beobachten in der Weise, wie der Stroke aufgenommen wird.

Vielleicht sage ich aufrichtig zu dir: „Mir imponiert dein klares Denken beim Abfassen dieses Berichts." Aber nehmen wir einmal an, du hättest als Kind beschlossen: „Ich bin sicher ganz hübsch, und ich bin amüsant, aber denken kann ich nicht." Dann paßt mein Stroke nicht zu deinem Lieblings-Stroke-Quotienten. Wenn du dann meinen Stroke hörst, sagst du vielleicht: „Danke", aber dabei ziehst du die Nase kraus und verziehst deinen Mund, als müßtest du saure Gurken essen. Was man auch oft hört, wenn jemand einen Stroke emotional nicht gelten läßt, also „diskontiert", ist, daß er lacht oder kichert: „Danke ha ha ha!"

Das wirkt so, als hätten wir alle einen Stroke-Filter zwischen uns und den ankommenden Strokes. Damit filtern wir diese selektiv aus. Wir lassen nur die herein, die zu unserem Lieblings-Stroke-Quotienten passen, und die anderen halten wir fern. Dabei dient unser Stroke-Quotient dazu, das Bild beizubehalten, das jeder von uns sich von sich selbst macht.

Es gibt Menschen, die als Kinder zu der Überzeugung kommen, daß positive Strokes knapp sind oder man ihnen nicht trauen darf, und dann beschließen, sich an negative zu halten. Im Erwachsenendasein fahren sie unter Umständen fort, positive auszufiltern und negative hereinzulassen. Solche Menschen haben lieber die Peitsche als das Zuckerbrot. Bekommen sie ein Kompliment, so werden sie es in der Regel abwerten.

„Mir gefällt Ihr Haar."

„Hm, ja, ja! Ich muß dran denken, daß ich's endlich mal wasche."

Menschen, die eine besonders schmerzhafte Kindheit gehabt haben, haben vielleicht beschlossen, überhaupt keine Strokes reinzulassen. Sie umgeben sich dann mit einem so dichten Stroke-Filter, daß sie praktisch alle Strokes abweisen, die ihnen angeboten werden. Auf diese Weise bewahren sie für ihr Kind-Ich eine gewisse Sicherheit, aber sie berauben sich selbst der Strokes, die sie als Erwachsene völlig gefahrlos bekommen könnten. Wenn sie nicht Wege finden, ihren Stroke-Filter zu öffnen, geraten sie am Ende leicht in Isolierung und Depression.

Für Gruppenarbeiten: Geht in Gedanken noch einmal zurück zu der Übung, wo ihr euch im Kreise Strokes gegeben und sie angenommen habt.

Welche von den Strokes, die gegeben wurden, waren offen und ehrlich, und welche waren unecht? Hat jemand anderen Honig um den Bart geschmiert?

Als ihr geübt habt, Strokes anzunehmen, wer hat da die Strokes offen und frei angenommen und sich darüber gefreut? Wer hat einen angebotenen Stroke abgewertet? Woran seht und hört ihr das?

Hat jemand offen einen Stroke abgelehnt, den er nicht wollte, statt ihn innerlich abzuwerten?

Jetzt arbeitet in Vierer-Gruppen. Werdet euch darüber einig, ob ihr bei der folgenden Übung mehr mit positiven Strokes arbeiten wollt oder sowohl mit positiven als auch mit negativen. Wenn einer von den vieren den Wunsch hat, nur mit positiven umzugehen, dann respektiert das.

Macht es so, daß ihr der Reihe nach alle „drankommt". Derjenige, der gerade dran ist, hört drei Minuten lang zu, während die anderen drei ihm verbale Strokes übermitteln. Die Strokes können bedingt oder bedingungslos sein.

Wenn die drei Minuten um sind, dann teilt derjenige, der dran war, den anderen seine Erlebnisse mit. Fragt euch dabei Folgendes:

Welche von den Strokes, die ich bekommen habe, hatte ich erwartet?

Welche Strokes hatte ich nicht erwartet?

Welche Strokes habe ich gemocht?

Welche Strokes mochte ich nicht?

Hätte ich gerne Strokes bekommen, die ich nicht gekriegt habe?

Dann ist der nächste dran und teilt euch seine Erlebnisse mit.

Die Stroke-Ökonomie

Claude Steiner sagt, unsere Eltern hätten uns schon als Kinder fünf einschränkende Regeln über das Stroken beigebracht.

Gib keine Strokes, auch wenn du gerne möchtest.*
Bitte nicht um Strokes, wenn du welche brauchst.
Nimm keine Strokes an, wenn du welche willst.
Lehne keine Strokes ab, wenn du sie nicht willst.
Stroke dich nicht selbst.

* *Anmerkung des Übersetzers:* Dieser Satz ist in der deutschen Fassung des Steiner-Buches entstellt wiedergegeben. „When you have them to give" heißt soviel wie: „Wenn du genügend hast oder soviel hast, daß du gut und gerne davon abgeben kannst, daß dir so zumute ist, als wolltest du sie verschenken"; die deutsche Fassung „Gibt keine Streicheleinheiten her, *es sei denn du mußt*" ergibt keinen Sinn, sie würde im Englischen heißen: "when you have to give them".

Diese fünf Regeln zusammengenommen bilden die Grundlage dessen, was Steiner als *Stroke-Economy* bezeichnet. Steiner sagt, daß die Eltern ihre Kinder anhalten, diese Regeln zu befolgen, und damit erreichen, daß „... eine Situation, in der Strokes grenzenlos zur Verfügung stehen könnten, umgewandelt wird in eine Situation, wo sie künstlich verknappt sind und der Preis, den die Eltern dafür verlangen können, hoch ist."

Steiner glaubt, daß die Eltern das tun, um ihre Kinder zu steuern. Wenn sie ihnen sagen, daß Strokes knapp sind, dann erhalten sie damit automatisch das Stroke-Monopol. Und da das Kind ja „weiß", daß Strokes ganz wichtig sind, lernt es sehr bald, sie dadurch zu bekommen, daß es sich so verhält, wie Vater und Mutter es von ihm fordern. Steiner sagt, wir würden als Erwachsene unbewußt immer noch diese fünf Regeln befolgen. Das führt dazu, daß wir dann unser Leben in einem Zustand teilweisen Strokemangels verbringen. Wir wenden sehr viel Energie auf, um uns die Strokes zu beschaffen, von denen wir immer noch glauben, sie wären knapp. Steiner meint, daß wir uns leicht manipulieren und ausbeuten lassen durch Institutionen, die sich als Inhaber eines Stroke-Monopols ausgeben. Es kann sich um den Staat oder um Firmen handeln, um Leute aus der Werbebranche oder aus dem Show-Business. Auch Therapeuten werden bisweilen als Stroke-Lieferanten betrachtet. Steiner fordert nachdrücklich: wenn wir unsere wache Bewußtheit, unsere Spontaneität und unsere Fähigkeit zur Intimität wiedergewinnen wollen, dann müssen wir die „Grundausbildung" über den Strokeaustausch, die unsere Eltern uns aufgenötigt haben, abwerfen und statt dessen uns darüber klar werden, daß Strokes in unbegrenzter Menge zu haben sind. Jedesmal, wenn wir wollen, können wir einen Stroke weggeben. Ganz gleich wieviel wir abgeben, sie werden nie alle. Wenn wir einen Stroke brauchen, können wir offen darum bitten, und wenn er uns angeboten wird, dürfen wir ihn annehmen. Wenn wir einen Stroke, den man uns anbietet, nicht mögen, können wir ihn offen ablehnen. Und wir dürfen es genießen, uns selbst zu stroken. In der TA-Welt stimmt nicht ein jeder vorbehaltlos dem trüben Bild zu von einer „Stroke-Ökonomie" als Grundlage für kommerzielle und politische Unterdrükkung, wie Steiner es zeichnet. Du wirst dir sicher dein eigenes Urteil bilden.

Was gewiß stimmt, ist, daß die meisten von uns ihren Strokeaustausch aufgrund früher Kindheitsentscheidungen einschränken. Diese Entscheidungen wurden einmal getroffen als Reaktion auf die Art und Weise, wie wir als Kleinkinder den Druck von seiten der Eltern wahrgenommen haben. Als Erwachsene können wir diese Entscheidungen neu bewerten und verändern, wenn wir das wollen.

Für die Gruppenarbeit: Geht noch einmal die Stroke-Übungen durch, die ihr bereits gemacht habt. Unterhaltet euch in der Gesamtgruppe oder in Kleingruppen darüber, wie ihr das Geben, das Annehmen und das Ablehnen von Strokes empfunden habt. Wobei habt ihr euch wohlgefühlt? Und unwohl? Als ihr euch nicht wohl gefühlt habt, fallen euch da Regeln ein, die eure Eltern eurer Erinnerung nach euch als Kindern gegeben haben? Dabei ist wahrscheinlich, daß euch solche Regeln eher vorgelebt als verbal gegeben worden sind.

Um Strokes bitten

Beim Stroken gibt es einen Mythus, den wir fast alle gelernt haben. Er heißt: „Wenn du um einen Stroke erst bitten mußt, taugt er nicht viel."

Aber die Wirklichkeit sieht so aus: *Strokes, die du bekommst, weil du darum bittest, sind genauso wertvoll wie Strokes, die du ohne zu bitten bekommst.*

Möchtest du eine liebevolle Umarmung, dann bitte darum und hol sie dir, sie ist genauso gut wie eine Umarmung, die du kriegst, nachdem du erst wartest und hoffst.

Du kannst dem entgegenhalten: Aber wenn ich erst fragen muß, gibt mir der andere den Stroke vielleicht nur aus Gefälligkeit.

Wenn wir das aus dem Erwachsenen-Ich beurteilen, sehen wir, daß das durchaus möglich ist. Auf der anderen Seite kann der Stroke aber auch ehrlich sein. Immerhin besteht die Aussicht, daß andere auch den Wunsch gehabt haben, dich zu stroken, aber im Innern ihr eigenes Eltern-Gebot vernommen haben, das ihnen einredet: „Gib keine Strokes!"

Du hast immer noch die Möglichkeit, den anderen zu fragen, ob dieser Stroke ehrlich gemeint war oder nicht. Wenn nicht, hast du weitere Möglichkeiten. Du kannst dich dafür entscheiden, ihn trotzdem anzunehmen. Oder du kannst ihn als Honig um den Bart ablehnen und um einen Stroke bitten, der ehrlich ist. Entweder von dem gleichen Menschen oder von jemand anderem.

Für die Gruppenarbeit: Arbeitet in Vierer-Gruppen, wenn ihr wollt, in den gleichen wie bei der Übung, wo drei Strokes gegeben haben und der vierte zugehört hat. Dies ist jetzt eine Übung, wo um Strokes

Abbildung 8.1: Das Stroke-Profil

gebeten wird. Macht es wieder so, daß ihr der Reihe nach drankommt. Diesmal nimmt sich der, der dran ist, drei Minuten Zeit, um die anderen um Strokes zu bitten.

Die drei Stroker reagieren, indem sie den erbetenen Stroke geben, *wenn sie echt bereit sind, ihn zu geben.*

Wenn du Stroker bist und nicht bereit bist, den Stroke ehrlich zu geben, dann sag dem, der darum bittet: „Ich bin im Augenblick nicht bereit, dir diesen Stroke zu geben." Gib keine Erklärung, wieso.

Wenn die Zeit um ist, tauscht der, der dran war, seine Erlebnisse mit den anderen aus. Dann kommt der nächste dran und fährt fort.

Bei Einzelarbeit: Schreib dir mindestens fünf positive Strokes auf, die du gern hättest, aber um die du normalerweise nicht bittest. Es können verbale, nonverbale oder eine Mischung von beiden sein. In der dann folgenden Woche bitte mindestens eine Person um jeweils einen dieser Strokes.

Wenn du den Stroke bekommst, danke dem Stroker. Wenn nicht, ist es in Ordnung, um eine Information aus dem Erwachsenen-Ich darüber zu bitten, warum der andere dir den Stroke, um den du gebeten hattest, nicht hatte geben wollen.

Die Übung ist zu Ende, wenn du um die Strokes gebeten hast, ob du sie nun alle bekommen hast oder nicht. Wenn du um alle Strokes gebeten hast, die auf deiner Liste standen, dann gib dir einen Stroke dafür, daß du die Übung gemacht und auch abgeschlossen hast.

Das Stroke-Profil

Jim McKenna hat ein Diagramm konzipiert, das er als *Stroke-Profil* bezeichnet. [5]

Es dient zur Analyse der Strokemuster in etwa der gleichen Weise, wie Dusays Egogramm den Einsatz der funktionellen Ich-Zustands-Anteile analysiert, nämlich durch Säulen. Um ein Stroke-Profil zu erstellen, beginne mit der Tabelle, die wir in derAbbildung 8.1 wiedergegeben haben. Dann überträgst du die Ergebnisse der vier Spalten in Form von Säulen und gibst damit wieder, wie du dich selbst einschätzt: wie oft gibst du Strokes, wie oft nimmst du sie an, wenn sie dir angeboten werden, wie oft bittest du um Strokes, und wie oft weigerst du dich, Strokes zu geben. Du kannst von Anfang an für jede dieser vier Möglichkeiten positive und negative Säulen einzeichnen, indem du einfach die positiven nach oben und die negativen nach unten zeichnest.

In der Abbildung 8.2 geben wir ein Beispiel für ein derart erstelltes Stroke-Profil wieder. Die Betreffende gibt nicht viele positive Strokes an andere, verteilt jedoch recht freizügig negative. Sie ist sehr angewiesen auf positive Strokes von anderen und bittet auch oft darum. Nach ihrer Einschätzung nimmt sie selten negative Strokes an oder bemüht sich irgendwie darum. Sie weigert sich oft, positive Strokes zu geben, die andere erwarten, aber sie ist nicht gleichermaßen bereit, sich zu weigern, negative Strokes zu geben. Wie würde es dir gehen, wenn du mit der Person, die dieses Stroke-Profil gezeichnet hat, in Beziehung ständest?

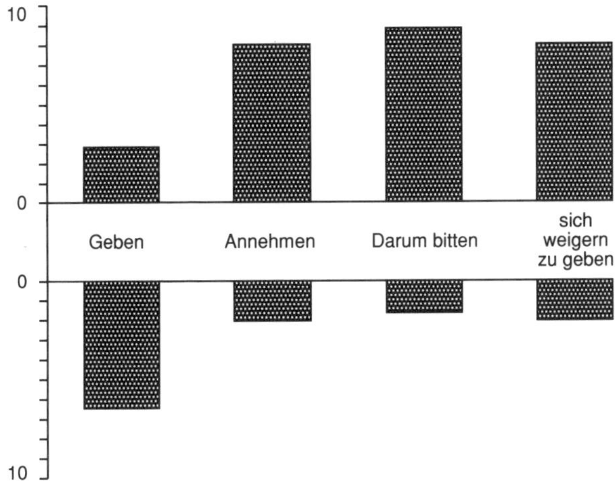

Abbildung 8.2: Beispiel für ein Stroke-Profil

Und nun zeichne dein eigenes Stroke-Profil, am besten aus der Intuition heraus und so rasch du kannst.

In der Spalte „Darum bitten" nimm in die negative Säule auch die Anlässe auf, wo du es irgendwie in indirekter Weise so anstellst, daß du die Aufmerksamkeit deiner Mitmenschen in einer Weise auf dich ziehst, die für dich schmerzvoll oder doch unangenehm ist.

Mach dir klar, daß du durch solch ein Verhalten eine Überzeugung noch einmal auslebst, die du in deinem Kind-Ich noch hast: „Irgendein Stroke ist immer noch besser als überhaupt keiner". In ähnlicher Weise trage in die negative Spalte „Sich weigern, Strokes zu geben" die Anlässe ein, wo du dich geweigert hast, anderen negative Strokes zu geben, die sie durch ihr Verhalten indirekt aus dir „herauskitzeln" wollten.

Jim McKenna meint, daß die negativen und positiven Anteile für jede Möglichkeit in umgekehrter Beziehung zueinander stehen. Wenn jemand z.B. einen niedrigen Wert einträgt für das Annehmen positiver Strokes, dann wird er wahrscheinlich einen hohen Wert haben für das Annehmen von negativen. Wenn du jetzt dein vollständiges Stroke-Profil ansiehst, gilt ein solches Muster dann auch fur dich? Und nun mach dir Gedanken, ob du in deinem Stroke-Profil etwas ändern willst. Wenn ja, tust du gut daran, die Säulen zu erhöhen, von denen du mehr haben willst. McKenna sagt, daß das mit größerer Wahrscheinlichkeit etwas erbringt, als wenn du dich bemühst, die Säulen zu verkleinem, deren Höhe dich stört. Es ist ja wahrscheinlich, daß du dich in deinem Kind-Ich sträubst, alte Strokemuster aufzugeben, so lange du nichts Besseres dafür hast.

Wenn du dein Stroke-Profil verändern willst, dann schreibe mindestens fünf Verhaltensweisen auf, die dazu dienen können, die Spalte, von der du mehr haben willst, zu vergrößern. Und dann setze solche Verhaltensweisen gleich in der darauffolgenden Woche ein. Wenn du z.B. beschließt, du möchtest anderen mehr positive Strokes geben, dann schreib dir vielleicht ein Kompliment auf, das du ehrlich jedem einzelnen deiner fünf besten Freundinnen oder Freunde geben könntest, aber bisher nie gegeben hast. Dann nutze die nächste Woche dazu, ihnen einmal das zu sagen, was du nie ausgesprochen hast.

Hat McKenna recht, wenn er meint, daß durch Vergrößerung der Säule, von der du mehr haben möchtest, die Säule, die dich stört, automatisch schrumpft?

Sich selbst stroken

Zweifellos haben viele von uns als Kinder die fünfte Regel von Steiner gelernt: „Gib dir selbst keine Strokes!" Unsere Eltem haben uns eingeschärft: „Gib nicht so an! Eigenlob stinkt." In der Schule ging das so weiter. Wenn wir die beste Arbeit in der Klasse gemacht oder beim Schulsportfest einen Preis errungen hatten, konnten andere uns ohne weiteres sagen, daß wir gut waren. Aber von uns selbst wurde erwartet, daß wir solche Strokes mit einem Achselzucken abtaten: „Ach das ist doch weiter nichts Besonderes!"

So kommt es dazu, daß wir dieses Verhalten aus unserem angepaßten Kind-Ich auch als Erwachsene beibehalten. Die meisten von uns sind allmählich so daran gewöhnt, daß sie ihre eigenen Leistungen sogar sich selbst gegenüber herabsetzen. Dadurch nehmen wir uns eine wichtige Strokequelle: nämlich, uns selbst Strokes zu geben (im Englischen spricht man von *self-stroking*).

Wir können uns selbst jederzeit stroken. Deshalb führen wir im folgenden ein paar Möglichkeiten an, wie du das umsetzen und dich dabei obendrein richtig wohlfühlen kannst.

Für Gruppenarbeit: Laßt jeden einzelnen der Reihe nach irgend etwas Gutes über sich sagen. Wer dazu nicht bereit ist, darf in dem Augenblick, wo er an der Reihe ist, einfach sagen „Weiter!".

Bei einer solchen Übung ist es völlig in Ordnung, offen und echt „anzugeben".

Jedesmal wenn jemand in dieser Weise „angibt", hören die anderen genau zu und lassen erkennen, daß sie das ebenfalls schätzen.

Wenn du erst erlebt hast, wie das ist, vor der ganzen Gruppe etwas Gutes über dich zu sagen, dann tu den nächsten Schritt. Bei der folgenden Übung geht jedes Gruppenmitglied der Reihe nach in die Mitte des Kreises und gibt eine ausgemachte Zeit lang ohne Unterbrechung an. Der „Angeber" wendet sich direkt an verschiedene Gruppenmitglieder im Kreis und spricht dabei laut genug, so daß jeder ihn verstehen kann. Wenn dir dabei irgendwann nichts Gutes mehr einfällt, dann sag einfach das gleiche nochmal. Die übrigen Gruppenmitglieder ermuntern den „Angeber" mit anerkennenden Reaktionen, etwa: „Toll! Weiter so! Donnerwetter!"

Eine Variante davon ist das sogenannte „Self-stroking-Karussell". Die Gruppe wird halbiert, beide Hälften setzen sich so im Kreise, daß die eine Hälfte im Inneren, die andere Hälfte drum herum im äußeren Kreis sitzt und jeder ein Gegenüber hat. Dann wird ein Zeitwächter eingesetzt (wenn der Gruppenleiter das nicht selbst machen will). Drei Minuten lang rühmt sich jeder im inneren Kreis vor seinem Gegenüber, und dieser hört beifällig zu . Dann sagt der Zeitwächter „Wechsel", und der Partner im äußeren Kreis rühmt sich jetzt, während sein Gegenüber zuhört.

Nach weiteren drei Minuten sagt der Zeitwächter „Zum nächsten!" Jeder im inneren Kreis geht dann eine Stelle weiter nach links, so daß er einem neuen Gesprächspartner gegenübersitzt, und fängt wieder an, sich drei Minuten lang zu rühmen. Dann tut der neue Partner im äußeren Kreis drei Minuten lang das gleiche. Der innere Kreis wandert anschließend wieder um eine Stelle weiter.. Und das Ganze geht so lange, bis jeder einzelne in dem einen Kreis bei jedem einzelnen im anderen Kreis das „Angeben" geübt hat (oder so lange ihr Zeit und Energie habt dazu).

Bei Einzelarbeit: Nimm einen Bogen und schreib alles Gute über dich selbst darauf, was dir einfällt, und nimm dir soviel Zeit, wie du willst. Wenn die Umstände das zulassen, dann häng das Papier so auf, daß du es oft sehen kannst. Sonst bring es so unter, daß du es leicht zur Hand hast. Und jedesmal, wenn dir sonst noch etwas Gutes über dich einfällt, schreib es dazu!

Dann stelle eine Liste auf von mindestens fünf Weisen, dich selbst positiv zu stroken. Beispiel: dich in der warmen Badewanne richtig entspannen und dazu deine Lieblingsplatte auflegen. Oder: einmal schick essen gehen, oder irgendwohin fahren. Aber betrachte solche Strokes nicht als „Belohnungen" für irgend etwas! Gib sie einfach dir selbst um deiner selbst willen!

Dann überprüfe aus deinem Erwachsenen-Ich, ob diese Strokes wirklich positiv sind.

Achte darauf, daß du dir den Stroke auch leisten kannst und daß er für dich gesund und sicher ist. Dann setze ihn um und tu dir jeweils das Gute und Schöne, was du dir ausgedacht hattest.

Die „Stroke-Bank"

Wenn auch das *Self-Stroking* eine wichtige Stroke-Quelle ist, kann es nie ein völliger Ersatz sein für die Strokes, die wir von anderen bekommen. In gewisser Weise verfügen wir alle über eine *Stroke-Bank.*[6]

Wenn wir von jemand einen Stroke bekommen, dann nehmen wir diesen nicht nur an in dem Augenblick, wo er gegeben wird, sondern die Erinnerung daran wird in unserem Gedächtnis gespeichert. Später können wir wieder in die Bank gehen, den Stroke einlösen, und ihn dann erneut als Self-Stroke verwenden. Und war es ein Stroke, den wir ganz besonders geschätzt haben, dann können wir ihn noch und noch für uns nützen. Nur im Laufe der Zeit läßt die Wirkung auch nach. Wir müssen also unser Bankkonto durch neue Strokes von anderen ständig wieder auffüllen.

Gibt es „gute" und „schlechte" Strokes?

Man könnte annehmen, positive Strokes wären „gut", negative hingegen „schlecht". In der TA-Literatur ist diese Annahme oft gemacht worden. Es wurde dazu aufgefordert, in unbeschränkter Zahl positive, nach Möglichkeit bedingungslose Strokes zu suchen und zu geben. Und den Eltern wurde gesagt, wenn sie ihren Kindern nur die rechte Kost vorsetzen würden, nämlich positive Strokes, dann würden die sich schon recht entwickeln. In Wirklichkeit liegen die Dinge nicht so einfach.

Denke einmal daran, daß unser Strokebedürfnis auf dem *recognition-hunger*, dem Bestreben, zur Kenntnis genommen zu werden, beruht. Eine solche „Kenntnisnahme" ist als solche schon ein Stroke. Wenn wir nun ganze Bereiche im Verhalten eines anderen, die wir als „negativ" betrachten, weglassen, dann nehmen wir den Betreffenden nur zum Teil zur Kenntnis. Wenn wir ihm dann also eine Kost von bedingungslosen positiven Strokes vorsetzen, kann es sein, daß diese zu seinem eigenen inneren Erleben nicht recht paßt. Und so kommt es, daß er unter Umständen einen Strokemangel verspürt, während er doch anscheinend mit positiven Strokes eingedeckt wird.

Bedingte Strokes, und zwar positive und negative, sind für uns wichtig, denn wir nutzen sie als Mittel, etwas über die Welt zu erfahren. Das gilt in unserer Kindheit und auch im Erwachsenendasein. Als Kind hatte ich mal einen Teller Pellkartoffeln einfach auf die Erde gefeuert. Natürlich hat Mutter mich ausgeschimpft, und nicht zu knapp - und das hat mir gar nicht behagt. Was habe ich also gelernt? Wenn ich eine Mutter haben wollte, die lächelte, statt mit mir zu schimpfen, dann mußte ich eben meine Pellkartoffeln schön auf dem Teller lassen.

Und für mich in meinem Erwachsenendasein haben bedingte Strokes immer noch die gleiche Signalfunktion. Bekomme ich einen bedingten negativen Stroke, dann heißt das für mich, daß jemand die Art, wie ich mich aufführe, nicht mag. Ich kann dann selbst darüber entscheiden, ob ich mein Verhalten ändern will, damit es Anklang findet. Ein positiver bedingter Stroke gilt mir als Hinweis dafür, daß das, was ich tue, jemandem gefällt. Wenn ich bedingte positive Strokes erhalte, dann bestärkt mich das in dem Gefühl, daß ich tüchtig bin.

Fehlen bedingte negative Strokes ganz, habe ich auch keinen Grund, irgendein Verhalten zu ändern, selbst wenn es mir nur Ungutes einbringt. Das geht so mit den Leuten, die „zu wohlerzogen" oder „zu höflich" sind, um einem Mitmenschen zu sagen, daß der beispielsweise aus dem Munde riecht oder seine Hemden öfter waschen sollte. Dem Betreffenden kann es dann passieren, daß andere ihm aus dem Wege gehen, aber er erfährt nie, wieso, und weiß mithin auch nicht, was er ändern müßte. Zwar brauche ich nicht unbedingt bedingungslose negative Strokes, aber so, gar diese enthalten Botschaften, die ich sinnvoll nutzen kann. Wenn mir jemand sagt: „Ich kann Sie nicht ausstehen", dann weiß ich, daß er seine Meinung auch dann nicht ändern wird, wenn ich mein Verhalten ändere. Wenn ich gut für mich sorgen will, muß ich seine Gesellschaft meiden. Es hat sich sogar erwiesen, daß Kinder, die von ihren Eltern mit einer immer gleichen Kost positiver Strokes aufgezogen worden waren, am Ende positive Strokes von negativen gar nicht mehr unterscheiden konnten.[7]

Ein Teil ihres inneren Erlebens ist ja von den Eltern ständig geleugnet oder nicht zur Kenntnis genommen worden. Im späteren Leben kann das zu einer Reihe von Problemen führen. Gott sei dank folgen die meisten Eltern ihrem gesunden Instinkt und setzen Gebote durch mit einer Mischung von negativen und positiven Strokes.

Zu einem gesunden Stroke-Quotienten gehören also positive und negative Strokes genau so wie bedingte und bedingungslose.

Halten wir das einmal fest, aber sehen wir auf der anderen Seite auch, daß es durchaus Gründe gibt für den Nachdruck, mit dem das positive Stroken üblicherweise in TA-Kreisen vertreten wird.

Vor allem die Nordländer haben Mühe, mit positiven Strokes umzugehen. Im Büro fährt der Chef seine Mitarbeiter an, wenn diese sich verspäten. Hebt er auch lobend hervor, daß sie in der Regel pünktlich sind? Und wenn der Lehrer ein Diktat zurückgibt, spricht er nachdrücklich von dem einen Wort, wo Hans einen Fehler gemacht hat, aber er sagt nichts über die vielen anderen, wo die Rechtschreibung stimmte.

Sowohl der Chef wie auch der Lehrer würden mit ihrem Feedback mehr erreichen, wenn sie für Dinge, die gut sind, positive Strokes geben und genauso auch negative für das, was nicht in Ordnung ist. Doch insgesamt brauchen wir mehr positive als negative Strokes, wenn wir uns in unserer Haut auf Dauer wohlfühlen wollen.

*Strokes und Discounts**

Ein *direkter negativer Stroke* muß klar unterschieden werden von einem Discount.[8]

---

* Anmerkung des Übersetzers: Der Ausdruck Discount wird nicht übersetzt (Näheres dazu im Kapitel 17); er ist vieldeutig, und es scheint im Deutschen kein Wort zu geben, das den Sinn voll erfaßt. Wichtige Bedeutungen sind: *Übersehen*, *Ausblenden* und *Abwerten*.

Ein Discount enthält immer eine gewisse Verzerrung der Realität. Auf das Stroken bezogen *discounte* ich dich, wenn ich dich in einer herabsetzenden oder verzerrenden Weise kritisiere. Im Unterschied zu einem direkten negativen Stroke unterschlägt der *Discount* etwas von der Wirklichkeit, etwas von dem, was du bist oder von dem, was du tust.

In einem späteren Kapitel werden wir uns ausführlicher mit *Discounts* befassen. Hier seien nur ein paar Beispiele gegeben, aus denen der Unterschied zwischen direkten negativen Strokes und *Discounts* deutlich wird.

Negativer bedingter Stroke: „Das Wort hast du falsch geschrieben."
Discount: „Also Rechtschreiben kannst du auch nicht!"

Negativer bedingter Stroke: „Ich ärgere mich, wenn du das tust."
Discount: „Du machst mich wütend, wenn du das tust."

Negativer bedingungsloser Stroke: „Ich kann dich nicht ausstehen."
Discount: „Du bist unausstehlich."

Zum Unterschied von einem direkten negativen Stroke gibt mir der *Discount* keinerlei Signal darüber, worauf ich achten soll, wenn ich mich konstruktiv verhalten will. Das kann er auch nicht, weil er an sich auf einer Verzerrung der Realität beruht.

9. Gestaltung der Zeit

Wo immer Menschen zu zweit oder in Gruppen zusammenkommen, können sie ihre Zeit in einer von sechs unterschiedlichen Weisen verbringen. Eric Berne hat diese sechs Möglichkeiten der *Gestaltung der Zeit* aufgeführt als:

Rückzug
Rituale
Zeitvertreib
Aktivitäten
Spiele
Intimität.[1]

Berne meinte, daß all diese Möglichkeiten Wege sind, unseren *Struktur-Hunger* zu befriedigen. Wenn Menschen in eine Situation geraten, in der eine Zeitstruktur ihnen nicht von außen her auferlegt wird, dann ist das erste, was sie wahrscheinlich tun, daß sie sich ihre eigene Struktur schaffen. Als Robinson Crusoe auf seiner verlassenen Insel ankam, begann er sogleich, sie zu erkunden und sich eine Bleibe zu bauen, und strukturierte damit seine Zeit. Gefangene, die in Einzelhaft gehalten werden, stellen sich innere Kalender und Stundenpläne auf.

Wenn du jemals teilgenommen hast an einer Übung in Gruppendynamik, wo die Zeit der Gruppe am Anfang vollkommen unstrukturiert war, dann weißt du, welches Unbehagen eine solche Situation auslöst. Die Teilnehmer fragen fast immer: „Aber was sollen wir denn hier *tun?*" Schließlich wird jedes Gruppenmitglied diese Frage für sich lösen, indem er in eine der sechs Weisen der Gestaltung der Zeit verfällt.

Wenn wir uns nun die sechs Weisen im einzelnen ansehen, fällt der Zusammenhang mit dem, was wir bereits über Ich-Zustände und Strokes wissen, ins Auge. Die Intensität des Strokens nimmt auf der Liste von oben nach unten zu.

In der TA-Literatur ist bisweilen auch die Meinung vertreten worden, daß das Ausmaß psychologischer *Risiken* ebenfalls wächst, wenn wir der Reihe nach vom Rückzug hinuntergehen bis zur Intimität. Gewiß nimmt die Ungewißheit darüber zu, ob und wie wir gestrokt werden. Vor allem wird weniger vorhersehbar, ob wir von anderen akzeptiert oder abgelehnt werden. Aus unserem Kind-Ich heraus können wir diese Unvor-hersehbarkeit durchaus als „Risiko" für uns empfinden. Als wir Kinder waren, hing es von den Strokes unserer Eltern ab, wie weit wir uns in unserer Haut wohlgefühlt haben. Und wo die eigenen Eltern uns abgelehnt haben, haben wir das wahrgenommen wie eine Bedrohung für unser Überleben. Für uns als Erwachsene gibt es derartige Risiken in *keinem* der Wege zur Gestaltung der Zeit. Niemand kann *bewirken,* daß wir etwas Bestimmtes fühlen. Wenn jemand sich mir gegenüber absichtlich in ablehnender Weise verhält, kann ich mich erkundigen, warum, und ihn bitten, das abzustellen.

Tut er das nicht, kann ich die Beziehung mit ihm beenden und jemand anderen finden, der mich akzeptiert.

Rückzug

Nehmen wir an, ich wäre bei so einer gruppendynamischen Übung dabei. Ein Dutzend Leute sitzen im Raum, und wir haben keine andere Tagesordnung als einfach da zu sein. Eine Zeit lang schweigt alles.

Vielleicht lenke ich meine Aufmerksamkeit nach innen, vielleicht führe ich dabei ein Selbstgespräch: „Bin mal gespannt, was das soll. Aha, wahrscheinlich weiß jemand anders Bescheid. Gott, ist der Stuhl aber hart! Vielleicht frage ich mal die Frau da drüben. Vielleicht kann die mir sagen, was diese Übung soll ..."

Vielleicht gehe ich in meiner Vorstellung auch einfach aus dem Raum heraus. Während ich „im Körper" da sitzen bleibe, bin ich im Geist schon beim Schnorcheln im Urlaub im nächsten Frühjahr oder erlebe noch einmal, wie ich mich gestern mit meinem Chef herumgestritten habe.

Was ich da tue, nennt man *Rückzug*. Wenn sich jemand in dieser Art zurückzieht, bleibt er zwar körperlich bei der Gruppe, vollzieht aber mit anderen Gruppenmitgliedern keine Transaktionen.

Während ich mich dergestalt isoliere, kann ich jeden Ich-Zustand einschalten. Für Dritte ist es u.U. nicht möglich, meinen Ich-Zustand im Augenblick verhaltensmäßig zu diagnostizieren, weil ich keinerlei äußere Hinweise gebe.

In der Isolierung sind die einzigen Strokes, die ich erhalten oder geben kann, *self-strokes*. Da ich mich mit anderen nicht einlasse, vermeide ich das psychologische „Risiko" der Zurückweisung, das ich in meinem Kind-Ich vielleicht befürchte. Manche Menschen verharren in Gruppen regelmäßig im Rückzug, weil sie als Kinder zu der Überzeugung gelangt sind, daß es riskant wäre, mit anderen Strokes auszutauschen. Vielleicht legen sie sich eine große und gut genutzte *Stroke-Bank an*. Wie das Kamel in der Wüste lange Zeit von seinem Wasservorrat zehrt, leben solche Menschen vielleicht lange Zeit daraus, ohne daß sie irgendeine Strokezufuhr von außen brauchten. Ziehe ich mich aber all zu lange zurück, dann laufe ich am Ende doch Gefahr, mein Stroke-Bank-Konto zu überziehen und unter Strokemangel zu leiden.

Rituale

Wie wir so im Trainingsraum sitzen, unterbricht ein Teilnehmer schräg gegenüber von mir das Schweigen. Er wendet sich an seinen Nachbarn und sagt: „Also, ich denke, ich stell mich wenigstens mal vor. Ich bin Fritz Müller." Und er streckt dem Nachbarn seine Hand entgegen. Fritz hat beschlossen, seine Zeit durch ein *Ritual* zu strukturieren. Dabei handelt es sich um eine allgemein bekannte soziale Interaktion, die so abläuft, als wäre sie vorprogrammiert.

Alle Kinder lernen die Rituale, die für den alltäglichen Umgang in ihrer Familie üblich sind. Wenn du aus einem Lande der westlichen Welt stammst, und jemand streckt dir die Hand entgegen, dann weißt du, daß du sie ergreifen und schütteln sollst. Ein indisches Kind lernt von frühauf, beide Hände mit den Fingern nach oben zusammenzulegen und dazu *Namaste* zu sagen. Und in England bringt man den Jungen und Mädchen bei, daß sie, wenn jemand sie fragt „How do you do?" (eigentlich: „Wie geht's?"), diese Frage dann nicht beantworten, sondern die gleiche rituelle Frage an den ersten richten sollen.

Rituale sind unterschiedlich komplex. Am einfachsten ist der amerikanische Austausch - einen Stroke gegen einen Stroke: „Hi!" „Hi!" Ein Höchstmaß an Komplexität bieten gewisse religiöse Rituale. Dabei werden die einzelnen Handlungen in der Regel schriftlich niedergelegt, der Priester und die Gläubigen haben sich an präzise Anweisungen zu halten und zelebrieren dadurch einen Ritus, der stundenlang dauern kann.

Strukturanalytisch betrachtet gehört das Programm von solchen Ritualen zum Eltern-Ich-Zustand. Wenn wir ein Ritual aufführen, sind wir im Kind-Ich und hören auf diese elterlichen Anweisungen. Funktionell gesehen werden Rituale im allgemeinen im angepaßten Kind vollzogen. Meistens erbringt ein Ritual angenehme Resultate, solange wir uns an die erwarteten Normen halten, und somit können wir es dem positiven angepaßten Kind zuordnen. Weil aber die Worte, die Sprechweise und die Körpersignale bei Ritualen immer in der gleichen Weise ablaufen, dürfte es schwer sein, das durch eine Verhaltensdiagnose zu bestätigen.

Unser „Kind" hat Rituale so wahrgenommen, daß sie mit größeren psychologischen „Risiken" verbunden sind als der Rückzug. Aber man bekommt durch sie vertraute positive Strokes. Die Teilnehmer an einem Ritual verfolgen oft genau, wieviel Strokes ausgetauscht werden. Zwar sind solche Strokes von geringer Intensität, aber dennoch können sie wichtig werden, weil sie eine Möglichkeit darstellen, unser Konto in der Stroke-Bank aufzufüllen. Solltest du daran zweifeln, stell dir nur einmal vor, wie es auf dich wirken würde, wenn du deine Hand jemandem entgegenstrecken würdest und dieser würde dich ignorieren. Die Tatsache, daß rituelle Strokes vorhersehbar sind, ist unter Umständen ein Plus für Menschen, die als Kinder zu der Überzeugung gelangt sind, der Austausch von Strokes in einer engeren Beziehung sei riskant.

Zeitvertreib

Kehren wir zu unserer Gruppe zurück! Inzwischen ist das Eis gebrochen, und einige unterhalten sich über ihre Erfahrungen in Gruppen.

„Ich hab vorher schon mal an so einer Gruppe teilgenommen, in einem Seminar. Aber wir sind nie dahintergekommen, worum es eigentlich ging."

„Ja, ich weiß, was Sie meinen. Was mir nicht gefällt, ist dieses ewige Schweigen."

„Wissen Sie was? Wer so was ansetzt, der hat jedenfalls nicht viel Arbeit damit."

„Also als ich mich für dieses Seminar angemeldet habe, da hätte ich erwartet . . ." und so weiter und so fort.

Die Teilnehmer sind übergegangen zu etwas, was wir als *Zeitvertreib* bezeichnen. Weil das ganz amüsant sein kann, spricht man bisweilen auch von *Unterhaltung*.

Zeitvertreib läuft ähnlich wie ein Ritual in vertrauter Weise. Aber der Inhalt des Zeitvertreibs ist nicht so streng vorprogrammiert wie der eines Rituals. Beim Zeitvertreib haben die Menschen mehr Freiheit, die Struktur so auszuschmücken, wie sie Lust haben.

Was den Zeitvertreib kennzeichnet, ist, daß die Teilnehmer *über* etwas sprechen, aber sich nicht daran machen, tätig zu werden.

Die Teilnehmer an der Gruppenübung, die sich dem Zeitvertreib hingeben, diskutieren über diese Gruppe und über Gruppen im allgemeinen. Aber es gibt keinerlei Anzeichen dafür, daß sie in irgendeiner Weise bereit sind einzuwirken auf das, was gerade in der Gruppe geschieht.

Das Wesen des Zeitvertreibs zeigt sich schon in dem Wort „Zeitvertreib = die Zeit (die wir in diesem Augenblick erleben) vertreiben". Die Teilnehmer an so einem Zeitvertreib diskutieren häufig über das, was gestern irgendwo draußen passiert ist, aber nicht über das Hier und Jetzt. Ein typisches Beispiel für Zeitvertreib sind die Partygespräche bei einer Cocktaileinladung.

Berne hat einigen typischen Zeitvertreib-Abläufen geistreiche Namen gegeben. Männer lieben Gespräche über den „Neuen Mercedes", während die Frauen sich lieber unterhalten über die „Neue Diät" oder „Frühjahrsmode", wenn sie sich in den überkommenen Rollen eingerichtet haben. Wenn Eltern zusammenkommen, heißt das Thema häufig „Wie tüchtig ist meiner!" oder „Die Jugend von heute!" oder auch „Nun stellen sie sich mal so eine Lehrerin vor!" Das geht dann etwa so:

„Bei Hänschen kommen jetzt gerade die zweiten Zähne durch. Wir sind gestern Nacht so gut wie gar nicht zum Schlafen gekommen."

„Ach ja, wenn ich daran denke, wie unsere beiden so alt waren ... "

Für den Engländer gibt es ein Schema von Zeitvertreib, das bei Berne nicht vorkommt: das Wetter.

Im allgemeinen wird Zeitvertreib vom Eltern-Ich oder vom Kind-Ich ausgeführt. Bei einem elterlichen Zeitvertreib bestätigt man sich gegenseitig allerlei Vorurteile über das Leben und die Welt.

„Also wenn ich mir die jungen Leute heute so anseh, ich weiß nicht, was aus denen mal werden soll."

„Das kann man wohl sagen. Sehen Sie, erst gestern ..."

Wer sich aus dem Kind-Ich heraus dem Zeitvertreib hingibt, geht zurück in die Vergangenheit und legt Gedanken und Gefühle wieder auf, die er einmal als Kind erlebt hatte.

„Also diese Stille geht mir richtig auf die Nerven."

„Hmm. Ich frage mich, was wir hier überhaupt sollen."

Es gibt Arten von Zeitvertreib, die sich auf der sozialen Ebene so anhören, als kämen sie aus dem Erwachsenen-Ich. Aber wenn du sie beobachtest wie ein „Besucher aus dem All", so merkst du gleich, daß das Kind dabei ist.

„Wissen Sie, wenn wir so hier sitzen, dann denke ich, wir sind alle im angepaßten Kind, oder nicht?" „Also ich denke, ich bin jetzt im Erwachsenen-Ich. Im Kind war ich vielleicht vor ein paar Minuten."

Einen solchen Zeitvertreib hat Berne genannt: „TA-Psychiatrie". Der Informationsaustausch auf der sozialen Ebene verdeckt das, worum es wirklich geht, nämlich daß das Kind-Ich vermeidet, sich auseinanderzusetzen mit dem, was wirklich zwischen den Gruppenmitgliedern läuft. Das wäre jetzt natürlich zu überprüfen durch Beobachtung der Sprechweise und der nonverbalen Signale.

Durch Zeitvertreib kommt es vor allem zu positiven Strokes, und gelegentlich auch zu negativen. Im Vergleich zu den Strokes aus Ritualen sind die während des Zeitvertreibs intensiver, aber etwas weniger vorhersehbar. Deshalb nehmen wir sie von unserem Kind aus als ein klein wenig „riskanter" wahr. Außerdem hat der Zeitvertreib im Umgang der Menschen miteinander eine weitere Funktion. Es ist eine Weise, in der Menschen „sich gegenseitig abtasten" als denkbare Partner für die intensiveren Formen des Strokeaustausches, welche in Spielen oder in der Intimität ablaufen. Doch dazu später mehr.

Aktivitäten

Eine Frau, die mir gegenüber sitzt, verschafft sich Gehör. „Bisher haben wir unsere Zeit darauf verwandt, uns darüber zu unterhalten, was wir hier sollen. Aber ich frage mich, was wir *wirklich* anfangen wollen. Ich mache mal einen Vorschlag. Wie wär's, wenn wir zwei Minuten lang einen Brainstorm machen über das, was wir jetzt tun könnten, und dann abstimmen und eins davon dann wirklich tun?"

Ihr Nachbar stimmt ihr zu: „Ich glaube, das ist eine gute Idee. Ich gehe mal an die Tafel und schreibe auf." Die anderen sind einverstanden und nennen ihre Einfälle.

Jetzt sind wir bei einer *Aktivität.* Die Kommunikation zwischen den Gruppenmitgliedern ist zweckgerichtet. Man geht daran, ein Ziel zu erreichen und nicht nur darüber zu reden. Das ist der Unterschied zwischen Aktivitäten und Zeitvertreib. Bei der Aktivität richtet man seine Energie auf irgendein konkretes Resultat. Wahrscheinlich verwenden wir ein Großteil unserer Arbeitszeit auf Aktivitäten. Andere Beispiele sind: einen Apparat reparieren, das Kind wickeln oder einen Scheck ausstellen. Jemand, der „seriös" Leistungssport betreibt, oder ein Instrument so lange übt, bis er perfekt ist, übt eine Aktivität aus. Bei der Aktivität ist der überwiegende Ich-Zustand das Erwachsenen-Ich. Das ergibt sich daraus, daß es in der Aktivität darum geht, Ziele im Hier und Jetzt zu erreichen. Manchmal befolgen wir bei der Aktivität auch angemessene Regeln. Dann wechseln wir über in das positive angepaßte Kind oder das positive Eltern-Ich.

Strokes, die wir in Aktivitäten beziehen, können sowohl bedingte positive wie auch bedingte negative Strokes sein. Wir erhalten sie im allgemeinen mit einer gewissen Verzögerung, weil sie erst am Ende der Aktivität erteilt werden, für gute oder schlechte Arbeit. Das psychologische „Risiko", das der Aktivität beigemessen wird, kann dem Zeitvertreib gegenüber größer oder geringer sein, das hängt von der Art der Arbeit bzw. des Zeitvertreibs ab.

Spiele

Im Trainingsraum ist der Brainstrom inzwischen vorbei. Über ein Dutzend Vorschläge stehen an der Tafel. Nun sagt der, der sie aufgeschrieben hat: „OK, stimmen wir jetzt ab! Ich lese jetzt jeden Vorschlag vor, und wer dafür ist, hält die Hand hoch."

Nach der Abstimmung zählt er dann. „Also das wäre klar", sagt er. „Wir machen erst mal eine Vorstellungsrunde. Jeder von uns sagt, wer er ist und was er hier erwartet."

„Moment mal", sagt jemand anders. Jeder dreht sich um und sieht den Sprecher an, jemand der sich uns als Hans vorgestellt hat. Der beugt sich jetzt vor, stützt die Ellenbogen auf seine Knie, runzelt ärgerlich die Stirn und sagt: „Also ich komm da nicht mehr mit. Wer hat denn gesagt, daß die Abstimmung verbindlich sein soll?"

Der Teilnehmer an der Wandtafel zwingt sich zu einem Lächeln, nimmt den Kopf zurück und schaut Hans von oben herab an. „Tja mein Lieber, so ist das nun mal. Die Mehrheit bestimmt, und wer in der Minderheit ist, macht eben mit. Das nennt man Demokratie, klar?"

„Nee, klar ist hier gar nichts", sagt Hans. „Jetzt haben Sie mich noch mehr durcheinandergebracht. Was hat denn das mit Demokratie zu tun?" Die senkrechte Falte auf seiner Stirn ist noch tiefer geworden, und er schaut sich mißbilligend im Raum um.

Der Mann an der Tafel zuckt mit den Schultem, sieht in der Gruppe umher und gibt seufzend auf. „Schade! Wäre ein guter Vorschlag gewesen", sagt er bedauernd.

Aber jetzt ändert auch Hans seine Position. Plötzlich sitzt er gerade, reißt die Augen auf und schlägt sich mit der Hand gegen die Stirn, den Mund plötzlich offen: „Nein", sagt er, „daß mir das immer passieren muß. Jetzt hab ich Angst, ich hab Ihnen allen die Übung verdorben. Das tut mir leid. Tut mir *wirklich* arg leid."

Hans und der Mann an der Tafel haben, jeder aus seiner Position heraus, soeben ein *Spiel* gespielt.

Die Analyse von Spielen bildet ein wichtiges Kapitel in der TA-Theorie. In späteren Kapiteln werden wir uns ausführlich mit Spielen befassen. Im Augenblick soll es genügen, hier die wichtigsten Punkte dieses Austausches zwischen Hans und dem Mann an der Tafel vor Augen zu führen.

Das Gespräch ging ein paarmal hin und her, d.h. sie haben eine Reihe von Transaktionen ausgeführt. Am Ende dieser Sequenz haben sie sich beide mies gefühlt.

Einen Augenblick *bevor* sie diese schlechten Gefühle empfanden, schienen sie ganz plötzlich beide ihre Rolle zu wechseln. Hans hatte am Anfang gesagt, er begreife nicht, wie das hier laufe, und schien gereizt. Er wechselte dann über zu Selbstvorwürfen und entschuldigte sich. Und gleichzeitig wechselte der Mann an der Tafel aus seiner gönnerhaft erklärenden Führungsrolle in eine resignierende Hilflosigkeit.

Und beide Seiten durchzuckte einen ganz kurzen Augenblick nach dem Wechsel das Bewußtsein, daß in diesem Augenblick etwas Unerwartetes geschah. Hätten sie Zeit gehabt, das in Worte zu fassen, dann hätte der eine wie der andere wohl gefragt: „Was ist denn hier eigentlich passiert?"

Aber so überraschend das den beiden auch vorgekommen sein mag, wahrscheinlich haben sowohl Hans wie auch der Mann an der Tafel ähnliche Sequenzen viele Male schon erlebt. Die Bühne und die Mitwirkenden mögen von Szene zu Szene anders gewesen sein, aber die Art des Wechsels ist gewiß immer gleich gewesen, und auch die miesen Gefühle, die beide Beteiligten verspürt haben.

In der Tat hatten Hans und der Mann an der Tafel ihre Bereitschaft, miteinander in ein Spiel einzutreten, schon gleich zu Anfang ihres Gesprächs signalisiert, und zwar indem sie verdeckte Transaktionen vollführten. Ihre Botschaften klangen auf der sozialen Ebene wie ein Informationsaustausch. Aber auf der psychologischen Ebene lud Hans den Mann an der Tafel zu einem Spiel ein, und dieser akzeptierte das.

Von Zeit zu Zeit verstricken wir uns alle in Spiele. Wenn du die Muster analysierst, die du selbst bei der Gestaltung deiner Zeit befolgst, dann bringe bei „Spielen" die Zeit unter, die du auf Gespräche wie das beschriebene verwendest. Da tust du das gleiche immer wieder, und am Ende fühlst du dich mies. Und irgendwo gibt es da einen Augenblick, wo du dich fragst „Was ist denn jetzt passiert?" und dabei den Eindruck hast, daß jetzt die Rollen irgendwie vertauscht sind.

Alle Spiele sind Neuauflagen von Kindheitsstrategien, die für uns als Erwachsene nicht mehr angemessen sind. Sie werden daher, schon von ihrer Definition her, von irgendeinem negativen Ich-Zustands-Anteil aus gespielt: negatives angepaßtes Kind, negatives kritisches Eltern-Ich oder negatives fürsorgliches Eltern-Ich. Spiele können also *per definitionem* nicht aus dem Erwachsenen-Ich heraus gespielt werden.

Spiele bringen immer einen Austausch von *Discounts* mit sich. Diese Discounts geschehen auf der psychologischen Ebene. Auf der sozialen Ebene erleben die Spieler das Spiel als Austausch intensiver Strokes. In den Eröffnungsphasen eines Spiels können die erlebten Strokes positiv oder negativ sein. Am Ende des Spiels erleben beide Spieler intensiv negative Strokes. Das psychologische „Risiko" erscheint größer als bei Aktivitäten oder beim Zeitvertreib.

Intimität

Wenn ich so zuhöre, wie Hans erst sagt, er kenne sich nicht aus, und dann in dieses Bedauern verfällt, fange ich an, Ärger zu spüren. Aber den halte ich nicht zurück, sondern drücke ihn aus. Ich wende mich an Hans und sage: „Wenn ich höre, was Sie gesagt haben, bin ich echt ärgerlich auf Sie. Sie können genau so gut denken wie alle anderen. Also seien Sie so gut und tun das auch!" Ich sage das schroff und laut und beuge mich mit rotem Gesicht zu Hans hinüber. Meine Sprechweise und meine Körpersignale sind kongruent mit dem, was ich in Worten ausdrücke. Hans läuft genau so rot an wie ich, wendet sich mir so heftig zu, daß er beinah vom Stuhl hochgeht, und fuchtelt mit den Armen in der Luft herum. „Ärgerlich", schreit er, „ich bin genau so ärgerlich! Ich hab das schon gespürt, wie ich hier reingekommen bin. Natürlich kann ich denken. Und das werde ich auch tun, aber dazu brauche ich jetzt meine Zeit und brauche mich von Ihnen nicht so anschreien zu lassen!"

Hans und ich haben *Intimität.* Wir haben uns gegenseitig unsere echten Gefühle und Bedürfnisse ausgedrückt, ohne daß wir etwas unterdrückt hätten.

Bei der Intimität gibt es keine „geheimen Botschaften". Die soziale Ebene und die psychologische Ebene sind kongruent. Das ist ein wichtiger Unterschied zwischen Intimität und Spielen.

Nicht weniger wichtig ist es auch, daß bei der Intimität die ausgedrückten Gefühle angemessen sind, um die Situation zu bewältigen. Als Hans und ich uns übereinander geärgert hatten, hat jeder dem anderen klar gemacht, was er jetzt wollte, und zwar sowohl durch Gefühle wie durch Worte. Keiner von uns konnte *bewirken*, daß der andere sich in irgendeiner gewünschten Weise verhielt. Aber wir haben einander so klar gemacht wie möglich, was wir wollten, sowohl auf der Gefühls- wie auch auf der Gedankenebene.

Im Gegensatz dazu tragen die Gefühle, die am Ende eines Spiels erlebt werden, nicht dazu bei, die Situation für die Spieler zu lösen. Das erkennen wir schon daran, daß Spiele immer wieder aufs neue angezettelt werden und prompt wieder in der gleichen Weise ablaufen.

Wenn wir uns später ausführlicher mit Spielen und Maschen befassen, werden wir auf diese Unterscheidung zwischen produktiven und unproduktiven Gefühlen wieder zurückkommen. Wenn Berne für dieses Geschehen den Ausdruck *Intimität* gewählt hat, so ist das im Sinne eines Fachausdrucks zu verstehen. Die Intimität als eine Weise der Gestaltung der Zeit mag mit der üblichen Bedeutung von „Intimität" viel oder wenig zu tun haben. Wenn Menschen sexuell oder persönlich „intim" werden, teilen sie einander Gefühle und Bedürfnisse vielleicht auch offen mit. In dem Fall gestalten sie ihre Zeit mit Intimität. Aber auch intensive emotionale Beziehungen beruhen allzu oft auf dem Bedürfnis, miteinander die vertrauten Spielmuster immer wieder zu erleben.

Spiele dienen manchmal als Ersatz für Intimität. Sie bringen ähnlich intensive Strokes mit sich (obwohl die Strokes aus einem Spiel meist negativ sind), aber ohne daß das „Risiko" dabei so hoch eingeschätzt wird. Bei einem Spiel schiebt jeder die Verantwortung für das Resultat auf den anderen. Bei der Intimität akzeptiert jeder seine eigene Verantwortung.

Über die an der Intimität beteiligten Ich-Zustände schrieb Berne: „Bei der Intimität tritt ein Kind-Ich in freimütiger Weise in Beziehung zu einem anderen, ohne Spiele oder gegenseitige Ausbeutung. *Intimität wird von den Erwachsenen-Ich-Zuständen beider Seiten herbeigeführt,* so daß beide auch klar verstehen, welche Verträge zwischen Ihnen bestehen und welche gegenseitigen Verpflichtungen sie haben ..."

Wir haben in diesem Zitat den Satz, der uns wichtig ist, kursiv gesetzt, um die Bedeutung des Erwachsenen-Ichs für die Intimität zu betonen. Einige TA-Autoren nach Berne haben seine Darstellung vereinfacht und die Intimität als einen Austausch geschildert, der ausschließlich vom Kind zum Kind geht. Wie so oft stellt sich auch hier heraus, daß die Vorstellung, die Berne ursprünglich entwickelt hatte, erheblich differenzierter ist und tiefer geht. Wenn wir in der Intimität miteinander in Beziehung treten wollen, müssen wir das Verhältnis erst mit dem vollen Denk-, Verhaltens- und Fühlvermögen unseres Erwachsenen-Ichs herstellen. Innerhalb dieses geschützten Rahmens können wir dann in unser Kind-Ich zurückgehen, wenn wir das wollen, und einige der ungestillten Bedürfnisse befriedigen, die wir aus unserer frühesten Lebensphase noch mit uns tragen. Einige TA-Autoren waren der Meinung, daß zur Intimität auch der Schutz und die Sorge füreinander aus dem Eltern-Ich gehört. Die Botschaft aus diesem Ich-Zustand lautet dann: „Ich werde dich nicht herabsetzen, und ich werde auch nicht zulassen, daß du dich herabsetzt."

In der Intimität geht Stroken intensiver vor sich als in irgendeiner anderen Weise der Zeitgestaltung. Dabei werden entweder positive oder negative Strokes ausgetauscht. Aber es kommt nicht zum Discounten, da die Intimität schon von der Definition her einen Austausch echter Bedürfnisse und Gefühle darstellt.

Als wir weiter oben Intimität beschrieben haben, haben wir absichtlich ein Beispiel gewählt, bei dem die ausgetauschten Strokes absolut negative Strokes waren. Wir wollten damit dem Eindruck entgegentreten, der durch gewisse TA-Autoren nach Berne erweckt worden ist, daß Intimität *immer* in jener Art von positivem Stroken besteht, die dich in den siebten Himmel hebt.

Wo die Intimität einen Austausch positiver Strokes mit sich bringt, wird diese als besonders angenehm und erfreulich erlebt. Wir können uns beispielsweise ausmalen, wie die besagte Szene in der Gruppe auch hätte weitergehen können. Wenn ich meinen Ärger über Hans losgeworden bin, entspanne ich mich, sehe ihn an und lächle. Dabei sage ich: „Mensch, jetzt kenn ich dich besser, das spüre ich. Und ich bin froh, daß du mir offen gesagt hast, wie dir zumute war." Hans sieht mich genauso offen an, lächelt und sagt „Ich bin auch froh darüber, daß du mir zugehört hast. Das hat mir gefallen." Wir gehen aufeinander zu und geben uns fest die Hand.

Weil die Intimität nicht vorprogrammiert ist, stellt sie unter den Möglichkeiten der Zeitgestaltung auch die unvorhersehbarste dar. Von meinem Kind aus werde ich also Intimität als die „riskanteste" Weise erleben, mit jemand anderem in Beziehung zu sein. Aber, so paradox das auch klingen mag, in Wirklichkeit ist sie *am wenigsten* riskant. Wenn ich mich mit jemand anderem in Intimität befinde, dann kommunizieren wir miteinander, ohne zu discounten. Deshalb ist das Ergebnis der Intimität zwangsläufig für die Betreffenden immer konstruktiv. Ob sie es auch immer angenehm finden oder nicht, ist eine andere Sache. Das hängt wahrscheinlich davon ab, ob die ausgetauschten Strokes direkte positive Strokes sind oder direkte negative.

Erstelle für dich ein Diagramm zur Zeitstrukturierung. Zeichne dazu einen großen Kreis und teile ihn in einzelne Segmente ein, die die Zeit im Wachbewußtsein angeben, die du pro Tag in den sechs verschiedenen Formen der Gestaltung der Zeit verbringst.

Überlege dir, ob du den Kreis deiner Zeitgestaltung ändern willst. Wenn ja, dann zeichne das Bild, das du erreichen möchtest. Dann schreib wenigstens fünf Weisen auf, in denen du die Art der Zeitstrukturierung steigern kannst, die du am stärksten erhöhen möchtest. Schließlich setze das gleich in der folgenden Woche um und zeichne den Kreis für deine Zeitstrukturierung erneut.

Mach dir Tag für Tag klar, wie du selbst und andere mit der Zeit umgehen. Analysiere die Zeitstrukturierung bei Sitzungen, am Arbeitsplatz, in Gesprächen mit den Nachbarn, bei Parties oder sonst irgendwo. Sag anderen aber nicht, was du tust, solange du nicht sicher bist, daß sie es auch wissen wollen.

Für Gruppenarbeit: geht in Sechser-Gruppen und wählt irgendein Gesprächsthema. Unterhaltet euch drei Minuten lang darüber, wobei jeder eine der sechs Weisen der Zeitstrukturierung spielt. Sobald die drei Minuten um sind, tauscht eure Erfahrungen aus. Wählt dann ein anderes Thema, wechselt die Rollen bei der Zeitstrukturierung und macht das Gleiche noch einmal.

Im Plenum zählt in der ganzen Gruppe durch, immer von eins bis sechs. Alle Einser spielen dann Rückzug, die Zweier Rituale, die Dreier Zeitvertreib usw. Dann mischt ihr euch und veranstaltet fünf Minuten lang eine „Zeitstruktur-Cocktail-Party", bei der jeder die ihm zukommende Rolle spielt. Wenn die Zeit um ist, findet ein allgemeiner Erfahrungsaustausch statt.

IV.

Wie wir unsere Lebensgeschichte schreiben

Das Lebensskript

10. Wesen und Ursprung des Lebensskripts

Du selbst bist der Verfasser deiner Lebensgeschichte.

Bei der Geburt hast du begonnen, sie zu schreiben. Als du vier Jahre alt warst, standen die großen Umrisse für dich schon fest.

Mit sieben Jahren war es dann soweit, daß du deine Geschichte mit allen wesentlichen Einzelheiten fertig hattest. Anschließend, ungefähr bis zum Alter von zwölf, hast du sie geglättet und hier und da ein paar Besonderheiten eingefügt. Als Jugendlicher hast du sie schließlich überarbeitet und den Figuren eine größere Realitätsnähe gegeben.

Wie alle Geschichten, so hat auch deine Lebensgeschichte einen Anfang, eine Mitte und ein Ende, ihre Helden und Heldinnen, ihre Bösewichte, ihre Statisten und Komparsen. Sie hat ein Hauptthema und Seitengeschichten. Sie kann komisch oder tragisch sein, fesselnd oder langweilig, begeisternd oder trist.

Heute sind für dich als Erwachsener die Anfänge deiner Geschichte der bewußten Erinnerung nicht mehr zugänglich. Vielleicht ist dir bisher nicht einmal erlebbar gewesen, daß du überhaupt eine geschrieben hast. Und dennoch, auch ohne daß dir das bewußt ist, wirst du wahrscheinlich die Geschichte, die du vor so langer Zeit einmal ersonnen hast, in deinem Lebensvollzug verwirklichen. Diese Geschichte ist dein *Lebensskript*.

Auch wenn du das noch nicht recht glauben kannst, nimm einmal an, du hast in der Tat die ganze Geschichte geschrieben, die heute dein Leben ist. Nimm Papier und Bleistift und notiere deine Antwort auf die folgenden Fragen. Tu das schnell und aus der Intuition heraus, und schreib immer das hin, was dir so als erstes einfällt.

Wie heißt der Titel deiner Geschichte?
Was ist es für eine Geschichte?
Ist sie glücklich oder traurig?
Nimmt sie ein gutes Ende oder ist sie tragisch?

Ist sie interessant oder langweilig?

Sag all das in deiner eigenen Sprache und schreib es so hin, wie es dir gerade einfällt.

Und dann schreib in ein paar Worten die Schlußszene.

Wie geht deine Geschichte aus?

Behalte dieses Blatt! Es wird dir noch nützlich sein, wenn du mehr liest über das Wesen des Lebensskripts.

Unter Transaktionsanalytikern wird die Bezeichnung sprachlich meist vereinfacht: genau so, wie wir nicht jedesmal vom „Kind-Ich-Zustand" reden, sondem einfach vom Kind, sagen wir auch nicht jedesmal „Lebensskript", sondern einfach *Skript.*

Definition und Wesen des Lebensskripts

Die Skripttheorie geht zurück auf die Mitte der sechziger Jahre, als sie von Eric Berne und seinen Mitarbeitern, vor allem von Claude Steiner, entwickelt wurde. Seither haben viele Autoren ihre originellen Ideen weiterentwickelt. Das Skriptkonzept hat im Laufe der Zeit in der TA-Theorie einen immer gewichtigeren Platz eingenommen und gilt heute, zusammen mit dem Ich-Zustands-Modell, als Herzstück der TA.[1]

In seinem Buch *Principles of Group Treatment* (Grundsätze der Gruppenbehandlung) hat Berne das Lebensskript definiert als „einen unbewußten Lebensplan". In seinem letzten Buch *What Do You Say After You Say Hello* (Was sagen Sie, nachdem Sie Guten Tag gesagt haben) finden wir eine ausführlichere Definition: „Ein Lebensplan, der in der Kindheit aufgestellt, von den Eltern verstärkt, durch spätere Ereignisse gerechtfertigt worden ist und in einer bewußt ausgewählten Alternative gipfelt." Zum besseren Verständnis der Skriptidee lohnt es sich, sich die Zeit zu nehmen und sich mit dieser Definition genauer zu befassen.

Das Skript ist ein Lebensplan

Die Vorstellung, daß die Lebensmuster erwachsener Menschen durch Kindheitserlebnisse stark beeinflußt werden, ist nicht nur für die TA, sondern auch für viele andere psychologische Richtungen ein zentraler Punkt. Was die Skripttheorie der TA heraushebt, ist die Ansicht, daß das Kind einen *spezifischen Plan* für sein Leben aufstellt und nicht nur einfach ein allgemeines Weltbild. Dieser Lebensplan, so besagt die

Theorie, wird angelegt in Form eines Dramas mit einem klaren Anfang, einer Mitte und einem Ende.

Das Skript ist auf eine Endauszahlung hin angelegt

Eine weitere Behauptung, die die Skripttheorie von anderen Lehren abhebt, ist, daß dieser Lebensplan „in einer bewußt gewählten Alternative gipfelt". Wenn das kleine Kind sein Lebensdrama verfaßt, gehört dazu von vornherein auch eine Schlußszene. Alle anderen Teile des Ablaufs, von der Eröffnungsszene an, werden dann so geplant, daß sie konsequent zu dieser Schlußszene hinführen.

In der Fachsprache, die die Skripttheorie entwickelt hat, nennt man diese Schlußszene die *Endauszahlung* des Skripts. Die Ansicht, die diese Theorie vertritt, besagt: Wenn wir als Erwachsene unser Skript verwirklichen, wählen wir unbewußt Verhaltensweisen aus, die uns unserer Skriptauszahlung näherbringen.

Das Skript wird nicht verhängt, sondern beschlossen

Berne beschreibt das Skript als „einen Lebensplan, der in der Kindheit aufgestellt wird". Das besagt, daß das Kind über den Lebensplan *entscheidet*. Er wird nicht allein durch äußere Kräfte bestimmt, etwa durch die Eltern oder die Umwelt. In der Fachsprache der TA kommt das durch die Feststellung zum Ausdruck, daß das Skript (im Englischen *decisional*, etwa „entscheidungsabhängig, gewollt") beschlossen ist.

Daraus ergibt sich folgendes: Auch wo verschiedene Kinder in dem gleichen Milieu aufwachsen, können sie sich unter Umständen für völlig verschiedene Lebenspläne entscheiden. Berne berichtet über die Geschichte zweier Brüder, die beide von ihrer Mutter zu hören gekriegt hatten: „Du endest noch mal in einer Anstalt." Der eine wurde schließlich als Patient in eine psychiatrische Klinik eingewiesen, der andere wurde Psychiater.

Der Ausdruck „Entscheidung" wird in der Skripttheorie in einem besonderen fachlichen Sinn gebraucht, der sich von der üblichen Wortbedeutung unterscheidet. Die Skriptentscheidungen des Kindes werden nicht durch bewußtes Nachdenken getroffen, wie wir das für die Entscheidungen von Erwachsenen unterstellen. Die frühesten Entscheidungen rühren von Gefühlen her und werden getroffen, ehe das Kind sprechen kann. Ihnen liegt auch eine andere Art von Wirklichkeitsbezug zugrunde, als wir ihn bei Erwachsenen kennen.

Das Skript wird von den Eltern verstärkt
Zwar können die Eltern die Skriptentscheidungen eines Kindes nicht bestimmen, aber sie haben doch einen starken Einfluß darauf. Von den ersten Lebenstagen an nimmt das Kind von seinen Eltern Botschaften auf, und darauf stützt es dann seine Ansichten über sich selbst, andere Menschen und die Welt. Diese *Skriptbotschaften* werden sowohl nonverbal wie auch verbal gegeben. Sie geben den Rahmen ab, auf den das Kind mit seinen wichtigsten Skriptentscheidungen reagiert. In den Kapiteln 13 und 14 werden wir uns mit den unterschiedlichen Arten von Skriptbotschaften befassen und aufzeigen, in welcher Beziehung diese zu den Skriptentscheidungen stehen.

Das Skript liegt außerhalb unseres Bewußtseins
Im Erwachsenleben haben wir höchstens noch in Träumen und Phantasievorstellungen einen Zugang zu unseren frühesten Lebensjahren. Wenn wir uns mithin die Zeit nicht nehmen wollen, unser Skript aufzudecken, bleiben uns wahrscheinlich die frühen Entscheidungen, die wir getroffen haben, verborgen, selbst wenn wir sie in unserem Verhalten ausleben.

Die Realität wird redefiniert, um das Skript zu „rechtfertigen"
Als Berne schrieb, das Skript werde „durch spätere Ereignisse gerechtfertigt", hätte er besser daran getan, das Wort „gerechtfertigt" in Anführungsstriche zu setzen. Was wir häufig tun, ist, die Wirklichkeit in unserem eigenen Bezugsrahmen so umzudeuten, daß sie uns wie eine Rechtfertigung unserer Skriptentscheidungen *vorkommt*. Der Grund dafür liegt darin, daß wir in unserem Kind-Ich jede Bedrohung unserer skriptbegründeten Weltsicht als eine Bedrohung für die Befriedigung unserer Bedürfnisse oder sogar als Bedrohung für unser Überleben erfahren. Wenn wir uns in späteren Kapiteln mit den Phänomenen des *Discounts*, der *Redefinition* (Umdeutung) und des *Bezugsrahmens* befassen, werden wir darauf eingehen, wie es zu einer solchen Verzerrung kommt und in welcher Weise sie unsere Lebensprobleme beeinflußt.

Der Ursprung des Skripts

Warum treffen wir als ganz kleine Kinder derart weitreichende Entscheidungen über uns selbst, die anderen und die Welt? Welche Funktion erfüllen sie? Die Antwort darauf liegt in zwei zentralen Aspekten der Skriptbildung.

1. *Skriptentscheidungen stellen die beste Überlebensstrategie des Kleinkindes dar in einer Welt, die oft feindselig, sogar lebensbedrohend wirkt.*
2. *Skriptentscheidungen werden aus den Gefühlen des Kleinkindes und aus seiner Weise der Realitätserfassung heraus getroffen.*

Bei den nun folgenden Erläuterungen dieser Zusammenhänge greifen wir dankbar zurück auf die Arbeiten von Stan Woollams.[2]

Eine Reaktion auf eine feindliche Welt

So ein Säugling oder Krabbelkind ist doch winzig und obendrein körperlich äußerst verletzlich. Und so ein kleines Wesen ist umgeben von mächtigen Gestalten, wahren Riesen. Wenn es ein Geräusch hört, kann das bedeuten, daß sein Leben unmittelbar bedroht ist. Und auch ohne Worte oder entwickeltes Denkvermögen begreift das Kind instinktiv: wenn Vater und Mutter fortgehen, muß ich sterben. Und wenn sie sich über mich zu sehr ärgern, könnten sie mich umbringen. Und das Kleinkind verfügt auch noch nicht über die Möglichkeit, die Zeit so zu erleben wie wir Erwachsenen. Wenn es hungrig ist oder friert und die Mutter nicht kommt, dann kommt die Mutter vielleicht nie, und das bedeutet den Tod. Oder es könnte auch etwa bedeuten, was noch schlimmer ist als zu sterben: allein zu bleiben, verlassen für Zeit und Ewigkeit.

Wenn das Kind zwei oder drei Jahre alt ist, kommt vielleicht ein Brüderchen oder Schwesterchen auf die Welt. Die Kleine ist jetzt schon größer und begreift, daß sie deshalb vermutlich noch nicht sterben wird. Aber der Neuankömmling nimmt Mutters ganze Aufmerksamkeit in Anspruch. Gibt es vielleicht nicht genügend Liebe für alle? Wird das Baby alles an sich ziehen? Die Bedrohung, die jetzt erlebt wird, ist der Verlust von Mutters Liebe.

Während der ganzen Jahre der Skriptbildung ist das Kind in einer unterlegenen Position. Es erlebt seine Eltern als allmächtig. Und für die Kleinstkindheit bedeutet das die Macht über Tod und Leben. Später ist es die Macht, die Bedürfnisse des Kindes zu befriedigen oder unbefriedigt zu lassen.

Auf all das reagiert es dadurch, daß es Strategien beschließt, durch die es am Leben bleiben und so gut wie eben möglich seine Bedürfnisse erfüllen kann.

Der frühe Realitätsbezug und die Emotionen

Ein kleines Kind denkt nicht so wie wir Erwachsenen. Auch Emotionen erlebt es nicht in der gleichen Weise. Skriptentscheidungen werden jedoch aus der besonderen Art und Weise getroffen, wie das Kind denkt und fühlt.

Wenn ein Baby emotionale Erlebnisse hat, so ist es entweder schrecklich wütend, ganz elend, furchtbar verängstigt oder auch durch und durch erregt vor Begeisterung. Und wenn es Skriptentscheidungen trifft, reagiert es damit auf solche intensiven Gefühle. Es nimmt also nicht wunder, daß dabei oft extreme Entscheidungen herauskommen. Nehmen wir beispielsweise an, das Kleinkind muß zu einer Operation ins Krankenhaus. Das ist auch für Erwachsene kein angenehmes Erlebnis. Aber für das Kleinkind kann das eine ganz furchtbare Katastrophe sein. Es empfindet ja nicht nur die große Angst, sondern eine tiefe Traurigkeit, daß die Mutter nicht da ist und vielleicht nie wieder kommt. Gleichzeitig überkommt es große Wut, weil sie so etwas zugelassen hat. Was es dann beschließt, kann sich etwa so anhören: „Diese Leute hier wollen mich umbringen, und meine Mutter läßt das einfach geschehen, also will sie mich auch loswerden. Am besten murkse ich sie alle ab, eh sie mich zu fassen kriegen."

In der Logik des Kleinkindes stellt sich das Allgemeine durchweg dar als eine Schlußfolgerung aus dem Besonderen. Nehmen wir beispielsweise an, die Mutter ist nicht konsequent in ihrer Reaktion auf die Bedürfnisse des Kindes. Vielleicht kommt sie manchmal herbei, wenn das Kleine schreit, aber beim nächsten Mal nimmt sie das überhaupt nicht zur Kenntnis. Das Kind folgert daraus nicht einfach: „Mutter ist nicht zuverlässig", sondern beschließt für sich etwa „Man kann anderen Menschen nicht trauen", oder vielleicht „Frauen darf man nicht vertrauen". Ein vier- oder fünfjähriges Mädchen wird vielleicht wütend auf seinen Vater, weil der ihm jetzt nicht mehr die warme Aufmerksamkeit zuwendet, die er doch zwei, drei Jahre vorher immer für es hatte, und beschließt dann mit einiger Wahrscheinlichkeit nicht einfach: „Ich bin wütend auf Vater", sondern „Ich bin wütend auf die Männer."

Das Kind mag sein Gefühl der Ohmacht dadurch kompensieren, daß es sich vorstellt, es sei allmächtig oder könne zaubern. Vielleicht spürt es, daß Vater und Mutter sich nicht richtig gut sind. Vor allem wenn es ein Einzelkind ist, kann es zu der Überzeugung kommen: „Das ist meine Schuld." Und wenn die Eltern dann im Streit handgreiflich werden, fühlt das Kind sich oft dazu verpflichtet, die Mutter vor dem Vater zu schützen (oder umgekehrt).

Wenn das Kind sich schließlich von der eigenen Mutter oder dem eigenen Vater abgelehnt fühlt, sucht es die Schuld bei sich selber, und der Beschluß kann dann heißen: „Mit mir stimmt was nicht."

Kleine Kinder haben auch Mühe, zwischen ihrem Verlangen und ihren Handlungen zu unterscheiden. Die Zweijährige empfindet vielleicht: „Am liebsten brächte ich dieses neue Baby gleich um, das jetzt ständig im Mittelpunkt steht!" Für sie ist das in etwa das gleiche, als wenn sie sagen würde: „Ich hab das neue Baby umgebracht." Die Schlußfolgerung mag dann lauten: „Ich bin eine Mörderin, ich bin schlecht und abscheulich." Und so spürt sie vielleicht noch als Erwachsene so ein vages Schuldgefühl für ein „Verbrechen", das sie nie begangen hat.

In der TA geht es ganz wesentlich darum, ein Gefühl zu entwickeln für diese Art kindlicher Logik. Die Linguisten sprechen hier vom *Sprachgefühl;* vor allem wenn du die TA therapeutisch anwenden willst, dann lohnt es sich, ein Gefühl zu entwickeln für die Skriptsprache des Kleinkindes.

Wenn du dein Verständnis für diese Sprache steigern willst, kannst du die Arbeiten von Erikson, Piaget und anderen Forschern auf dem Gebiet der Entwicklungspsychologie des Kindes lesen. Und wenn du ein Gespür dafür bekommen willst, was das für *dich* bedeutet, dann achte auf deine Träume. Für uns Erwachsene kommen sie den Erlebnissen noch am nächsten, die eine feindselige Welt uns als ganz kleinen Kindern beschert hat.

Übungen zum Aufdecken des eigenen Skripts

Träume, Tagträume, Märchen und Kindheitsgeschichten können uns allesamt Hinweise auf unser Skript geben. Im folgenden führen wir eine Reihe von Übungen darüber an.

Bei diesen Übungen laß deiner Phantasie freien Lauf. Denke nicht weiter darüber nach, was da alles kommt und was das wohl zu bedeuten hat. Unterdrücke nichts und versuche nicht, dahinterzukommen, was du wohl jetzt sagen sollst, sondern akzeptiere einfach das erste, was dir kommt, und die Gefühle, die das vielleicht begleiten. Interpretieren und entziffern kannst du dann später noch.

Du wirst am meisten gewinnen bei den Übungen, bei denen du eine Gruppe oder einen Partner findest, mit dem du sie gemeinsam machen kannst. Ob du nun in einer Gruppe oder einzeln arbeitest, es ist in jedem Falle zweckmäßig, deine Reaktionen auf Tonband festzuhalten.

Stelle einfach den Apparat an und laß ihn während der Übung laufen. Anschließend spiele dir die Aufnahme wiederholt vor und überlasse es deiner Intuition, den tieferen Sinn an die Oberfläche zu holen. Du wirst erstaunt sein darüber, wieviel du über dich und dein Skript erfahren kannst.

Bei all diesen Übungen ist es möglich, daß du am Anfang sehr stark emotional reagierst. Das sind dann Kindheitsgefühle, die du zusammen mit deinen Skripterinnerungen an die Oberfläche bringst. Wenn du das so erlebst, kannst du jederzeit beschließen, zu unterbrechen oder die Übung fortzusetzen. Wenn du dich für das Aufhören entscheidest, dann laß die Übung beiseite und fixiere deine Aufmerksamkeit auf irgendeinen auffalenden Gegenstand im Zimmer. Sag dir (oder deinem Partner), was für ein Ding das ist, welche Farbe es hat und wozu es dient. Denke an ganz gewöhnliche Themen für das Erwachsenen-Ich, z.B. was es bei der nächsten Mahlzeit zu essen gibt oder wann du wieder an deinem Arbeitsplatz sein mußt. Dabei setz dich gerade hin oder stell dich aufrecht hin, so daß der Kopf auf einer senkrechten Achse ruht, die sozusagen durch den ganzen Körper geht.

Held oder Heldin

Welches ist deine Lieblingsfigur, vielleicht jemand aus einer Kindergeschichte. Vielleicht ein Held oder eine Heldin aus einem Bühnenstück, einem Buch oder einem Film, an den du dich erinnerst. Vielleicht ist es eine Person aus der Wirklichkeit.

Nimm die erste Figur, die dir einfällt. Dann stell das Tonband an und bitte deinen Partner oder die Gruppe aufzupassen. Werde die von dir ausgewählte Figur. Sage etwas über dich, solange du magst. Benutze dabei das Wort „Ich..."

Zum Beispiel: angenommen der Held der Geschichte ist Superman. Dann fange ich an: „Ich bin Superman. Ich bin dazu da, Menschen zu helfen, die in Not sind. Ich komme angeflogen, weiß der Kuckuck woher, verbringe alle möglichen Wunder, und dann verschwinde ich wieder. Meistens weiß niemand, daß ich Superman bin, weil ich immer in irgendeiner Verkleidung rumlaufe..."

Wer auch immer die Figur ist, die du ausgewählt hast, jetzt identifiziere dich damit, sei „er" oder „sie" und sprich über dich selbst.

Ein Geschichte oder ein Märchen

Als Variante zu dieser ersten Übung kannst du auch ein Märchen oder eine Geschichte erzählen. Dabei nimm irgendeine, die du magst - die erste, die dir jetzt einfällt, ist die beste. Vielleicht ist es ein Märchen aus deiner Kindheit, eine Sage aus der Antike oder sonst irgendetwas, was dir gefällt.

Du kannst so anfangen: „Es war einmal ein schönes Mädchen, das von der bösen Stiefmutter eingeschläfert wurde und nun in einer Kammer tief im Schloß lange Zeiten hindurch schlafen mußte. Und rund um das Schloß war eine Dornenhecke. Und es kamen Könige und Prinzen und suchten das Mädchen, aber keiner war stark genug, um die Hecke zu durchdringen..."

Wenn du aus der Arbeit noch mehr herausholen willst, kannst du fortfahren und nacheinander jeder der Menschen und der wichtigen Dinge in der Geschichte sein. Jedesmal sag etwas über dich. In der obigen Geschichte werde erst das Mädchen, dann die Stiefmutter, dann die Kammer, das Schloß, einer der Prinzen und die Dornenhecke. Als Hecke würdest du z.B. sagen: „Ich bin eine Hecke. Ich bin robust, hart und stachelig. Ich habe all meine Stacheln nach außen gekehrt, so daß niemand mich herumschubsen kann. Das muß ich so machen, weil ich doch das kleine Mädchen schützen will, das in meinem Inneren schläft ..."

Träume

Such dir einen Traum aus, den du gehabt hast. Wenn du einen frischen Traum nimmst oder einen, den du häufig träumst, lernst du daraus wahrscheinlich am meisten, aber irgendein anderer tut es auch.

Erzähle deinen Traum und achte darauf, daß du sprachlich in der Gegenwart bleibst und, nicht in die Vergangenheitsform verfällst.

Dann mach es genau so wie bei der Geschichte, identifiziere dich der Reihe nach mit den Menschen und Dingen im Traum und sprich über dich selbst.

Dann erinnere dich daran, wie du dich in dem Augenblick gefühlt hast, wo du aus dem Traum erwacht bist. War das Gefühl angenehm oder bedrückend?

Hat dir das Ende des Traums wohlgetan? Wenn nicht, kannst du die Übung fortsetzen, indem du dein eigenes Traumende neu schreibst. Und dann erzähle das umgeschriebene Traumende genau so, wie du den Traum erzählt hattest, nämlich in der Gegenwartsform.

Anschließend frage dich, ob du jetzt mit dem Traumabschluß wirklich ganz zufrieden bist. Wenn nicht, dann schreibe ihn noch einmal um und tu das, so oft du willst.

Gegenstand im Zimmer

Sieh dich im Zimmer um. Wähle irgendeinen Gegenstand, den du siehst. Am besten den, an den du zuerst denkst. Dann sei dieser Gegenstand und sag etwas über dich selbst. Zum Beispiel: „Ich bin die Tür. Ich bin hart, eckig und hölzern. Manchmal bin ich jemand im Wege. Aber dann werde ich einfach beiseite gedrückt..."

Wenn du aus dieser Übung mehr herausholen willst, dann bitte einen Partner, mit dir als dem Gegenstand, den du ausgewählt hattest, ein Gespräch zu führen. Dabei soll der Partner nicht interpretieren, sondern lediglich sprechen mit dir als Tür, als Kamin oder was du dir sonst ausgesucht hast. Zum Beispiel:

„Ich bin die Tür, wenn ich jemand im Wege bin, dann schiebt er mich beiseite."

„Gut, Tür, wie fühlst du dich, wenn dich jemand zur Seite drückt?"

„Dann ärgere ich mich. Aber ich bin eine Tür und kann nichts sagen. Ich lasse ihn einfach machen."

„Aha. Also willst du was ändern, Tür, um dich besser zu fühlen?"

Laß dein Leben wie einen Film vor dir ablaufen

Für diese Übung brauchst du jemand, der den „Ansager" macht und dich durch die Übung begleitet, während du entspannt bleibst. Wenn du niemand hast, sprich die Stichworte auf Band und höre sie dir dann in entspanntem Zustand an. Der Ansager oder die Ansagerin kann auch mehrere Teilnehmer als Gruppe durch die Übung begleiten.

Die Ansagerin braucht sich nicht wörtlich an die Stichworte zu halten, die wir im folgenden nennen. Meist ist es besser, wenn sie sich nur ein paar Anhaltspunkte aufschreibt, um in etwa die Reihenfolge einzuhalten, und den Wortlaut dann improvisiert. Zwischen den Sätzen sollte sie lange Pausen lassen, damit die Teilnehmer Zeit haben, sich in Ruhe ihren Bildern hinzugeben.

Setz dich oder leg dich ganz entspannt hin. Am besten machst du die Augen zu und hörst dem Ansager oder der Ansagerin zu, die so etwa folgendes sagt:

„Stell dir vor, du bist im Kino oder im Theater. Du wartest, daß das Stück jetzt beginnt. Was da gespielt werden soll, ist deine eigene Lebensgeschichte."

„Was ist das für ein Stück, das du gleich sehen wirst? Ist es eine Komödie, eine Tragödie? Ist es ein ernstes Schauspiel oder ein abgeschmacktes Rührstück? Ist es interessant oder langweilig, heroisch oder realistisch - oder was sonst?"

„Ist der Zuschauerraum voll, halb leer, leer? Werden die Zuschauer gespannt oder gelangweilt mitgehen? Werden sie glücklich oder traurig sein? Werden sie Beifall spenden oder den Raum verlassen - oder was sonst?"

„Wie heißt der Titel deines Stücks - deiner ureigenen Lebensgeschichte?"

„So, jetzt wird es allmählich dunkel, und der Vorhang öffnet sich. Deine ureigene Lebensgeschichte fängt jetzt gerade an."

„Und nun siehst du die erste Szene. Das ist die allererste Szene deines Lebens. In dieser Szene bist du ganz, ganz klein. Was siehst du um dich herum? Wer ist da? Siehst du Gesichter, Teile von Gesichtern? Wenn du ein Gesicht siehst, so betrachte den Ausdruck auf diesem Gesicht. Was hörst du? Mach dir klar, was du empfindest. Vielleicht empfindest du ein Gefühl in deinem Körper. Vielleicht eine seelische Empfindung. Riechst du etwas, schmeckst du etwas? Gib dir jetzt Zeit, diese allererste Szene in deinem Stück bewußt zu erleben."

(Pause)

„Szenenwechsel. In der Szene, die du jetzt siehst, bist du ein Vorschulkind - etwa drei bis sechs Jahre alt. Wo bist du da? Was kannst du um dich herum sehen? Sind andere Menschen dabei? Wer ist da?

Sagen die dir was ? Sagst du ihnen irgendetwas? Hörst du sonst noch Geräusche?

Was fühlst du in dieser Szene? Spürst du irgendwelche Wahrnehmungen oder Reaktionen im Körper? Fühlst du irgendwelche seelischen Empfindungen?

Vielleicht riechst du etwas oder schmeckst du etwas?

Nun nimm dir Zeit und mach dir alles bewußt, was du siehst, was du hörst, fühlst, schmeckst oder riechst in dieser zweiten Szene deines Stücks - in der Szene, wo du drei bis sechs Jahre alt bist." (Pause)

Dann geht der „Ansager" bzw. die „Ansagerin" der Reihe nach die gleichen Stichworte für die folgenden Szenen in dem Stück durch:

eine Szene als Teenager, im Alter von 10 bis 16 Jahren;

eine Gegenwartsszene, in deinem jetzigen Alter;

eine Zukunftsszene, in zehn Jahren.

Die letzte Szene deines Stücks – deine Sterbeszene. Bei den Stichworten für diese Szene sollte der „Ansager" auch fragen: „Wie alt bist du in dieser letzten Szene deines Stücks?"

Zum Schluß fordert der „Ansager" dich auf, dir soviel Zeit zu nehmen, wie du brauchst, um allmählich wieder in die Gegenwart zurückzukommen.

Teile der Gruppe oder einem Gesprächspartner von deinem Erleben soviel mit, wie du willst.

11. Wie das Lebensskript verwirklicht wird

Wenn wir als Kleinkinder unsere Lebensgeschichte einmal abgefaßt haben, gehen wir mit großer Wahrscheinlichkeit daran, sie zumindest zeitweise in unserem Erwachsenendasein zu verwirklichen.

In diesem Kapitel beschreiben wir, wie du dein Skript wohl auslebst, als *Gewinner, Verlierer,* oder *Nicht-Gewinner*. Wir zeigen, wie Menschen in skriptgebundenes Verhalten hinein- und daraus herauskommen, und erklären, warum die Kenntnis des Skripts so wichtig ist, wenn man die Lebensmuster von Menschen verstehen will.

In deinem Skript gibt es sowohl einen *Inhalt* wie auch einen *Prozeß*. Du wirst dich erinnern, daß der Inhalt sich auf das *was*, und der Prozeß sich auf das *wie* bezieht.

Der Inhalt deines Skripts ist absolut einzigartig und unterscheidet sich vom Skript aller anderen Menschen, ähnlich wie ein Fingerabdruck. Beim Skriptprozeß hingegen sieht es so aus, als gebe es nur eine relativ geringe Anzahl unterschiedlicher Muster. Wir werden diese in einem späteren Kapitel betrachten.

Gewinner-, Verlierer- und Nicht-Gewinner-Skripts

Hinsichtlich ihres Inhalts lassen sich Skripts drei Kategorien zuordnen:

Gewinnerskripts
Verliererskripts oder hamartische Skripts
Nicht-Gewinner-Skripts oder banale Skripts.[1]

Das Gewinnerskript

Berne definiert als „Gewinner" jemand, der „ein erklärtes Ziel erreicht". (Robert Goulding hat hinzugefügt: „und damit einen sinnvollen Zweck verfolgt und somit die Welt besser macht".*)

* Freie Wiedergabe des kurzen englischen Textes: and makes the world a better place as a result".

Zum „Gewinnen" gehört auch, daß das „erklärte Ziel" angenehm, glatt und glücklich erreicht wird. Wenn ich als Kind beschließe, ein großer Menschenführer zu werden und schließlich ein erfolgreicher General oder Politiker werde, der ein erfülltes Leben geführt hat und von seinem Volk geschätzt wird, dann bin ich ein Gewinner. Wenn ich mir „finanzielle Unabhängigkeit" oder Reichtum zum Ziel setze, dann bin ich Gewinner, wenn ich ein glücklicher, umgänglicher Millionär werde. Und wenn ich beschließe, Einsiedler zu werden ohne jede Habe, und dann als Einsiedler glücklich in meiner Höhle hause, bin ich ein Gewinner.

„Gewinner sein" ist in diesem Zusammenhang also immer in Beziehung zu setzen zu den Zielen, die ich mir vornehme.

Das Verliererskript

Im Gegensatz dazu ist ein „Verlierer" jemand, „der ein erklärtes Ziel nicht erreicht". Wiederum ist es nicht die Leistung oder sonst etwas, worauf es ankommt, sondern das Ausmaß des Behagens, das damit verbunden ist.

Wenn ich beschließe, ein großer Menschenführer zu werden, dann aber Soldat und schließlich unehrenhaft entlassen werde, bin ich ein Verlierer. Wenn meine politische Laufbahn in einem Skandal endet, über den ich mein Amt verliere, bin ich ein Verlierer. Wenn ich beschließe, Millionär zu werden und wie ein Einsiedler ohne jede Habe ende, bin ich ein Verlierer. Aber ich bin auch ein Verlierer, wenn ich beschließe, Millionär zu werden, das auch schaffe und mich dann ewig unwohl fühle wegen meines Magengeschwürs und des Drucks der auf mir lastenden Arbeit. Wenn ich in meine Höhle als Einsiedler einziehe und dann zu jammern anfange, daß die so feucht ist und ich so arm und einsam bin, bin ich ein Verlierer.

Berne hat Wert darauf gelegt, den „Gewinner" und den „Verlierer" seiner Definition in Beziehung zu setzen zum „Erreichen erklärter Ziele", so daß „Gewinner" nicht einfach gleichgesetzt werden sollten mit Menschen, die materielle Güter anhäuften oder ein großes Bankkonto hatten. Und „Verlierer" waren nicht unbedingt Leute, die materiell Mangel litten.

Dennoch beschließen Menschen manchmal in der Kindheit, Ziele zu erreichen, die ohne Not, Einschränkungen und sogar körperliche Verletzungen *nicht erreicht werden können*. Ein Kleinkind kann z.B. ohne Worte beschließen: „Alles, was ich anfasse, geht schief, da kann ich nichts dran machen", und dann daran gehen, eine solche Skriptentscheidung zu verwirklichen. Um sein erklärtes Ziel zu erreichen, versagt es immer wieder. Ein anderes Kind beschließt vielleicht schon früh: „Um von Mutter und Vater geliebt zu werden, muß ich erst sterben", und wird dann dieses tragische Ziel auch erreichen.

Skripts mit einer solchen Auszahlung werden sicher von jedermann als „Verliererskripts" bezeichnet werden, selbst wenn sie der Definition von Berne nicht wortwörtlich entsprechen.

Derartige Skripts lassen sich grob einteilen in Verliererskripts ersten, zweiten oder dritten Grades, je nach dem Ernst der Endauszahlung. Beim Verliererskript ersten Grades sind die Mißerfolge und Verluste nicht so schwerwiegend, als daß man darüber nicht in der Umgebung des Betreffenden sprechen würde. Das sind z.B. ständige Streitereien am Arbeitsplatz, eine leichte Depression, die ambulant behandelt wird, oder während des Studiums Durchfallen im Examen.

Verlierer zweiten Grades erleben verhängnisvolle Skriptresultate, die so schwerwiegend sind, daß man nicht gern darüber spricht. So ist das bei jemand, der wiederholt die Stelle verliert oder mit einer schweren Depression die Klinik aufsuchen muß oder wegen Fehlverhaltens von der Universität verwiesen wird. Ein Verliererskript dritten Grades läuft hinaus auf katastrophale Folgen wie etwa den Tod, ernste Verletzungen oder Erkrankungen oder auch staatliche Zwangsmaßnahmen. Die Endauszahlung ist dann eine Freiheitsstrafe wegen Unterschlagung, lebenslange Verwahrung wegen schwerer Geisteskrankheit oder Selbstmord nach einer nicht bestandenen Prüfung.

Wir verwenden oft den Ausdruck *hamartisch,* um das Verliererskript dritten Grades und die dazugehörige Endauszahlung zu beschreiben.

Der Ausdruck kommt von dem altgriechischen Wort *hamartia*, das ausdrückt, daß irgendwo ein tiefer Bruch in einer Sache ist. Er soll die Art und Weise wiedergeben, in der ein Verliererskript, einem antiken griechischen Drama ähnlich, von einer frühen negativen Entscheidung aus unerbittlich auf die tragische Schlußszene zustrebt.

Das Nicht-Gewinner-Skript

Ein Mensch mit einem Nicht-Gewinner-Skript ist jemand, der sich in der Mitte hält. Er lebt so von einem Tag auf den anderen dahin, kassiert keine großen Gewinne, macht aber auch keine große Verluste. Er nimmt keine Risiken auf sich. Diese Art Skriptmuster wird oft als *banal* bezeichnet.

Am Arbeitsplatz wird der Nicht-Gewinner zwar niemals Chef, aber er wird auch nicht entlassen. Wahrscheinlich sitzt er seine Zeit ab, bekommt zum Schluß eine goldene Uhr und geht ruhig in Pension. Dann grübelt er vielleicht vor sich hin: „Ich *hätte* ja aufsteigen können, wenn ich nur zur rechten Zeit am rechten Platz gesessen hätte. Na ja, ich denke, so schlecht war's auch wieder nicht."

Gewinner, Verlierer und Nicht-Gewinner

Berne meinte, man könne den Gewinner vom Verlierer dadurch unterscheiden, daß man ihm die folgende Frage stellen würde: „Was tätest du, wenn du verlieren würdest?" Er sagte, ein Gewinner weiß das, aber redet nicht darüber. Ein Verlierer weiß das nicht, und er kann nur über das Gewinnen reden: „Wenn ich meine erste Million voll habe...", „Wenn mein Pferd gewinnt. .." Er setzt alles auf ein Pferd, und so verliert er denn auch alles.

Ein Gewinner verfügt ständig über weitere Alternativen, und so gewinnt er denn auch. Wenn eine Sache nichts bringt, macht er etwas anderes, bis er Erfolg hat.

Ein Nicht-Gewinner gewinnt manchmal und verliert manchmal, aber niemals sehr viel in der einen oder anderen Richtung, weil er keine Risiken auf sich nimmt. Er geht auf Nummer sicher, und so bleibt er denn auch ein Nicht-Gewinner.

Vorsicht mit Zuschreibungen!

Diese Einteilung des Skripts in Gewinner-, Nicht-Gewinner- und Verlierer-Skripts ist nur eine Annäherung an die Realität. Was für dich vielleicht zählt als Auszahlung für das Nicht-Gewinnen, ist für mich vielleicht die Auszahlung des Gewinners. Etwas, das in der Welt, in der ich lebe, absolut nicht akzeptiert würde, ist vielleicht in deiner Welt völlig in Ordnung.

Wenn wir die Sache näher besehen, so beschließen doch die meisten von uns Skripts, die eine Mischung von Gewinnen, Nicht-Gewinnen und Verlieren darstellen. Nehme ich all meine Kindheitsentscheidungen zusammen - wirklich eine einzigartige Zusammenstellung -, so stelle ich es vielleicht so an, daß ich bei intellektueller Arbeit ein Gewinner bin, bei körperlichen Tätigkeiten ein Nicht-Gewinner und in persönlichen Beziehungen ein Verlierer ersten Grades. Deine persönliche Kombination von Beschlüssen kann wieder völlig anders sein.

Das Wichtigste in dieser ganzen Angelegenheit ist, sich darüber klar zu sein, *daß jedes Skript verändert werden kann.* Wenn ich mir mein Skript klarmache, kann ich jederzeit Bereiche entdecken, in denen ich Verliererentscheidungen getroffen habe, und diese in Gewinnerbeschlüsse umwandeln. Die Einteilung in Gewinner, Nicht-Gewinner und Verlierer gibt uns gewiß nützliche Informationen über die Vergangenheit an die Hand. Dadurch erhalte ich eine wertvolle Landkarte für die Veränderungen, die ich in der Gegenwart vornehmen will. In keiner Weise aber ist sie jemals eine Festlegung für die Zukunft.

Sieh dir noch einmal an, was du über dein eigenes Skript entdeckt hast, als du die Übungen im letzten Kapitel gemacht hast.

Würdest du sagen, daß dein Skript in der Hauptsache ein Gewinner, in der Hauptsache ein Verlierer- oder in der Hauptsache ein banales Skript gewesen ist?

Kannst du spezifische Gebiete in deinem Leben identifizieren, wo du es so angestellt hast, daß du als Gewinner, als Verlierer, als Nicht-Gewinner dastehst?

Gibt es Gebiete, in denen du bisher ein Verlierer oder Nicht-Gewinner warst und gerne Gewinner werden möchtest?

Wenn ja, dann schreibe für jedes dieser Gebiete auf, wie du feststellen könntest, daß du in dem betreffenden Bereich nun wirklich gewinnen würdest, statt Verlierer oder Nicht-Gewinner zu bleiben. Wie sähe das Resultat aus, wenn du als Gewinner dastündest?

Dann schreib für jeden Bereich mindestens fünf Handlungen auf, die du unternehmen kannst, um die Gewinner-Resultate herbeizuführen. Setze jeden Tag eine dieser Handlungen in die Tat um. Wenn du in einer Gruppe arbeitest, berichte über deine Erfolge.

Das Skript im Erwachsenendasein

Als Erwachsene legen wir manchmal die Strategien wieder auf, die wir schon als Kleinkinder beschlossen hatten. In solchen Zeiten reagieren wir auf die Realität im Hier und Jetzt, als sei das die Welt, die wir bei unseren frühen Beschlüssen vor Augen hatten. Wenn wir das tun, dann sagt man, wir *sind im Skript*. Man kann auch davon sprechen, daß wir uns *skriptgebundenen* Verhaltensweisen oder Emotionen hingeben.

Weshalb tun wir das? Weshalb lassen wir nicht einfach unsere frühkindlichen Beschlüsse hinter uns, wenn wir groß werden? Der Hauptgrund dafür ist, daß wir immer noch hoffen, das Grundanliegen lösen zu können, das in unserer frühen Kindheit unbefriedigt geblieben ist: wie wir bedingungslose Liebe und Zuwendung erfahren können.

Also reagieren wir als Erwachsene, häufig so, als wären wir noch ganz kleine Kinder. Die TA sieht, genau so wie viele andere Therapierichtungen, in diesem Umstand den Ursprung der meisten Schwierigkeiten, die das Leben belasten.

Wenn wir „ins Skript gehen", sind wir uns in der Regel nicht darüber klar, daß wir Strategien aus der frühesten Kindheit wieder einsetzen. Das Bewußtsein dafür können wir entwickeln, wenn wir unser Skript zu verstehen lernen und unsere eigenen frühkindlichen Entscheidungen entdecken.

Es ist nicht möglich, präzise vorherzusagen, ob jemand zu einem bestimmten Zeitpunkt „ins Skript gehen" wird. Aber es gibt zwei Faktoren, die die Wahrscheinlichkeit dazu erhöhen:

Erstens, wenn die Situation im Hier und Jetzt als belastend oder bedrängend empfunden wird.

Zweitens, wenn eine gewisse Ähnlichkeit besteht zwischen der Situation im Hier und Jetzt und einer bedrängenden Situation in der Kindheit.

Diese beiden Faktoren verstärken sich gegenseitig.

Belastungen und das Skript

Stan Woollams hat eine sogenannte *Streß-Skala* eingeführt.[2]

Je größer die Belastung ist, um so wahrscheinlicher ist es, daß der Mensch ins Skript geht. Wenn wir den Streß quantifizieren, z.B. von eins bis zehn, dann gehe ich vielleicht ins Skript in einer Situation, die für mich mit sechs Punkten oder mehr belastend wird. Du kannst vielleicht bis auf acht Punkte kommen, ehe du in dein Skript gehst.

Nehmen wir an, ich habe eine Meinungsverschiedenheit mit meinem direkten Vorgesetzten. Für mich ist das nur ein Streß in der Höhe von drei Punkten. Also bin ich in meinem Verhalten skriptfrei. Ich diskutiere unsere Unstimmigkeiten aus dem Erwachsenen-Ich heraus. Und meine Überlegung dabei lautet etwa, daß mein Vorgesetzter und ich entweder zu einem Kompromiß kommen werden oder wir uns darüber einigen müssen, daß wir uneinig sind. Und wenn es soweit kommt, dann ist das auch kein Beinbruch.

Aber nun stellen wir uns vor, der Vorgesetzte ruft den Direktor. Ein Streit mit dem hohen Chef bedeutet für mich sechs Punkte auf der Streß-Skala. Nun bin ich im Skript. Sobald ich dem Direktor gegenüberstehe, aktiviere ich die gleichen Körperreaktionen, Gefühle und Gedanken, die ich als Kind immer hatte, wenn Vater ärgerlich war und sich wie ein Riese vor mir auftürmte und Schimpfworte brüllt, die ich nicht verstand.

Ohne mir dessen inne zu werden, habe ich den Direktor zu meinem Vater „gemacht". Und ich reagiere, als wäre ich wieder ein verschrecktes Dreijähriges.

Die „Streß-Skala" stellt ein gutes Mittel dar, die Beziehung zwischen Belastung und Skriptreaktionen aufzuzeigen. Sie bedeutet nicht, daß Streß bei irgendjemand „bewirken" kann, daß er jetzt ins Skript geht. Wechsele ich hinüber in mein Skript, so habe ich das immer beschlossen, auch wenn mir die Entscheidung dazu in meinem Bewußtsein nicht zugänglich ist.

Es ist wahrscheinlich, daß ich allein dadurch, daß ich etwas über das Skript erfahre, fähig werde, größere Belastungen zu ertragen, ehe ich skriptgebundenes Verhalten an den Tag lege. Und wer sich in persönliche Therapie begibt, kann seine Fähigkeit, Probleme zu lösen, statt in skriptgeprägtes Verhalten zurückzufallen, noch weiter steigern.

Gummibänder

Als ich bei meiner Auseinandersetzung mit dem Direktor ins Skript ging, lag der Grund dafür nicht allein in der Tatsache, daß die Situation belastend war; ein weiterer Auslöser kam daher, daß die Szene im Hier und Jetzt einer schmerzhaften Szene aus meiner Kindheit *ähnelte*.

In der TA-Sprache sagen wir, daß die derzeitige Situation wie ein *Gummiband* zu der früheren Situation zurückführt und diese sozusagen herbeischnellen läßt. So kommt bildlich zum Ausdruck, wieso wir manchmal so reagieren, als wären wir in Szenen der frühen Kindheit zurückgeschnellt. Man kann sich das vorstellen wie ein riesiges Gummiband, das durch die Zeit hindurch gespannt ist. Es hakt sich fest an irgendeinem Phänomen der Gegenwart, das uns an Nöte aus der Kindheit erinnert, und zack! - schon sind wir wieder in der Vergangenheit.

Im allgemeinen haben wir keine bewußte Erinnerung an die Kindheitsszene und erkennen demnach auch nicht, was da so ähnlich ist. Für mich reichte das Gummiband zurück von dem Direktor zu meinem ärgerlichen Vater. Aber wie ich mich so vor dem Zorn des Direktors duckte, bin ich mir nicht bewußt darüber klargeworden, daß da mein Vater dahinterstand.

Weil die Mutter und der Vater in unseren ersten Lebensjahren so wichtig sind, finden wir sie oft am anderen Ende von Gummibändern wieder. Das gilt auch für unsere Geschwister und andere Bezugspersonen wie Großeltern, Onkeln und Tanten. Und wenn wir in eine Gruppe hineinkommen, werden wir mit einer gewissen Wahrscheinlichkeit jeden einzelnen in der Gruppe in der Rolle eines Bruders, einer Schwester oder von Vater oder Mutter erleben. Sobald wir mit jemand sprechen, an dem uns liegt, identifizieren wir ihn eine Zeit lang mit Gestalten aus unserer Vergangenheit, und zwar ohne klares Bewußtsein.

Es handelt sich hier um das Phänomen, das in der Freudschen Schule als *Transfer* oder *Übertragung* bezeichnet wird. In der TA sprechen wir so in der Umgangssprache davon, daß man „jemandem das Gesicht eines anderen oder einer anderen aufsetzt". Als ich bei der Auseinandersetzung mit dem hohen Chef ins Skript ging, habe ich ihm das Gesicht meines Vaters aufgesetzt.

Am anderen Ende eines Gummibands muß nicht immer ein Mensch stehen. Wir können uns auch festhaken an bestimmten Klängen, an Gerüchen oder Düften, an irgendwelchen Örtlichkeiten oder sonst an etwas, das uns, ohne daß wir es merken, an bestimmte Situationen in der Kindheit erinnert - vor allem, wenn wir diese als bedrängend erlebt haben. Eins der Ziele für Veränderungen in der TA heißt die *Gummibänder auszuhängen*. Durch Verständnis für das Skript und persönliche Therapie kann ich das ursprüngliche Trauma auflösen und mich befreien aus dem Sog der alten Kindheitsszene. Dadurch setze ich mich instand, Situationen im Hier und Jetzt zu bewältigen mit allen Möglichkeiten, über die ich als Erwachsener verfüge.

Denke an eine Situation aus der jüngeren Vergangenheit, in der du unter Streß standest und die für dich unerfreulich oder erfolglos ausgegangen ist. Mach dir vor allem klar, welche schlechten Gefühle du in dieser Situation erlebt hast. Dabei brauchst du während der Übung ein solches Gefühl nicht wieder echt zu erleben.

Dann denke an eine Situation aus dem letzten Jahr, die für dich in ähnlicher Weise ungut ausgegangen ist und bei der du das gleiche schlechte Gefühl verspürt hast.

Dann gehe etwa fünf Jahre zurück und erinnere dich wieder an eine ähnliche Situation, in der du auch das gleiche miese Gefühl hattest.

Jetzt rufe dir die Erinnerung an eine ähnliche unangehme Situation ins Bewußtsein mit dem gleichen schlechten Gefühl aus der Zeit, wo du Teenager warst.

Erinnere dich an eine ähnliche Szene mit einem ähnlichen schlechten Gefühl aus deiner Kindheit. Wie alt warst du da?

Wenn du kannst, denke zurück an eine ähnliche Szene oder an Szenen, die du noch früher erlebt hast, als du noch ganz klein warst. Wie alt warst du da? Wer war dabei? Was ist passiert?

Der Zweck dieser Übung liegt darin, das äußerste Ende des Gummibandes zu erreichen. Worin lag die Ähnlichkeit zwischen dem Erleben aus der jüngeren Vergangenheit und deinem Kindheitserlebnis? Wenn bei deinem Erleben von neulich eine andere Person beteiligt war, welches „Gesicht" aus der Vergangenheit hast du ihr dann aufgesetzt?

Sobald du einmal klar vor Augen hast, welche Vergangenheitssituation du wieder aufgelegt hast, kannst du damit beginnen, das Gummiband auszuhaken. Setze deine Bewußtheit als Erwachsener ein und denke daran, daß die Menschen im Hier und Jetzt de facto andere Menschen sind als Vater, Mutter oder andere, deren Gesichter du ihnen vielleicht aufgesetzt hattest. Sobald du anfängst, das gleiche ungute Gefühl zu erleben, mach dir klar, daß die jetzige Situation anders ist als die in der Vergangenheit. Jetzt hast du das Potential und die Alternativen eines erwachsenen Menschen und gleichzeitig die des Kindes, das du in der frühen Szene gewesen bist.

Das Skript und der Körper

Es scheint, daß wir einige unserer frühesten Entscheidungen sowohl mit dem Körper wie auch mit dem Geist treffen. Der Säugling möchte vielleicht die Arme nach der Mutter ausstrecken. Aber er entdeckt, daß die Mutter sich häufig von ihm abwendet. Um den Schmerz einer solchen Ablehnung nicht zu spüren, unterdrückt er seinen Körperimpuls. Und um seine Ärmchen dann nicht doch auszustrecken, verspannt er sich in Armen und Schultern.

Auch viele Jahre später, als Erwachsener, behält er die Verspannung bei. Aber das wird ihm nicht bewußt. Er spürt nur einen stechenden Schmerz im Nacken oder in den Schultern. Bei einer Tiefenmassage oder in der Therapie wird er sich vielleicht der Spannung inne und kann sie loslassen. Bei einem solchen Ent-Spannen kann er wahrscheinlich auch all die Gefühle ausdrücken, die er seit seiner Kindheit unterdrückt hatte.

Eric Berne schrieb von *Skriptsignalen.* Das sind Indizien dafür, daß jemand ins Skript übergewechselt ist. Man bemerkt das etwa, wenn jemand plötzlich tief aufseufzt, seine Stellung verändert oder irgend einen Teil des Körpers stark anspannt. Berne lenkte die Aufmerksamkeit vor allem auf Spannungen in den Sphinktern, den Schließmuskeln um die verschiedenen Körperöffnungen herum.

Einige TA-Therapeuten haben sich auf dieses Gebiet, auf das sogenannte *Körperskript,* spezialisiert.[3]

Warum das Skriptverständnis so wichtig ist

Warum stellt das Lebensskript so ein wichtiges Konzept in der TA-Theorie dar? Der Grund liegt darin, daß es uns das Verständnis dafür eröffnet, weshalb Menschen sich so verhalten, wie sie es tun. Und dieses Verständnis brauchen wir, wenn wir Verhaltensweisen untersuchen, die, oberflächlich betrachtet, doch nur Schmerzen oder Niederlagen bringen.

Wenn wir uns beispielsweise später mit *Spielen* befassen werden, werden wir feststellen, daß Menschen sich in Abläufe verstricken, die ihnen nichts als Schmerzen bringen, und das doch wieder und wieder tun. Warum machen wir so etwas immer wieder, wenn es dann so weh tut?

Die Skripttheorie gibt uns eine Antwort: wir tun es, um unser Skript zu verstärken und voranzutreiben. Wenn wir im Skript sind, halten wir an Kindheitsentscheidungen fest. Für uns als Kinder schienen diese Entscheidungen der bestmögliche Weg zu sein, zu überleben und für die Befriedigung unserer Bedürfnisse zu sorgen. Als Erwachsene haben wir in unserem Kind-Ich-Zustand noch die gleiche Überzeugung. Ohne uns dessen klar bewußt zu sein, trachten wir danach, die Welt so auszugestalten, daß sie unsere frühen Beschlüsse zu rechtfertigen scheint.

Sind wir im Skript, dann versuchen wir, auf Probleme des Erwachsenenlebens dadurch einzugehen, daß wir frühkindliche Strategien wieder aufnehmen. Diese erbringen zwangsläufig die gleichen Resultate wie in der Kindheit. Und wenn wir solche unangenehmen Ergebnisse erleben, können wir uns im Kind-Ich sagen: „Jawohl, die Welt ist so, wie ich sie schon damals gesehen habe."

Und jedesmal wenn wir unseren Skriptglauben auf diese Weise „bestätigen", rücken wir der Endauszahlung unseres Skripts einen Schritt näher. Ich habe beispielsweise als Baby vielleicht beschlossen: „Mit mir stimmt was nicht. Man lehnt mich ab. Und meine Geschichte wird damit enden, daß ich traurig und einsam sterbe." Im Erwachsenenleben treibe ich diesen Lebensplan unter Umständen Schritt für Schritt voran. Ich stelle es so an, daß ich immer wieder zurückgewiesen werde. Mit jeder Ablehnung kann ich sozusagen etwas abhaken, was ich schon vorher wußte, und bekomme eine weitere „Bestätigung" dafür, daß meine Schlußszene heißen wird: Sterben in Einsamkeit. Ohne mir darüber klar zu werden, halte ich vielleicht fest an dem magischen Glauben, daß, wenn ich dieses Ende bis zum Schluß durchspiele, meine Mutter und mein Vater sich ändern und mich dann endlich doch lieben werden.

Das Skript als „magische Lösung"

Das Skript bietet eine magische Lösung, um das Grundanliegen zu befriedigen, das in der Kindheit ungelöst war: wie wir bedingungslose Liebe erfahren und bedingungslos angenommen werden können. Als Erwachsene fällt es uns schwer, auf solch magisches Denken zu verzichten, weil wir uns als Kinder häufig mit Märchenfiguren identifiziert haben und ein Glaube auch heute noch unsere Vorstellung immer wieder belebt: wenn wir es nur schaffen, aus unserem Leben ein richtiges Märchen zu machen, dann können auch wir wie Märchenfiguren „in Glück und Frieden leben bis ans Ende der Tage".

Nur stimmt das Ganze leider nicht. Unsere Märchen binden den Kindern einen mächtigen Bären auf. Sie bringen ihnen bei: Wenn du willst, daß dir etwas Gutes begegnet, mußt du erst genügend lange oder genügend tief zum Opfer werden, um das auch zu verdienen.

Willst du z.B. einen Prinzen heiraten, hast du ein paar interessante Möglichkeiten dazu. Du kannst fleißig arbeiten, leiden, in der Asche sitzen und weinen und dann so lange warten, bis die gute Fee vorbeikommt und dich zum Tanzen schickt. Oder du kannst einen vergifteten Apfel essen oder deinen Finger an einer vergifteten Spindel stechen und dann warten, bis so ein Prinz daherkommt, der einen Narren daran gefressen hat, tote Frauen zu küssen. Oder du läßt dich in einen Turm einsperren, läßt dein Haar wachsen und wartest, bis jemand des Weges kommt, der sich darauf versteift hat, eingesperrte Frauen aufzuspüren. Oder du kannst dich daran machen, mit Fröschen zu schmusen oder auszuprobieren, wie man Viecher in Prinzen verwandelt.

Und wenn du eine Prinzessin heiraten willst, hast du nicht minder attraktive Möglichkeiten. Du kannst dich darin üben, tote Frauen zu küssen oder dich nach Frauen umzusehen, die man eingesperrt hat. Oder du kannst versuchen, Frauen zu finden, die dir weglaufen oder sich erst mal abscheulich oder froschhaft aufführen. Und wenn du zum Schluß erfolgreich und beliebt sein willst, dann mußt du erst mal häßlich und verspottet sein.

Natürlich haben Märchen für unsere Kinder auch mancherlei Positives. Das liegt vor allem darin, daß sie ihnen das Gefühl geben, Macht zu haben über ihr Leben und es bestimmen zu können in einer Zeit, wo sie sich als ohnmächtig erleben. Aber der Haken dabei ist, daß die angebotene Lösung eine magische Lösung ist und in der Realität nicht funktioniert. Doch sie gibt dem Kind wenigstens die Möglichkeit, in einer Situation zu überleben, die ohne diese magischen Möglichkeiten hoffnungslos aussehen könnte.

Später, im Erwachsenendasein, hält das Kind in uns an diesem magischen Glauben fest und versucht, das nun auszuprobieren. Wenn es noch nicht funktioniert hat, dann haben wir vielleicht noch nicht genügend durchgemacht, um die glücklicheWendung zu verdienen. Zum Aussteigen aus dem Skript gehört es auch, den Glauben an eine perfekte Welt aufzugeben. Stattdessen können wir damit anfangen, unser Erwachsenen-Ich einzusetzen, damit unsere Probleme zu lösen und uns einfallen zu lassen, wie wir für die Befriedigung unserer Bedürfnisse sorgen könnten in einer Welt, die niemals perfekt sein wird, die aber durchaus erfreulich und schön sein kann.

Das Skript als „Schutz gegen Katastrophen"

Es gibt einen weiteren Grund, weshalb Menschen so zäh an ihren Skriptüberzeugungen festhalten. Nehmen wir einmal an, ich solle jetzt in einer Weise denken, fühlen oder mich verhalten, die nicht zu meinem Skript paßt. Für mich würde das in meinem Kind-Ich bedeuten, daß ich die „magische Lösung" fallen lassen müßte, und das scheint sicher schon schlimm genug. Aber es würde zudem noch bedeuten, daß ich mich dem stellen müßte, was, wie ich befürchtet hatte, eintreten würde *statt* des magischen Ergebnisses, auf das ich gehofft hatte.

Als ich als kleines Kind meine Skriptentscheidungen getroffen hatte, schien es mir, daß ich mich daran halten müßte, weil sonst irgendein unsagbar schreckliches Unglück passieren würde. Ich hatte keine klare Vorstellung davon, was das für eine Katastrophe sein könnte. Ich wußte nur, daß ich eine furchtbare Angst davor hatte. Es ging jetzt darum, das in jedem Fall zu vermeiden. Und dazu gab es nur einen Weg: festzuhalten an den Beschlüssen, die ich getroffen hatte über mich selbst, über die anderen und über die Welt. Jedesmal, wenn ich eine „Bestätigung" für diese Beschlüsse erlebte, habe ich mir das so zurechtgelegt, daß es jetzt weniger wahrscheinlich geworden war, daß die Katastrophe über mich hereinbrechen würde.

Wenn wir unser Skript im Erwachsenendasein verwirklichen, dann folgen wir immer noch den gleichen Antrieben wie in der Kindheit. Das ist der Grund dafür, daß Leute oft berichten, daß sie sich „wohler fühlen", wenn sie Verhaltensweisen weiterhin befolgen, von denen sie gleichzeitig zugeben, daß sie sich damit selbst schaden. Ohne sich darüber klar zu sein, verwirklichen sie die Skriptüberzeugung: „Die Art, wie ich mich jetzt verhalte, ist schmerzlich. Aber das ist bei weitem nicht so schlimm wie die unbekannte Katastrophe, die eintreten würde, wenn ich mein Verhalten ändern würde."

Dies alles hilft uns zu begreifen, weshalb das Skriptverständnis so wichtig ist für den Prozeß des Persönlichkeitswandels. Wenn ich aus dem Skript aussteigen will, muß ich die Bedürfnisse identifizieren, deren Erfüllung ich als Kind nicht erlebt habe. Ich muß Wege finden, wie ich dafür sorgen kann, daß diese Bedürfnisse jetzt erfüllt werden, und dabei die Möglichkeiten einsetzen, die ich heute als Erwachsener habe, statt mich auf die „magische Lösung" des Kindes zu verlassen. Und ich muß die Sicherheit gewinnen, daß ich mich von meinen Skriptmustern befreien kann, ohne der Katastrophe entgegenzugehen, die ich als Kind so arg gefürchtet hatte.

Das Skript und der Verlauf des Lebens

Berne schrieb: „Das Skript ist das, was der Betreffende sich in der frühen Kindheit vorgenommen hat, was er zu tun geplant hat. Und der Verlauf des Lebens ist das, was dann wirklich passiert."

Der Verlauf deines Lebens ist das Ergebnis von vier Faktoren, die sich wechselseitig beeinflussen:

das Erbgut
die äußeren Ereignisse
das Skript
die autonomen Entscheidungen.

Das in meinen Genen niedergelegte Erbgut bestimmt großenteils meine körperliche Beschaffenheit. Es mag auch dazu beitragen, meine geistig-seelischen Eigenarten zu bestimmen, obwohl man sich immer noch nicht darüber einig ist, was nun im einzelnen ererbt und was erworben ist. Vielleicht beschließe ich als Kind, einmal ein berühmter Athlet zu werden. Habe ich aber nun über mein Erbgut einen Körper mitbekommen, der mir nur mäßige Geschwindigkeit und Kraftentwicklung ermöglicht, dann tue ich sicher gut daran, mich nach anderen Weisen umzusehen, wie ich mich selbst verwirklichen kann.

Meine frühkindliche Entscheidung war vielleicht darauf gerichtet, einmal ein gesundes Alter zu erleben. Aber dann kann ich das Pech haben, in einen Brand zu geraten, oder in einem Erdbeben oder einem Flugzeugunglück umzukommen, obwohl ich nun wirklich nichts angestellt habe, um solch ein Ende herbeizuführen. Ein zufälliges äußeres Ereignis hat meinen Beschluß zu leben durchkreuzt.

Bisweilen brechen äußere Einflüsse auch negative Skriptmuster auf.

Wenn zum Beispiel die Bevölkerung eines Landes zu Kriegszeiten „enger zusammenrückt", leiden weniger Menschen unter neurotischen Beschwerden als in Friedenszeiten. (Das soll nicht als Argument zugunsten des Krieges gelten. Für die Neurosebehandlung gibt es sinnvollere Wege.)

Ob ich nun in eine regelrechte Therapie gehe oder nicht, viele meiner Lebensentscheidungen lassen sich unter voller Nutzung der Möglichkeiten treffen, die ich als Erwachsener habe. Wir sagen, daß solche Entscheidungen dann *skriptfrei* oder *autonom* sind. Wenn ich eine autonome Entscheidung treffe, gehe ich mit der Realität im Hier und Jetzt um als der Erwachsene, der ich heute bin.

Wie kannst du nun erkennen, ob du aus dem Skript heraus oder autonom handelst? Wenn du dieses Buch weiterliest und die Übungen durcharbeitest, wirst du Möglichkeiten entwickeln, das zu beurteilen. Sobald du im Zweifel bist, kannst du davon ausgehen, daß du im Skript bist. Vor allem wenn du in eine Situation kommst, wo wiederholt etwas für dich „schief zu laufen" scheint, dann werte das als ein erstes Anzeichen dafür, daß du es so eingerichtet hast, ohne zu merken, daß du das selbst gewesen bist. Dann probiere Wege aus, mit der Situation so umzugehen, daß sie nicht schief läuft, sondern gut und richtig.

12. Grundeinstellungen

Berne meint, das kleine Kind habe schon früh im Prozeß der Skriptbildung „...gewisse Überzeugungen über sich selbst und die Menschen, die es umgeben. Wahrscheinlich behält es diese Überzeugungen ein Leben lang bei. Sie lassen sich folgendermaßen zusammenfassen:

Mit mir ist alles in Ordnung, oder
Mit mir stimmt was nicht;
Mit dir hat es schon seine Richtigkeit, oder
Mit dir ist etwas nicht in Ordnung."

Wenn wir alle denkbaren Kombinationen dieser vier Grundüberzeugungen zusammenstellen, erhalten wir vier Äußerungen über den Menschen selbst und über die anderen:

(1) Mit mir hat es seine Richtigkeit, und du bist mir recht, so wie du bist;
(2) Mit mir stimmt was nicht, du bist in Ordnung;
(3) Ich bin in Ordnung, aber mit dir stimmt was nicht;
*(4) Mit mir stimmt etwas nicht, und mit dir ist auch etwas nicht in Ordnung.**

Diese vier Ansichten sind bekannt als *Grundeinstellungen.*[1] Manche Autoren bezeichnen sie als *Lebens- oder Grundpositionen, existentielle Positionen* oder einfach als *Positionen.* Sie stellen die grundlegende Haltung dar, die jemand einnimmt, wenn es um den wahren Wert geht, den er sich und anderen zuschreibt. Das geht tiefer und weiter, als daß

---

* Anmerkung des Übersetzers: Um oberflächliche Mißdeutungen auszuschließen, haben wir zunächst in der Übersetzung den Ausdruck OK gänzlich vermieden. Da es sich bei dem englischen Wort nicht nur um ein äußeres Wohlbefinden handelt, das manchmal sogar fehlen kann, sondern in erster Linie um eine Art existentieller Zustimmung oder doch Akzeptanz, haben wir uns bemüht, das auch in der deutschen Wiedergabe zum Ausdruck zu bringen. Aber die dabei verwandten Redewendungen sind im Deutschen umständlich, und der Einfachheit halber werden wir im folgenden zu der gebräuchlichen Floskel. „Ich bin OK" zurückkehren. (S. dazu auch die Fußnote auf S. 28)

man sich lediglich eine Meinung bildet über das eigene *Verhalten* und das anderer Menschen.

Wenn das Kind einmal eine dieser Einstellungen eingenommen hat, wird es wahrscheinlich sein ganzes übriges Skript so einrichten, daß es dazu paßt. Berne hat darüber geschrieben: „Jedes Spiel, das Skript und das Lebensschicksal stützen sich auf eine dieser vier grundlegenden Positionen."

Das Kind, das sich für die Grundeinstellung „Ich bin OK, du bist OK" entscheidet, wird mit Wahrscheinlichkeit ein Gewinnerskript gestalten. Es betrachtet sich als liebenswert und ist überzeugt, daß seine Gegenwart anderen Menschen wohltut. Es beschließt, auch seine Eltern als liebenswert und vertrauenswürdig zu betrachten, und es überträgt diese Sichtweise später auf die Menschen im allgemeinen.

Nimmt das Kind die Position ein „Ich bin nicht OK, du bist OK" dann ist die Wahrscheinlichkeit größer, daß es sich ein banales Skript oder ein Verliererskript zusammenzimmert. Damit dieses zu seiner Grundeinstellung paßt, wird das Skript um Themen herum arrangiert, wo es als Opfer erscheint und im Lebenskampf unterliegt.

Die Grundeinstellung: „Ich bin Ok, du bist nicht OK" kann die Grundlage abgeben für ein Skript, das oberflächlich betrachtet wie ein Gewinnerskript aussehen mag. Aber ein solches Kind wird die Überzeugung haben, daß es immer überlegen sein und damit die anderen etwas ducken muß. Das mag ihm eine Zeit lang gelingen, und es erfüllt sich seine Wünsche, aber nur in ständigem Kampf. Doch einmal sind die Menschen in seiner Umgebung es leid, herabgesetzt zu werden, und lehnen ein solches Kind ab. Es wechselt dann hinüber von einem scheinbaren „Gewinner" zu einem ernsten Verlierer.

Die Grundeinstellung „Ich bin nicht OK, du bist nicht OK" ist die wahrscheinlichste Grundlage für ein Verliererskript. Das Kind hat die Überzeugung gewonnen, daß das Leben sinnlos und voller Verzweiflung ist. Es betrachtet sich als unterlegen und nicht liebenswert. Es glaubt, daß niemand anders ihm helfen wird, weil ja auch die anderen nicht-OK sind. Die Themen, die es zur Skriptgestaltung heranziehen wird, drehen sich also um Ablehnung und Zurückgewiesenwerden.

Der Ursprung der Grundeinstellungen

Unter den angesehenen TA-Autoren besteht keine Einigkeit darüber, wie es zu den Grundeinstellungen kommt und in welchem Alter sie eingenommen werden.

Berne glaubte, die Grundeinstellung werde „. .. in der frühen Kindheit (3. bis 7. Lebensjahr) eingenommen, um einen Beschluß zu rechtfertigen, der auf frühen Erlebnissen beruht". Mit anderen Worten kommen für Berne erst frühe Beschlüsse, und die Grundeinstellung wird später im Leben eingenommen und damit ein Weltbild gestaltet, das dann rechtfertigen soll, was schon vorher beschlossen war.

Das Kleinkind könnte z.B. ohne Worte beschließen: „Ich will nie wieder riskieren, irgend jemand liebzuhaben, denn Mutter hat mir gezeigt, daß ich nicht liebenswert bin." Später rechtfertigt es dies, indem es die Überzeugung annimmt „Ich werde nie geliebt werden", was sich dann widerspiegelt in der Grundeinstellung „Ich bin nicht OK". Wenn ein kleines Mädchen vom eigenen Vater mißhandelt wird, kann es beschließen: „Nie wieder werde ich einem Mann vertrauen, weil Vater mich so behandelt hat." Es verallgemeinert das dann und gewinnt die Überzeugung: „Alle Männer sind so: nicht vertrauenswürdig" oder „Du bist (sie sind) nicht OK".

Nach Meinung von Claude Steiner wird die Grundeinstellung sehr viel früher eingenommen. Er sieht die Ursprünge dafür in den frühesten Monaten des Säuglingsdaseins. Für Steiner gibt die Position „Ich bin OK, du bist OK" die wohlige gegenseitige Abhängigkeit zwischen dem saugenden kleinen Wesen und der stillenden Mutter wieder. Er setzt dies gleich mit der Position des „Urvertrauens", wie Erik Erikson, einer der Großen der Entwicklungspsychologie, es beschrieben hat. Es handelt sich um einen „... Zustand, in dem der Säugling spürt, daß er mit der Welt eins ist und daß alles mit ihm eins ist".

Steiner meint, daß alle Kinder zunächst in der Position „Ich bin OK, du bist OK" leben. Das Kind wechselt nur dann in eine andere Grundeinstellung über, wenn irgend etwas die gegenseitigeAbhängigkeit zwischen Kind und Mutter stört. Vielleicht nimmt das Kind das Verhalten der Mutter so wahr, daß sie ihr Kind nicht mehr so schützt und annimmt wie in früheren Zeiten. Es ist in gewissen Fällen sogar möglich, daß der Geburtsvorgang selbst als Bedrohung wahrgenommen wird. Auf eine derartige Bedrängnis kann das Kind durch den Beschluß reagieren, es sei nicht OK und andere seien es auch nicht. Es wechselt damit über aus Eriksons Zustand des „Urvertrauens" in ein „Ur-Mißtrauen". Das Kind geht dann dazu über, sein Skript auf diese grundlegende Sicht von sich selbst und den anderen zu gründen.

Steiner stimmt also Berne in der Auffassung zu, daß die Grundeinstellung Skriptentscheidungen „rechtfertige". Aber in der Sicht Steiners wird die Grundeinstellung zeitlich vorher eingenommen und die Beschlüsse kommen später.

Die Grundeinstellung läßt sich mithin definieren als *Gesamtheit der grundlegenden Überzeugungen, die jemand über sich selbst und die anderen Menschen gewinnt und dann benutzt, um Entscheidungen und Verhalten zu rechtfertigen.*

Die Grundeinstellungen im Leben des Erwachsenen: Das OK-Geviert

Jeder von uns hat, ehe er erwachsen wird, ein Skript verfaßt, das sich auf eine der vier Grundeinstellungen stützt. Aber wir bleiben nicht ständig unverändert in der gleichen Position, sondern wechseln unsere Einstellungen von einer Minute zur anderen.

Franklin Ernst hat eine Methode entwickelt, solche Bewegungen zu analysieren. Er bezeichnete sie als *OK-Geviert*[2] (Abbildung 12.1).*

Ernst verwendet den Ausdruck „für mich OK", statt nur „OK" zu sagen. Dadurch wird betont, daß dieses OK-Sein eine Sache meiner Überzeugungen über *mich* und *meiner* Überzeugung und über *dich* ist. Der senkrechte Arm des Kreuzes steht nach oben für „Du bist OK" und nach unten für „Du bist nicht OK". Die waagerechten Arme zeigen nach links für „Ich bin nicht OK" und nach rechts für „Ich bin OK". Zwischen den Armen befinden sich vier Quadranten, von denen jeder einer Grundeinstellung entspricht. In der TA-Literatur wird OK oft abgekürzt durch ein „+"-Zeichen und „nicht OK" durch ein „-" .**

In der Fassung dieses Gevierts, die in der Abbildung 12.1 wiedergegeben ist, hat jede der vier Grundeinstellungen einen Namen erhalten. Diese Namen standen noch nicht auf dem ursprünglichen Diagramm von Frank Ernst, werden aber von anderen Autoren oft verwandt. Frank Ernst stellt fest, daß jede der frühkindlichen Positionen im Leben des Erwachsenen durch eine besondere Verhaltensweise anderen Menschen gegenüber zum Ausdruck kommt. Er bezeichnet das als *Operation.* Die Namen für die vier Operationen sind in das Geviert eingetragen. Wenn wir von unserem Kind-Ich aus in eine dieser Operationen verfallen, ohne uns darüber klar zu werden, schaffen wir uns wahrscheinlich eine skriptbedingte „Rechtfertigung" für die entsprechende Grundeinstel-

---

* Im Englischen *OK Corral,* was soviel heißt wie Gatter, Gehege, in dem man eine Herde zusammenhält.

** Im Englischen wird das Wort „You", zu deutsch einfach „Du" oder „Sie", so gelesen wie der Buchstabe „U", und „I" heißt „Ich". Die vier Grundpositionen lassen sich dann der Einfachheit halber auch so schreiben: I+U+, I-U+, I+U- und I-U-.

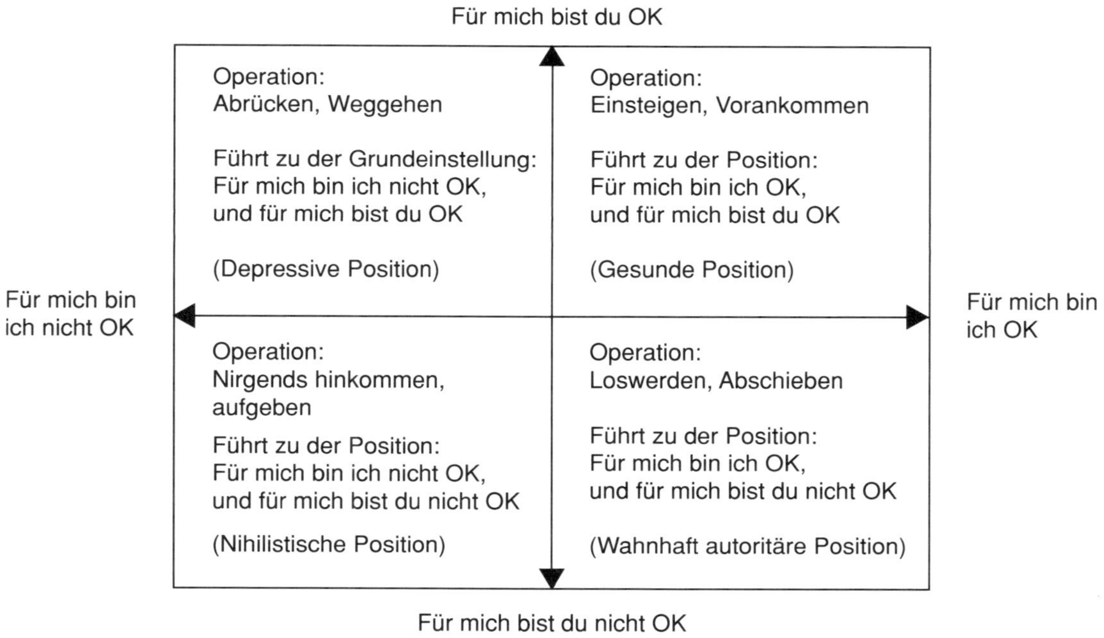

Abbildung 12. 1:
Das OK-Geviert: Was in den einzelnen Grundeinstellungen geschieht

lung. Aber wir haben auch die Möglichkeit, ins Erwachsenen-Ich zu gehen und jede der Operationen mit vollem Bewußtsein einzusetzen. Tun wir das, können wir unser Teil dazu beitragen, daß wir im Umgang mit anderen Menschen die Resultate erzielen, die wir wünschen.

Ich bin OK, du bist OK: „Vorankommen"

Ich bin gerade an meinem Schreibtisch angekommen, da kommt die Chefin herein mit einem Stapel Unterlagen. „Hier ist der Bericht, auf den wir gewartet haben", sagt sie. „Ich habe angestrichen, was Sie zu erledigen haben. Seien Sie doch so gut und kümmern sich darum und geben mir dann Bescheid, ja?" - „Gut", sage ich, „geht in Ordnung."

Wenn ich so auf die Weisung der Chefin eingehe, so habe ich bei mir überprüft, daß ich für die Arbeit qualifiziert bin und die Sache für mich in Ordnung ist.

Dabei betrachte ich sie als jemand, der fair mit mir umgeht und sachliche Gründe dafür hat, die Arbeit mir zu übertragen. Ich bin also in der Grundeinstellung „Ich bin OK, du bist OK". In der Weise, wie wir miteinander umgehen, in der „sozialen Interaktion", wie man auch sagt, *kommen* die Chefin und ich *voran* mit dem, was wir beide jetzt zu tun haben.

Jedesmal, wenn ich aus dieser Position heraus in eine Interaktion eintrete, verstärke ich meine Überzeugung, daß ich und die anderen in der Welt OK sind.

Ich bin nicht OK, du bist OK: Abrücken, Weggehen

Ich habe mich wieder hingesetzt und gehe gerade die erste Seite dieses Berichtes durch, als ich bemerke, wie sich jemand von der Seite her an meinen Platz heranmacht. Es ist einer meiner Arbeitskollegen, der mal wieder sein sorgenvolles Gesicht aufsetzt. Und weil ich den Ausdruck nur allzu gut kenne, kann ich mir schon vorstellen, weshalb er sich heranschiebt. Er will sich ausführlich beklagen über seine Arbeitssituation, mich dann um Rat fragen und den schließlich nicht befolgen. Wie er an meinem Schreibtisch angekommen ist und den Mund aufmacht, habe ich zwei Möglichkeiten. Ich kann entweder ins Skript gehen oder aus dem Erwachsenen-Ich heraus reagieren.

Skriptbedingte Operation: Nehmen wir an, ich rutsche ins Skript und nehme die Position ein „Ich bin nicht OK, du bist OK". Ich sage mir dann: „Ich werde einfach nicht fertig mit seinem ewigen Gejammer. Dem bin ich nicht gewachsen. Das ist so einer, der einfach weiterquasselt, ganz gleich, was ich mache. Jetzt nichts wie raus hier!" Ich verspanne meinen Bauch und fange an zu schwitzen. Ich höre nicht wirklich, was mein Kollege sagt, und brumme in den Bart: „Verzeihung, Franz, ich muß mal gerade einen Augenblick raus" und eile zur Tür. Erst wenn ich draußen bin, entspanne ich mich und stoße einen Seufzer der Erleichterung aus. Ich bin in skriptbedingter Weise von Franz *abgerückt*, bin einfach *weggegangen.* Auf diese Weise habe ich meine Überzeugung im Kind-Ich verstärkt, daß ich nicht OK bin, während andere besser weggekommen sind.

Operation aus dem Erwachsenen-Ich: Wenn ich mich dazu entschließe, im Erwachsenen-Ich zu bleiben, sage ich mir: in diesem Augenblick bin ich nicht bereit, Franz zuzuhören. Er ist zwar in Schwierigkeiten, aber es ist nicht meine Aufgabe, das in Ordnung zu bringen. Wenn er einmal anfängt zu reden, ist es schwer, ihn zu stoppen. Ich glaube, das Beste, was ich tun kann, ist, mich in Sicherheit zu bringen. Wie Franz den Mund aufmacht und mit seiner ersten Beschwerde halb fertig ist, sage ich: „Franz, das sieht schlecht aus. Aber ich kann jetzt nicht zuhören. Ich muß runter ins Archiv und was nachsehen zu diesem Bericht. Ich hoffe, du wirst mit deinen Schwierigkeiten fertig." Ich nehme meinen Bericht mit und gehe raus. Im vollen Bewußtsein meines Erwachsenen-Ichs habe ich die Operation des *Abrückens* oder *Weggehens* beschlossen.

Ich bin OK, du bist nicht OK: Loswerden, Abschieben

Zehn Minuten später sitze ich wieder im Büro bei einer Tasse Kaffee, in den Bericht vertieft. Wieder öffnet sich die Tür. Diesmal ist es einer meiner Sachbearbeiter. Er sieht bedrückt aus. „Ich muß Ihnen was Unangenehmes mitteilen", sagt er. „Ich sollte doch neulich diese Sache für den Druck vorbereiten. Und dann hatte ich soviel zu tun und hab ganz vergessen, das rüberzuschicken, und jetzt ist der Termin für die Drucker längst vorbei. Was soll ich denn jetzt machen?"

Skriptbedingte Operation: Ich kann aus der Position „Ich bin OK, du bist nicht OK" heraus reagieren. Dann laufe ich rot an und fahre den Sachbearbeiter an: „Was Sie *machen* sollen? Die Sache auf der Stelle in Ordnung bringen! Los, Bewegung - jetzt kein Wort mehr, damit die Sache noch in den Druck geht, klar?" Das Herz schlägt mir bis zum Hals herauf, und ich klopfe mit dem Zeigefinger auf den Schreibtisch. Sobald der Sachbearbeiter die Tür hinter sich zugemacht hat, sage ich mir: „Also wenn man heutzutage sicher gehen will, muß man alles selber machen!" Ich bin meinen Sachbearbeiter *losgeworden,* habe ihn *abgeschoben* und dabei eine skriptbedingte „Rechtfertigung" für meine Überzeugung herbeigeführt, daß ich OK bin, die anderen aber nicht.

Operation aus dem Erwachsenen-Ich: Ich antworte dem Sachbearbeiter: „So, es liegt jetzt bei Ihnen, die Sache in Ordnung zu bringen. Ich bin im Augenblick bei anderen Sachen, die wichtig sind. Also schauen Sie zu, und suchen Sie einen Weg, wie Sie die Geschichte so bald wie möglich in Druck geben. Um vier Uhr möchte ich wissen, was Sie veranlaßt haben." Ich schaue wieder in meinen Bericht und gebe zu erkennen, daß das Gespräch beendet ist. Hier bin ich den Sachbearbeiter auch *losgeworden* in einer Weise, wo wir beide in einer OK-Position bleiben.

Ich bin nicht OK, du bist nicht OK: Nirgends hinkommen, Aufgeben
Das Telefon läutet. Meine Partnerin ruft mich von daheim aus an. „Es ist was Furchtbares passiert! Ein Wasserrohr ist gebrochen, der ganze Teppich war durchnäßt, ehe ich das Wasser abstellen konnte."

Skriptbedingte Operation: Nach der Nachricht kann ich radikal in die Position „Ich bin nicht OK, du bist nicht OK" gehen. Ich sage mir dann: „Jetzt langt's ! Ich halt das nicht mehr aus. Und dieses Mädchen macht alles nur noch schlimmer. Es ist hoffnungslos..." Ich seufze ins Telefon: „Also, auch das noch! Es ist einfach zu viel für mich, nach allem, was heute schon passiert ist..."

Ich warte gar nicht erst auf Antwort, sondern hänge ein. Mir ist zumute, als wäre ich leck gelaufen, richtig deprimiert. Im Inneren habe ich meine alte Sicht der Dinge verstärkt: „Ich und die anderen sind nicht OK."

Operation aus dem Erwachsenen-Ich: Ich beschließe, im Erwachsenen-Ich zu bleiben, und antworte: „Ja, jetzt ist es passiert. Jetzt warte halt, bis ich nach Hause komme, und dann sehen wir schon, was wir machen können." Ich habe mich bewußt entschieden für die Operation *„Nirgends hinkommen"* (im Augenblick).

Persönlichkeitsveränderungen und das OK-Geviert

Obwohl wir uns zwischen den durch die Kreuzarme begrenzten Quadranten hin und her bewegen, haben wir doch alle einen „Lieblings-" Quadranten, in dem wir die meiste Zeit verbringen, solange wir im Skript sind. Das wird derjenige sein, der der Grundeinstellung entspricht, die wir in der Kindheit beschlossen haben.

„Ich bin OK, du bist OK" ist die *gesunde* Position. Hier steige ich ein in den Lebensvollzug und löse meine Probleme. Ich werde aktiv, um die gewünschten Gewinner-Resultate zu erreichen. Es ist die einzige Position, die sich auf die Realität stützt.

Wenn die Grundeinstellung in meiner Kindheit gelautet hat: „Ich bin nicht OK, du bist OK", so ist es wahrscheinlich, daß ich mein Skript wesentlich aus der *depressiven* Position heraus verwirkliche, daß ich mich anderen gegenüber immer wieder unterlegen fühle. Ohne mir darüber klar zu werden, werde ich meine schlechten Gefühle und immer wiederholte Verhaltensweisen einsetzen, um mir zu „bestätigen", daß meine angestammte Position in der Welt so stimmt. Kommt es zu seelischen Störungen, lautet die Diagnose wahrscheinlich Neurose oder Depression. Und falls ich ein hamartisches Skript verfaßt habe, ist meine Endauszahlung wahrscheinlich Selbstverstümmelung oder Selbstmord.

Die frühe Position „Ich bin OK, du bist nicht OK" bedeutet, daß ich mein Skript größtenteils aus einer defensiven Position heraus auslebe: ich bemühe mich, anderen gegenüber immer überlegen zu bleiben. Wahrscheinlich wirke ich auf meine Umgebung arrogant, unsensibel und aggressiv. Wenn auch diese Position häufig als *paranoid* bezeichnet wird, entspricht sie eher der psychiatrischen Diagnose des Psychopathen. Bei einem Verliererskript dritten Grades führt die Schlußszene dann dahin, daß ich jemand umbringe oder andere verletze.

Wenn ich als Kleinkind die Grundeinstellung „Ich bin nicht OK, du bist nicht OK" angenommen habe, dann wird mein Skript hauptsächlich aus einer Position der *Sinnlosigkeit* heraus ausgelebt werden. Ich glaube dann also, daß die Welt und die Mitmenschen nichts taugen und ich auch nicht. Wenn ich ein banales Skript schreibe, dann heißt mein Muster, mit den meisten Dingen, die ich im Leben anfange, nicht weiterzukommen. Ist mein Skript hamartisch, dann heißt die wahrscheinliche Auszahlung „Verrücktheit", und es wird eine Psychose diagnostiziert.

Wie sämtliche anderen Aspekte des Skripts können auch die Grundeinstellungen verändert werden. Das allerdings geschieht wahrscheinlich nur, wenn jemand Einsicht in sein Skript gewinnt, in Therapie geht, oder ein übermächtiges äußeres Erlebnis hat.

Der Veränderungsprozeß bringt oft eine Bewegung durch die vier Quadranten des Gevierts mit sich, und zwar in einer spezifischen Reihenfolge. Wenn jemand am Anfang den größten Teil seiner Zeit in der Position „Ich bin nicht OK, du bist nicht OK" verbracht hat, dann geht er von dort wahrscheinlich in die Position über „Ich bin OK und du nicht". Nach einer gewissen Zeit, in der dies der wichtigste Quadrant für ihn ist, wird er dann in die Position umsteigen „Ich bin nicht in Ordnung, du bist in Ordnung". Während der ganzen Operation wird er die Zeit steigern, die er schließlich in der Position „Ich bin OK, du bist OK" verbringt, bis das seine Lieblingsposition wird.

Es mag seltsam anmuten, daß die Menschen manchmal erst durch die Position „Ich bin nicht OK, du bist OK" hindurch müssen, um von der Position „Ich bin OK, du bist nicht OK" zu der Einstellung „Ich bin OK, du bist OK" zu gelangen. Aber die Erfahrung in der Therapie zeigt, daß die Position „Ich bin OK, du bist nicht OK" häufig die Funktion einer *Abwehr* gegen die bedrohliche Position „Ich bin nicht OK, du bist OK" hat. Das Kind, das zu der Schlußfolgerung gelangt „Ich bin OK, und all die anderen sind nicht OK", hat diese Position wahrscheinlich eingenommen, um sich zu wehren gegen das schmerzliche Bewußtsein, seinen Eltern gegenüber unterlegen und machtlos zu sein. Um das als Erwachsener zu ändern, muß es sich diesem Schmerz der allerersten Kindheit stellen und ihn dann loslassen.

Übungen mit dem OK-Geviert

Zeichne das OK-Geviert und setze die Bezeichnungen in die vier Quadranten.

Jetzt zeichne eine Fläche um die Mitte herum ein, aus der hervorgeht, wieviel Zeit du durchschnittlich am Tage in jedem Quadranten verbringst. Wenn du z.B. glaubst, daß du die größte Zeit in der Position „Ich bin nicht OK, du bist OK" verbringst, etwas weniger in der Position „Ich bin OK, du bist OK", an dritter Stelle dann „Ich bin OK, du bist nicht OK", und am wenigsten in der Position „Ich bin nicht OK, du bist nicht OK", dann würde diese Fläche in etwa aussehen wie die Abbildung 12.2. In Anlehnung an den englischen Ausdruck für das OK-Geviert (Corral) ersann Franklin Ernst für diese Darstellung den Terminus Corralogramm.[3]

Wie sehen die Umstände aus, unter denen du mit einiger Wahrscheinlichkeit in den einen oder anderen Quadranten gehst? Was ist dann typisch für das, was du tust oder sagst und wie du dich fühlst, wenn du der Reihe nach in den verschiedenen Quadranten bist?

Aus welchen Ich-Zustands-Anteilen heraus agierst du in den verschiedenen Quadranten? (Benutze das funktionelle Modell.)

Welche Ich-Zustände regst du bei anderen Menschen an?

Was für Arten von Strokes gibst und erhältst du in jedem Quadranten?

Wenn du jetzt dein Corallogramm gezeichnet hast, siehst du dann etwas, was du daran ändern möchtest?

Wenn du Veränderungen vornehmen willst, dann denke darüber nach, wie du jede der vier Operationen aus dem Erwachsenen-Ich einsetzen kannst, statt in skriptbedingte Reaktionen zu verfallen. Entscheide dich für mindestens eine Gelegenheit, wo du in der darauffolgenden Woche eine Operation aus dem Erwachsenen-Ich ausprobieren willst, und setze das um. Wenn du in einer Gruppe arbeitest, berichte der Gruppe über die Resultate.

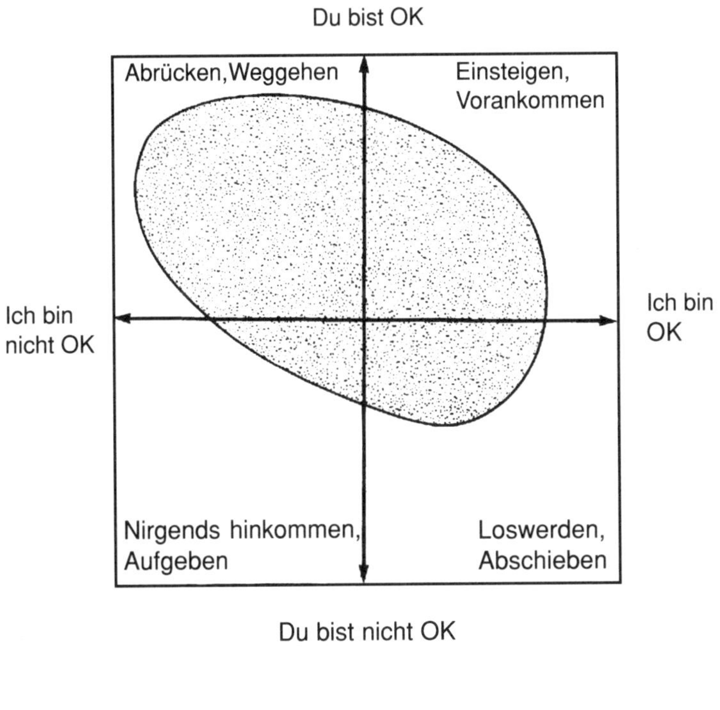

Abbildung 12. 2: Beispiel für ein Corralogramm

13. Skriptbotschaften und Skript-Matrix

Wie du weißt, kommt das Lebensskript durch eine Reihe von *Beschlüssen* zustande. Diese werden vom Kind getroffen als Reaktion auf *Skriptbotschaften* über es selbst, die anderen und die Welt. Das Kind erhält Skriptbotschaften in der Hauptsache von seinen Eltern.

In diesem Kapitel befassen wir uns mit dem Wesen der Skriptbotschaften und der Art und Weise, wie sie übermittelt werden können. Wir lernen dann ein Modell kennen, nämlich die *Skriptmatrix*, die uns eine Standardmethode an die Hand gibt zur Analyse der Botschaften, auf denen jedes einzelne Skript beruht.

Die Skriptbotschaften und die Wahrnehmung des Kleinkindes

Zunächst sei noch einmal an einen wichtigen Punkt erinnert: Das Kleinkind trifft seine Skriptbeschlüsse als Reaktion auf seine eigene *Wahrnehmung* dessen, was um es herum passiert. Die Wahrnehmung beruht auf der Gefühlsweise und der Art der Realitätserfassung eines ganz kleinen Kindes. Die Botschaften, die das Kleinkind aufnimmt, natürlich als von den Eltern und der Umgebung herkommend, können für es mithin ganz anders klingen, als ein Erwachsener sie auffassen würde. Das kleine Baby, das über ein plötzliches lautes Geräusch erschrickt, mag (ohne Worte) daraus folgern: „Da draußen ist jemand, der mich umbringen will." Und im gleichen Augenblick sind seine liebevollen Eltern vielleicht höchst zufrieden, daß sie ihrem Kind soviel Sicherheit bieten.

Arten von Skriptbotschaften

Skriptbotschaften können *verbal, nonverbal* oder *kombiniert*, in verbaler und gleichzeitig nonverbaler Form übermittelt werden.[1]

Sowohl die verbalen als auch die nonverbalen Botschaften enthalten Elemente der *Prägung*.

Die verbalen Skriptbotschaften können in Gestalt von *Weisungen* oder *Zuschreibungen* übermittelt werden.

Verbale und nonverbale Botschaften

Noch ehe das Kind über Sprache verfügt, empfängt es die Botschaften anderer Menschen aufgrund ihrer nonverbalen Signale. Schon das ganz kleine Baby hat eine geschärfte Wahrnehmung für Gesichtsausdruck, Körpersprache, Bewegung, Sprachklang und Gerüche.

Hält die Mutter es ganz nah und warm an sich, daß es sich ganz an ihren Körper anschmiegen kann, so nimmt es ihre Botschaft wahrscheinlich auf als „Ich nehme dich an und liebe dich". Aber wenn sie sich dabei verspannt und das Kind krampfhaft von sich weghält, wird es das so auffassen, als würde sie sagen: „Ich stoße dich zurück und will nicht, daß du mir nahe kommst." Der Mutter selbst wird vielleicht ihre Verspanntheit und ihr Fernhalten gar nicht klar.

Manchmal macht sich das Kind auch Skriptbotschaften zurecht aus Ereignissen in seiner Umgebung, die nicht auf die Eltern zurückgehen. Laute Geräusche, plötzliche Bewegungen, Trennung von den Eltern, etwa bei einer Krankenhauseinweisung, all das kommt dem Baby wie eine Lebensbedrohung vor. Und weil für so ein kleines Kind die Eltern die Realität bestimmen, kann es folgern, daß auch die Bedrohungen von den Eltern kommen.

Auch in der späteren Kindheit, wenn das Kind bereits sprechen kann, ist die nonverbale Kommunikation als Bestandteil von Skriptbotschaften immer noch wichtig. Körperliche Mißhandlungen oder die Drohung damit kann für das Kind bedeuten, daß seine Eltem es ablehnen oder unter Umständen sogar seinen Tod wünschen. Wenn die Eltern mit dem Kind sprechen, wird es die Skriptbedeutung dessen, was sie sagen, auffassen aufgrund der nonverbalen Signale, die die Rede begleiten. Da ist an Bernes dritte Kommunikationsregel zu denken: Bei verdeckten Transaktionen wird die Botschaft, auf die es ankommt, auf der psychologischen Ebene übermittelt.

Stell dir ein kleines Schulmädchen vor, das heimkommt mit dem neuen Lesebuch, das es gerade von der Lehrerin bekommen hat. Es fängt an, seinen Eltern daraus vorzulesen, und stolpert über ein Wort, das es vorher noch nicht gesehen hat. Der Vater sagt: „Das Wort hast du falsch gelesen." Diese Aussage kann von ganz verschiedenen nonverbalen Signalen begleitet sein. Und damit erhält der Satz auch eine ganz unterschiedliche Bedeutung für das Kind, und das wiederum bedeutet, daß auch gänzlich verschiedene Skriptbeschlüsse dadurch angeregt werden.

Vielleicht spricht der Vater schroff und laut, macht ein böses Gesicht und preßt die Lippen aufeinander. Unter Umständen schlägt er dem Mädchen sogar das Buch aus der Hand oder gibt ihm einen Puff. Für das Kind bedeutet so etwas: „Ich will dich hier nicht sehen. Am liebsten wäre mir, du wärst tot."

Oder er sagt die gleichen Worte monoton und blickt kaum auf von der Zeitung, die er liest. Seine Tochter bekommt die nonverbalen Signale mit und deutet seine Botschaft als: „Für mich bist du nicht wichtig."

Vielleicht schmunzelt er auch amüsiert und fängt an zu kichern. Das kleine Mädchen setzt die Strategie des „kleinen Professors" ein und probiert selbst zu kichern. Und natürlich verstärkt Vater sein Lächeln. Sie faßt die Botschaft so auf: „Wenn du mir gefallen willst, mußt du dich dumm aufführen."

Oder aber Vater spricht die gleichen Worte mit ruhiger Stimme, setzt sich neben sein Töchterchen und zeigt auf das Wort in dem Buch. Dann gibt er ihm Zeit, sich das Wort noch einmal genau anzusehen. Nonverbal hat er dem Kind also die Botschaft übermittelt „Du kannst denken, das ist in Ordnung."

Prägung durch Vorbildfunktion

Kleine Kinder sind aufmerksame Beobachter der Art und Weise, wie Menschen sich verhalten. Vor allem kriegen sie mit, wie Vater und Mutter miteinander umgehen und wie sie zu anderen Angehörigen sind.

Das Kind setzt die Strategien der Realitätsprüfung ein, über die der Kleine Professor verfügt und probiert ständig verschiedene Antworten aus auf die Frage: „Wie komme ich hier am besten an das, was ich haben will?"

So kann ein kleines Mädchen mitkriegen, daß, wenn Mutter etwas von Vater haben will, sie es meist dadurch erreicht, daß sie erst einen Streit anfängt und dann in Tränen ausbricht. Das Kind folgert: „Wenn ich bei anderen was erreichen will, vor allem bei Männern, geht das also so: erst lege ich mich mit ihnen an, und dann fange ich an zu weinen."

Vielleicht hatte ein kleiner Junge einen Bruder, der gestorben ist. Er bemerkt, daß seine Eltern Woche für Woche Blumen zum Friedhof bringen. Meistens sehen sie traurig aus, und sie scheinen auch mehr an den zu denken, der gestorben ist, als an den anderen, der noch lebt. Die Folgerung für den Jungen lautet: „Menschen, die sterben, bekommen alle Zuwendung." Er hat noch nicht das Denkvermögen des Erwachsenen und begreift nicht, daß der Tod etwas Endgültiges ist. So mag er dann zu der Schlußfolgerung gelangen: „Wenn ich von meinen Eltern die Zuwendung erfahren will, die ich möchte, dann muß ich sterben, so wie mein Bruder."

Weisungen und Zuschreibungen

Skriptbotschaften können in Gestalt direkter Weisungen gegeben werden. „Laß mich in Ruhe! Tu, was ich dir sage! Schleich dich! Beeil dich! Sei nicht so ungezogen! Geht dir beim ersten Mal was schief, dann fang immer wieder von vorne an!" Die meisten Eltern decken ihre Kinder mit Hunderten von Weisungen dieser Art ein. Ob diese jeweils als Skriptbotschaften wirksam werden, hängt davon ab wie oft sie wiederholt werden, und natürlich von den nonverbalen Signalen, die sie begleiten.

Andererseits wird dem Kind nicht nur gesagt, was es *tun* sollte, sondern was es *ist*. Eine solche Botschaft nennt man *Zuschreibung*.

„Du bist dumm!"

„Du bist mein Liebling!"

„Du kommst noch ins Kittchen."

„Du schaffst es nie."

„Du kannst gut lesen!"

Das sind Beispiele für Zuschreibungen (oder auch Attributionen), die dem Kind gegenüber direkt ausgesprochen werden. Ihr Inhalt kann positiv oder negativ sein. Wie immer wird ihre Wirksamkeit als Skriptbotschaft durch die nonverbalen Signale bestimmt werden, die sie begleiten. Wenn die Äußerung „Du bist dumm" hart klingt und das Kind dabei noch einen Puff bekommt, so prägt das eine andere Skriptbotschaft, als würden die gleichen Worte eher scherzhaft gesagt mit einem Lächeln und mit einer Liebkosung.

Zuschreibungen werden manchmal auch indirekt ausgesprochen. Das bedeutet, daß Vater oder Mutter jemand anderem etwas *über* das Kind sagen, entweder wenn das Kind dabei ist, oder so, daß es dem Kind später zu Ohren kommt.

„Das ist ein ganz Stiller."

„Die Elke ist so niedlich!"

„Ach Gott, der ist wirklich nicht kräftig."

„Die macht uns schon Kummer, weil sie so ungezogen ist."

„Papa sagt, du bist lästig!"

Derartige indirekte Zuschreibungen werden von dem Kind wahrscheinlich als besonders intensive Skriptbotschaften aufgenommen. Das Kind erlebt die Realität ja so, daß sie von den Eltern bestimmt wird. Hört das Kind also, wie diese sich anderen Menschen gegenüber darüber äußern, wie es selbst ist, glaubt es fest daran, daß das, was die Eltern sagen, auch stimmt.

In gewissen Familien werden Zuschreibungen von der einen Generation an die nächste weitergegeben durch Botschaften auf der psychologischen Ebene. Kann sein, daß in diesem Zusammenhang die Stellung in der Geschwisterreihe oder die Namensgebung eine Rolle spielt. Ellen kam zum Beispiel in Therapie, weil sie befürchtete, verrückt zu werden. In der Skriptanalyse stellte sie fest, daß zwei andere Frauen in ihrer Familie Ellen hießen, ihre Tante und ihre Großmutter. Beide wurden psychotisch, als sie ungefähr so alt waren wie Ellen zu diesem Zeitpunkt. Die Botschaft auf der psychologischen Ebene, die nie in Worte gefaßt worden war, lautete: „Wenn eine in unserer Familie Ellen heißt, wird sie mit 35 verrückt."

Traumatisches Ereignis und Wiederholung

Das Kind trifft unter Umständen eine zentrale Skriptentscheidung als Reaktion auf ein einziges Ereignis, das es als besonders bedrohlich erlebt. Ein kleines Mädchen wird etwa von seinem Vater sexuell mißbraucht. Es kann dann sein, daß es diese vereinzelte Episode als übermächtige Skriptbotschaft auffaßt und beschließt: „Nie wieder werde ich Männern vertrauen." Eine sehr frühe Trennung von der Mutter kann oft die Grundlage abgeben für nonverbale Beschlüsse, wie etwa „Ich kann niemand trauen" oder „Die anderen wollen, daß ich tot bin". Manche TA-Therapeuten glauben, daß schon das traumatische Ereignis des Geburtserlebnisses an sich einen starken Einfluß hat auf Skriptentscheidungen.

Wahrscheinlich aber werden Entscheidungen allmählich, im Laufe einer gewissen Zeit getroffen, als Reaktion auf Skriptbotschaften, die das Kind wiederholt erlebt. Vielleicht streckt der Säugling die Arme zur Mutter aus, und diese wendet sich von ihm ab. Er streckt die Arme noch mal aus und bekommt wieder keine Reaktion. Erst wenn er das sehr oft getan hat, wird ihm allmählich die Folgerung dämmern: „Mutter mag mich nicht nah bei sich haben." Der kleine Junge, der die Zuschreibung vernimmt, "Dies ist unser Schüchterner", muß das unter Umständen über Monate und Jahre hinweg hören, ehe er endgültig beschließt, wirklich schüchtern zu sein.

Eric Berne verglich allmähliche Ansammlungen von Skriptbotschaften mit einer Säule aus Münzen, die aufeinander gelegt worden sind. Einzelne Münzen in dieser Säule sind abgeschrägt, also auf einer Seite dicker als auf der gegenüberliegenden. Je mehr solcher schräger Münzen darin stecken, um so wahrscheinlicher ist es, daß die Säule das Übergewicht bekommt und kippt. Natürlich kann auch ein einzelnes besonders schräges Geldstück die Säule zum Einstürzen bringen. Das gleiche wird auch bewirkt durch eine Anzahl von nur wenig schrägen Münzen, vor allem, wenn sie alle in einer Richtung dicker sind. Durch dieses Bild wird die Art und Weise gut veranschaulicht, in der traumatische Ereignisse und wiederholte Botschaften zusammen die Grundlage für das Lebensskript abgeben.[2]

Die Skript-Matrix

Deine Mutter und dein Vater hatten beide ihr eigenes Eltern-Ich, ihr Erwachsenen-Ich und ihr Kind-Ich. Aus allen drei Ich-Zuständen heraus haben sie dir Skriptbotschaften übermittelt. Du hast diese Botschaften aufgenommen und sie in deinen eigenen drei Ich-Zuständen „abgelegt". Aufgrund dieses Zusammenhangs hat Claude Steiner die Darstellung

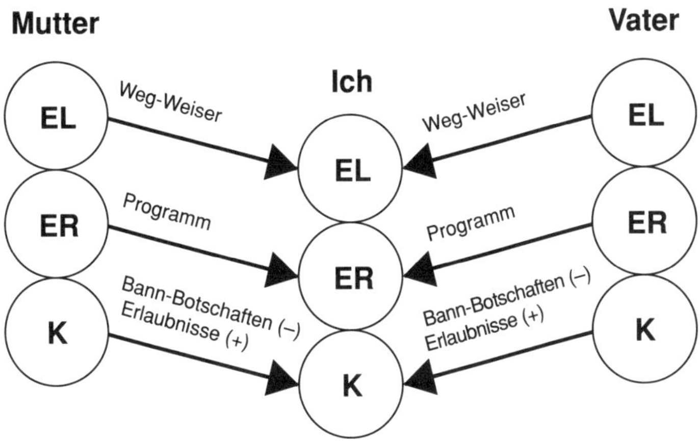

Abbildung 13. 1: Die Skript-Matrix

entwickelt, die heute eins der zentralen Modelle der TA bildet: die *Skriptmatrix*. Wir geben sie in der Abbildung 13.1 wieder.[3]

Botschaften, die vom Eltern-Ich der Mutter oder des Vaters ausgehen, werden als *Gegeneinschärfungen* (oder im Deutschen auch Weg-Weiser) bezeichnet; wenn du sie aufnimmst, gehen sie in den Inhalt deines eigenen Eltern-Ichs ein.

Aber auch aus ihrem Erwachsenen-Ich heraus richten Vater oder Mutter Botschaften an das Erwachsenen-Ich des Kindes darüber, wie man etwas bewerkstelligt. Sie liefern ihm sozusagen Gebrauchsanweisungen oder wirken einfach als Vorbilder und damit tragen sie bei zum sogenannten *Programm* innerhalb des Skripts.

Aus ihrem Kind-Ich-Zustand senden Vater und Mutter zweierlei Botschaften, nämlich Einschärfungen und Erlaubnisse. Wir stellen das so dar, daß sie in unseren eigenen Kind-Ich-Zustand eingehen.

Die Diagramme für eine Skriptmatrix, die von verschiedenen TA-Autoren entworfen wurden, weisen in sekundären Einzelheiten eine Reihe von Unterschieden auf. Die Fassung, die wir hier bringen, stellt eine Kombination verschiedener Modelle dar.

Gegeneinschärfungen oder Weg-Weiser

Diese Botschaften vom Eltern-Ich zum Eltern-Ich wurden ursprünglich *Gegeneinschärfungen* genannt, weil man glaubte, sie würden „den Einschärfungen entgegenwirken". Heute wissen wir, daß diese Botschaften manchmal im Widerspruch zu den Einschärfungen stehen können, aber genauso oft die Einschärfungen nur noch verstärken oder für diese irrelevant sind. Manchmal verwenden deutsche TA-Autoren auch den Ausdruck *Weg-Weiser.**

Als *Gegenskript* bezeichnet man jene Gesamtheit von Beschlüssen, mit denen das Kind die Gegeneinschärfungen befolgt. Derartige Weg-Weiser bestehen aus Weisungen darüber, was man zu tun oder zu lassen hat; dazu kommen gewisse Aussagen über die Menschen und über die Welt. Wir alle erhalten tausende solcher Orientierungsmarken von unseren Eltern und Bezugspersonen. Dafür einige typische Beispiele:

„Sei schön brav!"
„Sei nicht immer so ungezogen!"
„Streng dich gefälligst an!"
„Schau, daß du erster wirst!"
„Lügen haben kurze Beine."

* Einfügung des Übersetzers.

„Das geht Dritte nichts an!" (Soll heißen: Trage Familiendinge nicht hinaus!)

Meistens benutzen wir unser Gegenskript positiv, sorgen gut für uns und fügen uns reibungslos in die menschliche Gesellschaft ein. Als Erwachsene brauchen wir nicht darüber nachzudenken, ob wir bei Tisch rülpsen sollen oder ob es sich wirklich gehört, Essen, das uns nicht paßt, einfach auf die Erde zu schütten. In unserem positiven Gegenskript wissen wir all das bereits, genau so wie wir auf der Straße nicht einfach in den Verkehr laufen, oder wie wir unsere Hand nicht ins Feuer halten.

Aber die meisten von uns haben dabei auch ein paar Gegenskript-Botschaften, bei denen wir schon früh beschlossen haben, sie im Gefüge unseres negativen Skripts einzusetzen. Stellen wir uns vor, ich trage im Kopf die elterliche Weisung: „Streng dich an!"

Das kann mir helfen, in der Schule und später beim Studium gute Leistungen zu erbringen. Im Beruf strenge ich mich dann weiterhin an und mache Karriere. Aber vielleicht arbeite ich dann so viel und so angestrengt, daß ich mich übernehme. Ich stelle Freizeit, Entspannung und Freundschaften zurück hinter die Anforderungen der Arbeit. Wenn mein Skript hamartisch ist, setze ich die Botschaft „Streng dich an!" ein, um einer Auszahlung entgegenzuleben, die zu Bluthochdruck, einem Magengeschwür oder einem Herzinfarkt führt.

Und hier gibt es fünf Gebote, die im Gegenskript eine ganz besondere Rolle spielen. Es sind dies:

Sei perfekt!
Sei stark!
Streng dich an!
Sei (anderen) gefällig!
Beeil dich!

Diese Gebote werden als *Antreiber-Botschaften* oder einfach als Antreiber bezeichnet. Der Name „Antreiber" weist darauf hin, daß das Kind diesen Geboten beinahe zwanghaft folgt. Es steht unter Druck, weil es glaubt, so lange in Ordnung zu sein, wie es dem Antreiber gehorcht. Wir alle haben diese fünf Botschaften in unserem Gegenskript, wenn auch in unterschiedlichem Ausmaß. Wenn ich innerlich eine Antreiber-Botschaft wieder ablaufen lasse, dann zeige ich eine Reihe von Verhaltensweisen, die mit diesem Antreiber in der Regel einhergehen. Ein solches Antreiber-Verhalten stellt eine jeweils eigene, für den Betreffenden typische Prägung dar und wird konsequent beibehalten. Wenn wir das Antreiber-Verhalten eines Menschen untersuchen, können wir mit großer Sicherheit einige gewichtige Aspekte seines

Skripts vorhersagen. Wir werden uns in einem späteren Kapitel ausführlicher mit den Antreibern befassen.

Das Programm

Das Programm besteht aus Botschaften, die aussagen, wie man etwas macht. Wenn wir die Skriptmatrix ausfüllen, stoßen wir auf Sätze, die etwa so anfangen: „Also das macht man so..." Jeder von uns lernt Tausende von Programmbotschaften, die ihm seine Eltern und Bezugspersonen mitgeben. Dieses „Das macht man so..." bezieht sich beispielsweise auf

zählen von eins bis zehn
den eigenen Namen schreiben
ein Butterbrot schmieren
eine Schleife an die Schnürsenkel machen
ein ganzer Mann (eine richtige Frau) sein
clever sein
erster werden
Gefühle nicht zeigen.

Genau wie beim Gegenskript setzen wir den größten Teil unserer Programmbotschaften in konstruktiver, positiver Weise ein. Aber ein Teil des Programms, das wir in uns tragen, kann durchaus negativ sein. So kann ein Junge sich seinen Vater zum Vorbild nehmen und von ihm lernen, wie man hart arbeitet, sich überanstrengt und jung stirbt. Ein kleines Mädchen kann von seiner Mutter übernehmen, wie man Gefühle nie rausläßt und schließlich depressiv stirbt.

Wenn man die Skriptmatrix präziser aufgliedern würde, würde sich herausstellen, daß solche negativen Programmbotschaften aus dem getrübten Erwachsenen-Ich von Vater oder Mutter stammen und dann auch vom Kind in seinem *getrübten* Erwachsenen-Ich aufgenommen werden. Viele von diesen „Gebrauchsanweisungen" im Programm stammen hingegen aus dem Inhalt des Kleinen Professors (ER_1) der Bezugsperson und werden beim Kind dann auch eher im ER_1 als im ER_2 aufgenommen. Allerdings wird das Diagramm üblicherweise nicht so detailliert gezeichnet.

Einschärfungen und Erlaubnisse

Stell dir eine Mutter mit ihrem Neugeborenen bildlich vor. Wie sie so ihr Kind betreut, legt sie vielleicht Botschaften aus ihrem eigenen Eltern-Ich-Zustand auf, etwa: „Kinder brauchen Schutz. Die Bedürfnisse des Kindes haben Vorrang." Und einen Großteil ihrer Zeit ist sie wohl auch in ihrem Erwachsenen-Ich und sorgt für ihr Kind durch Verrichtungen, die sie sich aus Büchern zusammengeholt hat. Was aber läuft in ihrem Kind-Ich?

Wenn die Mutter sich zurückversetzt und ihre eigene Frühkindheit erneut erlebt, empfindet sie vielleicht: „Großartig! Jetzt ist endlich ein anderes kleines Kind da, mit dem ich spielen kann!" Dann genießt sie den körperlichen Austausch von Berührungserlebnissen zwischen sich und ihrem Kind genau so wie sie früher einmal als Säugling den innigen Körperkontakt genossen hatte. Die nonverbalen Botschaften, die sie dadurch vermittelt, werden von ihrem Baby wahrscheinlich so gedeutet: „Die mag mich - sie hat mich gewollt und hat es gern, wenn sie mich ganz nah bei sich hat." In der Fachsprache der Skripttheorie sprechen wir davon, daß die Mutter ihrem kleinen Kind eine *Erlaubnis* (im Deutschen bisweilen auch: einen *Erlauber*) gibt, hier die Erlaubnis, dazusein und jemandem nahe zu sein. Statt dessen könnte aber das Kind-Ich in der Mutter auch so empfinden: „Jetzt wird's allmählich bedenklich. Jetzt, wo dieses Kind da ist, dreht sich alles um das Kind. Wer kümmert sich eigentlich um *mich*? Vielleicht ist das tatsächlich so, und es ist einfach nicht genügend Zuwendung da für alle." Die Mutter legt also ungebremst die Empfindungen und Impulse ihrer eigenen Frühkindheit auf und reagiert dann unter Umständen mit Angst und Wut auf den Neuankömmling. Und ganz tief in ihrem eigenen Kind-Ich-Zustand lehnt sie das Baby vielleicht ab, könnte es „auf den Mond schießen", also letztlich umbringen. Wahrscheinlich wird sie sich dieser Gefühle nicht im geringsten bewußt, sondern in ihrem eigenen Bewußtsein und für jeden fremden Beobachter ist sie eine liebende, treusorgende Mutter.

Das kleine Kind aber begreift mehr. Mit seinem geschärften Bewußtsein für nonverbale Signale nimmt es Mutters Furcht und Ärger wahr. So kann es allmählich, wiederum ohne Worte, zu der Folgerung gelangen: „Mutter will mich nicht nahe bei sich haben. Im Grunde wäre sie sogar froh, wenn ich gar nicht da wäre."

Diese negativen Botschaften aus dem Kind-Ich von Mutter oder Vater sind Beispiele von *Einschärfungen* oder *Bann-Botschaften*. In diesem Falle heißen die Bann-Botschaften „Existiere nicht!" und "Sei nicht nahe!"

Als Erwachsene tragen wir alle eine Reihe von Bann-Botschaften und Erlaubnissen mit uns, die wir in die Substanz unseres Kind-Ichs aufgenommen haben. Die Beschlüsse, die wir als Reaktion auf solche Botschaften treffen, sind die wichtigsten Grundlagen unseres Lebensskripts. Der ganze Komplex von Einschärfungen und Erlaubern, zuzüglich der Entscheidungen, mit denen das Kind darauf reagiert hat, wird manchmal auch als *Skript im engeren Sinne* bezeichnet.

Unterschiede zwischen Bann-Botschaften/Erlaubnissen und Weg-Weisern

Wie kann man nun in der Praxis zwischen einem negativ wirkenden Weg-Weiser und einer Bann-Botschaft unterscheiden? Oder zwischen einem positiven Weg-Weiser und einer Erlaubnis? Das ist auf zweierlei Weise möglich.

1. Weg-Weiser werden verbal, Bann-Botschaften/Erlaubnisse werden (ursprünglich) präverbal übermittelt.

Wenn du den Botschaften in deinem Kopf zuhörst, vermagst du wahrzunehmen, wie deine Weg-Weiser als Worte einmal gesprochen wurden. Oft kannst du noch wirkliche Bezugspersonen, meist Vater oder Mutter, hören, wie sie dir die Weisung ursprünglich gegeben hatten.

Wenn du gegen einen Weg-Weiser verstößt und dann wieder hörst, was in deinem Kopf abläuft, dann hörst du wahrscheinlich, wie die Bezugsperson, die dir die Weisung gegeben hatte, anfängt zu schimpfen, natürlich mit Worten.

Bann-Botschaften und Erlaubnisse werden im Gegensatz dazu nicht unbedingt in Worten hörbar. Hingegen spürst du sie in Gefühlen und Körperempfindungen, und sie spiegeln sich in deinem Verhalten wider.

Verstößt du gegen eine Bann-Botschaft, so empfindest du in deinem Körper wahrscheinlich Spannungen oder Unbehagen. Dein Herz schlägt schneller, du bekommst einen Schweißausbruch, oder spürst einen Kloß im Magen. Wahrscheinlich findest du tausend Wege, das Verhalten zu vermeiden, mit dem du gegen die Bann-Botschaft verstoßen würdest. Du selbst hast dabei den Eindruck, daß du solche Wege im Erwachsenen-Ich gesucht hast, aber damit rationalisierst du bloß, was tiefer liegt.

Stell dir zum Beispiel vor, ich hätte von meiner Mutter die Bann-Botschaft erhalten: „Sei nicht nahe!" Daraufhin hätte ich schon sehr früh beschlossen, daß ich am besten keinem Menschen nahe komme. Als Erwachsener nehme ich dann teil an einer Selbsterfahrungsgruppe. Der Gruppenleiter fordert uns auf, die Augen zu schließen, nur durch Berührung einen Partner zu finden und dann seine Hände auf uns wirken zu lassen, um den Menschen so näher kennenzulernen. Ich fange an, leicht zu schwitzen, und mein Herz schlägt schneller. Wie ich dann spüre, daß jemand anders seine Hand nach meiner ausstreckt, mache ich die Augen auf und sage: „Hm. Ich weiß wirklich nicht, was das soll. Wissen Sie, wozu das gut sein soll?"

Bisweilen kann man Bann-Botschaften auch in Worten hören.

Wer z.B. die Bann-Botschaft „Existiere nicht!" erhalten hat, mag sich daran erinnern, daß seine Eltern mal zu ihm gesagt hatten: „Mensch, wärst du bloß nie geboren worden!" oder „Hol dich der Teufel!"

2. Bann-Botschaften/Erlaubnisse werden in der frühesten Kindheit gegeben, Weg-Weiser erst später.

Bei entwicklungspsychologischer Betrachtung sind Einschärfungen und Erlauber früher anzusetzen als Gegeneinschärfungen. Das hängt natürlich zusammen mit dem Gegensatz „verbal – präverbal". Allgemein gesagt nimmt das Kind Bann-Botschaften und Erlaubnisse in den ersten Lebensjahren auf, ehe sein Sprachvermögen entwickelt ist. Dabei läßt sich kein präzises Lebensalter angeben, in dem diese Periode zu Ende wäre. Unserer Erfahrung nach können Bann-Botschaften auch weiterhin noch gegeben werden, und zwar bis das Kind das Alter von sechs bis acht Jahren erreicht hat. Weg-Weiser können in der Altersstufe von drei bis zwölf Jahren gegeben werden.

14. Bann-Botschaften und Beschlüsse

Bob und Mary Goulding haben bei ihrer therapeutischen Arbeit festgestellt, daß zwölf Themen immer wieder am Grunde der negativen frühkindlichen Beschlüsse zu finden waren. Sie haben daraufhin diese zwölf Bann-Botschaften zusammengestellt, wie wir sie im folgenden wiedergegeben.[1] Dabei entspricht jeder Bann-Botschaft auch eine Erlaubnis. In der Skriptanalyse ist es üblich, die Bann-Botschaften als Verbote zu fassen, d.h. sprachlich negativ auszudrücken, wohingegen Erlaubnisse sprachlich in positiver Form auftreten: „Du darfst ruhig..."

Dabei gilt es zu beachten, daß das Verbot und die Erlaubnis nicht einfach gegensätzliche Weisungen darstellen. Das Verbot ist verbindlich und nimmt in seiner Schärfe dem Menschen jegliche Lust, einem natürlichen Impuls zu folgen. Wenn es hingegen heißt: „Du kannst ruhig...", so ist das keineswegs eine Weisung, etwas nun auch zu tun, sondern der Empfänger der Botschaft wird eingeladen zu *entscheiden*, ob er etwas tun will oder nicht.

Bei alledem sei dir darüber klar, daß die folgenden Namen für die Bann-Botschaften und Erlaubnisse nur in Sprache gefaßte Etiketten sind, die wir der Einfachheit halber bei der Skriptanalyse verwenden. Die Bann-Botschaften und Erlaubnisse selbst werden dem Kind hauptsächlich durch nonverbales Verhalten gegeben.

Zwölf Bann-Botschaften

Sei nicht! (Existiere nicht!)

Wenn du jemals ins Auge gefaßt hast, mit deinem Leben Schluß zu machen, ist es äußerst wahrscheinlich, daß zu deinen Skriptbotschaften auch die Bann-Botschaft „Existiere nicht!" gehört. Das gleiche gilt wahrscheinlich auch, wenn du dich jemals als wertlos, nutzlos oder nicht liebenswert empfunden hast.

Vielleicht erinnerst du dich daran, daß Vater oder Mutter schon mal so (oder ähnlich) gesprochen haben: „Ich könnte dich dafür umbringen" oder „Hätte ich dich bloß nie gekriegt." Solche verbalen Botschaften tragen dazu bei, das Vorliegen dieser Bann-Botschaft zu bestätigen, obwohl sie ihre volle Wirkung schon früher in deinem Leben aufgrund von nonverbalen Signalen entfaltet haben dürfte.

Wie kommt es überhaupt dazu, daß Eltern ihrem Kind die Bann-Botschaft „Existiere nicht!" geben? Wahrscheinlich deshalb, weil Vater oder Mutter in ihrem eigenen Kind-Ich eine Entbehrung oder Bedrohung wahrnehmen, die auf die Existenz des Sprößlings zurückgeht. Ein junger Mann mag beispielsweise heiraten und Vater werden. Wenn er jetzt sieht, daß seine Frau den größten Teil ihrer Energie und Aufmerksamkeit dem Neugeborenen zuwendet, wird bei ihm unter Umständen ein „Gummiband" wirksam, das ihm seine eigene Kindheit wieder lebendig werden läßt. Ohne sich darüber klar zu werden, durchlebt er wieder die Zeit, als er zwei Jahre alt war und in seiner Familie gerade ein Kind angekommen war. Als Zweijähriger war er damals völlig verängstigt und befürchtete, er würde nie wieder genügend Zuwendung bekommen. „Wie schaffe ich es bloß, daß Mutter sich wieder um *mich* kümmert?" Das Beste wäre sicher, wenn er das Baby aus der Welt schaffen könnte, wenn es einfach tot wäre. So ist es denkbar, daß er jetzt als Erwachsener seinem eigenen Kind nonverbal derartige im Grunde mörderische Impulse signalisiert.

Oder vielleicht hat eine Frau schon eine Reihe von Kindern und wünscht sich keine weiteren. Aber die Familie sieht das anders, oder sie wird „versehentlich" schwanger, und nun kommt das neue Kind zur Welt. In ihrem eigenen Kind-Ich-Zustand ruft sie innerlich in ihrer Not: „Nein, nicht noch eins! Ich will endlich auch mal drankommen und *an mich* denken! " Wahrscheinlich aber unterdrückt sie die Wut ihres Kind-Ichs und will das auch vor sich selbst nicht wahrhaben. Aber in kaum wahrnehmbarer Weise übermittelt sie ihre Ablehnung dem Baby doch. Es kann sein, daß sie niemals lächelt und selten mit ihm spricht, selbst wenn sie es äußerlich pflichtbewußt und gewissenhaft betreut.

Und wo Vater oder Mutter ihr Kind körperlich oder seelisch mißhandeln, wird damit die Botschaft „Existiere nicht!" ganz offen vermittelt.

Die Bann-Botschaft „Existiere nicht!" kommt während der Skriptanalyse häufig zum Vorschein. Das mag überraschen, wenn man die akute Lebensbedrohung bedenkt, die ja darin zum Ausdruck kommt. Aber hier ist daran zu erinnern, daß das Kleinkind alle möglichen Verhaltensweisen seiner Eltern oder auch äußere Ereignisse, die auf Erwachsene völlig harmlos wirken, sehr leicht als Bedrohung seines jungen Lebens erlebt. Des weiteren ist auch daran zu denken, daß das ganz kleine Kind zwischen Handlungen und Impulsen nicht zu unterscheiden vermag. So kann es dem Brüderchen gegenüber die Wunschvorstellung haben: „Wäre der Kleine doch bloß tot!" und daraus dann folgern: „Ich bin ein Mörder und verdiene zu sterben." Das heißt, *es gibt sich selbst* die Botschaft „Existiere nicht!".

Das gleiche kann passieren, wenn eine Mutter ihrem Kind zu verstehen gibt: „Du hast mir schwer zu schaffen gemacht, als du auf die Welt gekommen bist." (Berne sprach von dem „Skript der Mutterverletzung" oder dem „Dammriß-Skript"). Das Kind mag dann beschließen: „Allein dadurch, daß ich auf die Welt gekommen bin, habe ich Mutter weh getan und hätte sie vielleicht beinahe umgebracht. Ich bin also ein gefährliches Wesen und kann andere allein dadurch, daß ich da bin, schädigen oder umbringen. Mithin verdiene ich selbst, geschädigt oder umgebracht zu werden." In anderen Fällen machen Eltern Äußerungen wie diese: „Wenn du nicht gekommen wärst, hätte ich studieren können oder hätte damals ins Ausland gehen können oder hätte diesen ... nicht heiraten müssen"– und was ihnen an dergleichen Betrachtungen einfallen mag.

Wenn nun „Existiere nicht!" eine so verbreitete Bann-Botschaft ist, weshalb bringen sich dann die meisten Menschen nicht um? Gott sei dank sind die meisten Menschen überaus erfinderisch, wenn es sich darum handelt, am Leben zu bleiben. So wird das Kind, das die Botschaft „Existiere nicht!" mit sich trägt, schon ganz früh eine Zusatzentscheidung treffen, um die tödlichen Folgen derartiger Impulse abzuwehren. Meist nehmen diese Entscheidungen die Form an: „Ich darf weiter existieren, *solange wie ich ...*" Und dieser Satz wird dann in der unterschiedlichsten Weise zu Ende geführt, etwa „... mich weiterhin anstrenge" oder „... anderen Menschen nicht nahe komme." In einem späteren Kapitel befassen wir uns ausführlicher mit derartigen Zusatzentscheidungen.

Sei nicht du selbst!

Diese Bann-Botschaft kann einem Kinde von Eltern gegeben werden, die sich ein Mädchen gewünscht und dann einen Jungen bekommen hatten oder umgekehrt. Die nonverbale Botschaft würde dann heißen: „Sei (in bezug auf dein Geschlecht) nicht derjenige, der du bist!" In gewissen Fällen kann das schon in der Namensgebung zum Ausdruck kommen, wenn etwa ein Junge Rainer-Maria genannt wird.

Manche Eltern ziehen ihre Kinder entsprechend an, stecken das kleine Mädchen grundsätzlich in plumpe Monteuranzüge oder schwere Cordhosen, oder verpassen ihrem Sohn niedliche Spitzenkragen und dergleichen. Jemand, der die Botschaft hat „Sei nicht du selbst!", legt auch im Erwachsenenleben Manieren an den Tag oder trägt Kleider, die auf das entgegengesetzte Geschlecht hinweisen. Die Botschaft „Sei nicht du selbst!" kann auch eine allgemeinere Bedeutung haben und lediglich besagen: „Sei nicht du, sei irgend ein anderes Kind!" Manche Eltern ziehen ihr Jüngstes einem älteren Kind gegenüber vor oder haben das Brüderchen lieber als seine Schwester. Eine Mutter, die ihrem Kinde gegenüber Ablehnung empfindet, ist geneigt, es ständig mit anderen Kindern zu vergleichen: „Der Helmut von nebenan kann schon richtig Fahrrad fahren – ist das nichts? Dabei ist er noch ein Jahr jünger." Hier hat die Mutter (oder der Vater) wohl ein inneres Bild des „idealen Kindes", das sie sich wünscht. So reagiert sie nur auf die Aspekte des wirklichen Kindes, die diesem Bild entsprechen, und wertet alles übrige ab.

Manche Eltern äußern sich auch so: „Du bist genau wie dein Onkel Josef, dieser Taugenichts." Und je mehr sich das Kind dann wie Onkel Josef verhält, um so mehr Strokes bekommt es dafür.

Sei kein Kind!

Dies ist eine weitere Bann-Botschaft, die von Eltern erteilt wird, die sich in ihrem Kind-Ich dadurch bedroht fühlen, daß ein Kind bei ihnen ist. Aber statt nun das Baby zum Kuckuck zu wünschen, sagt das Kind in Vater oder Mutter: „Hier ist nur Platz für *ein* Kind – und das bin ich! Aber gut, ich nehme dich in Kauf, so lange du dich wie ein Erwachsener aufführst und nicht wie ein Kind."

Später drückt sich das dann in verbalen Äußerungen aus, wie „Du bist zu alt, um ..." oder „Große Jungen weinen nicht."

Die Botschaft „Sei kein Kind!" wird auch von Eltern gegeben, denen selbst nie erlaubt worden war, sich kindhaft zu benehmen, und die sich durch kindhaftes Verhalten bedroht fühlen. Sie sind vielleicht in einer Wirtschaftskrise groß geworden oder in einem strengen Elternhaus, wo nur Betragen und Leistung geschätzt wurde. Manchmal geben sich Einzelkinder oder auch die Ältesten diese Bann-Botschaft selbst. Wenn ein Einzelkind sieht, wie Vater und Mutter streiten, so kann es beschließen: „Der einzige andere, der noch hier ist, bin ich, also muß ich die Ursache für den Streit sein. Deshalb liegt es an mir, hier etwas zu tun. Am besten werde ich rasch erwachsen, dann kann ich die Dinge in die

Hand nehmen." In ähnlicher Weise kann das älteste Kind für sich beschließen, daß es für die kleineren Geschwister verantwortlich ist.

Wenn du mit Kindern nichts anfangen kannst, hast du wahrscheinlich die Botschaft „Sei kein Kind!". Der gleiche Grund liegt wahrscheinlich vor, wenn du dich verspannt und steif fühlst, sobald du auf einer Party bist oder in ähnlichen Situationen, wo Erwachsene „Blödsinn" machen. „Hab keinen Spaß!" und „Genieße nicht!" werden manchmal als Varianten zur Botschaft „Sei kein Kind!" angeführt. Natürlich müssen wir nicht in unserem Kind-Ich sein, um Spaß zu haben oder genießen zu können. Aber wenn du als Kind beschlossen hast, daß Spaß haben und Genießen Dinge sind, die Kindern zukommen, und daß *du* ein seriöser Mini-Erwachsener zu sein hattest, dann läßt dich ein „Gummiband" wahrscheinlich im Nu zu jenem Beschluß zurückschnellen, sobald du in Verlegenheit kommst, als Erwachsener Spaß zu erleben. In gewissen Familien giltst du als faul oder sündig, wenn du zuviel Spaß hast. Da herrscht dann eine magische Überzeugung wie: Geht's dir *zu* gut, dann passiert was Schlimmes. In deinem magischen Denken kannst du das dann dadurch vermeiden, daß du aufpaßt, daß es dir nie zu gut geht.

Werde nicht erwachsen!

Oft ist es das jüngste Kind, das die Bann-Botschaft mitkriegt „Werde nicht erwachsen!". Vielleicht wollen die Eltern in ihrem Kind-Ich nicht darauf verzichten, so ein kleines Kind in der Familie zu haben. Vielleicht ist ihr Wertgefühl daran gebunden, eine gute Mutter oder ein guter Vater zu sein. Wenn das Kind erwachsen würde, woher sollten sie dann ihre Selbstachtung beziehen? Auf der anderen Seite kann eine solche Botschaft aber auch von Eltern kommen, die selbst nie erwachsen geworden sind. Die gleiche Botschaft bedeutet dann: „Bleib mein kleiner Spielkamerad!"

Manchmal wird die Botschaft „Werde nicht erwachsen!" verstanden als „Verlaß mich nicht!" Die Frau, die bis in ihre mittleren Jahre daheim bleibt und für ihre anspruchvolle alte Mutter sorgt, spürt vielleicht diese Botschaft in sich. Eine weitere Variante von „Werde nicht erwachsen" heißt „Sei nicht sexy!" Diese Botschaft geht oft vom Vater an die Tochter in dem Alter, wo ihre Entwicklung zur Frau eintritt. Der Vater hat in seinem Kind-Ich Angst vor seiner eigenen sexuellen Reaktion darauf. Er gibt nonverbale Signale, indem er plötzlich körperlich bewußt Abstand hält, und das kleine Mädchen nimmt das auf als Bann-Botschaft, die ihm untersagt, weiter zu wachsen und eine sexuell attraktive Frau zu werden.

Schaff's nicht!
Diese Botschaft wird dann erteilt, wenn Vater oder Mutter im eigenen Kind-Ich eifersüchtig sind auf die Leistungen ihres Sohnes oder ihrer Tochter. Man braucht sich nur vorzustellen, wie das ist, wenn ein Vater aus einer armen Familie kommt und nicht auf die Oberschule durfte, sondern mit vierzehn gleich arbeiten mußte. Und weil er fleißig und strebsam war, geht es ihm und seinen Kindern heute gut. Er sorgt dafür, daß es seiner Tochter auf der Oberschule an nichts fehlt, und eines Tages soll sie natürlich studieren.

Sie bringt dann exzellente Zeugnisse, und Vater ist natürlich stolz auf sie. Aber ohne daß ihm das bewußt wird, ist er im Kind-Ich voller Eifersucht auf seine Tochter, die jetzt all das kriegt, was er damals hat entbehren müssen. Wenn sie dann auch noch im Studium so gut abschneidet? Vielleicht wird sie dann beweisen, daß sie ihn übertrifft? So gibt er vielleicht nonverbal seiner Tochter die Botschaft „Schaff's nicht!", gerade indem er sie „auf der offenen Ebene", also mit seinen bewußt gesprochenen Worten, anspornt, sich anzustrengen, damit sie vorwärtskommt.

Die Studentin, die den Skriptbeschluß gefaßt hat „Schaff's nicht!", ist durch die Bank bei den Vorlesungen voll dabei und liefert ihre Klausuren und Seminararbeiten zu höchster Zufriedenheit ab. Wenn aber die Prüfungen anstehen, findet sie sicher irgendeine Weise, wie sie sich selbst sabotieren kann. Vielleicht gerät sie in Panik und rennt aus dem Prüfungsraum. Vielleicht vergißt sie, irgend etwas ganz Wichtiges mitzubringen oder abzugeben, und muß das Examen deshalb unterbrechen. Oder sie muß plötzlich ins Bett mit irgendeiner psychogenen Erkrankung, oder stellt mit einem Male fest, daß sie nicht mehr lesen kann.

Laß das! (Tu's nicht, tu überhaupt nichts!)
Die pauschale Botschaft „Laß das – Finger weg! Tu überhaupt nichts, denn alles, was du anfaßt, ist so gefährlich, daß es für dich sicherer ist, wenn du überhaupt nichts anfaßt." Wenn jemand als Erwachsener ständig schwankt zwischen verschiedenen Alternativen und immer den Eindruck hat, das bringt ihm auch nichts, aber nie daran geht, ein solches Verhalten abzustellen, dann lebt er vielleicht diese Skriptbotschaft aus. Die Bann-Botschaft „Laß es bleiben!" wird von einer Mutter (oder auch vielleicht von einem Vater) gegeben, die in ihrem Kind-Ich furchtbare Angst hat, ihr Kind würde zu Schaden kommen, sobald es nicht mehr an ihrem Schürzenzipfel hänge. Gründe für eine solch furchtbare Angst liegen natürlich nicht in der Realität, sondern im Skript dieser

Mutter (oder dieses Vaters). Hat der Vater solche Ängste, hört sich das unter Umständen so an: „Hermann, geh mal rüber und guck, was die Kleine gerade macht, und sag ihr, sie soll das bleiben lassen."

Sei nicht wichtig!

Wer eine solche Botschaft aufgenommen hat, vergeht vor panischer Angst, wenn er mal eine Führungsrolle übernehmen soll. Er hat „einen Frosch im Hals", wenn er öffentlich reden soll. Im Berufsleben leistet jemand, der der Botschaft „Sei nicht wichtig!" folgt, ausgezeichnete Arbeit in einer nachgeordneten Position. Um eine Beförderung aber bemüht er sich erst gar nicht, oder wenn eine Stelle frei wird, stellt er sich ein Beinchen. Eine Variante dieser Bann-Botschaft heißt: Bemüh dich nicht um das (bitte nicht darum, verlange nicht), was du willst."

Das ist wiederum eine Skriptbotschaft, die aus dem Ablehnungsimpuls der Eltern ihrem Kind gegenüber herrührt. Nonverbal heißt die Botschaft, die Vater oder Mutter aus ihrem Kind-Ich heraus geben: „Gut, ich finde mich damit ab, Kleiner, daß du hier rumläufst, solange du dir darüber im klaren bist, daß du hier nicht zählst und deine Wünsche auch nicht."

Sei nicht zugehörig!

Der indische Staatsmann Pandit Nehru pflegte zu sagen: „Wenn ich unter Europäern bin, fühle ich mich als Inder, und wenn ich unter Indern bin, fühle ich mich als Europäer." Es ist denkbar, daß Nehru von seinen Eltern die Bann-Botschaft „Sei nicht zugehörig!" erhalten hatte. Wer dieser Botschaft gehorcht, fühlt sich in Gruppen als Außenseiter und gilt auch bei anderen leicht als ungesellig oder als Einzelgänger.

Vielleicht ist diese Botschaft einmal als Zuschreibung erteilt worden von Eltern, die ihren Kindern ständig erzählen, sie wären „anders als andere Kinder", „schüchtern" oder „schwierig". Manche Eltern erteilen diese Bann-Botschaft auch durch ihr Vorbild, indem sie ständig verlegen sind und so wirken, als könnten sie sich unter Menschen einfach nicht wohlfühlen. Die Botschaft kann außerdem dadurch vermittelt werden, daß ein Kind zum Sündenbock gestempelt wird, oder auch dadurch, daß man ihm ständig sagt, was es alles Besonderes an sich hat.

Sei nicht nahe!

Die Bann-Botschaft „Sei nicht nahe!" kann die Verbannung jeder körperlichen Nähe bedeuten. In dieser Form wird sie oft erteilt durch das Vorbild von Eltern, die einander oder ihr Kind nur selten berühren.

Aber sie kann auch bedeuten: „Sei nicht gefühlsmäßig nahe!" In dieser Form wird die Botschaft manchmal von Generation zu Generation weitergereicht in Familien, wo man über Gefühle niemals spricht.

Ein Kind kann sich die Botschaft „Sei nicht nahe!" selbst geben als Reaktion darauf, daß Vater oder Mutter es körperlich ständig von sich fernhalten. So oft das Kind auch ankommen und Nähe suchen mag, es erlebt keine Reaktion. Zum Schluß mag es zu der Folgerung gelangen, daß sein Bemühen um Nähe sich doch nicht lohnt, weil die ständige Zurückweisung einfach zu weh tut.

Eine Variante von „Sei nicht nahe!" heißt „Vertraue nicht!". Kleinkinder nehmen diese Botschaft manchmal auf, wenn einer von den Eltern plötzlich fortgeht oder stirbt. Das Kleinkind kann die realen Gründe für das Verschwinden von Vater oder Mutter nicht verstehen und mag folgern: „Bei niemandem werde ich jemals wieder darauf vertrauen, daß er da ist, wenn ich ihn brauche."

Die Botschaft „Vertraue nicht!" kann auch dann angenommen werden, wenn das Kind mißhandelt wird oder dahinterkommt, daß man es austricksen oder reinlegen will. Das heißt dann: „Ich halte mich von dir fern, um mich zu schützen." Wer im Erwachsenendasein derartige Beschlüsse dem Menschen gegenüber verwirklicht, mit dem er in Beziehung steht, ist ständig mißtrauisch. Selbst dort, wo er wärmstens aufgenommen wird, streckt er seine Fühler aus, um vielleicht doch Zeichen für Ablehnung wahrzunehmen. Weigert sich der andere jedoch, ihn zurückzuweisen, so „testet er so lange die Belastungsfähigkeit dieser Beziehung", bis er es endgültig überzogen hat und dann sagen kann: „Das habe ich ja gleich gedacht!"

Sei nicht gesund! (Sei nicht normal!)

Stell dir vor, Vater und Mutter haben sehr viel zu tun und sind beide den ganzen Tag zur Arbeit fort. Sie lieben ihre Tochter, aber haben einfach nicht mehr genügend Energie, sich groß um sie zu kümmern, wenn sie abends nach Hause kommen und ihr Kind aus der Kindertagesstätte zurückkehrt.

Wird die Tochter nun krank, dann bleibt Mutter der Arbeit fern, um sich um ihr krankes Kind zu kümmern. Vater tut jetzt etwas, was er vorher nur selten getan hat: er liest ihr abends Einschlafgeschichten vor.

Aus ihrem schlauen Kleinen Professor speichert das kleine Mädchen die Schlußfolgerung ein: „Wenn ich hier die Zuwendung bekommen will, die ich brauche, muß ich krank sein." Ohne daß die Eltern sich darüber klar sind oder das gar beabsichtigen, haben sie ihr die Bann-

Botschaft vermittelt: „Sei nicht gesund!" Befolgt die Tochter diese Botschaft als Erwachsene, so setzt sie unter Umständen ihre Skript-Strategie ein zu erkranken, sobald in ihren Beziehungen oder bei der Arbeit etwas schiefläuft.

Gelegentlich wird die Botschaft „Sei nicht gesund!" auch auf dem Wege der Zuschreibung erteilt, wenn etwa die Eltern in der Verwandtschaft oder Nachbarschaft immer wieder die Äußerung fallen lassen: „Na ja, die ist nun mal nicht die Kräftigste."

Die Variante „Sei nicht normal!" entnimmt das Kind häufig aus dem Vorbild eines psychotischen Elternteils oder Verwandten. Das Kind wird nur beachtet, wenn es sich verrückt genug aufführt. Manchmal wird diese Bann-Botschaft noch weiter verstärkt durch unausgesprochene Überzeugungen davon, in welcher Weise seelische Störungen in einer bestimmten Familie auftreten oder weitergegeben werden.

Denke nicht!

Die Bann-Botschaft „Denke nicht!" kann von einem Elternteil gegeben werden, der das Denken seines Kindes ständig belächelt. Der kleine Klaus zeigt seinem Vater ganz stolz, wie er zum ersten Mal seinen Namen geschrieben hat. Vater brummt nur „Ach Gott, bist du ein kleiner Naseweis!" In anderen Fällen wird die Botschaft „Denke nicht!" aus einem Vorbild entlehnt, wenn etwa eine hysterische Mutter ihrer Tochter durch ihr Verhalten zeigt: „Wenn eine Frau bei Männern etwas erreichen will, dann schafft sie das, wenn sie ihr Denken ausschaltet und sich in Gefühlsausbrüche hineinsteigert." Diese Botschaft besagt manchmal auch: „Kümmere dich verbissen um alles mögliche unter dem Himmel, bloß nicht um das Problem, das du gerade zu lösen hast."

Wenn der Erwachsene die Bann-Botschaft „Denke nicht!" befolgt, so wird er wahrscheinlich auf Probleme mit Verwirrung reagieren oder bei jedem Problem den Kopf hängen lassen, statt darüber nachzudenken, wie er es lösen kann.

Zwei Varianten der Bann-Botschaft „Denke nicht!" lauten: „Denke nicht an ..." (und das fehlende Wort kann heißen „Sex", „Geld", oder sonst etwas) und „Denke nicht, was *du* denkst, sondem was *ich* denke."

„Fühle nicht!"

Die „Fühle nicht!"-Botschaft kann aus dem Vorbild von Eltern stammen, die selbst ihre Gefühle unter Verschluß halten. Es gibt Familien, in denen irgendeine Gefühlsäußerung schlechthin undenkbar ist. Häufiger ist, daß bestimmte Gefühle verboten sind, während andere zugelassen werden. Die Bann-Botschaft „Fühle nicht!" kann also gedeutet werden als „Fühle keinen Ärger!", „Fühle keine Angst!" usw.

Manchmal wird die Botschaft aufgefaßt als „Erlebe das Gefühl, aber zeige es nicht!" Andere Kinder nehmen eine extremere Version auf, bei der ihnen eingeschärft wird, eine bestimmte Emotion nicht einmal zu erleben. Zum Beispiel wird kleinen Jungen von ihren Vätern immer wieder gesagt: „Ein großer Junge weint nicht" oder „Indianer kennen keinen Schmerz". Das wird dann umgesetzt als „Spüre niemals Trauer!" oder „Erlebe deine Angst nicht!"

In manchen Familien heißt die Botschaft „Fühle nicht!" in der Praxis: „Nimm Körperempfindungen nicht wahr!" Diese Bann-Botschaft wird oft schon in der Frühkindheit gegeben. Wird sie mit besonderem Nachdruck erteilt, so kann sie zu schweren Störungen im Erwachsenenleben führen. Ein Kind, das beispielsweise eine Bann-Botschaft dagegen aufgenommen hat, Hunger zu verspüren, entwickelt später unter Umständen eine Eßstörung. Nach Meinung einiger TA-Therapeuten gehen auch gewisse Arten von Psychosen auf die Botschaft „Habe keine Empfindungen!" zurück.

Dann gibt es auch Eltern, die diese Botschaft in der Fassung vermitteln: „Fühle nicht, was *du* fühlst, fühle, was *ich* fühle!" So sagt die Mutter dem kleinen Sohn: „Ich hab Hunger. Was willst du denn essen?" oder „Mir ist so kalt, zieh deinen Pullover an!"

Das Episkript

Fanita English hat eine besonders virulente Art von Skriptbotschaften beschrieben, die sie als *Episkript* bezeichnet. Dabei gibt Vater oder Mutter eine Bann-Botschaft und setzt, ebenfalls nonverbal, hinzu: „Ich hoffe, dir wird es so gehen, damit es mich nicht trifft."[2]

So kann eine Mutter, die in ihrer eigenen Kindheit eine „Existiere nicht!"-Botschaft aufgenommen hat, ihrem Sohn oder ihrer Tochter eine „Existiere nicht!"-Botschaft weitergeben. In ihrem Kleinen Professor mag die Mutter glauben, daß sie dadurch, gleichsam wie durch eine magische Wirkung, von ihrer eigenen Bann-Botschaft erlöst wird. Auf der psychologischen Ebene vermittelt sie ihrem Kind: „Wenn du jetzt stirbst, muß ich das vielleicht nicht." Die Bann-Botschaft wirkt also hier wie eine „heiße Kartoffel", die von Generation zu Generation weitergegeben wird.

Manchmal nimmt das Episkript die Gestalt eines besonderen Auftrags an eine Familie an, oder eines Fluchs, der auf ihr ruht. Dabei soll dann jede Generation das gleiche Ende erleiden. Fanita English führt das Beispiel eines jungen Mannes an, der eine Zeitlang Drogen genommen hatte. Er interessierte sich dann für Psychologie, stieg aus der Abhängigkeit aus und nahm eine Tätigkeit als Therapeut auf. Bald stellte sich jedoch heraus, daß er die Arbeit mit einigen seiner Klienten dadurch sabotierte, daß er ihnen verdeckte Botschaften gab, die besagten: „Dreh durch, daß du in die Anstalt kommst!"

Sein Supervisor deckte diesen Zusammenhang auf, und der junge Mann ging selbst in Therapie. Durch Skriptanalyse wurde ihm klar, daß er die Weisung „Komm in die Anstalt!" (Sei nicht normal!) als „heiße Kartoffel" von seiner Mutter aufgenommen hatte. Er strebte zunächst danach, ihrer Bann-Botschaft dadurch zu gehorchen, daß er Drogen nahm. Als Therapeut hatte er dann versucht, die gleiche „heiße Kartoffel" seinen Klienten weiterzureichen. Als er dann mit seinem Therapeuten die Familiengeschichte durchforschte, stellten sie fest, daß die gleiche Botschaft „Werde verrückt!" als das Episkript durch mindestens zwei Generationen hindurch zu verfolgen war. Niemand war wirklich in die Anstalt gekommen, aber jede Generation glaubte, eine solche Entwicklung sei dadurch vermieden worden, daß die „heiße Kartoffel" jemand anderem weitergereicht worden war.

In welchem Verhältnis stehen Beschlüsse und Bann-Botschaften zueinander?

Wir haben betont, daß die Bann-Botschaften von Vater und Mutter nichts *bewirken* können, sondern daß das Kind sein Skript in einer ganz bestimmten Weise abfaßt. Das Kind *beschließt,* wie es mit den Einschärfungen umgehen will, die es erhält. Das eine Kind nimmt die Botschaft so an, wie sie kommt. Ein anderes gestaltet sie vielleicht raffiniert um, um ihre Wirkung zu mildern. Ein drittes schließlich weigert sich rundweg, die Bann-Botschaft überhaupt anzunehmen.

Nehmen wir beispielsweise an, ein kleiner Junge nimmt das „Existiere nicht!" von seiner Mutter auf. Dabei kann er die volle Wirkung einer solchen Bann-Botschaft an Bord nehmen und entweder als Kind oder später als Erwachsener Selbstmord begehen. Solch ein Selbstmord kann offen als solcher erkannt werden oder die Gestalt eines „Unfalls" annehmen, wenn z.B jemand in betrunkenem Zustand mit erhöhter Geschwindigkeit Auto fährt.

Eine weitere Möglichkeit liegt darin, daß das Kind in seinem magischen Denken schon früh die Entscheidung trifft, die Auswirkungen eines „Existiere nicht!" dadurch zu verlagern, daß es beschließt, jemand anders umzubringen, statt sich selbst zu töten. Das führt dann zu einem hamartischen Skript, bei dem die Auszahlung Mord oder Totschlag ist statt Selbstmord.

In anderen Fällen kann die magische Überzeugung die Form annehmen: „Wenn ich meiner Existenz als normale Person ein Ende setzen kann, muß ich vielleicht nicht wirklich sterben." Auf diese Weise erhält dann das Skript die hamartische Auszahlung des „Verrücktwerdens".

Ganz im Gegensatz zu derartigen tragischen Entscheidungen kann ein kleines Kind durchaus schon für sich beschließen: „Diese Botschaft geht meine Mutter an, nicht mich", und damit die „Existiere nicht!"-Botschaft überhaupt zurückweisen. Tut das Kind das, so kann es, in den Worten der Gouldings, „... ein kleiner Psychiater oder auch ein Priester werden, der die Familie untersucht und sich bemüht, heilend einzugreifen, und dabei sein eigenes Leben rettet durch die Erkenntnis, daß die Pathologie ihn nicht betrifft". Viele von diesen „kleinen Psychiatern" oder Priestern werden später große Psychiater oder Priester, und obendrein recht gute.

Das Kind hat immer die Möglichkeit, auf diese Weise eine Bann-Botschaft umzukehren und positive statt negative Ergebnisse herauszuholen. So kann ein kleiner Junge, der die Botschaft mitkriegt „Sei nicht du selbst!" im Sinne von „Sei kein männliches Wesen!", ein Mann werden, der eine ganze Reihe positiver Eigenschaften aufweist, die gemeinhin als „weiblich" dargestellt werden – er ist sensibel und warm, auch körperlich offen für Gefühle. Ein weiterer Weg, die Auswirkungen von Bann-Botschaften zu vermeiden, liegt darin, daß man *Zusatzentscheidungen* (also „kombinierte Beschlüsse") trifft. Das bedeutet, daß das Kind die genialen Einfälle des Kleinen Professors nutzt und verschiedene Skriptbotschaften miteinander kombiniert mit dem Ziel, am Leben zu bleiben und, so gut es geht, für die Erfüllung seiner Bedürfnisse zu sorgen. Derartige Zusatzbeschlüsse werden bei der Skriptanalyse oft erkennbar und sind wichtig für das Verständnis der Art und Weise, wie das Skript funktioniert. In den folgenden Abschnitten befassen wir uns mit verschiedenen Arten von Zusatzbeschlüssen und sehen, wie diese eingesetzt werden gegen schädliche Bann-Botschaften.

Die praktische Erfahrung hat gezeigt, daß die Botschaft „Existiere nicht!" diejenige ist, die am häufigsten abgewehrt wird, und so werden wir sie denn in den meisten der folgenden Beispiele heranziehen.

Weg-Weiser, die eine Bann-Botschaft überlagern

Betrachte einmal die Skriptmatrix, die in der Abbildung 14.1 wiedergegeben ist.

Du siehst, daß Hubert von seiner Mutter die Bann-Botschaft „Existiere nicht!" erhalten hat. Nun kommt es für Hubert in seinem Kleinen Professor zu allererst darauf an, sich einen Weg auszudenken, wie er am Leben bleiben kann. Wie kann er das wohl schaffen?

Eine Möglichkeit ist, einen Weg-Weiser zu übernehmen und ihn so einzusetzen, daß er das „Existiere nicht!" überlagert. So mag Hubert die Ermahnung seiner Mutter „Streng dich an!" als Weg-Weiser annehmen und damit die Zusatzentscheidung treffen: „Solange ich mich anstrenge, darf ich ruhig am Leben bleiben."

Was hat das nun für Hubert als Erwachsenen zu bedeuten? Wahrscheinlich wird er ein Mensch, der sich bei allem, was er anfaßt, enorm anstrengt. Im Beruf gilt er als arbeitssüchtig. Wenn er Sport betreibt, gibt er sich die größte Mühe, überragende Leistungen zu erreichen. In persönlichen Beziehungen setzt er alles ein, um als guter Gesellschafter zu gelten, und beim Sex gibt er sich alle erdenkliche Mühe, seine Partnerin zufriedenzustellen.

Nun stellen wir uns vor, Hubert bekommt Bluthochdruck, Magengeschwüre oder andere Streßsymptome. Er beschließt, weniger zu arbeiten. Vielleicht nimmt er sich zusätzlich Urlaub oder fängt an, Arbeiten zu delegieren. Eine Zeit lang geht alles gut, aber seltsamerweise fällt es Hubert sehr schwer, seine neue Gangart beizubehalten.

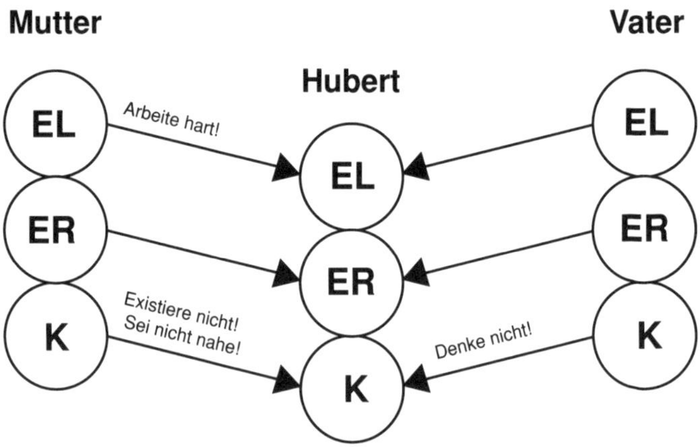

Abbildung 14.1: Auszug aus Huberts Skriptmatrix

Unmerklich füllt er seine neu gewonnene Freizeit mit einer Reihe von Pflichten an. Vielleicht übernimmt er ein Ehrenamt, und innerhalb von wenigen Wochen nimmt er seine Aufgabe so ernst, daß er sich mehr unter Druck setzt als vorher. Was ist da passiert?

Die Erklärung liegt darin, daß Hubert das dynamische Gleichgewicht seines Skripts durcheinandergebracht hat. Im Bewußtsein erlebt er sich als jemand, der seine Arbeitsbelastung abgebaut und damit für sich etwas getan hat, aber für seinen – ihm selbst nicht zugänglichen – Kleinen Professor wirkt diese Veränderung lebensbedrohend. Seine Skriptüberzeugung lautet „Wenn ich jetzt aufgehört habe, mich so anzustrengen, muß ich auf Mutter hören, die mir sagt, ich solle tot umfallen." Kein Wunder, daß er bald Mittel und Wege findet, sich wieder zu überarbeiten.

Wir sagen, daß Hubert Mutters „Existiere nicht!" *überdeckt* hat mit dem Weg-Weiser „Streng dich an!". Sobald er beginnt, sich weniger anzustrengen, wird die Bann-Botschaft *aufgedeckt.*

Solche Skriptgefüge führen manchmal zu paradoxen und besonders unangenehmen Resultaten. Wenn sich Hubert weiterhin so anstrengt, befolgt er eine Strategie seines Kleinen Professors, um am Leben zu bleiben. Aber nach jahrelanger Überarbeitung muß er damit rechnen, daß er infolge eines Herzinfarkts wirklich tot umfällt oder infolge von Magengeschwüren oder Bluthochdruck arbeitsunfähig wird. Die Kombination von Botschaften, die ja dazu angelegt war, eine hamartische Auszahlung *abzuwehren*, hat dann gerade dazu geführt, daß es zu einer solchen Auszahlung kam.

Wenn wir erkennen wollen, wie Hubert Veränderungen herbeiführen kann, die ihn wirklich aus dieser negativen Kombination befreien, müssen wir die Dynamik seines Zusatzbeschlusses verstehen. Wenn er daran geht, seine Überarbeitung aufzugeben, aber die darunterliegende „Existiere nicht!"-Botschaft außer acht läßt, hat er große Aussicht, daß er bald wieder in seine gewohnte Überarbeitung zurückfällt. Wer das von außen beobachtet, mag den Eindruck haben, er sabotiere sich selbst. Aber für Hubert in seinem Kleinen Professor bedeutet das das genaue Gegenteil von Sabotage. In seinen Augen ist dies der einzige Weg, dem von der Mutter angedrohten tödlichen Ende zu entgehen.

Um diesen Teil seines Skripts unschädlich zu machen, muß Hubert *zuerst* die Bann-Botschaft „Existiere nicht!" entschärfen. Wenn er sich einmal die Erlaubnis geholt hat, trotz des Fluchs der Mutter weiterzuleben, dann kann er darangehen, auch seine Arbeitsbelastung zu verringern. Er wird dann feststellen, daß er den ständigen Druck mühelos und auf Dauer fernhalten kann.

Eine Bann-Botschaft überlagert eine andere Bann-Botschaft

„Existiere nicht! " war nicht die einzige Bann-Botschaft, die Hubert von seiner Mutter erhalten hatte. Sie hatte ihm auch die Botschaft gegeben: „Sei nicht nahe!" Hubert könnte diese leichtere Einschärfung einsetzen und die schwererwiegende abwehren. Als Kleinkind hätte er dann den Zusatzbeschluß gefaßt: „Ich darf ruhig weiterleben, solange ich nicht irgend jemand zu nahe komme."

Wenn er als Erwachsener dann „im Skript" ist, wird er, ohne dessen inne zu werden, seine frühe Entscheidung umsetzen. Wie wirkt er denn auf andere? Körperlich hält er dann Abstand, und er ist auch nicht bereit, seine Gefühle mitzuteilen. Wahrscheinlich hat er Mühe, Strokes zu geben oder anzunehmen, vor allem körperliche.

Hubert fühlt sich vielleicht mit seiner Art nicht besonders wohl. Unter Umständen spürt er Strokemangel oder Einsamkeit und knüpft eine Beziehung an, um jemandem näherzukommen. Aber wahrscheinlich fällt es ihm dann schwer, das längere Zeit durchzuhalten. Dann findet er sicher einen Weg, sich von den anderen Menschen zurückzuziehen – vielleicht stellt er es so an, daß er den anderen zurückstößt oder daß er selbst zurückgewiesen wird.

Im Bewußtsein ist Hubert traurig und empört darüber, daß er wieder allein ist. Aber tiefer drinnen, in seinem Kleinen Professor, verspürt er einen Seufzer der Erleichterung. Wenn er weiterhin Nähe erlebt und damit gegen Mutters Bann-Botschaft „Sei nicht nahe!" verstoßen hätte, hätte er sich ihrer mörderischen Weisung stellen müssen: „Existiere nicht!"

Auch für diesen Fall gilt wieder die gleiche Lösung: wenn Hubert aus dieser Kombination von Skriptelementen heraus und Nähe genießen will, muß er zunächst die Bann-Botschaft „Existiere nicht!" entschärfen. Und das tut er, indem er beschließt *weiterzuleben, ganz gleich was gewesen war oder noch kommen mag.**

Ein Elternteil wird gegen den anderen ausgespielt

Der Vater hatte Hubert keine „Existiere nicht!"-Botschaft übermittelt. Hingegen gab er ihm die leichtere Bann-Botschaft „Denke nicht!" So konnte sich Hubert noch eine weitere frühkindliche Strategie zum Weiterleben zurechtlegen. Er faßt also den Beschluß: „Solange ich Vater zuliebe als unbegabt gelte, muß ich nicht Mutter zuliebe tot umfallen."

Noch als Erwachsener kommt Hubert in Situationen, wo er sein

* Kursivdruck vom Übersetzer.

Denkvermögen „abzuschalten" scheint. Dann reagiert er mit Verwirrung und sagt etwa: „Ich kann mich nicht konzentrieren. Mir kommen dauernd andere Gedanken." Unbewußt sucht er also bei seinem Vater Schutz vor Mutters tödlicher Bann-Botschaft.

Das Antiskript

Manche Leute nehmen eine ihrer Skriptbotschaften und verkehren sie ins Gegenteil. Dann befolgen sie dieses Gegenteil statt der ursprünglichen Botschaft. Meist wird das mit dem Gegenskript gemacht. Wenn wir uns so verhalten, sagt man, wir sind im *Antiskript.*[3]

In verschiedenen Lebensperioden kann der Mensch, als Reaktion auf jede beliebige Skriptbotschaft, ins Antiskript wechseln oder umgekehrt. Das geschieht besonders häufig bei Jugendlichen. Ein typisches Beispiel dafür ist das Mädchen, das während der ganzen Kindheit die Gegenskript-Botschaft befolgt hat: „Sei schön still und tu, was dir die Eltern sagen!" Und kaum ist sie vierzehn, verändert sie sich von einem Tag auf den anderen, wird frech und laut, kommt abends spät heim und gerät, wie die Eltern das nennen, „in schlechte Gesellschaft".

Scheinbar hat sie sich von ihrem Gegenskript befreit. In Wirklichkeit befolgt sie es genauso intensiv wie vorher. Sie hat ihre Skriptbotschaft lediglich umgekehrt, wie man etwa ein Diapositiv umdrehen kann, um von der Rückseite her durchzugucken. Das Antiskript kann man sich als Ergebnis dessen vorstellen, was das rebellische Kind beschließt, wenn es das Skript und das Gegenskript satt hat. Es ist dann soweit gekommen, daß es ihm völlig gleich ist, was passiert, wenn es diesen frühen Beschlüssen nicht mehr folgt.

Das gleiche Mädchen verläßt dann in der Ehe unter Umständen wieder sein Antiskript und kehrt zurück in ihr Skript und Gegenskript. Die Frau wird dann wieder still und unauffällig, und ihrem Mann zuliebe ist sie das „brave Frauchen".

Zeichne deine eigene Skript-Matrix

Nimm einen großen Bogen Papier und zeichne das Schema einer Skript-Matrix ein, wie sie in der Abbildung 13.1 wiedergegeben ist. Darauf kannst du dann die Skriptbotschaften eintragen, die du von deinen Eltern mitbekommen hast. Bei dieser Selbstanalyse kommt es nicht so sehr auf Präzision an. Und sie liefert auch keine Antworten, die dann gelten sollten für Zeit und Ewigkeit. Siehst du aber in deiner Skript-Matrix eine wichtige *Informationsquelle über deine Vergangenheit*, dann liegst du richtig. Sie gibt dir eine Landkarte an die Hand für die Art und Weise, in der du *deine eigene Zukunft verändern* kannst. Wie jede Karte läßt sich deine Karte revidieren und vervollständigen in dem Maße, wie du weitere Informationen erhältst. Und nach Art einer Landkarte kann sie auch abgeändert werden, sobald Straßen verbreitert oder neue gebaut oder auch alte aufgegeben werden.

Geh dabei zügig vor und verlaß dich auf deine Intuition.

Bann-Botschaften

Geh die Zusammenstellung der „zwölf Bann-Botschaften" durch und frage dich bei jeder einzelnen, ob du die Nöte und Schwierigkeiten erlebt hast, die damit verbunden sind. Schreib dir die Bann-Botschaften auf, von denen du den Eindruck hast, daß sie für dich eine Rolle gespielt haben. Trage sie in die Matrix ein je nach dem Elternteil, von dem sie ausgegangen sind. Dabei kann es durchaus welche geben, die dir von beiden Eltern erteilt worden sind. Kannst du dich erinnern an den Elternteil, der dir die Bann-Botschaft vorgelebt hat? Oder der dir so schwerwiegende Verbote oder Zuschreibungen eingeschärft hat? Weißt du es nicht genau, so verlaß dich auf das, was du ahnst.

Wenn du deine Bann-Botschaften einträgst, halte dich an die zwölf üblichen Benennungen, die in der Zusammenstellung der Gouldings verwandt werden. Wenn du glaubst, daß ein anderer Name besser passen würde, so setze diesen in Klammern hinter die übliche Bezeichnung. Beispiel: „Sei kein Kind!" (Genieße nicht!)

Gegenskript

Denke an die Ge- und Verbote, die Redensarten und Sprichwörter, die deine Eltern häufig ausgesprochen haben, als du klein warst. Wann hat sich Mutter und wann hat sich Vater über dich gefreut? Oder geärgert? Welche Worte haben sie gebraucht, um dir klarzumachen, ob sie sich gefreut oder geärgert hatten? Haben sie dir Ratschläge gegeben dazu, wie du im Leben vorankommen und deiner Familie Ehre machen kannst?

Aus diesem Material entwickle jetzt dein Gegenskript. Wahrscheinlich findest du es recht leicht, dich daran zu erinnern, welcher Elternteil dir welches Gebot gegeben hat. Hör auf die Stimme in deinem Kopf. Und wo du Zweifel hast, rate einfach. Ein Teil des

Gegenskripts kommt sicher auch von anderen Verwandten, älteren Geschwistern oder Lehrern.

Das Programm

Bei der Aufstellung der Skript-Matrix ist es üblich, nur die Programmteile einzutragen, die negativ sind. (Die Tausende von positiven Anweisungen darüber, wie man etwas macht, die wir von unseren Eltern übernehmen, brauchen aus Platzgründen nicht aufgezeichnet zu werden.) Denke dabei daran, daß die negativen Programmaspekte aus dem getrübten Erwachsenen-Ich von Vater oder Mutter herrühren, obwohl es im Diagramm so aussieht, als kämen sie einfach aus dem Kreis für das Erwachsenen-Ich.

Hat Vater oder Mutter dir vorgemacht, wie skriptgebundene Resultate erreicht werden? Häufig macht dir einer der Elternteile vor, wie man eine Bann-Botschaft oder einen Weg-Weiser befolgt, den du von dem anderen Elternteil mitbekommen hast. Wenn zum Beispiel die Mutter eine „Fühle nicht!"-Botschaft erteilt hat, zeigt Vater dir, wie man es anstellt, seine Empfindungen zu leugnen.

So, nun trage deine negativen Programmaspekte ein in Form einer Reihe von Äußerungen, die alle mit dem Wort „So ..." beginnen – gemeint ist: „So macht man es ..." Es gibt auch Menschen, bei denen keinerlei negative Programmbotschaften erkennbar sind. Wenn du für dich keine identifizieren kannst, dann laß diesen Teil in deiner Matrix frei.

Der Einsatz der Phantasie, von Erzählungen und Traummaterial

Und nun nimm dir einmal das Material vor, das du zusammengetragen hast, als du in Kapitel 10 die Übungen gemacht hast mit Phantasievorstellungen, Erzählungen und Träumen. Das hattest du ja aufs Geratewohl festgehalten, so wie es dir gerade eingefallen war.

Und nun sieh dir das gleiche an in bezug auf die formelle Skript-Matrix. Setze dein Denkvermögen und deine Intuition ein, um zu überprüfen, wie dieses Material zu dem paßt, was du in die Matrix bereits eingetragen hattest, und dann füll deine Matrix weiter aus oder ändere sie entsprechend ab.

In der TA hat es sich eingebürgert, formelle *Skriptfragebogen* zu verwenden, um Skriptdaten derart zu identifizieren, wie du sie in der obigen Übung entdeckt hast. Wir haben hier keinen Skriptfragebogen aufgenommen, weil wir glauben, daß formelle Fragebogen sich mehr zur Verwendung im Interview eignen als zur Skripterforschung im Selbststudium. Wenn du Beispiele für formelle Fragebogen suchst, nutze die Literaturhinweise für dieses Kapitel.[4]

15. Der Skript-Prozeß

In diesem IV. Kapitel haben wir bisher über das „Was" des Lebensskripts, über seinen *Inhalt*, gesprochen. Nun werden wir uns in diesem und dann in dem letzten Kapitel mit dem *Prozeß* des Skripts befassen, wie er in unserer Einstellung zum „Phänomen Zeit" zum Ausdruck kommt, d.h., wie wir Menschen unser Skript in der Zeit ausleben.

Die Untersuchung des Lebensskripts hat eine faszinierende Tatsache ans Licht gebracht, nämlich daß es nur sechs Muster für den Skript-Prozeß gibt. Ob ich Chinese, Afrikaner oder Europäer bin, wenn ich mein Skript auslebe, so halte ich mich dabei zwangsläufig an eins oder mehrere dieser sechs Muster. Genau so ist es mit unterschiedlichen Altersstufen, verschiedener Geschlechtszugehörigkeit, und das gilt bei jedwedem Bildungshintergrund und für jeden Kulturkreis.

Die sechs Typen des Prozeß-Skripts sind ursprünglich von Berne zusammgestellt worden[1]. Seitdem sind von anderen TA-Theoretikern gewisse Änderungen für seine Klassifikation vorgeschlagen worden, vor allem von Taibi Kahler[2].

Sechs Prozeß-Skripts

Wir geben im folgenden die sechs Muster des Skript-Prozesses wieder:

Bis
Nachdem
Niemals
Immer
Beinahe
Mit offenem Ende

Jedes dieser Muster hat sein eigenes Thema, welches die Art und Weise beschreibt, in der der Betreffende sein Skript im Laufe seines

Lebens verwirklicht. Berne, der sein Leben lang gern Klassiker zitierte, hat für jedes dieser Prozeßthemen einen griechischen Mythos herangezogen.

Das „Bis"-Skript

Wenn ich mein Skript nach Maßgabe des „Bis"-Musters auslebe, dann heißt mein Lebensmotto: „Ich darf keinen Spaß haben, bis ich meine Arbeit fertig habe." Dafür gibt es eine ganze Reihe möglicher Varianten, aber ihnen allen ist die Vorstellung gemein, daß „etwas Gutes sich nicht ereignen kann, *bis* etwas weniger Gutes zu Ende ist."

„Ich muß mich erst vollständig verstanden haben, ehe ich mich ändern kann."

„Das Leben beginnt mit Vierzig!"

„Wenn ich erst in Pension bin, kann ich endlich reisen."

„Mein Lohn ist nicht von dieser Welt."

Wie alle Prozeß-Muster wird auch das „Bis"-Muster sowohl kurzfristig wie auch langfristig ausgelebt. Gustav meint: „Wenn die Kinder erst mal groß und aus dem Haus sind, dann habe ich Zeit, mich zu erholen und all das zu tun, was ich schon immer wollte."

Und während er auf das große „Bis" seines Lebens wartet, lebt er das gleiche Muster Tag für Tag in kurzen Zeiträumen aus. Er sagt zu seiner Frau: „Gut, ich komme schon und trink ein Gläschen mit dir, aber warte noch einen Augenblick, bis ich mit der Ablage fertig bin."

Gustav zeigt das „Bis"-Muster sogar beim Sprechen, nämlich im Satzbau. Er verwendet immer wieder einen *Einschub*. Er drückt sich etwa so aus: „Also ich hab meiner Frau gesagt – und übrigens habe ich meiner Tochter erst gestern das gleiche gesagt –, daß wir mit dem Haus was unternehmen müssen." Er unterbricht sich mitten im Satz, um einen weiteren Gedanken einzufügen. Durch einen solchen Satzbau spiegelt Gustav die „Bis"-Vorstellung wider: „Ich muß erst alles erwähnt haben, ehe ich zum Abschluß kommen kann."

Der griechische Held Herkules hatte ein „Bis"-Skript. Ehe er in den Status eines Halbgottes erhoben wurde, mußte er erst eine ganze Reihe schwieriger Arbeiten vollbringen – nicht zuletzt die Stallungen des Königs endlich mal ausmisten.

Das „Nachdem"-Skript

Das „Nachdem"-Muster ist das Gegenstück zum „Bis". Wer in diesem Skript steckt, folgt dem Motto: „Zwar kann ich heute Spaß haben, aber morgen werde ich dafür zahlen müssen."

„Das ist ja 'ne tolle Party! Mein Gott, was werde ich da morgen früh wieder für ein Kopfweh haben."

„Wenn du dann verheiratet bist, besteht das Leben nur noch aus Verpflichtungen."

„Ich stehe früh auf und gehe fröhlich in den Tag, aber abends bin ich dann doch arg müde." Jemand mit einem „Nachdem"-Skript gestaltet seine Sätze häufig so, wie das hier im ersten und im dritten Beispiel deutlich wird. Jeder Satz beginnt mit einem „Hoch". Dann kommt eine Wende, die häufig durch das Wort *aber* signalisiert wird, und was dann noch kommt, ist ein einziges „Tief". Ein solcher Satz wirkt wie eine Miniaturausgabe des „Nachdem"-Skripts.

Das „Nachdem"-Muster wird durch den Damokles-Mythos veranschaulicht. Dieser griechische Herrscher ließ es sich wohl sein vor einer stets vollen Tafel und bei Wein, Weib und Gesang. Aber während der ganzen Zeit hing über seinem Haupte ein Schwert, das nur von einem einzigen Pferdehaar gehalten wurde. Und wie er dann einmal aufgeblickt und es gesehen hatte, konnte er nie wieder fröhlich sein. Er lebte in ständigerAngst bei dem Gedanken, wann es wohl herabfallen würde. Wie Damokles glaubt auch jemand mit einem „Nachdem"-Skript, es dürfe ihm zwar heute noch gut gehen, aber nur um den Preis, daß morgen das Schwert auf ihn niederfallen würde.

Das „Niemals"-Skript

Das Skriptthema für „Niemals" lautet: „Ich kann niemals bekommen, was ich mir am meisten wünsche."

Andreas sagt oft, er wünschte sich eine dauerhafte Beziehung zu einer Frau. Bisher ist ihm das nie geglückt. Aber er sucht auch nie Orte auf, wo er Frauen kennenlernen könnte. Oft hat er gedacht, er ginge am liebsten nochmal zur Uni und würde promovieren. Aber bis jetzt hat er sich noch nicht einmal um ein Dissertationsthema bemüht.

In diesem „Niemals"-Skriptmuster ist Andreas wie Tantalus, der dazu verdammt war, eine Ewigkeit lang in einem Wasserbecken zu stehen. Auf der einen Seite des Beckens stand ein Tisch mit Essen, auf der anderen Seite ein Krug mit Wasser. Aber beides war gerade so weit weg, daß Tantalus nicht hinreichen konnte, und so blieb er hungrig und durstig.

In der mythischen Erzählung schien Tantalus gar nicht zu bemerken, daß er Essen und Wasser leicht hätte bekommen können, wenn er nur einen Schritt auf die eine oder andere Seite gemacht hätte. Wenn jemand sich im „Niemals"-Skript bewegt (oder richtiger: nicht bewegt), verhält er sich genauso. Er könnte erreichen, was er wollte, wenn er nur einen Schritt tun würde, aber den tut er nicht.

Für das „Niemals"-Skript ist ein bestimmter Satzbau nicht festgestellt worden. Aber Menschen mit einem „Niemals"-Skript reden oft von negativen Inhalten, und zwar in endloser Wiederholung, wie eine Schallplatte, die einen Sprung hat. Wenn sie dir am Mittwoch all ihr Leid geklagt haben, dann tun sie das am Donnerstag erneut, als wäre tags zuvor gar nicht davon gesprochen worden.

Das „Immer"-Skript

Jemand mit einem „Immer"-Skript sagt: „Warum muß das ausgerechnet immer mir passieren?" Der griechische Mythos für „Immer" ist der von Arachne, die gut sticken konnte. Sie war unklug genug, die Göttin Minerva zu einem Stick-Wettstreit herauszufordern. Die erboste Gottheit verwandelte Arachne in eine Spinne, die verdammt war, ihr Spinnengewebe in alle Ewigkeit zu spinnen.

Martha folgt dem „Immer"-Muster. Sie war dreimal verheiratet und wurde zweimal geschieden. Beim ersten Mal hat sie einen Mann geheiratet, der still, zurückhaltend und nicht sehr umgänglich war. Martha hat mit ihm gebrochen, wie sie ihren Freundinnen erzählte, weil sie wirklich jemand wollte, der dynamischer war. Zur Überraschung dieser Freundinnen hat sie bald darauf ihre Verlobung mit einem anderen Mann bekanntgegeben, der dem ersten glich wie ein Ei dem anderen. Auch diese Ehe hat nicht lange gedauert. Marthas dritter Mann ist ein sehr zurückhaltender, ruhiger und nicht dynamischer Typ – und sie fängt gerade an, bei ihren Freundinnen seinethalben zu quengeln.

Leute mit dem „Immer"-Muster leben dieses aus wie Martha, gehen ständig aus der einen unbefriedigenden Beziehung, Arbeit oder Wohngegend hinaus in die nächste. Eine Variante sieht so aus, daß man bei der ursprünglichen unbefriedigenden Entscheidung bleibt, statt eine bessere zu treffen. Jemand, der ein „Immer"-Skript hat, sagt dann etwa: „Also bisher hat mir dieser Therapeut nichts gebracht. Aber, naja, ich denke, ich bleib mal dabei und hoffe halt, daß was dabei rauskommt. Martha drückt sich oft in einer Weise aus, die typisch ist für den Sprachgebrauch von jemand mit einem „Immer"-Skript. Sie fängt einen Satz an und geht dann in eine andere Richtung. Dann steigt sie wieder um in eine andere Richtung und verläßt auch diese wieder usw. „Also, weshalb ich jetzt gekommen bin, das war... ach, als ich hierher unterwegs war, hab ich doch meine Freundin getroffen, und die – oh, übrigens, ich hab noch Geld bei mir und ..."

Das „Beinahe"-Skript
Sisyphus war auch so ein Typ, der bei den reizbaren kriegerischen Göttern in Ungnade gefallen war. Er war dazu verdammt, die Ewigkeit damit zuzubringen, daß er einen riesigen Felsbrocken bergauf rollen mußte. Jedesmal, wenn er beinahe oben war, entglitt ihm der Felsen und rollte den ganzen Weg wieder hinab bis unten hin. Wie Sisyphus sagt auch der moderne Mensch mit einem „Beinahe"-Skript: „Diesmal hätte ich es beinahe geschafft." Alfred leiht sich bei seinem Freund ein Buch. Wie er es zurückgibt, sagt er „Besten Dank. Ich bin ganz durch, bis aufs letzte Kapitel." Wenn Alfred seinen Wagen wäscht, kriegt er ihn fast ganz sauber, bis auf ein paar Dreckspritzer, die er übersehen hat. Aber auch längerfristig lebt Alfred sein „Beinahe"-Muster aus, und so ist er auch in der Firma beinahe befördert worden. Aber obwohl er in die Nähe des Chefsessels gerückt ist, ist er doch noch nicht ganz hineingerutscht. Er kommt jedesmal in die engere Wahl, und jedesmal geht dann beim entscheidenden Gespräch etwas schief. Berne hat dieses Skriptmuster „Noch und noch" genannt. Spätere Autoren haben jedoch darauf hingewiesen, daß *alle* Muster „noch und noch" durchlebt werden, und so ist statt dessen der Titel „Beinahe" eingeführt worden. Taibi Kahler meint, es gebe zwei Typen des „Beinahe"-Musters. Was wir gerade beschrieben haben, bezeichnet er als „Beinahe Typ 1". Gehorcht jemand dem „Beinahe Typ 2"-Muster, dann gelangt er *wirklich* bis oben auf den Berg.

Statt dann aber seinen Felsbrocken in Ruhe zu lassen und einen Seufzer der Erleichterung auszustoßen, merkt er kaum, daß er oben angekommen ist. Statt einzuhalten schaut er sich um, ob da nicht irgendwo ein noch höherer Berg ist, auf den er den Felsen wälzen kann, und schon geht's weiter. Wenn er dann auch da oben angelangt ist, sieht er sich wieder um, ob er nicht einen noch höheren Gebirgszug entdeckt, den er bezwingen kann.

Jemand, der dieses „Beinahe Typ 2" umsetzt, wird auch wirkliche Hochleistungen vollbringen. Johanna z.B. hatte immer Top-Zeugnisse und hat ihr Abitur mit Glanz und Gloria gemacht. Sie hat dann studiert, ihr Examen mit Auszeichnung bestanden und arbeitete schon an ihrer Dissertation. Inzwischen hat sie promoviert und bereitet sich jetzt intensiv auf die Habilitation vor. Alle Kolleginnen und Kollegen beneiden sie, aber Johanna selbst hat keineswegs das Gefühl, sie habe „es geschafft". Sie sagt ihren Freundinnen, sobald sie Privatdozentin sei, wolle sie eine ordentliche Professur anstreben. Das heißt dann natürlich wieder, jahrelang konzentriert zu arbeiten, und so hat sie nie Zeit für gesellschaftlichen Verkehr oder gar Freundschaften.

Es gibt zwei unterschiedliche Satzmuster, die auf das „Beinahe"-Skript hindeuten. Der Sprecher beginnt einen Satz und fährt dann mit einem anderen fort, den er zu Ende führt. „Also heute befasse ich mich in meiner Vorlesung mit – oh, übrigens, ich habe Ihnen auch einen Packen Fotokopien mitgebracht, den ich dann gleich verteile."

Oder aber der Zeitgenosse mit einem „Beinahe"-Skript stellt sich dar mit einer Kette von positiven Äußerungen, auf die dann eine einzige negative folgt. „Sehen die Bäume nicht herrlich aus im Herbst? Zudem ist es so schön warm, und erst solch ein Licht! Allerdings, die Luft ist kalt."

Skript mit offenem Ende

Dieses Muster ähnelt dem „Bis"- und dem „Nachdem"-Skript insofern, als es hier einen besonderen Punkt gibt, von dem ab die Welt anders aussehen wird. Aber für jemanden mit einem Skript mit offenem Ende stellt sich die Zeit nach diesem Punkt wie ein großes Vakuum dar. Es ist so, als wären die letzten Seiten eines Filmskripts verlorengegangen.

Alfred ist gerade in Pension gegangen, und zwar nach vierzig Dienstjahren bei seiner Bank. Jetzt sitzt er zu Hause mit seiner schönen Urkunde und seiner goldenen Uhr. Er hatte sich so gefreut auf all die freie Zeit. Aber statt sie jetzt zu genießen, hat er seltsamerweise ein ungutes Gefühl. Was soll er jetzt eigentlich mit sich anfangen? Wie wird er bloß die Zeit rumbringen?

Edith verabschiedet sich von ihrer Jüngsten. Es ist die Vierte, die nun auch auszieht, und sie ist schon ganz erwachsen. Edith stellt mit einem Seufzer der Erleichterung fest: Nach diesen langen Jahren mit vier eigenen Kindern endlich keine Verantwortung mehr, und vor allem weniger Arbeit! Aber ein, zwei Tage später fühlt sich Edith doch etwas bedrückt. Es gibt nicht mehr so viel Geschirr zu spülen, und es liegt nicht einmal mehr schmutzige Wäsche herum, die es aufzuräumen und zu waschen gilt. Was soll sie bloß mit ihrer Zeit anfangen?

Das Muster des Skripts mit offenem Ende zeigt sich sowohl kurz- wie auch langfristig. Es gibt Menschen, die sich ihr Leben lang immer nur kurzfristige Ziele setzen. Wenn sie diese erreicht haben, sind sie ratlos und wissen nicht, was sie anfangen sollen, bis wieder irgend etwas auf sie zukommt. Dann setzen sie sich ein weiteres kurzfristiges Ziel, und der Prozeß beginnt von neuem.

Das Motto des Skripts mit offenem Ende heißt: „Sobald ich einen gewissen Zeitpunkt überschritten habe, weiß ich nicht, was ich dann mit mir anstellen soll." Das erinnert an den Mythos von Philemon und

Baucis, dieses weißhaarige Ehepaar, das Götter freundlich in der Hütte beherbergte, die, in Gestalt von Fremden, von der Reise ermattet vorbeigekommen und von allen anderen abgewiesen worden waren. Und siehe, die beiden Alten durften nun ewig leben: zur Belohnung für ihre Güte wurden sie von den Göttern in Bäume verwandelt, und so stehen sie heute noch nebeneinander und berühren sich mit ihren Zweigen.

Kombinationen von Prozeßthemen

Wir alle weisen alle sechs Muster von Prozeß-Skripts auf. Aber bei den meisten von uns überwiegt eins davon. Gustav folgt meist dem „Bis"-Skript, Martha ganz klar dem „Immer"-Muster und so weiter.

Manche Menschen kombinieren zwei Muster, wobei meistens eins davon das Hauptthema angibt, das andere aber auch wichtig ist. So können Menschen mit „Immer Typ 2" auch das „Bis"-Muster aufweisen. Das gilt für Johanna in unserem Beispiel. Ihr unausgesprochenes Motto lautet: „Ich kann keine Ruhe finden, bis ich ganz oben bin. Und ganz oben komme ich eigentlich nie an. Weil ich immer irgendwo einen Gipfel finde, der noch höher ist."

Jemand, der das „Bis"- mit dem „Niemals"-Skript kombiniert, folgt der Überzeugung: „Ich kann niemals Spaß erleben, so lange ich nicht mit meiner Arbeit fertig bin. Aber ich werde ja nie mit der Arbeit fertig. Deshalb kann ich auch nie wirklich Spaß haben."

Andere häufige Kombinationen sind „Nachdem" + „Beinahe Typ1" und „Immer" + „Niemals".

Die Herkunft des Prozeß-Skripts

Wieso gibt es eigentlich nur sechs Prozeß-Themen? Warum sind diese in den verschiedenen Kulturen völlig gleich? Bisher haben wir darauf noch keine Antwort gefunden, und dies wäre noch ein lohnendes Arbeitsgebiet für die weitere TA-Forschung.

Aber wir haben Vorstellungen davon, wie das Prozeß-Skript von den Eltern auf die Kinder übertragen wird. Dieser Vorgang scheint in den Bereich des Gegenskripts zu gehören, und die Übertragung kommt hauptsächlich durch die Vorbildfunktion der Eltern zustande.

Wie steigt man aus den Mustern des Prozeß-Skripts aus?

Wenn du dich in deinem Prozeß-Skript nicht wohlfühlst, kannst du auch aussteigen. Von allen Persönlichkeitsveränderungen, die die TA ermöglicht, ist diese am leichtesten zu erreichen. Zunächst mußt du dich daranmachen festzustellen, welches deine eigenen hauptsächlichen Prozeßmuster sind. Hast du erst diese Einsicht, so setze dein Erwachsenen-Ich ans Steuer und verhalte dich in einer Weise, die das Muster aufbricht.

Wenn dein Hauptmuster bisher „Bis" gewesen ist, dann durchbrichst du das dadurch, daß du dir Spaß gönnst, selbst wenn noch nicht alle Arbeiten getan sind. (Der amerikanische Psychotherapeut Daniel Casriel sprach davon, daß jemand „mit dem Pony reitet, ohne zu warten, bis er erst den Stall ausgemistet hat").

Will jemand aus einem „Nachdem"-Skript aussteigen, so geht es für ihn darum, den heutigen Tag so zu genießen, daß er auch den folgenden noch genießen kann. Ist er etwa auf einer Party, so genießt er unbekümmert ein paar Gläschen, gerade genug, um Spaß daran zu haben, aber nicht soviel, daß er sich für den Tag danach durch seinen Kater jeden Genuß verdirbt.

Willst du das „Niemals"-Muster durchkreuzen, dann entscheide erst, was du wirklich willst. Dazu schreibst du eine Liste mit fünf spezifischen Dingen, die du *tun* kannst, um dir deinen Wunsch zu erfüllen. Und dann setze jeden Tag einen der fünf Punkte davon in die Tat um.

Wenn du das „Immer"-Thema ausgelebt hast, dann mach dir klar, daß du ja die gleichen Fehler nicht immer wiederholen mußt und daß kein Mensch dich zwingt, bei einer Sache zu bleiben, wenn es gar so arg kommt. Wenn du willst, kannst du auch eine unbefriedigende Arbeit, Beziehung oder Örtlichkeit hinter dir lassen und dich nach etwas Neuem und Besseren umsehen.

Aus „Beinahe Typ 1" kannst du aussteigen, wenn du darauf achtest, daß du alles, was du anfaßt, auch zu Ende führst. Wenn du das Zimmer putzt, so putze es ganz. Wenn du ein Buch liest, lies alle Kapitel. Um den „Beinahe Typ 2" zu entschärfen, gewöhne dir die wohltuende Geste an, dir für jeden deiner Erfolge auch die verdiente Anerkennung zu geben, und zwar gleich. Stelle eine Liste deiner Ziele zusammen, und jedesmal, wenn du eins erreicht hast, streiche es auf der Liste durch. Aber dann befasse dich nicht eher mit dem nächsten, bis du deinen Erfolg für das Vorhergehende auch gebührend gefeiert hast.

Hast du den Eindruck, man habe dir ein Skript mit offenem Ende verpaßt, dann mach dir klar, daß in der Gabe deiner Eltern ein wertvolles Geschenk verborgen ist. Da bei deinem Skriptoriginal die letzten Seiten fehlen, hast du völlige Freiheit, das Schlußkapitel so zu gestalten, wie du willst.

Jedesmal, wenn du dich in einer Weise verhältst, die im Gegensatz steht zu deinem Prozeßmuster, schwächst du dieses Muster für die Zukunft ab. Und damit machst du es für dich auch leichter, aus deinem alten Prozeß-Skriptthema weiter auszusteigen.

Dein Prozeß-Skript-Muster

Gehe die Beschreibungen durch, die im Vorstehenden für die verschiedenen Typen von Prozeß-Skripts aufgeführt sind. Greife das Muster oder die Muster heraus, die für dich bisher typisch waren.

Fühlst du dich wohl mit diesem Muster oder mit diesen Mustern, und willst du für dein zukünftiges Verhalten dabei bleiben?

Wenn nicht, dann beschließe wenigstens fünf Verhaltensweisen, die deinem Prozeß-Skript zuwiderlaufen. Fange gleich an und nimm dir für jeden Tag wenigstens eine dieser Verhaltensweisen vor. Mach damit so lange weiter, bis du mit deiner Veränderung zufrieden bist.

16. Die Antreiber und das Miniskript

Bei der Arbeit in seiner Praxis als klinischer Psychologe hat Taibi Kahler Anfang der siebziger Jahre eine verblüffende Entdeckung gemacht. Er hatte Bernes Idee weiterverfolgt, ein Skript zeigte sich auch in der Lebensbewältigung innerhalb ganz kurzer Zeiträume. Kahler machte Sekunde für Sekunde Aufzeichnungen über die Worte, die Sprechweise, die Gestik, die Körperhaltung und den Gesichtsausdruck seiner Klienten. Dabei stellte er fest, daß sich hier ganz bestimmte Muster aufzeigen ließen, die bei Menschen in immer gleicher Weise genau in dem Augenblick auftreten, ehe sie in irgendeine Art skriptgebundenen Verhaltens oder skriptbedingter Gefühle überwechseln.

Kahler und seine Mitarbeiter haben fünf von diesen Sekunde für Sekunde festzustellenden Verhaltenssequenzen zusammengestellt und sie als *Antreiber* bezeichnet.[1]

Als die Untersuchungen dann weiter vertieft wurden, stellte sich heraus, daß das Antreiberverhalten zu einem umfassenderen Muster gehörte, das Kahler das *Miniskript* nannte. Es ist das eine Sequenz von Skriptverhalten, Skriptgefühlen und Skriptüberzeugungen. Es wird innerhalb eines Zeitraums durchlebt, der von wenigen Sekunden bis zu ein paar Minuten reichen kann. Es setzt ausnahmslos ein mit einer der erwähnten Antreiber-Verhaltensweisen. Das Miniskript bildet innerhalb eines sehr kurzen Zeitraums den Prozeß des gesamten Lebensskripts ab. Jedesmal, wenn ich mein Miniskript durchlaufe, verstärke ich meinen Skript-Prozeß. Und immer dann, wenn ich aus dem Muster meines Miniskripts aussteige, trage ich dazu bei, meinen Skript-Prozeß unschädlich zu machen.

Des weiteren stellte sich heraus, daß es einen klaren Zusammenhang gibt zwischen den fünf Antreibern und den sechs Typen von Prozeß-Skripts. Beobachtet man bei einem Menschen die Antreiber-Muster, so läßt sich zuverlässig vorhersagen, wie sein Prozeß-Skript aussehen wird.

Indem du also lernst, woran du die fünf Antreiber-Verhaltensweisen erkennen kannst, kannst du in kurzer Zeit sehr viel über einen Menschen sagen. In den vorliegenden Kapiteln beschreiben wir, wie die Antreiber sich beobachten lassen, wie sie sich in das gesamte Lebensskript einfügen, und wir betrachten des näheren, wie die Miniskriptsequenz abläuft.

Wie man Antreiberverhalten erkennt

Die fünf Antreiber heißen:

Sei perfekt!
Sei (anderen) gefällig!
Streng dich an!
Sei stark!
Beeil dich!

Jeder dieser Antreiber wird gekennzeichnet durch eine typische Kombination von Äußerungsformen, die sich zeigt in *der Wortwahl, der Sprechweise, den Gesten, der Körperhaltung und dem Gesichtsausdruck.*

Für die Verhaltensdiagnose der Ich-Zustände hast du bereits gelernt, derartige Hinweise zu verwenden. Wenn du Antreiberverhalten entdekken willst, mußt du deine Zeitskala radikal reduzieren, denn Antreiberverhalten läuft durchweg innerhalb einer halben Sekunde bis zu einer Sekunde ab. Am Anfang wirst du etwas Zeit brauchen, bis du dich an Wahrnehmungen innerhalb dieser kurzen Zeiträume gewöhnt hast, vor allem, wenn du das vorher nie praktiziert hast. Aber bald wird es dir zur zweiten Natur werden.

Auch hier gilt die Warnung „Nicht interpretieren!" in der gleichen Weise, wie wir das vorher bei der Besprechung der Verhaltensdiagnose allgemein betont haben. Beschränke dich auf die Verhaltensweisen, die du wirklich sehen und hören kannst. Wenn du mich ansiehst, bist du vielleicht versucht zu sagen, ich „sähe streng aus". Aber was *tue* ich mit meinem Gesicht, meinem Körper und meiner Stimme, das du als „Strenge" interpretierst? Wo siehst du verspannte Muskeln? Wie klingen Stimme und Sprechweise, tief, laut, hart, schnell, stoßweise? Habe ich die Brauen hoch- oder zusammengezogen? In welche Richtung blicke ich? Welche Handbewegungen siehst du bei mir? Wenn du die Fertigkeit entwickeln willst, Antreiberverhalten zu entdecken, dann halte dich an beobachtbare Indizien wie die genannten. Wir geben im folgenden eine Zusammenstellung typischer Hinweise für jeden Antreiber.

Sei perfekt!

Worte: Jemand, der dem Antreiber „Sei perfekt!" folgt, verwendet häufig *Einschübe*. Beispiel:

„Heute will ich ihnen also, *wie gesagt,* etwas über die Antreiber erklären."

„Die TA ist, *wie man sagen könnte*, eine Theorie der menschlichen Persönlichkeit."

Wortwahl und Satzbau für „Sei perfekt!" weisen häufig Worte und Satzteile wie diese auf, mögen sie nun in Klammern gesetzt werden oder nicht. Sie sollen zwar das Gesagte des näheren qualifizieren, aber im Grunde beinhalten sie keine weitere Information. Typische Ausdrücke sind: *sozusagen, wahrscheinlich, unter Umständen, gewiß, total, könnte man sagen, wie wir gesehen haben.*

Ein weiterer Hinweis liegt in der Eigenart des Sprechers, die einzelnen Punkte dessen, was er zu sagen gedenkt, Ziffer für Ziffer oder Buchstabe für Buchstabe abzuhaken. „Wir befassen uns heute damit, - *erstens* - die Antreiber zu untersuchen, und - *zweitens* - zu sehen, in welcher Beziehung sie zum Skript stehen."

Sprechweise: Die Stimme klingt oft nach dem Erwachsenen-Ich. Satzmelodie und Sprachrhythmus wirken ausgeglichen, und die Tonhöhe ist weder besonders hoch noch besonders tief.

Gestik: Der Sprecher zählt die Punkte, die er mit Buchstaben oder Ziffern bei seinen Ausführungen gekennzeichnet hat, an den Fingern ab. Oder er streicht sich mit der Hand über das Kinn in der üblichen Geste des großen „Denkers". Oder er legt die Fingerkuppen so aneinander, daß die Hände einen spitzen Winkel bilden.

Körperhaltung: Sieht oft aus wie beim Erwachsenen-Ich. Kerzengerade, als sei der Körper um eine gedachte Mittelachse herum sorgfältig ausbalanciert.

Gesichtsausdruck: Blick geht nach oben (weniger häufig nach unten) und zur Seite, meist dann, wenn der Sprecher gerade eine Pause macht. Das vermittelt den Eindruck, er versuche gerade, die perfekte Antwort abzulesen, die irgendwo an der Decke oder auf dem Boden aufgezeichnet ist. Gleichzeitig ist der Mund häufig leicht verspannt, und die Mundwinkel sind etwas nach außen gezogen.

Sei anderen gefällig!
Worte: Jemand, der „anderen gefällig sein muß", verwendet häufig die Satzstruktur „Hoch – *aber* – Tief- ", wie wir sie bereits als Hinweis auf das „Nachdem"-Skript kennengelernt haben.

„Ihr Vortrag hat mir sehr gut gefallen, aber ich weiß nicht, ob ich das alles behalten werde."

„War doch 'ne tolle Party! Aber mein Gott, wird mir der Schädel brummen morgen früh!"

Häufig werden Worte eingefügt, mit denen der Sprecher sich nach der Reaktion erkundigt, etwa: *Nicht wahr? Hmhm? Verstanden? ... oder? Verstehen sie?*

Sprechweise: In der Tonhöhe hoch, im Stimmklang etwas piepsend oder beinahe wimmernd, und die Satzmelodie geht am Ende jedes Satzes oder Satzteiles nach oben.

Gestik: Streckt die Hände aus, meistens mit der Handfläche nach oben. Nickt beim Sprechen mit dem Kopf.

Körperhaltung: Schiebt die Schultern vor, macht einen krummen Buckel und neigt sich seinem Gesprächspartner zu.

Gesichtsausdruck: Jemand, der „anderen gefällig sein muß", blickt sein Gegenüber sehr oft an und neigt dabei den Kopf etwas. So muß er ihn mit hochgezogenen Augenbrauen von unten her ansehen. Das bedeutet wiederum, daß er seine Stirn in waagerechte Falten legt. Gleichzeitig nimmt der Mund eine Form an, die an ein Lächeln erinnert, doch im Vergleich zu einem echten Lächeln ist der Gesichtsausdruck bei „Sei anderen gefällig!" verspannter. Die obere Zahnreihe ist dabei entblößt, und manchmal sieht man auch die untere.

Streng dich an!*
Worte: Wer dem Antreiber „Streng dich an!" folgt, wird häufig das Wort *versuchen* benutzen.

„Was ich ihnen zu sagen *versuche*, ist ..."

„Ich will mal *versuchen* zu tun, was wir ausgemacht haben."

Wenn das Wort „versuchen" im Zusammenhang mit diesem Antreiber verwandt wird, dann klingt dabei immer auch an: „Ich will versuchen, es zu tun, statt daß ich es wirklich tue." Weitere typische

---

* *Anmerkung des Übersetzers:* Das deutsche „Streng dich an!" gibt die Bedeutung des englischen *try hard* nicht voll wieder. Im Englischen schwingt dabei leicht ein Ton von Vergeblichkeit mit, wie er etwa in sarkastischen deutschen Redewendungen zum Ausdruck kommt, vor allem wenn man sie zu Ende denkt: *„Streng dich nur an (es wird ja doch nichts)"* oder *„Nur zu (die Sache geht schon von alleine schief)!"* oder auch: *„Er gab sich alle erdenkliche Mühe, aber (es wollte einfach nicht klappen)."*

Ausdrücke sind: *schwierig, kann nicht, wie bitte? was war das noch? versteh ich nicht, es fällt mir schwer...,* fragende Ausrufe wie *Ha?* oder ähnliche Ausdrücke.

Sprechweise: Der Sprecher verspannt manchmal die Muskeln am Hals und im Kehlkopfbereich, so daß die Stimme belegt oder gequält klingt. (Das wirkt leicht unfrei, so als müsse der Sprecher gegen irgendeinen Druck ankämpfen und sich zu jeder Silbe neu zwingen.)

Gestik: Der Sprecher ballt oft die Fäuste oder legt eine Hand an die Augen oder ans Ohr, als gäbe er sich die größte Mühe, etwas zu sehen oder zu hören.

Körperhaltung: Beim Antreiber „Streng dich an!" beugt sich der Sprecher, genau wie bei „Sei gefällig!", oft nach vorn. Dabei legt er bisweilen die Hände auf die Knie. Das wirkt dann so, als säße er derart geduckt da, um seine geballte Energie besser unter Kontrolle zu halten.

Gesichtsausdruck: Ein häufiges Anzeichen für „Streng dich an!" ist darin zu sehen, daß der Sprecher seine Stirn zusammenzieht, so daß zwei senkrechte Falten über der Nase auftreten. Oft sind auch die Augen zusammengekniffen, und das ganze Gesicht wirkt manchmal verbissen, so viel Falten durchziehen es.

Sei stark!

Worte: Jemand mit dem „Sei stark!"-Antreiber gebraucht oft Worte, die die Botschaft andeuten: „Meine Gefühle und meine Handlungen habe nicht ich zu vertreten, sondern sie sind durch äußere Kräfte hervorgerufen worden."

„Sie machen mich wütend!"

„Dies Buch langweilt mich zu Tode!"

„Und dann kommt diese Nervosität ..."

„Sein Verhalten hat mich gezwungen zurückzuschlagen."

„Das Milieu der Innenstadt ruft Gewalttaten hervor."

Spricht er von sich selbst, so verwendet er fast immer das Wort *man* oder entsprechende Ausdrücke, bei denen er zu sich auf Distanz geht, wie *die Situation*, *es, das,* und dergleichen.

„*Das* tut wohl." (gemeint ist: „*Ich* fühle mich jetzt wohl" oder „*Ich* fühle mich dabei wohl").

„In so einer Lage müssen *Sie Ihre* Gefühle schon für sich behalten" (gemeint ist: „*ich* muß *meine* ...")

„Solche Situationen bringen *einen* ganz schön unter Druck."

„Da kriegt *man* ja beinahe Angst."

„*Es* ist ärgerlich, wenn ..."

„Das freut *einen* denn ja auch."

Sprechweise: unbewegt, monoton, im allgemeinen leise.

Gestik: Bei „Sei stark!" wird jede Gestik vermieden.

Körperhaltung: Die Körperhaltung wirkt oft „zu". Die Arme sind über den Rumpf zusammengelegt oder vor der Brust gekreuzt. Die Beine sind entweder übereinandergelegt, oder aber das Fersengelenk des einen Fußes ruht auf dem Knie des anderen Beines. Der ganze Körper wirkt statuenhaft.

Gesichtsausdruck: Das Gesicht wirkt starr, ausdrucks- und bewegungslos.

Beeil dich!

Worte: mach schnell, rasch, voran, eben mal, kurz, los, aus Zeitgründen ...

Sprechweise: Abgehackt wie ein Maschinengewehr. Der Sprecher redet oft so wahnsinnig schnell, daß er Worte durcheinander bringt oder verschluckt.

Gestik: Klopfen mit den Fingern, mit dem Fuß aufstoßen oder wippen, unruhig auf dem Stuhl herumrücken oder zappeln, und immer wieder der Blick auf die Uhr.

Körperhaltung: keine bestimmte Haltung, sondern ein Gesamteindruck von unruhiger ständiger Bewegung.

Gesichtsausdruck: ständiger rascher Wechsel der Blickrichtung.

Ein einziges Indiz reicht nicht aus

Wenn du einen Antreiber zuverlässig diagnostizieren willst, mußt du darauf achten, ob *mehrere Indizien für den betreffenden Antreiber gleichzeitig auftreten.* Verlaß dich nicht auf einen einzigen. Wenn du zum Beispiel hörst, wie ich sage „Ich will jetzt versuchen ...", so könntest du denken: „Aha! Jetzt ist er im Antreiberverhalten *Streng dich an!*" Aber das muß keineswegs so sein. Wenn du meine anderen Verhaltenshinweise beachten würdest, würdest du sehen, daß ich meinen Mund verspanne, den Blick nach oben an die Decke hefte und einen Finger nach dem anderen beim Sprechen in die Hand nehme, um meine Argumente abzuzählen. Derartige Signale lassen es als wahrscheinlicher erscheinen, daß ich in Wirklichkeit im „Sei perfekt!"-Antreiber bin. Genau so kann es sein, daß ich die Worte: „Ich will jetzt versuchen ..." ausspreche, während meine sonstigen Verhaltensindizien darauf hinweisen, daß ich mich im Erwachsenen-Ich befinde und nicht in irgendeinem Antreiber.

Primärantreiber

Jeder von uns weist Verhaltensweisen auf, die allen fünf Antreibern zuzuordnen sind. Aber die meisten Leute haben einen Antreiber, der am häufigsten durchkommt.

Oft ist das auch derjenige, der als *erster* durchkommt, wenn sie in einer Transaktion auf den Stimulus reagieren. Deshalb bezeichnet man ihn auch als *Primärantreiber.*

Manchmal hat einer auch zwei Haupt-Antreiber, die ungefähr gleich häufig auftreten. Sehr viel seltener trifft man jemand an, bei dem drei oder mehr Antreiber in gleichem Maße vertreten sind.

Die Entdeckung von Antreiber-Verhalten in der Praxis

Wenn du einen Fernseher hast, sieh einmal zu, wenn jemand interviewt wird. Das ist eine gute Übung, um in der Praxis Sekunde für Sekunde Indizien für Antreiberverhalten zu entdecken.

Kannst du auf Video aufnehmen, so nimm das Programm gleichzeitig auf. Laß die Aufnahme später in Zeitlupe ablaufen, oder unterbrich von Zeit zu Zeit, um ein Standbild im einzelnen zu betrachten. Auf diese Weise hast du eine Möglichkeit, deine Sekunde für Sekunde gemachten Beobachtungen zu überprüfen.

Probier mal aus, woran du siehst, ob verschiedene Persönlichkeiten im Fernsehprogramm durchwegs auch verschiedene Primärantreiber aufweisen. Mach dir einmal klar, ob dein Lieblingsschauspieler einen anderen Primärantreiber hat als der Politiker, den du am wenigsten magst.

Welches ist deiner Meinung nach dein eigener Primärantreiber? Halte die Antwort schriftlich fest.

Und dann führe eine objektive Überprüfung durch! Entweder laß dich selbst beobachten von jemandem, der sich auskennt, oder nimm dich selbst auf Video auf und spiel dir die Aufnahme vor. Hattest du recht mit deiner ersten Vermutung über deinen eigenen Primärantreiber?

Bei Gruppenarbeit macht Dreiergruppen! Beschließt, wer Klient, wer Berater und wer Beobachter ist. Der Klient spricht drei Minuten lang zum Berater hingewandt über irgendein nicht zu schweres Thema. Der Berater hört zu und reagiert dann so, wie er will, und ist zudem verantwortlich für die Einhaltung der Zeit. Der Beobachter macht sich mit Papier und Bleistift Notizen dazu, welche Antreiber er im Verhalten des Klienten und des Beraters entdeckt. (Soll die

Übung beim ersten Durchgang vereinfacht werden, kann der Beobachter sich lediglich auf das Antreiberverhalten des Klienten konzentrieren.) Wenn die drei Minuten um sind, gibt der Beobachter seine Rückmeldungen darüber, welche Hinweise auf Antreiberverhalten er beobachtet hat. Anschließend Rollenwechsel und die gleiche Übung noch einmal.

Halt die Augen auf, um in jeder Art von alltäglichem Miteinander Antreiberverhalten zu sehen. Übe dich darin bei der Arbeit, in Geschäften, auf der Reise, und führe mit Freunden zwanglose Gespräche. *Sag aber anderen nicht, womit du dich beschäftigst,* so lange du nicht sicher weißt, daß sie an diesem Phänomen auch interessiert sind.

Antreiber und Typen von Prozeß-Skripts

Wenn du meinen Primärantreiber erkannt hast, kannst du auch sagen, welches mein Haupttypus unter den Prozeß-Skripts ist.[2]

Die Entsprechungen zwischen beiden werden auf der folgenden Liste gezeigt.

Primärantreiber	*Prozeß-Skript*
Sei perfekt!	Bis
Sei anderen gefällig!	Nachdem
Sei stark!	Niemals
Streng dich an!	Immer
Sei anderen gefällig! + Streng dich an!	BeinaheTyp 1
Sei anderen gefällig! + Sei perfekt!	Beinahe Typ 2
Sei anderen gefällig! + Sei perfekt!	Mit offenem Ende

Die beiden Typen eines Beinahe-Skripts werden von Menschen an den Tag gelegt, die „Sei anderen gefällig!" an erster Stelle haben, beziehungsweise „Streng dich an!" und „Sei perfekt!" in gleichem Maße. Auch für das Skript mit offenem Ende zeigt der Betreffende „Sei anderen gefällig!", „Sei perfekt!", aber beide Antreiber treten intensiver zutage als beim Beinahe Typ 2.

Warum steht dieses Antreiberverhalten in so engem Zusammenhang mit dem jeweiligen Typ des Prozeß-Skripts? Die Antwort liegt darin begründet, daß das Antreiberverhalten seinerseits eine Miniaturversion des Prozeß-Skripts darstellt. Jedesmal, wenn ich ein Antreiberverhalten zeige, spiele ich das entsprechende Muster meines Prozeß-Skripts durch, und zwar innerhalb einer halben Sekunde. Um es in Worten von Taibi Kahler zu sagen: „Die fünf Antreiber sind die funktionellen Äußerungsweisen für die Nicht-OK (strukturellen) Gegenskripts."

Nehmen wir als Beispiel, ich halte einen Grundkurs über die TA ab. Ich sage etwa folgendes: „Die Transaktionsanalyse, die ursprünglich von Eric Berne etwa in den Jahren ab Ende der Fünfziger entwickelt worden ist, ist ein System, oder besser gesagt ein Modell, zum Verständnis der menschlichen Persönlichkeit; damit haben wir zumindest erst einmal den Ansatz einer Definition." Und während ich diese Folge von lauter Einschüben ausspreche, blicke ich hinauf zur Decke, als stünde da oben die perfekte Definition geschrieben. Und während ich die beiden Begriffe „System" und „Modell" erwähne, zähle ich sie an den Fingern ab, um auch ja sicherzustellen, daß ich das in jeder denkbaren Weise ausgedrückt habe.

In dem Augenblick, wo ich diesen ganzen Satz von „Sei perfekt!"-Verhaltensweisen an den Tag lege, gehorche ich einer inneren elterlichen Stimme, die sagt: „Du bist hier nur dann OK, wenn du alles richtig machst." Wenn ich dann aus meinem angepaßten Kind heraus auf diese Stimme höre, glaube ich, daß ich einen Satz nicht eher beenden darf, *bis* ich alles Wichtige darin untergebracht habe.

Ich habe damit in den paar Sekunden meinen hauptsächlichen Skript-Prozeß vom Typ „Bis" durchlebt und ihn dadurch verstärkt.

Und jetzt hören wir uns eine solche Sequenz noch einmal an! Ich trete vor die Zuhörer, sehe sie direkt an und entspanne mich erst mal. Dann beginne ich: „Die TA ist ein Modell zum Verständnis der menschlichen Persönlichkeit. Sie ist von Eric Berne entwickelt worden. Er hat in den späten fünfziger Jahren seine ersten Untersuchungen dazu angestellt."

Wenn ich so spreche, bleibe ich in meinem antreiberfreien Erwachsenen-Ich. Ich habe die alte Eltern-Ich-Stimme in meinem Kopf abgeschaltet, die mir sagt, ich müsse perfekt sein. Statt dessen habe ich ein neues Tonband abgehört, das ich selbst aufgelegt hatte, und das besagt: „Du bist schon gut genug, so wie du bist!"

Ermutigt durch mein Verständnis für Antreiberverhalten habe ich absichtlich Einschübe vermieden. Statt dessen habe ich meine Informationen in kleineren Bissen angeboten. Ich habe zwar nicht ganz soviel gesagt wie in der antreiberbesetzten Fassung. Wenn du aber jetzt Teilnehmer in dieser Gruppe wärest, welche Version wäre für dich dann wohl die verständlichere?

Indem ich aus meinem Antreibermuster ausgestiegen bin, bin ich gleichzeitig aus meinem „Bis"-Skript ausgestiegen. Und dadurch habe ich mein „Bis"-Muster abgebaut und habe es mir selbst damit erleichtert, bei der nächsten Gelegenheit wiederum auszusteigen.

Diese Beziehung zwischen Antreiber und Skript gilt genauso für die anderen vier Antreiber. Jedesmal, wenn ich den Antreiber „Sei anderen gefällig!" zeige, durchlebe ich das „Nachdem"-Muster. Die elterliche Stimme in meinem Kopf wiederholt die Gegenskript-Botschaft: „Du bist hier erst dann OK, wenn du anderen gefällig bist." Mit erhobenen Augenbrauen und gezwungenem Lächeln hoffe ich dann (aus meinem angepaßten Kind heraus), daß ich den anderen genügend zu Gefallen bin. *Aber* dabei habe ich Angst, daß ich früher oder später nicht mehr genügend Energie habe, jedermann zu gefallen, und dann „eins draufkriege", wenn mir das Damoklesschwert auf den Kopf fällt.

Wenn ich aus „Sei anderen gefällig!" aussteigen will, mache ich mir klar, welche Verhaltensweise ich da zeige. Ganz wichtig: ich entspanne die Gegend über meinen Augen, so daß meine Brauen nicht mehr erhoben sind, und damit verschwinden auch die waagerechten Falten darüber und meine Stirn wird wieder glatt. Gleichzeitig lasse ich in meinem Kopf eine neue Botschaft an mich selbst ablaufen, die besagt: „Du darfst ruhig dir selbst zu Gefallen sein!". Da ich mein OK-Bewußtsein nicht länger darauf gründe, daß ich anderen Menschen gefalle, kann ich auch meine Angst aufgeben vor dem, was morgen geschehen könnte, wenn ich ihnen nicht genügend zu Gefallen bin.

Bei einem „Sei stark!"-Verhalten schaltet sich eine Gegenskriptbotschaft ein: „Du bist nur OK, wenn du deine Gefühle und Wünsche vor anderen verbirgst. Laß andere nie sehen, daß du schwach bist." Wenn ich im angepaßten Kind darauf höre, befolge ich das, indem ich äußere Signale unterdrücke. Ich setze ein regloses Gesicht auf, bewege mich wenig und spreche auch mit unbewegter Stimme.

Wenn ich derartige „Sei stark!"-Verhaltensweisen in ihrer Gesamtheit zeige, durchlebe und verstärke ich das Prozeßmuster für „Niemals". Vielleicht wünsche ich mir im Grunde Kontakt zu den anderen und Strokes von ihnen. Aber indem ich meine ausdruckslose Fassade wahre, lasse ich das niemanden erkennen. Wie Tantalus hindere ich mich daran, die Bewegung zu machen, die ich nur zu machen brauchte, um zu bekommen, was ich wünsche.

Wenn ich es satt bin, es so zu machen wie Tantalus, lasse ich meine Maske fallen und übe mich darin, meine Gefühle mit der Stimme, dem Gesichtsausdruck und der Gestik zu zeigen. Vor allem erlebe ich einmal das Vergnügen, mich in allen möglichen Richtungen frei zu bewegen.

Dadurch, daß ich meine Verhaltensmuster für „Sei stark!" durchbreche, befreie ich mich auch vom Zwang meines „Niemals"-Skripts. Ich habe in meinem Kopf eine neue Platte aufgelegt, die mir sagt: „Zeige ruhig, wie du dich fühlst, und sag offen, was du willst."

Nimm mal an, mein Haupt-Antreiber sei „Streng dich an!" Wenn du mir eine Frage stellst, mache ich einen Buckel, beuge mich vor, kneife die Augen zusammen, so daß zwei tiefe Falten auftreten, und blicke aus den Augenwinkeln seitwärts. Ich lege meine Hand seitlich an den Kopf, als hätte ich Schwierigkeiten, dich zu verstehen. Ich sage: „Ha? Wie bitte? Ich hab 's nicht mitgekriegt." Aber mein Gehör funktioniert. Ich bin nur im „Streng dich an!"-Antreiber. In den paar Sekunden höre ich auf eine elterliche Stimme aus der Vergangenheit, die mir sagt: „Wenn du hier OK sein willst, mußt du dich schon fest anstrengen bei allem, was du tust."

Um dieser Botschaft auch zu folgen, „weiß" ich im angepaßten Kind, daß ich mich letztendlich davor hüten muß, etwas wirklich zu vollbringen. Denn wenn ich das täte, wäre es mit dem Anstrengen zu Ende.

Wenn ich versuche, etwas zu tun, es aber doch nicht tue, dann gehe ich im Kreise in dem Skriptmuster „Immer". Es behagt mir vielleicht gar nicht, da zu sein, wo ich im Augenblick bin, und ich strenge mich furchtbar an, irgendwo anders hinzukommen, aber ich unternehme nichts von all dem, das nötig wäre, um wirklich dahinzukommen.

„Streng dich an!" und „Immer" kann ich außer Kraft setzen, indem ich für mich selbst ein neues Tonband einschalte, das mir sagt: „Du darfst ruhig drangehen und es wirklich tun!" Und jedesmal wenn ich spüre, daß die beiden senkrechten Falten wieder da sind, entspanne ich meine Stirn, daß sie wieder glatt wird. Und ich mache meine Ohren auf und höre zu, was andere mir sagen. Wenn sie wirklich manchmal undeutlich sprechen, dann sage ich: „Ich habe Sie nicht verstanden. Würden Sie es bitte noch einmal sagen?"

Für die beiden Beinahe-Skripts und für das Skript mit offenem Ende sind die Verbindungen zwischen Skript und Antreiber nicht so klar. Wenn ich die Dinge nebeneinander halte, kann ich unschwer sehen, wie die kombinierten Gegenskript-Mottos für die Antreiber zu den Skriptmustern passen. (Wenn dir das Spaß macht, laß dir einmal einfallen, wie die kombinierten Mottos heißen könnten, und halte sie dann selbst nebeneinander). Jedenfalls kann ich auch aus diesem Prozeßmuster aussteigen, indem ich etwas unternehme, um die durch die Antreiber zu entmachten, die solche Verhaltensweisen ausgelöst haben.

Es gibt keine direkte Verbindung zwischen Antreiber und Skript für den „Beeil dich!"-Antreiber. Im System der Antreiber wirkt „Beeil dich!" in mancher Weise wie ein überzähliges Element. Es sieht so aus, als tauche er meistens zusammen mit einem anderen als Primärantreiber auf und wirke für diesen als Verstärkung.

Dein Primärantreiber und dein Skript-Prozeß

Du hast bereits festgehalten, welches Prozeß-Skript für dich typisch war. Du hast auch deinen Primärantreiber entdeckt. Entsprechen sich die beiden in der Art und Weise, wie wir das hier beschrieben haben?

Und wenn sie nicht zusammenpassen? Die hier aufgeführten Verbindungen zwischen dem Antreiber und dem Prozeß-Skript sind Verallgemeinerungen, und es ist durchaus denkbar, daß sie für dich einfach nicht gelten. Aber im Laufe der Untersuchung hat sich herausgestellt, daß sie auf Tausende von beobachteten Fällen verläßlich zutreffen. Wenn es zunächst so aussieht, daß das für dich nicht gilt, so lohnt es sich, dein ursprüngliches Urteil über den Primärantreiber und den Typ deines Prozeß-Skripts noch einmal zu überprüfen. Nach unserer Erfahrung liegt der häufigste Grund für eine scheinbare Diskrepanz darin, daß der Betreffende seinen Primärantreiber nicht präzise identifiziert hat.

Die Antreiber und die Grundeinstellung

Aus den Beispielen, die wir in den Abschnitten „Antreiber und Typen von Prozeß-Skripts" angeführt haben, ist zu ersehen, daß die Antreiberbotschaften im Gegenskript etwas Bestimmtes aussagen über die Grundeinstellung. Die elterliche Botschaft lautet: „Du bist OK, *wenn* du (oder *solange* du ...) perfekt bist, anderen zu Gefallen bist und so weiter."

Wenn ich also im Skript bin und dieser Eltern-Ich-Botschaft in meinem angepaßten Kind zuhöre, so nehme ich die Einstellung ein: „Mit mir ist alles in Ordnung, *solange* ich perfekt bin, anderen zu Gefallen bin usw."

Wir sagen, daß die Antreiber eine Position bedingten *OK-Seins* widerspiegeln.

Die fünf Erlaubnisse

Für jede der Antreiberbotschaften gibt es ein Gegenmittel, das wir als *Erlaubnis* bezeichnen.[3] Wenn du mit deinen Eltern Glück gehabt hast, hast du von ihnen einige dieser Erlaubnisse erhalten. Wenn nicht, kannst du sie dir selbst geben. Wir sind ihnen im einzelnen bereits begegnet und stellen sie jetzt noch einmal in einer Übersicht zusammen.

Antreiber	*Erlaubnis*
Sei perfekt!	Du bist gut genug, so wie du bist.
Sei anderen zu Gefallen!	Sei dir selbst zu Gefallen!
Sei stark!	Sei offen und drück deine Wünsche aus!
Streng dich an!	Tu's!
Beeil dich!	Nimm dir Zeit!

Jedesmal wenn du bewußt aus einem Antreiberverhalten aussteigst und ein antreiberfreies Verhalten an dessen Stelle setzt, verstärkst du die Erlaubnis nonverbal.

Du kannst dir die Erlaubnis auch selbst vorsagen, ehe du abends einschläfst und morgens beim Aufwachen. Oder du schreibst sie auf ein großes Blatt und bringst das Blatt da an, wo dein Blick häufig darauf fällt.

Warnung: Wenn du dich bei der Verstärkung deiner Erlaubnis unwohl fühlst oder ungute Gefühle hast, dann mach eine Zeit lang Pause. Das Unbehagen kann dich darauf hinweisen, daß der Antreiber in deinem Gegenskript eine schwererwiegende Skriptentscheidung überlagert. Dann ist es ratsam, daß du diese schwererwiegende Entscheidung aufdeckst und entschärfst, ehe du dich weiter aus dem Antreiberverhalten hinausbewegst.

Der Ursprung der Antreiber

Warum gibt es fünf Antreiber und wieso nur fünf? Weshalb sind es die gleichen für jedermann, ohne Unterschied der Kulturzugehörigkeit, der Altersstufe oder des Bildungshintergrundes? Weshalb begleitet jeder Antreiber durchgängig seine eigene spezifische Gegenskript-Botschaft? Die Antwort darauf kennen wir nicht.

Taibi Kahler selbst denkt in der letzten Zeit, die Antreiber seien zum Teil angeboren, vielleicht sowohl Ergebnis der Vererbung wie des Umwelteinflusses.[4] Hedges Capers hat die Meinung vertreten, die Antreiber ließen sich betrachten als Überlebensmechanismen für den Säugling und das Kleinkind während der Skriptbildung.[5] Das wäre gewiß eine Erklärung für die augenscheinlich „automatische" Art und Weise, in der die Antreiber auftreten. Andere Theoretiker haben die Hypothese vertreten, daß die fünf Antreiber Redensarten und Ermahnungen wiedergeben, die das Kind im Laufe seiner Reinlichkeitserziehung zuerst von seinen Eltern gehört hat.

Bei all dem handelt es sich noch um Spekulationen. Eine der lohnendsten Aufgaben für die derzeitige TA-Forschung liegt darin, den Ursprung des Antreiber-Verhaltens einleuchtend zu erklären.

Das Miniskript

Die Antreiber spiegeln eine Position wider, in der der Mensch sich als bedingt OK erlebt. In ihnen äußern sich Gegenskript-Botschaften. Genau so wie alle anderen Weg-Weiser oder Gegeneinschärfungen können auch die Antreiber innerhalb eines Skripts die Funktion ausüben, eine Abwehr zu bilden gegen schwererwiegende Beschlüsse, die aufgrund von Bann-Botschaften oder Einschärfungen getroffen worden sind.

Das aber ist ein zweischneidiges Schwert. Solange ich einem Antreiber gehorche, glaube ich: „Mit mir ist alles in Ordnung, solange ich ... perfekt bin, anderen zu Gefallen bin usw." Solange ich es schaffe, der Weisung des aus dem Gegenskript heraus wirksamen Antreibers zu gehorchen, hoffe ich, daß ich auf die Bann-Botschaft nicht zu hören brauche. Früher oder später wird es jedoch Gelegenheiten geben, bei denen ich nicht genügend Energie habe, um mich im Bereich des Antreibers zu halten. Ich nehme dann wahr, daß es mir nicht gelingt, perfekt genug zu sein, anderen genügend zu Gefallen zu sein und dergleichen, um das Eltern-Ich in meinem Kopf zufriedenzustellen. Dann ergibt es sich *zwangsläufig* aus meinen Skriptüberzeugungen, daß ich nunmehr auf die Bann-Botschaft hören muß. Und dabei werde ich dann schlechte Gefühle erleben in dem Maße, wie ich den frühen Beschluß erneut auflege, mit dem ich auch auf die Bann-Botschaft damals reagiert habe.

Jedesmal, wenn ich diese Sequenz durchspiele, lege ich mein Skript im Kleinformat auf. Außerdem verstärke ich es.

Dieser Prozeß ist von Taibi Kahler dargestellt worden in dem Modell, das er als *Miniskript* bezeichnet. Es wird in Diagrammform in der Abbildung 16.1 wiedergegeben.[6]

Position 1: Antreiber

Die Miniskriptsequenz beginnt immer mit einem Antreiber. Wenn ich in meinem Kopf auf die Gegenskript-Botschaft höre, zeige ich das entsprechende Antreiberverhalten. Das kann in einer halben Sekunde ablaufen und dauert höchstens sieben Sekunden.

Während ich mich „im Antreiber" befinde, erlebe ich *keine Emotion.* Die Überzeugung in meinem angepaßten Kind lautet, daß ich OK bleibe, solange ich dem Antreiber folge.

Das kann zweierlei Ergebnisse haben. Entweder gelingt es mir, mich genügend anzustrengen, zu beeilen usw., um den inneren Anforderungen meines Eltern-Ichs zu genügen. In diesem Fall beende ich das Antreiberverhalten, und von dort gehe ich entweder in skriptfreies Verhalten oder wechsele zu einem anderen Antreiber über.

Oder aber ich mobilisiere nicht genügend Energie, um die Ansprüche des Antreibers zu befriedigen. Ich habe also die Bedingung nicht erfüllt, die mir das Eltern-Ich innerlich stellt, um OK zu sein. In dem Augenblick, wo mir dieser bedingte Schutz nun entzogen ist, glaube ich, daß ich auf die Bann-Botschaft hören muß, gegen die ich mich abgeschirmt hatte.

In dem Miniskriptmodell kommt das dadurch zum Ausdruck, daß die Bewegung aus dem Antreiber (Position 1) in eine der anderen drei Positionen hineingeht. Wir sagen, daß ich *durch den Antreiber* zur nächsten Position *übergehe.*

Position 2: Einhalt

Stell dir zum Beispiel vor, ich hätte als ganz kleines Kind den kombinierten Beschluß gefaßt „Ich darf ruhig dazugehören, solange ich perfekt bin." Und nun denk dir, ich bin auf einer Party.

Wenn ich mich mit den Gästen unterhalte, die um mich herum stehen, bewege ich mich in meinen „Sei perfekt!"-Antreiber hinein und wieder heraus. Zum Schluß fehlt es mir an Energie, weil ich alles dafür eingesetzt habe, mich bloß ständig richtig zu verhalten. Dann verspreche ich mich, ich stolpere über das eine oder andere Wort, oder ich sage etwas, worüber die anderen lachen.

Jetzt gehe ich durch den „Sei perfekt!"-Antreiber hindurch. Innerlich verurteile ich mich: „Ich habe es nicht geschafft, perfekt zu sein. Also ist mit mir etwas nicht in Ordnung. Ein Mensch wie ich, der solche Fehler macht, kann überhaupt nicht zu dieser Gruppe gehören." Wenn ich jetzt meinen früheren Beschluß wieder auflege, nicht dazuzugehören, verspüre ich erneut diese Empfindung, den Dingen nicht gewachsen zu

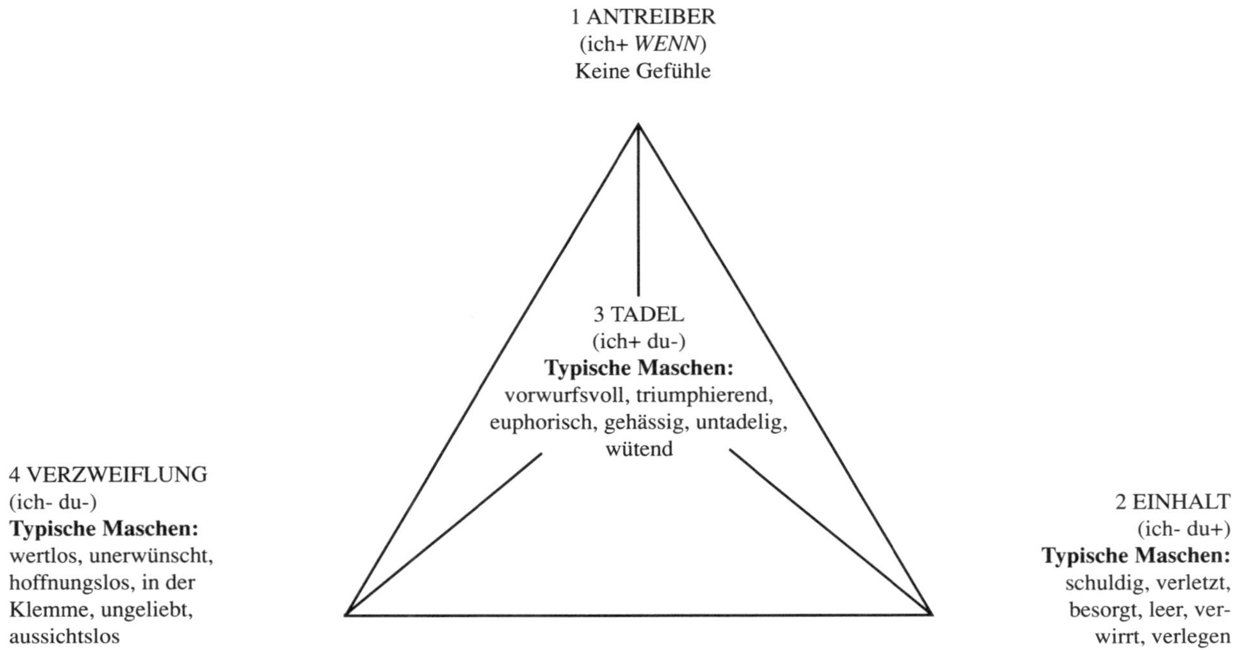

Abbildung 16.1: Das Miniskript

sein, die ich zum erstenmal verspürt hatte, als ich in meiner Kindheit den prägenden Beschluß traf.

In der Sprache des Miniskripts heißt die Bann-Botschaft, die ich höre, wenn ich durch meinen Antreiber hindurchgehe in die Position 2, der *Einhalt*. Denn hier wird meinem Impuls, mich durch Anstrengung OK zu fühlen, durch die Wirkung der Bann-Botschaft Einhalt geboten. Dabei kann jede der zwölf Bann-Botschaften wirksam werden, je nach dem einzigartigen Inhalt meines Skripts. Der Ausdruck *Einhalt* wird auch verwandt, um die Position 2 an sich zu beschreiben. Wenn ich vom Antreiber übergehe zum Einhalt, so wechsele ich meine Grundeinstellung. Statt der Grundeinstellung im Antreiber „Ich bin OK, wenn ...", gehe ich jetzt hinein in die Position „Ich bin nicht OK, du bist OK".

Wenn ich den frühen Beschluß wieder auflege, mit dem ich auf die Bann-Botschaft reagiert hatte, erlebe ich auch erneut das schlechte Gefühl aus meiner Kindheit – ein *Maschengefühl*. Was ich für eine spezifische Masche empfinde, hängt wiederum vom Inhalt meines Skripts ab. Alle Maschengefühle in der Position 2 geben die Grundeinstellung „ich- du+" wieder. Ein paar Beispiele dafür sind in der Abbildung 16.1 angeführt.

Position 3: Tadel

Stell dir vor, ich hätte als Kind beschlossen, daß es mir besser geht, wenn ich andere dafür tadle, daß sie nicht OK sind, als wenn ich mich selbst tadle. In diesem Fall wechsle ich unter Umständen rasch über in die dritte Position des Miniskripts, in den *Tadel*. Hier heißt meine Grundeinstellung „Ich bin OK, du bist nicht OK". Ich werde ein Maschengefühl erleben, das zu dieser tadelnden Lebenseinstellung paßt. Wenn ich zum Beispiel bei dem Partygespräch über meine Worte stolpere, reagiere ich gereizt auf die anderen im Kreis, weil sie mich augenscheinlich nicht verstanden haben.

Als Taibi Kahler das Miniskript zuerst zeichnete, nannte er diese dritte Position „rachsüchtiges Kind-Ich". Aber die Grundeinstellung „ich+ du-" kann funktionell genau so gut auch aus dem negativen kritischen Eltern-Ich eingenommen werden wie aus dem negativen angepaßten Kind-Ich. Deshalb sind wir der Meinung, daß die revidierte Benennung von Kahler, nämlich „Tadel", passender ist.

Position 4: Verzweiflung

Wenn mich die Erlebnisse meiner frühen Kindheit zu der Schlußfolgerung geführt haben „Mit mir stimmt was nicht, und die anderen sind auch nicht besser dran", dann kann ich auch während meiner Miniskriptsequenz in diese Grundeinstellung „ich- du-" kommen. Wenn das der Fall ist, ende ich in der Miniskript-Position 4, der *Verzweiflung*. Ich kann entweder direkt aus der Position 2 dorthin gelangen oder aber einen Umweg über die Position 3 machen.

Die Maschengefühle entsprechen an dieser Stelle meiner Überzeugung, daß das Leben sinnlos ist. Ich fühle mich verzweifelt, hilflos, in die Enge getrieben oder ohne jede Hoffnung. Wenn ich während des Gepräches mit den Partygästen in die Verzweiflungs-Position gehe, sacke ich unter Umständen in mich zusammen und sage mir: „Was soll's? Ich komme ja doch nirgends an. Und verstehen tun sie mich sowieso nicht."

In der ursprünglichen Fassung des Miniskripts hatte Kahler die Position 4 als „Miniskript-Endauszahlung" bezeichnet. Wir ziehen seine revidierte Benennung „Verzweiflung" vor, weil für viele Menschen die Position 4 nicht die „End"-Position ist. Es ist durchaus denkbar, daß ich mir angewöhnt habe, meine Miniskriptsequenz nur bis zum Einhalt oder zum Tadel durchzuspielen. Wenn ich Glück gehabt habe mit meinen Eltern oder wenn ich meine Skriptprobleme in einer Therapie gelöst habe, dann gehe ich vielleicht selten über die Antreiber-Position hinaus.

Das Durchgehen durch das Miniskript

In der Miniskripttheorie wird eine bestimmte Bewegungssequenz von einer Position zur anderen nicht vorhergesagt. Jeder Mensch hat seine eigenen typischen Muster. Ich kann zum Beispiel häufig so vorgehen, daß ich zunächst durch den „Sei perfekt!"-Antreiber gehe und mich sofort gereizt fühle. Ich bin dann direkt in die Tadel-Position gegangen. Wenn ich lange genug im Skript gelebt habe, gehe ich meistens eine halbe Sekunde lang sofort wieder zurück in die Antreiber-Position, und darauf folgt dann skriptfreies Verhalten.

Das häufigste Muster bei meiner Partnerin kann so aussehen, daß sie zunächst durch den Antreiber „Sei anderen gefällig!" hindurch in die Einhalt-Position geht. Dort empfindet sie das Maschengefühl einer tiefen Unzulänglichkeit. Aber manchmal geht sie dann unter Umständen aus der Position 2 in die Position 4 und fühlt sich ungeliebt und ohne Hoffnung. Eine Zeitlang verbleibt sie dann bei solchen Emotionen, um schließlich zu der Empfindung der Unzulänglichkeit zurückzukehren und zum Schluß das Miniskript-Erleben zu verlassen nach einer letzten Blitzvisite bei ihrem Antreiber „Sei anderen gefällig!"

Die vier Mythen

Laut Taibi Kahler gibt es *vier Mythen,* auf die sich Antreiber und Maschen stützen.[7]

Sie sind paarweise angeordnet, wobei einer immer vom Eltern-Ich herrührt und der andere eine Kind-Ich-Reaktion darstellt. Wenn ich einem Antreiber folge, erlebe ich innerlich eine Stimme aus meinem negativen fürsorglichen Eltern-Ich wieder, die mir sagt: *„Ich kann bewirken, daß du dich wohlfühlst, wenn ich dir das Denken abnehme."* Das ist der erste Mythos.

In meinem angepaßten Kind reagiere ich so darauf: *„Du kannst bewirken, daß ich mich wohlfühle, wenn du mir das Denken abnimmst."* Solange ich diesem zweiten Mythos Glauben schenke, behalte ich meinen bedingten OK-Status bei.

Vielleicht durchlaufe ich den Antreiber und gehe in ein Maschengefühl. Wenn ich das tue, höre ich eine innere Stimme von meinem negativen kritischen Eltern-Ich, die den dritten Mythos wiederholt: *„Durch das, was ich zu dir sage, kann ich bewirken, daß du dich schlecht fühlst."*

Ich gehe ins negative angepaßte Kind und gehe darauf ein mit dem vierten Mythos. Ich fange an zu glauben: *„Durch das, was du zu mir sagst, kannst du bewirken, daß ich mich schlecht fühle."*

Wenn wir während der Kommunikation mit anderen Menschen Antreiberverhalten und Maschen auflegen, dann schenken wir in unserem Inneren wieder diesen mythischen Überzeugungen Glauben. Stell dir vor, wir beide streiten uns. Ich schreie dich an: „Du bringst mich noch zur Weißglut!" In dem Augenblick schenke ich dem vierten Mythos Glauben: „Durch das, was andere Menschen zu mir sagen, können sie bewirken, daß ich mich schlecht fühle." In Wirklichkeit gibt es so etwas gar nicht. Ich bin verantwortlich für mein eigenes Fühlen und Handeln. Natürlich reagiere ich auf deine Worte dadurch, daß ich wütend werde. Aber du *machst* mich nicht wütend. Ich habe die freie Entscheidung darüber, ob ich mich nach deiner Äußerung lieber amüsiert, sprachlos, verängstigt, begeistert oder sonstwie fühle, mir steht der ganze Reichtum von tausend Emotionen offen.

Vielleicht glaubst du deinerseits, daß du „mich reizt". Vielleicht möchtest du gerne, daß ich gereizt werde. Aber du kannst nicht *bewirken,* daß ich mich so fühle. Du kannst mich dazu nachdrücklich *einladen.* Ob ich aber auf deine Aufforderung eingehe, liegt bei mir selbst.

Deine Miniskript-Muster

Denke an gewisse Situationen in der jüngsten Vergangenheit, in denen du auf Streß so reagiert hast, daß du dich nicht wohl gefühlt hast.

Gehe in deiner Vorstellung jede Situation noch einmal durch bis zu dem Augenblick, wo du gerade begonnen hattest, das ungute Gefühl zu empfinden. Du brauchst dabei das schlechte Gefühl selbst nicht noch einmal zu erleben. Dann gib dir zu jeder Situation die Antworten auf die folgenden Fragen:

Durch welchen Antreiber bist du hindurchgegangen? Welche Position im Miniskript hast du als erste besetzt? Welches ungute Gefühl hast du dort erlebt?

Bist du in eine zweite oder dritte Position im Miniskript übergewechselt? War das der Fall, dann stelle wieder fest, welche schlechten Gefühle du erlebt hast.

Nachdem du verschiedene Situationen durchgeprüft hast, bestimme, ob du *ein* typisches Bewegungsmuster im Miniskript hast oder mehrere. Möchtest du eins von diesen Mustern ändern? Falls ja, kannst du an jedem Punkt Veränderungen vornehmen. Es kann sein, daß du am Anfang etwas Übung dazu brauchst.

Gewöhne dich daran, deine eigenen Antreiber-Indizien schon in dem Augenblick zu erkennen, in dem du sie zeigst. Mit dieser Fähigkeit kannst du dein Antreiberverhalten in dem gleichen Moment „zu fassen kriegen", wo du damit anfängst. Triff die Entscheidung aus dem Erwachsenen-Ich, aus dem Antreiber auszusteigen. Verhalte dich statt dessen in einer Weise, die zu der entsprechenden Erlaubnis paßt.

Verfehlst du die ersten Anzeichen für Antreiberverhalten, so läufst du Gefahr, durch den Antreiber hindurchzugehen und dich dann schlecht zu fühlen. Tritt das ein, so entscheide dich ganz einfach dafür, die Art und Weise deines Empfindens zu verändern. An die Stelle des schlechten Gefühls setze ein gutes, eins, das du selbst wählst. Das kannst du jederzeit tun.

Jedesmal, wenn du dich dafür entscheidest, einer Erlaubnis statt einem Antreiber zu folgen, trägst du dazu bei, dein Miniskript-Muster für die Zukunft zu löschen. Das gleiche tust du jedesmal, wo du dich dafür entscheidest, dich gut zu fühlen, statt ein Maschengefühl zu pflegen.

Fällt es dir schwer zu glauben, daß der dritte und vierte Mythos wirklich Mythen sind? Viele Menschen haben am Anfang damit Mühe. Wenn du zu denen gehörst, dann mach eine Übung mit Papier und Bleistift. Schreib einfach mal auf, wie es denn deiner Meinung nach jemand überhaupt anstellen müßte zu *bewirken*, daß ein anderer sich schlecht fühlt durch das, was er zu dem Betreffenden sagt.

Wenn du glaubst, du hättest eine solche Weise gefunden, dann stell dir eine zweite Frage: Hätte die angesprochene Person die Möglichkeit gehabt, irgendein *anderes* Gefühl zu empfinden? Ist das der Fall, dann hätte der Sprecher nicht die Fähigkeit gehabt zu *bewirken*, daß der andere etwas ganz Bestimmtes fühlt.

Wir sprechen in dieser Übung nicht von körperlichen Aggressionen. Wenn jemand mir einen Stein an den Kopf wirft, ist es klar, daß er dann bewirkt, daß ich Schmerz empfinde. Aber Worte sind keine Steine.

V.

Wie wir es anstellen, daß die Welt zu unserem Skript paßt

Passivität

17. Das „Discounten"

Im Lauf meines Lebens stellen sich mir immer neue Probleme. Wie komme ich über die Straße, ohne überfahren zu werden? Wie erledige ich meine Arbeit, wie werde ich fertig mit dem Auftrag, den ich gerade bekommen habe? Wie soll ich reagieren auf die freundliche oder aggressive Art, in der mir jemand begegnet?

Jedesmal, wenn ich auf ein Problem treffe, habe ich zwei Möglichkeiten. Ich kann das volle Potential meines Denkens, Fühlens und meiner Handlungsfähigkeit einsetzen, über das ich als Erwachsener verfüge, um das Problem zu lösen. Oder ich kann ins Skript gehen.

Wenn ich ins Skript gehe, fange ich an, die Welt so aufzufassen, daß sie zu den Beschlüssen zu passen scheint, die ich als Kleinkind getroffen habe. Wahrscheinlich blende ich dann das Bewußtsein für einige Aspekte der realen Situation aus. Gleichzeitig blase ich dann andere Aspekte des Problems im Hier und Jetzt so auf, daß diese in riesigen Proportionen vor mir stehen. Statt nun tätig zu werden und das Problem zu lösen, verlasse ich mich auf die „magische Lösung", die mir mein Skript bietet. In meinem Kind-Ich hoffe ich, daß ich durch den Einsatz solcher Magie die Welt so manipulieren kann, daß sie mir schon eine Lösung bringt. Statt aktiv zu sein, werde ich passiv.

Im Teil V befassen wir uns mit diesem Gegensatz zwischen Passivität und Problemlösung. Dieses Kapitel ist in der TA bekannt als *Schiffsche* oder *Cathexis-Theorie* (so benannt nach der „Schiff-Familie", die es zuerst entwickelt hat und dem *Cathexis-Institut*, welches die Schiff-Familie gegründet hat). Die Schiffs definieren *Passivität* als die Art und Weise, „wie Menschen Dinge nicht, bzw. nicht effektiv, tun".[1]

Natur und Definition des „Discountens"

Discounten wird so definiert: *unbewußt Informationen nicht zur Kenntnis nehmen, die für die Lösung eines Problems relevant sind.*

Stell dir vor, ich sitze in einem überfüllten Restaurant. Ich fange an, Durst zu spüren, und denke, jetzt wäre mir ein Glas Wasser recht. Ich versuche, den Blick des Kellners zu erhaschen, aber dieser achtet nicht darauf. Ich winke nochmal. Wieder keine Reaktion.

In diesem Augenblick gehe ich ins Skript. Ohne mir dessen bewußt zu sein, beginne ich eine Zeit in meiner Kindheit wieder zu durchleben, als ich meine Mutter gerufen hatte und sie nicht gekommen war. Ich setze jetzt dem Kellner, der nicht reagiert, das Gesicht meiner Mutter auf. Gleichzeitig beginne ich zu handeln, zu fühlen und zu denken, als wäre ich noch ein kleines Kind. Ich lasse die Schultern hängen und fühle, wie hoffnungslos das ist. Im Kopf sage ich mir: „Das hilft doch alles nichts. Und wenn ich mir noch so viel Mühe gebe, der kommt einfach nicht."

Um zu dieser Schlußfolgerung zu gelangen, hatte ich einige Informationen über die Realität im Hier und Jetzt übergehen, d.h. einfach nicht zur Kenntnis nehmen müssen. Ich habe verschiedene Möglichkeiten *diskontiert*, oder vielleicht besser *discountet*, die ich jetzt als Erwachsener habe, Alternativen, die ich als Baby nicht hatte. Ich hätte aufstehen, zu dem Ober hinübergehen und ihm etwas ins Ohr brüllen können. Ich hätte auch an den Nachbartisch gehen können, auf dem ein Krug mit Wasser stand, hätte darum bitten und mir etwas einschenken können. Wenn ich in dieser Weise tätig geworden wäre, wäre ich mit einer Problemlösung aktiv befaßt gewesen, statt passiv zu bleiben.

Ein Freund sitzt bei mir im Restaurant. Wie er sieht, daß der Kellner auf meine Bewegungen nicht reagiert, regt er sich auf. Er bellt los: „So'n Bursche ist doch hier fehl am Platze. Wenn ich hier das Sagen hätte, den würde ich rausschmeißen!"

Mein Freund ist ebenfalls ins Skript gegangen. Als Kind hat er sich für die Grundeinstellung Ich+ Du- statt meiner Einstellung Ich- Du+ entschieden. Jetzt sieht er den Kellner durch die Brille seines eigenen Skripts. Er discountet die Fähigkeit des Kellners, darauf zu reagieren, daß ich ihn anrede. So wie ich selbst, ist mein Freund passiv. Solange er nur dasitzt und sich über den Ober ausläßt, tut er nichts, damit ich an mein Glas Wasser komme.

Grandiosität

Jeder Discount wird begleitet von *Grandiosität.* Dabei handelt es sich um eine Übertreibung irgendeines Aspekts der Realität. Der Ausdruck „eine Mücke zum Elefanten machen" beschreibt recht gut, worum es hier geht. So wie ein Aspekt der Situation durch das Discounten ausgelöscht, verwischt oder in seinen Ausmaßen verringert wird, so wird ein anderer durch die Grandiosität übermäßig aufgebläht.

Als ich im Restaurant saß und mir alles so hoffnungslos erschien, weil der Ober mir mein Glas Wasser nicht brachte, habe ich nicht nur meine eigenen Alternativen discountet. Darüber hinaus habe ich auch den Kellner mit einer Macht ausgestattet, die er nicht hatte, nämlich mit der Macht zu bestimmen, ob ich nun Wasser bekäme oder nicht.

Als mein Freund die fachliche Eignung des Kellners in Zweifel zog, war er auch grandios in bezug auf die eigene Zuständigkeit. Er hatte in Gedanken die Rolle eines Richters übernommen und sein Urteil bereits gesprochen, und er machte sich nicht klar, daß ihm weder eine solche Aufgabe zukam, noch daß überhaupt genügendes Beweismaterial vorlag.

Denke zurück an eine Situation aus der jüngeren Vergangenheit, bei der du mit dem Resultat nicht zufrieden warst. Eine solche Situation stellt ein Problem dar, das du nicht gelöst hast.

Wenn du zurückblickst, kannst du dann irgendeinen Aspekt oder Aspekte der Realität erkennen, die du discountet hattest? Hättest du in einer anderen Weise handeln können, die dir damals "nicht eingefallen" ist? Hast du die Fähigkeit irgendeines Beteiligten, in bestimmter Weise tätig zu werden, verkannt? Gab es in der Situation Mittel und Wege, die dir zur Verfügung gestanden hätten, an die du aber nicht gedacht hattest?

Machst du dir nun klar, an welcher Stelle du grandios gewesen bist? Welche dich, andere oder die Situation betreffenden Aspekte oder Phänomene hast du übermäßig vergrößert oder verkleinert?

Wenn du in einer Gruppe arbeitest oder einen Freund hast, der bereit ist, dir zu helfen, so hole dir ein Zusatzgutachten zu deiner Antwort. Oft fällt es uns leichter, das Discounten und die Grandiosität bei anderen präzise zu erfassen, als bei uns selbst.

Ob du nun auf diese Fragen sofort eine Antwort bekommen hast oder nicht, denke weiterhin an deine Problemsituation. Du kannst sie dir in Gedanken vor Augen halten und dich innerlich darauf beziehen, wenn du die weiteren Darlegungen in diesem Kapitel verfolgst.

Die vier passiven Verhaltensweisen

Wenn ich discounte, tue ich das, indem ich bei mir selbst in Gedanken eine Feststellung treffe. Da dies in meinem Kopf abläuft, ist *ein Discount als solcher nicht direkt beobachtbar*. Da du nicht Gedanken lesen kannst, hast du keine Möglichkeit festzustellen, ob ich gerade discounte, solange ich nicht in irgendeiner Weise rede oder tätig werde, die darauf hindeutet, daß ein Discount vorliegt.

Es gibt vier Verhaltensweisen, die immer darauf hinweisen, daß der Betreffende discountet. Diese *vier passiven Verhaltensweisen* sind:

Nichts tun
Überanpassung
Agitation
Selbstbeeinträchtigung oder Gewalt

Nichts tun

Die Mitglieder einer TA-Gruppe sitzen im Kreis. Der Gruppenleiter sagt: „Machen wir eine Abschlußrunde, und jeder Anwesende sagt, was ihm an unserer heutigen Sitzung gefallen oder nicht gefallen hat. Und wer sich nicht beteiligen will, kann ruhig 'Weiter!' sagen."

Die Übung fängt an, die Teilnehmer im Kreise äußern sich, und jeder sagt, was er geschätzt hat oder was ihn stört. Einer oder zwei sagen: „Weiter!"

Dann ist Norbert an der Reihe. Schweigen. Alles wartet, daß Norbert auch etwas sagt, aber er rührt sich nicht. Er bleibt bewegungslos und still sitzen und schaut in die Ferne. Da er nicht den Eindruck macht, als wollte er irgendetwas sagen, eine Anerkennung oder eine Störung mitteilen, wartet sein Nachbar darauf, daß er „Weiter!" sagt. Aber Norbert tut das auch nicht. Er sitzt unbeteiligt da wie ein Taubstummer.

Was Norbert in diesem Augenblick an den Tag legt, ist jenes passive Verhalten, das wir als *Nichts tun* bezeichnen. Statt Energie einzusetzen, um eine zur Problemlösung geeignete Handlung vorzunehmen, verwendet er seine Energie dazu, bei sich jedes Handeln zu unterbinden. Jemand, der dieses passive Verhalten zeigt, fühlt sich dabei unwohl und erlebt, daß er nicht denkt. Er discountet seine eigene Fähigkeit, in der Situation überhaupt etwas zu tun.

Überanpassung

Lore kommt nach Hause. Sie hat einen schweren Tag gehabt, mit viel Arbeit. Bruno, ihr Mann, sitzt im Sessel und liest die Zeitung. Lore sieht ihn, blickt an ihm vorbei in die Küche und entdeckt dort neben dem Ausguß einen Haufen schmutziges Geschirr.

„Grüß Gott", sagt Bruno, „hast du 'nen schönen Tag gehabt? Wollen wir erst mal Kaffee trinken?" Lore zieht ihren Mantel aus und geht an ihm vorbei direkt in die Küche. Sie spült das ganze Geschirr und setzt das Kaffeewasser auf.

Weder Bruno noch Lore fällt dabei auf, daß er sie keineswegs gebeten hat, das Geschirr zu spülen und Kaffee zu machen. Und sie hat ihn auch nicht gefragt, ob sie das tun soll. Noch weniger hat sie sich einen Augenblick die Zeit genommen, einmal nachzudenken, ob sie selbst das Geschirr spülen *wollte*, oder ob es nicht sinnvoller wäre, wenn Bruno es aufwaschen würde.

Lores passive Verhaltensweise ist die *Überanpassung*. Wenn sich jemand übermäßig anpaßt, dann fügt er sich dem, was er in seinem Kind-Ich für die Wünsche seiner Umgebung *hält*. Er geht also ein auf das, was er *glaubt,* was die anderen von ihm erwarten; und zwar einerseits ohne nachzuprüfen, welches wirklich ihre Wünsche sind, und andererseits ohne Berücksichtigung seiner eigenen Wünsche. Wenn sich also jemand übermäßig anpaßt, dann erlebt er sich im Unterschied zu jemand, der nichts tut, als ein Mensch, der während dieser Art passiven Verhaltens „denkt". In Wirklichkeit kommt sein Denken aber aus einer Trübung.

Wird jemand aus der Überanpassung heraus tätig, so wirkt er auf andere häufig hilfsbereit, anpassungswillig und gefällig. Die Überanpassung wird also häufig von der Umgebung gestrokt. Weil Überanpassung mithin sozial durchaus akzeptabel ist und alles so aussieht, als denke der Betreffende dabei, ist sie von den vier passiven Verhaltensweisen diejenige, die am schwersten zu erkennen ist.

Wer sich in der Überanpassung befindet, discountet seine Fähigkeit, von seinen eigenen Alternativen her tätig zu werden. Statt dessen stellt er sich vor, was andere wohl von ihm erwarten, und hält sich dann an die Alternativen, die sich daraus ergeben.

Agitation

Im Hörsaal 17 ist Vorlesung, die Studenten hören zu. Hinten im Saal sitzt Adam. Der Dozent spricht nicht gerade laut, und Adam hat Mühe, ihn zu verstehen. Und im Laufe der Vorlesung fällt es ihm immer schwerer, beim Thema zu bleiben und aufzunehmen, was der Dozent vorträgt. Er legt seinen Bleistift hin und fängt an, mit den Fingern zu trommeln. Wenn wir unter die Bank blicken könnten, würden wir sehen, daß Adam im gleichen Rhythmus, wie er mit den Fingern trommelt, auch mit dem Fuß auf und ab wippt.

Was Adam hier zeigt, bezeichnen wir als *Agitation*. Bei dieser Form passiven Verhaltens discountet der Betreffende seine Fähigkeit, zur Lösung eines Problems etwas zu tun. Er fühlt sich äußerst unbehaglich. Er versucht, dieses Unbehagen zu dämpfen, und gibt sich einer immer wiederholten Tätigkeit ohne jeden Sinn und Zweck hin. Er richtet seine Energie also auf seine Agitationstätigkeit, statt auf eine Handlung zur Problemlösung. Während der Agitation erlebt der Betreffende sich nicht als jemand, der denkt.

Würde Adam sein Erwachsenen-Ich klar einsetzen, könnte er ganz einfach den Dozenten darum bitten, lauter zu sprechen, oder sich um einen Platz weiter vorne bemühen. Aber das bloße Trommeln und Wippen tragen nicht bei zur Lösung seines Problems.

Viele verbreitete Gewohnheiten bringen Agitation mit sich. Wer seine Nägel abkaut, raucht, zwanghaft ißt oder sich gedankenverloren mit seinen Haaren befaßt, um sich Löckchen zu drehen, agitiert in diesem Sinne.

Selbstbeeinträchtigung oder Gewalt

Betty, jetzt Ende dreißig, ist die jüngere von zwei Töchtern und noch zu Hause bei ihrer alten Mutter, die sie betreut. Die alte Dame ist trotz ihres vorgerückten Alters noch in bester gesundheitlicher Verfassung.

Aus heiterem Himmel heraus trifft Betty eines Tages einen Mann, und die beiden verlieben sich. Betty teilt ihrer Mutter ganz glücklich mit, daß sie mit ihm zusammenziehen und dann vielleicht heiraten will.

Ein paar Tage später bekommt die Mutter plötzlich Schwindelanfälle und muß sich hinlegen. Der Arzt findet keinerlei organische Störung. Aber Betty fängt an, sich schuldig zu fühlen wegen ihrer Absicht auszuziehen.

Das passive Verhalten der Mutter nennt man *Selbstbeeinträchtigung*. Dabei macht sich der Betreffende oder die Betreffende in irgendeiner Weise selbst unfähig. Da er seine eigene Fähigkeit zur Problemlösung discountet, hofft er in seinem Kind-Ich, er werde schon jemand anders veranlassen, sein Problem zu lösen, wenn er sich selbst dazu unfähig macht.

Diese Selbstbeeinträchtigung tritt manchmal in Form psychosomatischer Leiden auf, wie etwa im vorliegenden Falle. Ein anderer Weg wäre ein „Nervenzusammenbruch", oder auch Alkohol- oder Drogenmißbrauch.

Robert hat sich gerade furchtbar mit seiner Freundin gestritten. Er stürmt aus dem Hause und läuft lange durch die Straßen. Dann geht er in eine Kneipe und trinkt ein paar Glas Bier. Schließlich schnappt er sich einen Stuhl und haut alle Spiegelglasfenster kurz und klein.

Die passive Verhaltensweise von Robert stellt das dar, was wir als Gewalt bezeichnen. Es mag überraschen, daß Gewalt als etwas „Passives" bezeichnet wird. Aber sie *ist* passiv insofern, als sie nicht auf die Lösung des vorliegenden Problems gerichtet ist. Wenn Robert die Fenster zertrümmert, tut er nichts, um die Unstimmigkeiten mit seiner Freundin zu lösen. Setzt jemand sich selbst außer Gefecht durch irgendeine Weise der Selbstbeeinträchtigung, kann man das durchaus betrachten als nach innen gerichtete Gewalt. Sowohl bei der Selbstbeeinträchtigung wie auch bei der Gewalt discountet der Betreffende seine Fähigkeit, ein Problem zu lösen. Er setzt schlagartig eine Menge Energie frei, die er gegen sich oder andere richtet, in dem verzweifelten Versuch, seine Umgebung damit zu veranlassen, sein Problem für ihn zu lösen.

Selbstbeeinträchtigung oder Gewalt folgt oft auf eine Periode der Agitation. Solange jemand agitiert, staut er Energie an, die er dann unter Umständen dadurch in destruktiver Weise entlädt, daß er sich selbst beeinträchtigt oder gewalttätig wird.

Nimm die Problemsituation noch einmal vor, mit der du dich im letzten Abschnitt befaßt hattest. Kannst du erkennen, in welche der passiven Verhaltensweisen du verfallen warst?

Und nun laß die Situation noch einmal vor deinem geistigen Auge ablaufen. In dem Augenblick, wo du anfängst, passives Verhalten zu zeigen, stell dir vor, du würdest statt dessen im Erwachsenen-Ich bleiben und das ganze Potential deines Denkens, Fühlens oder Verhaltens einsetzen, über das du als Erwachsener verfügst, um das Problem zu lösen. Wodurch unterscheidet sich deine Handlungsweise dann von dem Verhalten, das du damals an den Tag gelegt hast?

Discounten und Ich-Zustände

Das Discounten kann in Verbindung gebracht werden mit dem, was du bereits über die Pathologie der Ich-Zustände erfahren hast (Kapitel 6).

Zunächst kann das Discounten hinweisen auf das Vorliegen einer *Trübung*. Das heißt also, ich nehme die Realität verzerrt auf, so daß sie meinen Überzeugungen aus dem Eltern-Ich oder Kind-Ich entspricht, und halte dies dann für Denken im Erwachsenen-Ich.

Eine weitere Quelle für Discounten kann in dem *Ausschluß* liegen. Hierbei nehme ich Aspekte der Realität deshalb nicht zur Kenntnis, weil ich einen meiner Ich-Zustände oder mehrere ausgeschaltet habe. Wenn ich mein Kind-Ich ausschließe, ignoriere ich die Wünsche, Gefühle und die Intuitionen, die ich von meiner Kindheit her mitbringe und die in Wirklichkeit durchaus relevant sein können für die Lösung des Problems, vor dem ich im Augenblick stehe. Bei einem ausgeschlossenen Eltern-Ich werde ich alle Anweisungen und alle Definitionen der Welt ausblenden, die ich von meinen Bezugspersonen übernommen habe, obwohl auch diese für Problemlösungen oft nützlich sein können. Ein ausgeschlossenes Erwachsenen-Ich bedeutet, daß ich meine eigene Fähigkeit discounte, in direkter Reaktion auf irgendeinen Aspekt der Situation im Hier und Jetzt hin zu urteilen, zu fühlen oder zu handeln. Wie zu erwarten, ist der Ausschluß des Erwachsenen-Ichs unter den drei Möglichkeiten des Ausschlusses diejenige, bei der die Intensität des Discountens den Betreffenden am meisten behindert.

Aber zum Discounten kann es oft auch kommen, ohne daß irgendeine Form von Ich-Zustands-Pathologie vorliegt. Wird in solchen Fällen etwas ignoriert, so ist das lediglich das Resultat eines Informationsmangels im Erwachsenen-Ich des Betreffenden bzw. von Fehlinformationen. Wenn zum Beispiel eine Frau mit Übergewicht beschließt, eine Abmagerungskur zu machen, hört sie auf, Brot, Kartoffeln und Nudeln zu essen. Dafür ißt sie mehr Nüsse und Käse. Nun sind aber Nüsse und Käse kalorienreicher als die Nahrungsmittel, auf die sie verzichtet hat. Sie beachtet diese Tatsache mithin nicht, aber einfach, weil sie das nicht weiß. Das Discounten läßt sich sehr einfach in direkte Beziehung setzen zu dem funktionellen Modell der Ich-Zustände. Sobald ich aus irgendeinem negativen Ich-Zustands-Anteil heraus empfinde, denke oder handle, discounte ich. Und jedesmal wenn ich discounte, erlebe ich mich, die Mitmenschen und die Welt aus einem negativen Ich-Zustands-Anteil heraus. Die beiden Konzepte definieren sich gegenseitig, d.h. das eine gibt jedesmal eine Definition für das andere ab.

Wenn ich sage: „Ich lebe aus einem negativen Teil meiner Persönlichkeit heraus", so bedeutet das, daß ich mich im Denken, Fühlen oder Tun und Lassen in irgendeiner Weise verhalte, die mir unangenehme, erfolglose oder ineffektive Ergebnisse einbringt. All das bedeutet, daß ich ein Problem nicht gelöst habe. Und wenn ich mich daran hindere, ein Problem zu lösen, habe ich zwangsläufig zuvor discountet.

Das Erkennen von Discounts

Wir haben festgestellt, daß das Vorliegen eines Discounts, der als solcher nicht beobachtbar ist, sich daraus folgern läßt, daß jemand irgendeine der vier passiven Verhaltensweisen aufweist. Es gibt viele andere Wege, wie man Discounts erkennen kann.

Antreiberverhalten weist stets auf einen Discount hin. Man denke daran, daß ich, wenn ich einem Antreiber folge, innerlich die Skriptüberzeugung wieder auflege: „Ich bin nur OK, *wenn* ich .... (mich anstrenge, anderen gefällig bin, usw.)" Aber ich mache mir nicht klar, daß ich im tiefsten Grunde OK bin, ob ich diesen Antreiberbotschaften folge oder nicht.

Die Schiffs haben auf gewisse *Denkstörungen* hingewiesen, als Indizien für das Discounten. Dazu gehört die *überzogene Ausführlichkeit.**

Stellt man an jemand, der diese Störung aufweist, eine einfache Frage, so antwortet er mit einem langatmigen Wortschwall voller nebensächlicher Einzelheiten. Das Gegenteil davon bildet die *übermäßige Verallgemeinerung*, bei der jemand seine Vorstellungen nur in weitreichenden, pauschalen Formulierungen ausdrückt. „Na ja, mein Problem ist enorm. Man ist hinter mir her. Was da abläuft, macht mich total fertig."

In Teil VI werden wir *Maschen, Spiele und Verhalten aus dem Drama-Dreieck heraus* betrachten. All diese Phänomene bestätigen ebenfalls das Vorliegen eines Discounts.

Verbale Hinweise

Zu den Fertigkeiten, die in der TA geübt werden, gehört das Erkennen des Discountens dadurch, daß man intensiv auf die Worte achtet, die Menschen verwenden. In den Beispielen, die wir in diesem Kapitel

* *Anmerkung des Übersetzers:* Im Englischen *over-detailing*, etwas in allen Einzelheiten ausbreiten.

gegeben haben, haben wir Worte verwandt, aus denen klar hervorging, daß der Sprecher gerade discountet hat. Im Alltag, wenn wir irgendein Gespräch nehmen, sind die verbalen Hinweise auf Discounts meistens nicht ganz so leicht zu erfassen.

Rein theoretisch ist klar, worauf wir achten müssen. Wir wissen, daß der Sprecher discountet, wenn er etwas sagt, bei dem Informationen über die Realität beiseite gelassen oder verzerrt werden. Die praktische Schwierigkeit rührt jedoch daher, daß unsere Alltagssprache voller Discounts steckt, dermaßen, daß wir ihnen gegenüber abgestumpft sind. Wir müssen die Fertigkeit neu erwerben, aufzupassen auf das, was wirklich gesagt wird, und dann jede Äußerung vor dem Hintergrund der Realität bewerten. Wenn z.B. jemand sagt: „Ich kann doch nicht...", wird er in den meisten Fällen discounten. Willst du das genau wissen brauchst du dich nur zu fragen: „Nun, *kann* er es wirklich nicht, entweder jetzt oder später einmal?"

„Ich werde versuchen..." ist manchmal auch ein Discount, und zwar wenn darin mitschwingt: „Ich werde es zwar versuchen, aber ich werde es nicht wirklich tun." Das gleiche gilt für alle anderen antreiberbezogenen Ausdrücke. Discounts, die auf „Sei stark!" hinweisen, sind besonders verbreitet.

„Was du da tust, macht mich taurig."

„Was du sagst, langweilt mich."

„Dazu ist mir gerade ein Gedanke gekommen."

„Solch ein Problem macht mich einfach ratlos."

Manchmal läßt jemand auch einen wichtigen Teil bei einer Äußerung einfach aus und deutet dadurch das Vorliegen eines Discounts an. In einer TA-Gruppe sieht eine Frau die Umstehenden an und teilt mit: „Was ich jetzt brauche, ist einfach eine Umarmung." Sie sagt aber nicht, wer sie umarmen soll. Sie läßt Informationen aus, die für die Lösung ihres Problems – wie sie erreicht, daß jemand sie umarmt – relevant wären, und insofern birgt ihre Aufforderung einen Discount in sich.

Nonverbale Hinweise

Gleichermaßen wichtig ist die Fertigkeit, Discounts aus nonverbalen Hinweisen zu erkennen. Hier ist es das Mißverhältnis zwischen den gesprochenen Worten und den nonverbalen Signalen, die sie begleiten, das auf den Discount hinweist. In Kapitel 5 hatten wir bereits erwähnt, daß ein solches Mißverhältnis als *Inkongruenz* bezeichnet wird.

So fragt z.B. ein Lehrer den Schüler: „Hast du die Aufgabe verstanden, die ich dir gegeben habe?" Der Schüler antwortet: „Klar."

Gleichzeitig zieht er die Stirn in Falten und kratzt sich am Kopf. Wenn der Lehrer aufmerksam reagiert, etwa in der Weise wie ein „Besucher aus dem All", so wird er Zusatzfragen stellen, um sich zu überzeugen, ob sein Schüler nicht discountet.

Nicht immer weist Inkongruenz auf Discounten hin.

So steht etwa bei einer Sitzung der Vorsitzende auf und kündigt an: „Es steht allerhand auf der Tagesordnung, also für uns jetzt eine ganze Menge Arbeit." Aber bei dieser durchaus ernsten Feststellung strahlt er die Teilnehmer richtig glücklich an. Sein nonverbales Verhalten besagt in diesem Falle nur: „Ich freue mich, Sie alle hier zu sehen."

Galgenlachen

Ein häufiger Hinweis auf einen Discount ist das *Galgenlachen*: dabei lacht jemand, während er über etwas Unerfreuliches spricht.

„Oh! War das blöd von mir, ha ha ha!"

„Hi hi hi - *dem* hab ich's aber gezeigt!"

„Und auf dem Weg hierher hat's ein bißchen geknallt, jetzt hab ich 'ne schöne Beule im Kotflügel, ho ho!"

Beim Galgengelächter kommt es zur Inkongruenz zwischen dem Lachen und dem abträglichen oder schmerzlichen Inhalt der Worte. Sobald jemand „unter dem Galgen" lacht, lächelt oder kichert, fordert er die Zuhörer nonverbal auf, eine seiner Skriptüberzeugungen zu verstärken. Auf der psychologischen Ebene wird diese Einladung angenommen, wenn die Zuhörer mitlachen. Wenn jemand z.B. sagt: „Ich bin doch blöd, ha ha!", so ist er im Skript und fordert die Zuhörer auf, mitzulachen und damit seine Skriptüberzeugung zu „bestätigen": „Ich kann nicht denken."

Wer echt sein und ehrlich reagieren will auf ein Galgenangebot, wird sich weigern mitzulachen oder zu lächeln. Und wenn du in einer Situation bist, wo das hinpaßt, kannst du durchaus sagen: „Ich finde das gar nicht komisch", oder: „Lustig ist das nicht."

Du hast bereits Übung darin, so zu beobachten wie ein „Besucher aus dem All". Jetzt kannst du diese Fertigkeit verfeinern, indem du unterscheidest zwischen den nonverbalen Signalen, die auf Discounts hinweisen, und anderen, die das nicht tun. Praktisch ist es nicht immer möglich, aus den nonverbalen Signalen eines Menschen klar zu erkennen, ob er gerade discountet. Wenn es für dich wichtig ist, dir Gewißheit zu verschaffen, mußt du schon deinen Eindruck überprüfen, indem du einfach fragst.

18. Die Discount-Tabelle

Discounten führt dazu, daß Probleme ungelöst bleiben. Könnten wir also einen systematischen Weg entdecken, wie wir die Natur und Intensität des Discountens identifizieren können, so müßten wir damit ein höchst wirksames Instrument zur Problemlösung in die Hand bekommen. Ein solches Instrument existiert. Es wird als *Discount-Tabelle* bezeichnet und ist von Ken Mellor und Eric Sigmund entwickelt worden.[1]

Die Discount-Tabelle geht aus von der Idee, daß wir Discounts nach drei verschiedenen Kriterien zuordnen können:

nach *dem Bereich,*
dem Typ,
der Ebene.

Die Bereiche, in denen Menschen discounten

Es gibt drei *Bereiche*, in denen man discounten kann: in Bezug auf *sich selbst, andere,* und auf *die Situation.*

In dem weiter vorn angeführten Beispiel, wo ich im Restaurant saß und Trübsal blies, weil der Ober mir mein Glas Wasser nicht gebracht hat, habe ich mich selbst discountet. Ich hatte meine eigene Fähigkeit verkannt, etwas zu unternehmen und zu bekommen, was ich wollte.

Mein Freund hingegen hat, als er wütend wurde und begann, den Kellner zu kritisieren, nicht sich selbst, sondern den anderen herabgesetzt. Als er über den Ober urteilte, er sei „fehl am Platze", mußte er dazu alle Aspekte im Verhalten des Kellners ausblenden, die seiner Kritik möglicherweise zuwidergelaufen wären.

Nehmen wir an, ich hätte nach einer gewissen Zeit den Kopf nicht mehr hängen lassen, sondern mich an meinen Freund gewandt mit den Worten: „Siehst du, da haben wir's mal wieder. Ist das vielleicht gerecht, daß die Leute da drüben alle bedient werden und ich nicht? Aber so geht's halt zu im Leben, oder?" In diesem Fall hätte sich mein Discounten auf die Situation bezogen, die ich dergestalt entstellt wahrgenommen hatte.

Die Typen von Discounts

Was discountet wird, sind drei unterschiedliche Aspekte der Realitätswahrnehmung und Problembearbeitung. So ergeben sich die folgenden drei *Typen*: der Discount des *Stimulus*, der des *Problems* und der der *Alternativen*.

Wenn ich einen *Stimulus* discounte, blende ich die Wahrnehmung aus, daß überhaupt etwas passiert. Als ich im Restaurant saß, wäre es auch möglich gewesen, daß ich mir überhaupt nicht erlaubt hätte, meinen Durst zu verspüren. Ich hätte also den Sinnesreiz, den Stimulus meines eigenen Durstes discountet. Und vielleicht hatte mein Freund, als er den Ober für „fehl am Platze" erklärte, „übersehen", wie dieser de facto eine ganze Reihe von anderen Gästen bedient hatte, so wie das direkt vor seinen Augen geschehen war.

Wenn jemand ein *Problem* discountet, so bekommt er durchaus mit, daß etwas passiert, aber er übersieht die Tatsache, daß das Geschehen ein Problem aufgibt*. Wie ich z.B. im Restaurant Durst verspürt habe, hätte ich meinem Freund auch sagen können: „Im Augenblick habe ich einen Riesendurst, aber, na ja, das macht auch nichts."

Und wo *Alternativen* discountet werden, ist der Betreffende sich darüber klar, daß etwas passiert und daß das ein Problem darstellt. Aber er blendet die Möglichkeit aus, daß zur Bewältigung des Problems irgendetwas unternommen werden kann. Dies ist die Stelle, an der ich in der ursprünglichen Fassung der Restaurant-Szene discountet hatte. Wie ich da saß und den Kopf hängen ließ, wußte ich, daß ich durstig war, und es war mir auch klar, daß mein Durst für mich ein Problem war. Aber ich hatte unbewußt ausgeklammert, daß ich viele Alternativen hatte außer der, einfach dazusitzen in der Hoffnung, daß der Kellner irgendwann reagieren würde.

---

* *Anmerkung des Übersetzers:* Das Wort Problem hat in verschiedenen Sprachen unterschiedliche Inhalte. Hier ist nicht eine Schwierigkeit gemeint, nicht etwas, das Not macht, sondern es kommt die Überzeugung zum Ausdsuck, daß das Geschehen um mich herum ganz häufig einen Anruf an mich beinhaltet, etwas zu unternehmen; in der Situation steckt sozusagen schon die Aufforderung, „ein Problem" zu lösen – jedenfalls solange ich das nicht verkenne, also mein Problem discounte.

Die Ebenen (oder die Modi) des Discountens

Die Ausdrücke *Ebene* und *Modus* sind gleichbedeutend, aber der Terminus *Ebene* gibt die Bedeutung bildhafter wieder. Die vier Ebenen auf denen discountet wird, sind: *Existenz, Bedeutsamkeit, Änderbarkeit* und *persönliche Fähigkeiten.*

Wenden wir diese vier Ebenen oder Modi darauf an, wie ich in meinem Beispiel die Alternativen discountet habe, die mir offenstanden! In der ursprünglichen Fassung der Szene habe ich überhaupt nicht wahrgenommen, daß es für mich Alternativen zur Problemlösung gab. Ich habe nicht einmal an die Möglichkeit gedacht, beispielsweise die paar Schritte zu machen und den Ober anzusprechen, statt einfach zu winken. Mithin hatte ich das Vorhandensein von Alternativen für mich also die *Existenz* eigener Wege zur Problemlösung, discountet.

Hätte ich die *Bedeutsamkeit* meiner Alternativen verkannt, so hätte ich wohl zu meinem Freund gesagt: „Ich könnte mir vorstellen, ich könnte die paar Schritte machen und ihn ansprechen. Doch ich möchte wetten, das wäre für die Katz'!" Hier wäre ich mir darüber klar gewesen, daß eine Alternative existierte, mit anderen Worten, daß ich etwas anderes hätte tun können, aber ich hätte die Möglichkeit ausgeklammert, daß ein solches Vorgehen irgendeine Wirkung gehabt hätte.

Wenn ich nun meine Alternativen auf der Ebene der *Änderbarkeit* discountet hätte, so hätte ich womöglich gesagt: „Natürlich *könnte* ich die paar Schritte machen und mir den Burschen vornehmen. Aber in einem Restaurant tut man so was nicht." In diesem Falle hätte ich gelten lassen, daß es eine Alternative gab, und daß sie auch Erfolge hätte zeitigen können. Aber ich hätte die Möglichkeit übersehen, daß irgendjemand in dieser Situation die Alternative wirklich hätte umsetzen können.

Auf der Ebene der *persönlichen Fähigkeiten* hätte ich dann discountet, wenn ich gesagt hätte: „Ich weiß schon, ich könnte die paar Schritte machen und ihn um Wasser bitten. Aber ich habe einfach nicht den Mumm dazu." In diesem Beispiel bin ich mir bewußt, daß es die Alternative gibt und daß sie auch Ergebnisse zeitigen könnte. Und ich mache mir sogar klar, daß es durchaus Menschen gibt, die eine solche Alternative auch einsetzen würden. Aber ich lasse meine eigene Fähigkeit, so etwas zu tun, nicht gelten.

Die Discount-Tabelle

Die Discount-Tabelle kommt zustande, indem alle denkbaren Kombinationen von *Typen* und *Ebenen* von Discounts zusammengestellt werden. Dadurch erhalten wir die Tabelle, die in der Abbildung 18.1 wiedergegeben wird.

Ebene	**Typus**		
Existenz	D_1 Stimuli	D_2 Probleme	D_3 Alternativen
Bedeutsamkeit	D_2 Bedeutsamkeit der Stimuli	D_3 Bedeutsamkeit von Problemen	D_4 Bedeutsamkeit von Alternativen
Veränderbarkeit	D_3 Veränderbarkeit der Stimuli	D_4 Lösbarkeit von Problemen	D_5 Tragfähigkeit von Alternativen
Persönliche Fähigkeiten	D_4 Fähigkeit einer Person, anders zu reagieren	D_5 Fähigkeit einer Person zur Problemlösung	D_6 Fähigkeit einer Person, Alternativen umzusetzen

Abbildung 18.1: Die Discount-Tabelle

Wie du siehst, weist die Tabelle drei Spalten auf für die drei Typen von Discounts, und vier waagerechte Felder für die vier Modi oder Ebenen. Auf diese Weise ergeben sich zwölf Möglichkeiten von Discounts, die in den Kästen durch die Angaben bezeichnet werden, die die jeweilige Kombination von Typus und Ebene kennzeichnen.

Nun ein Beispiel, das die Bedeutung der Tabelle verdeutlicht. Hören wir einmal zwei Freunden beim Gespräch zu. Einer davon ist starker Raucher, und wie er sich nun wieder eine Zigarette ansteckt, bekommt er einen heftigen Hustenanfall. Sein Freund bemerkt: „Das hört sich ja schrecklich an. Ich mache mir ehrlich Sorgen. Bitte, hör doch auf zu rauchen." Was würde nun dabei herauskommen, wenn der Raucher bei seiner Antwort der Reihe nach in den zwölf Kästen der Tabelle discounten würde? Was würde er dann sagen?

Wenn der Raucher die *Existenz von Stimuli* discounten, wenn er also das Vorhandensein von Sinnesreizen überhaupt leugnen würde, so würde er sagen: „Was? Husten? Ich hab doch nicht gehustet."

Würde er die *Existenz des Problems* discounten, also überzeugt sein, es läge gar kein Problem vor, so würde er sagen: „Nee, nee, schönen Dank, mir geht's gut. Gehustet habe ich immer." Er läßt das Bewußtsein für seinen Husten zu, läßt aber die Möglichkeit nicht gelten, daß das für ihn ein Problem sein könnte.

Nun gilt es zu beachten, daß der Raucher, der sich so verhält, *auch die Bedeutsamkeit des Stimulus discountet.* Dadurch, daß er die Möglichkeit nicht gelten läßt, daß sein Husten ein Problem sein könnte, übergeht er automatisch auch den Umstand, daß der Husten für ihn irgendwie bedeutsam sein könnte.

Auf der Discount-Tabelle wird das dadurch angegeben, daß ein diagonaler Pfeil die beiden Kästen für „Existenz von Problemen" und „Bedeutsamkeit von Stimuli" miteinander verbindet. Der Pfeil bedeutet, daß einer von diesen Discounts immer auch den anderen mit sich bringt.

Alle diagonalen Pfeile in der Tabelle haben diese Bedeutung. Die Ziffern bei dem „D" oben links in jedem Kasten bilden eine Durchnumerierung der verschiedenen Diagonalen. So entsprechen Discounts der Existenz von Problemen und der Bedeutsamkeit von Stimuli einander, sie liegen beide auf der Diagonale D_2.

Wir prüfen das jetzt nach anhand der nächsten Diagonale darunter, D_3. Wir wählen zunächst den oberen rechten Kasten auf dieser Diagonale, wo der Raucher die Existenz von Alternativen discountet. Das drückt sich aus in einer Antwort wie dieser: „Warum? Mal was von Raucherhusten gehört? Ich sage mir halt: lieber ein kürzeres Leben, aber intensiv, dann hab ich was davon, haha."

Diesmal gibt er zu, daß er Husten hat und daß der Husten schon auf ein Problem hinweisen mag, nämlich daß Husten einen Menschen umbringen kann. Aber er blendet die Möglichkeit aus, daß irgendjemand etwas unternehmen kann, um Raucherhusten zu vermeiden.

Tut er das, läßt er gleichzeitig das Bewußtsein dafür nicht zu, daß die Möglichkeit, durch Rauchen umzukommen, etwas ist, worüber er sich Sorgen machen könnte. Er discountet die Bedeutsamkeit des Problems.

Und indem er leugnet, daß irgendetwas von irgendjemand überhaupt unternommen werden könnte, um Raucherhusten loszuwerden, discountet er die Veränderbarkeit des Stimulus.

Mach dir klar, daß die gleiche Verflochtenheit der Discounts auch für die anderen Diagonalen gilt. Bei D_4 könnte der Raucher sagen: „Na ja, ich glaube, ich sollte es schon aufgeben. Aber ich hab jetzt schon so lange geraucht, da glaube ich nicht, daß das jetzt noch viel ändern würde."

Bei D_5 könnte er antworten: „Natürlich hast du recht, ich müßte an sich aufhören. Aber ich kann mir nicht vorstellen, wie ich das anstellen soll."

Und bei D_6 würde der Raucher dann sagen: „Jawohl! Ich hab mir wieder und wieder gesagt, Schluß mit den Zigaretten und weg mit dem Feuerzeug! Nur – ich schaff das einfach nicht." Ein weiteres wichtiges Phänomen, das durch diese Tabelle deutlich wird, liegt darin, daß *ein Discount in irgendeinem Kasten auch Discounts in sämtlichen Kasten darunter und rechts davon mit sich bringt.*

Wieder ein Beispiel! Gehen wir davon aus, daß jemand die Existenz eines Problems discountet. Da er sich selbst nicht gestattet, sich darüber klarzuwerden, daß das Problem überhaupt existiert, wird er logischerweise auch jedes Bewußtsein dafür ausblenden, daß das Problem für ihn bedeutsam sein könnte. Also wird er nicht darüber nachdenken, ob er oder irgend jemand das Problem lösen könnte. Er discountet somit in der gesamten Spalte „Problem".

Und da er die Existenz des Problems ignoriert, warum sollte er sich dann überhaupt fragen, ob es Alternativen zu seiner Lösung gibt? Und wo er schon das Vorhandensein von Alternativen leugnet, wird er zwangsläufig alle anderen Kästen in der Spalte „Alternativen" discounten. Schließlich denke daran, daß das Nicht-Wahrhaben-Wollen der Existenz von Problemen gleichbedeutend ist mit dem Ausklammern der Bedeutsamkeit von Sinnesreizen. Wenn du der Diagonale D_2 folgst, leuchtet ein, daß die anderen beiden Spalten darunter in der Spalte „Stimuli" ebenfalls discountet werden.

Zusammengefaßt: *Wenn jemand auf irgendeiner Diagonale discountet, so discountet er automatisch auch in sämtlichen Kästen darunter und rechts von dieser Diagonale.*

Magst du noch einmal die Beispiele für den „Raucher" durchgehen und sehen, ob sich diese Hierarchie von Discounts bestätigt?

Stelle eine Discount-Tabelle für einen anderen gedachten Fall zusammen! Eine Frau und ihr Mann sind gerade schlafen gegangen. Da fängt im Nebenzimmer ihr Baby an zu weinen. Der Mann sagt zu seiner Frau: „Meinst du, einer von uns sollte mal hingehen und gucken, weshalb das Baby weint?"

Stell dir vor, wie seine Frau reagiert hätte, wenn sie auf den einzelnen Diagonalen der Tabelle discountet hätte.

Überprüfe auch noch einmal, inwiefern auch hier die „Hierarchie der Discounts" zum Tragen kommt.

Die Anwendung der Discount-Tabelle

Immer wenn ein Problem nicht gelöst wird, werden gewisse Informationen ignoriert, die für die jeweilige Problemlösung relevant wären. Die Discount-Tabelle gibt uns eine schlüssige Methode an die Hand, genau zu ermitteln, welche Information dabei fehlt. Das wiederum gibt uns die Möglichkeit, genau festzustellen, wie wir vorgehen müssen, um das Problem zu lösen.

Denke daran: wenn jemand auf irgendeiner Diagonale der Tabelle discountet, wird er auch in sämtlichen Kästen unter dieser Diagonale und rechts davon discounten. Damit erhalten wir einen wichtigen Hinweis für den Prozeß der Problemlösung. Wenn ein Problem trotz aller Bemühungen um seine Lösung offen bleibt, dann oft deshalb, weil derjenige, der sich damit befaßt, *es auf der Discount-Tabelle auf einer zu niedrigen Diagonale angeht.* Daraus folgt, daß wir bei der Verwendung der Tabelle als Instrument zur Problemlösung stets beginnen müssen, *erst auf der höchsten Diagonale* nach Discounts zu suchen. Wir gehen also die Tabelle von der oberen linken Ecke aus durch. Wenn wir dort einen Discount entdecken, müssen wir uns erst mit *diesem* Discount befassen, ehe es überhaupt Sinn hat, weiter nach unten oder nach rechts fortzuschreiten.

Warum? Wenn wir diesen ersten Discount nicht bemerken und versuchen, uns mit einem Discount auf irgendeiner niedrigeren Diagonale auseinanderzusetzen, *wird unsere Intervention selbst discountet werden.*

Veranschaulichen wir uns das an dem Beispiel von dem Raucher und seinem besorgten Freund. Stell dir vor, du bist dieser Freund. Wie du den harten Husten des Rauchers hörst, sagst du dir. „Der bringt sich noch um, wenn er das Rauchen nicht einstellt. Da muß etwas geschehen."

Also sagst du laut: „Ich mache mir Sorgen um dich. Bitte, hör auf zu rauchen."

Mit deiner Intervenion bist du das Problem auf der niedrigsten Diagonale der Tabelle angegangen.

Die Frage ist, ob der Raucher überhaupt auf eine präzise angegebene Alternative hin handeln wird. Aber nehmen wir einmal an, der Raucher discountet an einer viel höheren Stelle in der Tabelle! Er könnte das beispielsweise auf D_2 tun. Das bedeutet dann, daß er sich darüber klar ist, daß er einen harten Husten hat. Aber er ist nicht der Meinung, daß er sich darüber überhaupt Gedanken machen sollte. Er faßt das also nicht als Problem auf. Mit den Begriffen der Discount-Tabelle blendet er also sowohl die Bedeutsamkeit des Sinnesreizes wie auch das Vorhandensein eines Problems aus.

Von dort liegt es auf der Hand, daß er auch nicht erkennt, wieso das was du ihm gerade gesagt hast, für ihn relevant sein könnte. Warum sollte er sich darum bemühen, das Rauchen bleiben zu lassen, wenn für seine Wahrnehmung ein Raucherhusten überhaupt kein Problem darstellt?

Da du nicht Gedanken lesen kannst, hast du keine Möglichkeit festzustellen, wo er discountet, solange er dir nicht antwortet. Und hier kommt ein weiterer Punkt zum Tragen: er kann aus der höchsten Diagonale heraus antworten, auf der er discountet, aber genauso gut *von irgendeiner Diagonale darunter aus.*

Stell dir beispielsweise vor, er antwortet: „Hm, ja, ich weiß schon, daß ich aufhören sollte, aber wenn man einmal Gewohnheitsraucher ist, dann bleibt man dabei." Das ist ein Discount der Lösbarkeit von Problemen, und damit sieht es so aus, als würde er auf der Diagonale D_4 discounten.

Damit wärest du versucht, Beweismaterial dafür beizubringen, daß der Mensch wirklich aufhören kann zu rauchen. Aber damit erreichst du nichts. In Wirklichkeit discountet der Raucher ja auf D_2. Ohne sich darüber klarzuwerden, sagt er sich in etwa: „Na schön, der Mensch kann aufhören zu rauchen. Aber was soll *ich* damit anfangen? Für mich ist das bißchen Husten kein Problem."

Nun stell dir vor, du benutzt systematisch die Discount-Tabelle, um deinem Freund wirklich zu helfen. Dann würdest du erst mal überprüfen, ob ein Discount auf der Diagonale D_1 vorliegt. „Hast du gemerkt, daß du ganz arg gehustet hast?"

Erst wenn er dir bestätigt, daß er den Husten wahrgenommen hat, gehst du weiter nach unten auf die nächste Diagonale. Du fragst dann vielleicht: „Ist dein Husten nicht etwas, um das du dich kümmern solltest?" Sollte er antworten: „Nee, eigentlich nicht, damit muß ich mich halt abfinden", dann hättest du seinen Discount auf der Ebene D_2 lokalisiert. Damit erkennst du, daß dein Freund, wenn er seine Gewohnheit wirklich aufgeben will, erst einmal ein Bewußtsein dafür bekommen muß, daß sein Husten durchaus ein Problem darstellen kann. Und er muß sich auch darüber klarwerden, daß er sich um dieses Problem kümmern sollte.

Setze diese Technik ein, um noch einmal dein persönliches Beispiel aus jener Problemsituation durchzugehen, die du seinerzeit nicht gelöst hattest.

Wenn du auf der Discount-Tabelle oben links anfängst, dann überprüfe Kasten für Kasten! Geh auf den aufeinanderfolgenden Diagonalen nach unten, bis du den Kasten identifizierst, in dem du discountet hast. Und auch diesmal kann es, bei Gruppenarbeit oder mit einem Freund, der dazu bereit ist, sinnvoll sein, wenn du dir ein Zusatzgutachten besorgst.

Überprüfe, ob du nicht auch in allen anderen Kästen auf der gleichen Diagonale und darunter discountet hast.

In welchem Bereich hast du discountet? Hast du dich selbst, andere Menschen oder die Umwelt nicht (richtig) wahrgenommen? Wenn du den Discount identifiziert hast, dann sieh nach, aus welcher Quelle im Ich-Zustands-Modell er herrührt. Entsprang er aus einer Trübung? Aus einem Ausschluß? Oder lag es am Informationsmangel oder an Fehlinformationen?

Mach dir klar, welchen Teil der Realität du vorher nicht (voll) gelten lassen wolltest, und aus welchen Motiven heraus. Wenn du präzise oder neue Informationen brauchst, hol sie dir.

Nun laß den Vorgang vor deinem geistigen Auge ablaufen. Wenn du an die Stelle kommst, wo du begonnen hast zu discounten, setze an die Stelle des Discounts dein volles Bewußtsein für die Realität. Inwiefern handelst, denkst oder fühlst du jetzt anders? Wie wird dadurch das Resultat der Situation verändert?

Die Discount-Tabelle war ursprünglich für die Verwendung in der Psychotherapie entwickelt worden. Aber sie bietet ein genau so effektives Instrument zur Problemlösung in Organisationen und im Bildungswesen. Auch auf diesen Gebieten bleiben Probleme häufig ungelöst, weil man sie auf einer zu niedrigen Diagonale in der Discount-Tabelle angeht. Und auch hier kommt es darauf an, in der gleichen Weise Abhilfe zu schaffen: will man die Information identifizieren, die beiseite gelassen worden ist, so beginnt man in der oberen linken Ecke der Tabelle und geht dann von Diagonale zu Diagonale nach unten. Dabei ist zu beachten, daß der Mensch oft auch discountet, weil er keine Informationen oder Fehlinformationen hat, und nicht unbedingt, weil er ins Skript geht.

Denke z.B. an einen Hochschullehrer, der ein paar Fragen an seine Studenten richtet, um zu sehen, wie weit sie seine letzten Vorlesungen begriffen haben. Zu seinem Entsetzen kommt kaum eine Antwort. Nach der Vorlesung sagt sich dieser Dozent: „Also die haben nichts getan. Woran das bloß liegt? Warum sind die nicht motiviert?"

Mit der Annahme, daß die Studenten nicht gearbeitet haben, zeigt er einen Discount in dem Bereich „andere" an, und zwar auf der Diagonalen D_5 oder D_6 der Discount-Tabelle. Er unterstellt damit, daß seine Studenten wissen, daß sie sich Probleme aufhalsen, wenn sie nicht arbeiten, aber daß sie entweder nicht überzeugt sind, daß sie mit der Arbeit klarkommen, oder sich einfach nicht daran setzen.

Würde der Dozent anhand der Discount-Tabelle die verschiedenen Möglichkeiten einmal durchgehen, würde er entdecken, daß das Problem ganz woanders herkommt. Bei seinen Vorlesungen spricht er einfach zu leise, und die Studenten hören nicht richtig, was er sagt. Damit liegt der Discount auf der Diagonale D_2 der Tabelle. Um das Problem anzugehen, muß der Dozent ganz einfach lauter sprechen.

19. Der Bezugsrahmen und das Redefinieren

Ich nehme die Welt auf meine eigene Weise wahr, und du hast die deine, und die ist anders als meine.

Nehmen wir einmal an, wir stehen beide draußen und sehen durchs Fenster in einen Raum. Wir berichten einander dann, was wir sehen.

Ich sage: „Es ist ein recht kleines Zimmer. Es ist quadratisch. Drinnen sind Menschen. Der Teppich ist grün, und die Vorhänge sind braun."

Du berichtest: „Drinnen spielt sich eine Familienszene ab. Die ganze Atmosphäre ist warm. Mutter, Vater und zwei Kinder sind zusammen, und sie reden und lachen. Es ist ein großes Zimmer, und so haben sie denn viel Platz."

Wenn ein Zuhörer sich aufgrund dieser Berichte ein Urteil bildet, so könnte er glauben, wir beide hätten zwei völlig verschiedene Zimmer gesehen. Aber der Raum ist der gleiche. Nur unsere Wahrnehmung ist verschieden. Und wenn wir nun zu berichten hätten über das, was wir gehört, gefühlt, geschmeckt oder gerochen haben, als wir den Raum sahen, so dürfen wir annehmen, daß auch die Berichte über diese Wahrnehmungen auseinandergehen würden.

Darüber hinaus ist es wahrscheinlich, daß du und ich auf diese Szene unterschiedlich reagieren werden. Ich würde vielleicht nichts Besonderes dabei empfinden und weitergehen, nachdem ich das Zimmer ein paar Minuten lang inspiziert hatte. Du empfindest vielleicht ein Glücksgefühl, klopfst ans Fenster und beginnst ein Gespräch mit den Menschen im Zimmer.

Mithin unterscheidest du dich von mir darin, wie wir die Szene wahrnehmen und wie wir darauf reagieren. Wir sagen, dein *Bezugsrahmen* unterscheidet sich von meinem.

Der Bezugsrahmen

Der Bezugsrahmen wird von den Schiffs definiert als *die Struktur miteinander verbundener Reaktionen, welche die verschiedenen Ich-Zustände bei der Antwort auf bestimmte Reize integriert.* Der Bezugsrahmen stattet den einzelnen aus mit „... einer umfassenden Gesamtheit der Wahrnehmungs-, Begiffsbildungs-, Emotions- und Handlungsweise, welche verwandt wird zur Definition des Menschen selbst, der anderen Menschen und der Welt..."[1]

Um diese formelle Definition zu veranschaulichen, erläutern die Schiffs, daß man sich den Bezugsrahmen vorstellen kann als einen „Filter vor der Realität". Als wir beide den Raum betrachteten, hat jeder von uns gewisse Teile der Szene ausgefiltert. Ich habe z.B. die Farbe des Teppichs bemerkt, aber ich habe die Identität der Menschen im Zimmer ausgefiltert. Von deinem Bezugsrahmen aus bist du umgekehrt vorgegangen.

Außerdem haben wir die Größe des Zimmers unterschiedlich *definiert.* Für mich war es „recht klein" und für dich war es „groß". Ich habe nun zufällig meine Kindheit in einem alten Haus auf dem Lande verbracht, das nur große Zimmer gehabt hat. Du hast deine Kindheit in einer Stadtwohnung verbracht, wo einzelne Zimmer Westentaschenformat hatten. Wie wir also ein „großes Zimmer" in unserem jeweiligen Bezugsrahmen definieren, ist somit unterschiedlich.

Du hast eine weitere Definition hinzugefügt. Du sagtest: „Die ganze Atmosphäre ist warm." Ich hatte die „Atmosphäre" nicht definiert und noch nicht einmal als zu dieser Szene gehörig wahrgenommen.

Nun stell dir vor, du fragst mich, ob ich dir zustimme, daß die Atmosphäre warm ist. Vielleicht antworte ich: „Nein, sicher nicht." Und du fragst mich vielleicht, wie ich so entschieden anderer Meinung sein kann. Plaudern und lachen denn die Familienmitglieder im Zimmer nicht offen miteinander? Gibt es eine wärmere Atmosphäre? Aber ich sage dann: „Eine warme Atmosphäre? Nein, wo die Farben sich so beißen! Der Teppich fällt ja völlig heraus, da gehört ein orangefarbener oder roter hin. Und sieh dir bloß mal diese grauen Wände an!" Damit sind wir beide einer anderen Weise begegnet, in der die Bezugsrahmen der Menschen häufig auseinandergehen. Das Wort, das wir beide benutzt haben, war das gleiche, nämlich „Atmosphäre". Aber die *Bedeutungen,* die wir den Wörtern beimessen, sind ganz verschieden. Das führt dazu, daß in diesem Fall die Definition für „eine warme Atmosphäre" innerhalb deines Bezugsrahmens eine andere ist als in meinem.

Der Bezugsrahmen und die Ich-Zustände

In dem Bemühen, die Funktion des Bezugsrahmens bildlich zu veranschaulichen, führen die Schiffs aus, man könne ihn sich vorstellen als „eine Haut, die die Ich-Zustände umgibt und damit zusammenhält und miteinander verbindet". So wie ich die Welt aufgrund meines einzigartigen Bezugsrahmens wahrnehme, schaffe ich mir auch meine einzigartige Zusammenstellung von Ich-Zustands-Reaktionen auf die so wahrgenommene Welt. Man kann sich vorstellen, daß auf diese Weise der Bezugsrahmen „die verschiedenen Ich-Zustände integriert".

Als wir beide durch das Fenster ins Zimmer blickten, ging ich in mein Erwachsenen-Ich und sprach dann über die Formen, Größen und Farben, die ich im Hier und Jetzt sah. Du warst im Kind-Ich und hast glückliche Erinnerungen an solche Familienszenen wieder aufgelegt, wie du sie in deiner eigenen Kindheit erlebt hattest. Nachdem wir innerlich diese Ich-Zustands-Wechsel vollzogen hatten, haben wir nach außen miteinander Transaktionen vorgenommen aus den Ich-Zuständen, die wir gewählt hatten. Unser Bezugsrahmen liefert uns die Muster, in die hinein wir unsere Ich-Zustands-Reaktionen dergestalt integrieren, daß wir dadurch unsere Gesamtpersönlichkeit ausdrücken.

Die Rolle des Eltern-Ichs

Das Eltern-Ich spielt bei der Bildung des Bezugsrahmens eine besonders wichtige Rolle. Das hängt damit zusammen, daß unser Bezugsrahmen großenteils aus *Definitionen* der Welt, unser selbst und der anderen besteht. Diese Definitionen haben wir ursprünglich einmal von unseren Eltern und Bezugspersonen übernommen. Je nach dem Alter, in dem wir sie aufgenommen haben, können sie in die Ablage eingehen als inhaltliche Bestandteile unseres eigenen Eltern-Ichs (EL_2) oder des Eltern-Ichs im Kind (EL_1).

Jeder von uns hat seine persönliche Zusammenstellung elterlicher Definitionen dafür, was gut, schlecht, falsch, richtig, beängstigend, leicht, schwierig, schmutzig, sauber, gerecht, ungerecht ist und dergleichen. Auf diese Zusammenstellung von Definitionen stützen wir unsere Ansichten über uns selbst, über andere und über die Welt. Und entsprechend entscheiden wir, wie wir auf unterschiedliche Situationen reagieren.

Der Bezugsrahmen und das Skript

Welche Beziehung besteht nun zwischen dem Skript und dem Bezugsrahmen? Das ergibt sich daraus, daß das Skript *ein Teil des Bezugsrahmens* ist. Der gesamte Bezugsrahmen besteht zu einem großen Teil aus Definitionen. Einige dieser Definitionen sind mit Discounts verbunden, andere nicht. Das Skript besteht aus *all denjenigen Definitionen innerhalb des Bezugsrahmens, welche Discounts beinhalten.*

Wenn ich ins Skript gehe, ignoriere ich Aspekte der Situation im Hier und Jetzt, welche für die Lösung eines Problems relevant wären. Ich discounte. Wenn ich das tue, lege ich veraltete Definitionen meiner selbst, der anderen und der Welt wieder auf, die derartige Discounts enthalten.

Als Kind habe ich vielleicht von meinen Eltern Botschaften bekommen, die besagten, ich könne nicht denken. Nun stell dir vor, daß ich als Erwachsener vor einer Prüfung stehe. Wenn ich an der Stelle ins Skript gehe, fange ich innerlich an, die alte elterliche Definition von mir wieder aufzulegen, die besagt: „Du kannst nicht denken!" Da ich dem in meinem Kind-Ich zustimme, akzeptiere ich damit den Discount meiner eigenen Denkfähigkeit. Ich fange an, mich unzulänglich und verwirrt zu fühlen.

Natur und Funktion des Redefinierens

Die Realität der gegebenen Situation in diesem Beispiel ist einfach, daß ich fähig bin zu denken. Wenn ich also die alte Definition meiner selbst als „unfähig zu denken" akzeptiert habe, *habe ich meine Realitätswahrnehmung dergestalt verzerrt, daß sie zu meinem Skript paßt.* Diesen Prozeß nennt man *Redefinieren.*[2]

Im Teil IV haben wir gesehen, daß das Kind Skriptentscheidungen trifft, weil es darin den besten Weg sieht, in einer feindseligen Welt zu überleben und durchzukommen. In meinem Kind-Ich klammere ich mich noch als Erwachsener an diese frühen Beschlüsse, weil ich immer noch an der Überzeugung festhalte, daß sie für mein Überleben notwendig sind. Wenn also jetzt irgendwelche Aspekte der Realität meine Skriptentscheidungen in Frage zu stellen scheinen, ist die Wahrscheinlichkeit groß, daß ich mich dagegen wehre. Wenn wir diese Vorstellung mit den Konzepten der Schiff-Schule ausdrücken, sagen wir: wenn mein skriptgebundener Bezugsrahmen bedroht ist, baue ich gegen so eine Bedrohung eine Abwehr auf, indem ich redefiniere.

Als Kind hatte ich akzeptiert, daß meine Eltern mich als „unfähig zu denken" definiert hatten. Diese Skriptentscheidung habe ich getroffen, weil ich darin den einzigen Weg sah, der mir offenstand, um zu überleben und dafür zu sorgen, daß meine Bedürfnisse erfüllt wurden. Wenn ich jetzt als Erwachsener ins Skript gehe, nehme ich eine Neuauflage dieser alten Überlebensstrategie vor. Ich redefiniere die Realität, indem ich meine eigene Denkfähigkeit discounte.

Das wiederum hilft mir nicht, das Problem zu lösen, das ja darin besteht, die Prüfung zu bestehen. Aber ohne es zu merken folge ich in meinem Kind-Ich einem Beweggrund, der wichtiger zu sein scheint als jedes Examen der Welt. Und das ist, mich zu schützen vor der unvorstellbaren Katastrophe, die ich befürchte für den Fall, daß ich die Definitionen meiner Eltern in Frage stellen würde.

Redefinitions-Transaktionen

Wenn ich redefiniere, so ist das ein innerer Vorgang. Wie kannst du nun aus meinem äußeren Verhalten erkennen, ob ich redefiniere oder nicht?

Der einzige äußerliche Hinweis ist, daß du siehst oder hörst, daß ich discountet habe. Die Signale für das Discounten sind somit die äußerlichen Anzeichen dafür, daß es innerlich zu einer Redefinition gekommen ist. Jeder Discount stellt eine Verzerrung der Wirklichkeit dar.

Im Kapitel 17 hast du gelernt, den ganzen Fächer von Verhaltensindizien zu erkennen, die darauf hinweisen, daß jemand discountet. Die gleichen Anzeichen sagen dir also auch, daß der Betreffende redefiniert. Wir wissen auch, daß jemand gerade redefiniert, wenn er Grandiosität oder eine Denkstörung an den Tag legt, weil beide typische Begleiterscheinungen des Discountens sind.

Zudem gibt es zwei Transaktionstypen, die einen klaren verbalen Beweis für das Redefinieren darstellen. Das sind die *Tangentialtransaktion* und die *blockierende Transaktion.*

Tangentialtransaktionen

Unter einer Tangentialtransaktion verstehen wir eine Transaktion, bei der *der Stimulus und die Reaktion sich auf verschiedene Themen beziehen oder die Reaktion das gleiche Thema aus unterschiedlichen Gesichtspunkten heraus aufnimmt.*

So fragt ein Therapeut eine Frau in der Gruppe: „Wie fühlst du dich?" Sie antwortet: „Tja, als wir gestern hier in der Gruppe davon gesprochen haben, war ich wütend." Durch ihre Reaktion befaßt sie sich zwar mit dem Thema, wie sie sich fühlt, aber unter dem Blickwinkel von gestern statt von heute.

Oder bei Tarifverhandlungen fragt ein Arbeitnehmervertreter: „Was brauchen Sie jetzt noch von uns, damit wir zum Abschluß kommen können?" Der Arbeitgebervertreter antwortet: „Wir sind einfach nicht einverstanden mit den Bedingungen, die Sie bisher vorgeschlagen haben." Hier ist das Thema verlagert worden, und zwar vom „Brauchen" zum „Einverstandensein".

Unsere Gespräche, so wie sie im Alltag ablaufen, sind voller Tangentialtransaktionen. Sobald Menschen in Situationen geraten, die sie als belastend empfinden, werden sie besonders häufig auf diese Weise redefinieren. Überraschend ist das nicht, denn unter Belastung steigt die Wahrscheinlichkeit, daß die Menschen irgendwo eine Bedrohung ihres Bezugsrahmens vermuten. Entfernt man sich dann „tangential" vom eigentlichen Thema, so verfolgt man verdeckt den Zweck, den Gesprächspartner abzulenken von einem Komplex, der die Bedrohung mit sich bringt. Die Person, die die Tangentialtransaktion vollzieht, ist sich dessen aber nicht bewußt.

Häufig „geht der andere mit auf die Tangente", statt am ursprünglichen Thema festzuhalten. Er kann sogar seinerseits eine weitere Tangente anlegen. Ein Beispiel:

Arbeitnehmervertreter: „Was brauchen Sie noch von uns, daß wir zum Abschluß kommen können?"

Arbeitgebervertreter: „Wir sind einfach nicht einverstanden mit den Bedingungen, die Sie bisher vorgeschlagen haben."

Arbeitnehmervertreter: „Nein, und wir sind auch nicht einverstanden mit dem, was Sie bisher vorgeschlagen haben."

Arbeitgebervertreter: „So? Was würden denn Sie von uns brauchen, daß sie zustimmen könnten?"

Arbeitnehmervertreter: „Ach ja! Ich frage mich überhaupt, ob Sie das beibringen können, was wir brauchen..."

Wenn Gesprächspartner sich in eine Kette von Tangentialtransaktionen verwickeln, ist es wahrscheinlich, daß sie das unbehagliche Gefühl haben, daß ihr Gespräch „nichts bringt" oder „sich im Kreise dreht". Aber auf der psychologischen Ebene ist das ja gerade der Zweck der Übung. Derartige Gespräche können sehr lange dauern. Die Teilnehmer haben dann vielleicht den Eindruck, daß sie sich sehr bemüht haben, und nach der schweren Arbeit fühlen sie sich am Ende völlig erschöpft. Und bis zum Schluß sind sie vielleicht nie zurückgekommen auf die ursprüngliche Frage, mit der sie sich eigentlich hatten befassen wollen.

Blockierende Transaktionen

Bei einer blockierenden Transaktion *wird die Auseinandersetzung mit einer Frage dadurch vermieden, daß man von vornherein der Definition der betreffenden Frage oder des ganzen Sachverhalts nicht zustimmt.*

Beispiele dafür:
Therapeut: „Wie fühlst du dich?"
Gruppenmitglied: „Meinst du emotional oder körperlich?"
Arbeitnehmervertreter: „Was brauchen Sie noch von uns, damit wir zum Abschluß kommen können?"
Arbeitgebervertreter: „Wollen Sie wissen, was wir brauchen oder was wir unserer Meinung nach erreichen können?"

Man wird selten längere Folgen von blockierenden Transaktionen zu hören bekommen. Wahrscheinlicher ist, daß nach der anfänglichen Blockierung beide Seiten sich des längeren streiten über die Definition der Frage. Oder, wenn einer der Beteiligten ein wirklich entschlossener Blockierer ist, kommt das Gespräch vielleicht zum Erliegen in einem verblüfften Schweigen. Auf der psychologischen Ebene ist das Ziel der blockierenden Transaktion das gleiche wie bei der Tangentialtransaktion: es soll vermieden werden, daß Fragen behandelt werden, die den Bezugsrahmen einer oder beider Gesprächspartner bedrohen würden.

Für Gruppenarbeit: Bildet Dreiergruppen und entscheidet in jeder Kleingruppe, wer Klient, Berater und Beobachter sein soll.

Der Klient sucht sich irgendein Thema nach seinem Belieben aus. Er selbst und der Berater sprechen drei Minuten lang über dieses Thema. (Der Beobachter oder der Gruppenleiter, falls einer anwesend ist und das übernimmt, achtet auf die Zeit.)

Die Aufgabe des Klienten ist es nun, auf *alles*, was der Berater sagt, tangential zu antworten. Jedesmal wenn der Klient tangential reagiert, folgt der Berater ihm zu diesem neuen Thema. Der Klient begibt sich dann auf eine weitere Tangente usw. Die Folge ist, daß der Klient eine ununterbrochene Kette von Tangentialtransaktionen während der ganzen Zeit, also drei Minuten lang, durchhält. Wenn die Zeit um ist, befaßt euch weitere zwei Minuten lang damit, daß

Klient und Berater ihre Erlebnisse austauschen und daß der Beobachter berichtet, was er gesehen und gehört hat.

Anschließend Rollenwechsel und neuer Durchgang, bis jeder einmal in jeder Rolle gewesen ist.

Jetzt macht die Übung noch einmal, aber mit einem Unterschied: diesmal soll der Berater *nicht* auf die Tangentialreaktionen des Klienten eingehen. Er soll vielmehr jedesmal, wenn der Klient tangential antwortet, Wege finden, ihn beim Thema zu halten. Der Klient seinerseits bemüht sich auch diesmal, den Berater auf so viele Tangenten zu locken, wie er nur kann. Wiederholt die Übung dann wieder so lange, bis jeder jede Rolle gespielt hat.

Sodann folgt eine ähnliche zweiteilige Übung, aber diesmal mit blockierenden Transaktionen statt mit Tangentialtransaktionen. Wiederum erlaubt im ersten Teil der Übung der Berater dem Klienten, ihn zu blockieren. Im zweiten Teil setzt dann der Berater all seine Vorstellungskraft ein, um zu vermeiden, daß er blockiert wird, während der Klient seine Bemühungen fortsetzt, jede Transaktion zu blockieren.

Zum Schluß diskutiert darüber, wo in eurem Erleben der Unterschied lag zwischen dieser Übung und der mit den Tangentialtransaktionen.

Weil ihr diese Übungen mit dem vollen Bewußtsein eures Erwachsenen-Ichs durchführt, werden eure Gespräche natürlich *Rollenspiele* von Tangentialtransaktionen und blockierenden Transaktionen und nicht echte Fälle solcher Transaktionen sein. Aber dennoch ist das eine nützliche Übung, um die Tangenten und Blockierungen zu erkennen, die normalerweise unbewußt verwandt werden.

20. Die Symbiose

In der Schiffschen Theorie kommt es zu einer *Symbiose*, wenn *zwei oder mehr Individuen sich so verhalten, als bildeten sie zusammen eine einzige Person.*[1]

In einer derartigen Beziehung werden die Betreffenden nicht ihre volle Ausstattung mit Ich-Zuständen einsetzen. Ganz typisch ist, daß einer von ihnen sein Kind-Ich ausschließt und nur das Eltern-Ich und das Erwachsenen-Ich gebraucht. Der andere wird die umgekehrte Position einnehmen, im Kind-Ich verweilen und seine anderen beiden Ich-Zustände ausschließen. Sie haben also gemeinsam nur Zugang zu insgesamt drei Ich-Zuständen (statt zu sechs). Dies ist in der Abbildung 20.1 dargestellt.

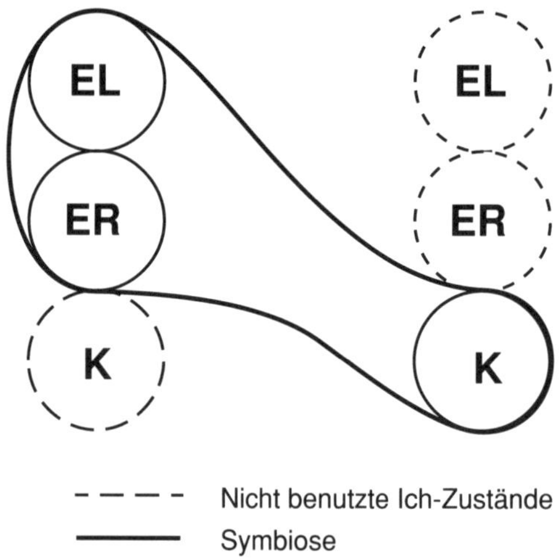

Abbildung 20.1: Symbiose

Denk dir als Beispiel folgende Situation: In einem Seminar erarbeitet der Assistent ein Theoriekapitel. Dazu macht er die üblichen Übungen, an der Wandtafel steht jeweils der Ansatz. Er wendet sich an einen der Studenten und fragt: „Herr Lehmann, sind Sie so gut und zeigen einmal die einzelnen Schritte, wie Sie jetzt damit umgehen würden?"

Herr Lehmann sagt nichts. Statt dessen bleibt er eine Zeitlang schweigend und bewegungslos sitzen. Dann fängt er an, rasch mit dem Fuß auf- und abzuwippen und reibt.sich mit der Hand eine Seite des Kopfes. Und immer noch sagt er kein Wort.

Das Schweigen dauert an. Andere Seminarteilnehmer fangen auch an, unruhig zu zappeln. Schließlich sagt der Assistent: „Na, Herr Lehmann, das ist ja nicht gerade überzeugend. An sich *müßten* Sie sich ja vorbereiten. Jetzt schauen Sie mal her, die Lösung sieht folgendermaßen aus..." Und er löst die Übung an der Tafel selbst.

Herr Lehmann stößt einen Seufzer der Erleichterung aus, entspannt sich, wippt auch nicht mehr mit dem Fuß und macht sich pflichtbewußt Notizen über die Lösung, die ihm der Assistent soeben geliefert hat.

Bei diesem Vorgang haben der Student und der Assistent eine Symbiose vollzogen. Dadurch, daß er seine eigene Fähigkeit, durch Nachdenken zu einer Lösung zu kommen, verleugnet und den Assistenten verdeckt dahingehend manipuliert hat, die Situation selbst in die Hand zu nehmen, hat Herr Lehmann seinen eigenen Erwachsenen-Ich-Zustand und sein Eltern-Ich discountet.

Dadurch, daß der Assistent ihm freundlicherweise die Lösung lieferte und in bezug auf seine Vorbereitung nur von einem „müßte" sprach, ist er in die Komplementärrolle des Erwachsenen-Ichs und des Eltern-Ichs geschlüpft. Dabei hat er sein eigenes Kind-Ich discountet. Hätte er sich gestattet, das Potential seines Kindes zu nutzen, so hätte er gespürt, daß er sich bei dem Gespräch, das zwischen Herrn Lehmann und ihm selbst ablief, unwohl und unbefriedigt gefühlt hatte. Vielleicht wäre er eingegangen auf eine Intuition: „Hören Sie mal, ich bin gerade in die Falle gelockt worden, hier als einziger zu arbeiten, und das paßt mir nicht!" Wenn er diese Wahrnehmung aus seinem Kind-Ich genutzt hätte, wäre er vielleicht imstande gewesen, mit der Situation kreativ umzugehen. Möglicherweise wäre es ihm gelungen, Herrn Lehmann und seine Kommilitonen zu veranlassen, das Problem selbst zu lösen und dabei etwas zu lernen.

Aber bei dem beschriebenen Ablauf hat der Assistent das Gefühl des Unbehagens, das er in seinem Kind-Ich hätte verspüren können, ausgeschlossen. Statt dessen hat er dadurch Trost gesucht, daß er die vertraute symbiotische Rolle des Erwachsenen-Ichs und des Eltern-Ichs eingenommen hat.

Auch Herr Lehmann entspannte sich gleich und fühlte sich wohler, sobald er sich in der ihm vertrauten Rolle des Kind-Ichs eingerichtet hatte.

Und das ist der Haken bei der Symbiose. Wenn eine Symbiose einmal hergestellt worden ist, dann *fühlen sich* die Beteiligten *durchaus wohl.* Sie haben den Eindruck, daß jeder in der Rolle ist, die ihm zukommt. Aber diese Empfindung hat ihren Preis. Die an der Symbiose Beteiligten blenden, jeder für sich, ganze Bereiche des Potentials aus, das sie als Erwachsene hätten nutzen können.

Im Alltag einer Beziehung bewegen sich die Menschen von einem Augenblick zum anderen in eine Symbiose miteinander hinein und wieder heraus. Zuweilen gründet sich auch eine lang anhaltende Beziehung auf eine Symbiose. So ist das bei Willi und Herta: ein typisches Bild für eine Möglichkeit des Zusammenlebens in einer Ehe herkömmlicher Art. Willi ist der starke, schweigsame Typ. Mit der Pfeife im Mundwinkel gebraucht er seine Lippen nur zum Paffen oder Grunzen. Wenn andere vor Freude jauchzen oder wenn es noch so dick kommt, Willi „hat sich fest im Griff". Hinter einer eisernen Fassade ahnt niemand etwas von Gefühlen. Er kümmert sich um die Finanzen und gibt Herta regelmäßig ihr „Wochengeld". Entscheidungen trifft nur er – er informiert Herta dann hinterher.

Herta ihrerseits betrachtet es als ihre Lebensaufgabe, es ihrem Mann recht zu machen. Sie ist glücklich, wenn sie seine Entscheidungen nur zu übernehmen braucht, denn, so sagt sie ihren Freundinnen, „sie mag es einfach, einen starken Mann zu haben, an den sie sich anlehnen kann". Und geht im Hause irgendwas schief oder muß plötzlich etwas unternommen werden, so bricht Herta in Tränen aus, stürzt sich in panische Angst oder kichert und wartet, bis Willi heimkommt und die Dinge in die Hand nimmt.

Einige ihrer Freunde fragen sich gelegentlich, wie Willi mit Hertas totaler Hilflosigkeit zurechtkommt. Andere wiederum wundern sich, daß Herta in ihrer Beziehung zu Willi bleibt, wo er doch so gefühllos ist. Aber in Wirklichkeit hat ihre Ehe viele Jahre lang Bestand gehabt, und es sieht so aus, als würde das auch in Zukunft so bleiben. Sie beziehen diese Stabilität aus dem Umstand, daß sie in Symbiose leben. Willi spielt Eltern-Ich und Erwachsenen-Ich für Hertas Kind-Ich. Innerhalb dieser Symbiose „braucht" jeder den anderen. Und wie immer in der Symbiose kostet die Stabilität, die die zwei erleben, ihren Preis: jeder von den beiden discountet einen Teil seiner eigenen Fähigkeiten und der seines Gegenübers. Im Laufe der Zeit werden sie einander allmählich dafür grollen, daß sie sich nicht voll gewürdigt fühlen, und wahrscheinlich verursacht das dann auch etwas mehr Distanz in ihrer Beziehung.

Bei Einzelarbeit such dir jemand, der bereit ist, eine Paar-Übung mit dir zu machen. Bei Gruppenarbeit bildet Zweiergruppen. Im ersten Teil der Übung überlegt euch einen Weg, wie ihr in solcher Weise Kontakt miteinander aufnehmen könnt, daß jeder körperlich irgendwie gegen den anderen drückt. Ihr könnt euch z.B. mit dem Rücken aneinanderlehnen oder mit ausgestreckten Armen die Handflächen gegeneinanderdrücken, dann mit euren Füßen zurückgehen, so daß jeder von beiden einen Teil des Körpergewichts des anderen zu spüren bekommt.

Wenn ihr einmal die Position gefunden habt, wo ihr so gegeneinanderlehnt, dann bleibt eine Zeitlang darin. Macht euch klar, was ihr dabei fühlt und denkt, aber drückt das eurem Partner gegenüber noch nicht in Worten aus.

Als nächstes sollte einer von beiden sich ein wenig aus dieser Anlehnposition herausbewegen. Macht diese Bewegung stark genug, damit der andere ein Gefühl dafür bekommt, wie das für ihn wäre, wenn ihr euch völlig wegbewegen würdet. (Aber bewegt euch nicht so weit weg, daß der andere wirklich hinfällt.) Dann geht der eine, der sich bewegt hat, wieder in die Anlehnposition zurück, danach ist der andere an der Reihe, eine Bewegung heraus zu machen. Stell dabei fest, was du erlebst, wenn du derjenige bist, der in der Anlehnposition bleibt, während der andere anfängt, sich von dir wegzubewegen.

Im zweiten Teil der Übung wählt einen Weg, mit dem anderen so Kontakt aufzunehmen, daß ihr euch berührt, daß aber jeder dabei sein eigenes Körpergewicht trägt. Ihr könnt z.B. wieder die Handflächen aneinander legen, aber diesmal steht jeder aufrecht, statt daß ihr euch aneinander anlehnt. Bleibt eine Zeitlang in dieser ausbalancierten Position. Haltet für euch selbst fest, was ihr erlebt. Wo ist der Unterschied zu dem, was ihr im ersten Teil der Übung erfahren habt?

Und nun laßt einen Partner den Kontakt abbrechen.

Wenn ihr z.B. euch mit den Händen gegenseitig berührt habt, dann kann einer von euch lediglich seine Hände wegnehmen. Stellt einmal fest, was ihr erlebt, wenn ihr derjenige seid, der stehenbleibt und der andere den Kontakt mit euch abbricht. Wie unterscheidet sich dieses Erleben von dem in dem ersten Teil der Übung, als ihr beiden euch gegeneinander gelehnt hattet und der andere dann begann, sich zu entfernen?

Nach einer Zeit nimmt derjenige, der den Kontakt abgebrochen hatte, ihn wieder auf. Wiederholt das nun ein paarmal, Kontakt abbrechen und Kontakt wieder aufnehmen, und zwar in der ganzen Zeit so, daß beide Partner ihr eigenes Körpergewicht tragen.

Und schließlich geht diese ganze Sequenz noch einmal durch, aber diesmal ist der andere derjenige, der den Kontakt abbricht und wieder aufnimmt.

Zum Schluß besprecht das, was ihr erlebt habt, in Ruhe mit eurem Partner.

Der erste Teil dieser Übung ist dazu bestimmt, euch buchstäblich „ein Gefühl zu geben" für das, was Symbiose heißt. Wenn die beiden Partner sich gegeneinander lehnen, dann berichten die meisten Menschen, sie empfänden das als „angenehm", oder sie fühlten sich „gestützt". Manche sagen aber auch, daß sie Angst hätten, der andere könnte fortgehen und sie dann hinfallen lassen. Fast jeder erfährt diese Angst, sobald der Partner sich nur ein bißchen bewegt.

Dadurch wird ein anderes Phänomen bei der Symbiose veranschaulicht. Wenn einer der beiden Partner wahrnimmt, daß der andere sich anschickt, sich aus der symbiotischen Zweierbeziehung zurückzuziehen, wird er sich wahrscheinlich gegen einen solchen Rückzug zur Wehr setzen. Er glaubt: „Allein, ohne den anderen, bin ich nicht imstande stehenzubleiben." Paradoxerweise ist es dieser Glaube, aus dem die Symbiose ihre scheinbare Stabilität gewinnt.

Denke noch einmal an Willi und Herta, den starken schweigsamen Ehemann und seine Frau, besser sein „Frauchen". Stell dir vor, daß Hertas Freundinnen ihr jetzt berichten von einer Frauengruppe, die sie begonnen haben, und daß sie mitmacht. Sie fühlt sich jetzt mit ihrer Kind-Rolle in der Symbiose gar nicht mehr so wohl. Sie stellt sogar selbst einmal Entscheidungen in Frage, die Willi getroffen hat. Sie macht es ihm nicht mehr von früh bis spät recht, sondern sie fängt an, es auch sich selbst recht zu machen. Sie lernt Durchsetzungstechniken und sie beginnt, einige bei ihrem Mann anzuwenden. Was meinst du wohl, wie Willi reagieren wird?

Mit großer Wahrscheinlichkeit wird er emotional reagieren und sich immer mehr hineinsteigern in den Versuch, Herta in der Symbiose zu halten. Wahrscheinlich wird er Hertas neues Durchsetzungsvermögen entweder nicht zur Kenntnis nehmen oder sich darüber lustig machen. Hat sie das Mittagessen mal nicht pünktlich fertig oder bringt sie ihm seine Hausschuhe nicht an, bleibt er entweder zurückhaltend kühl oder wird offen ärgerlich.

Vielleicht hat Willi Erfolg bei seinen Versuchen, Herta damit aufzufordern, wieder in die Symbiose zurückzukehren. Wenn nicht, steht ihrer Beziehung unter Umständen eine stürmische Zeit bevor. Eine weitere Möglichkeit liegt darin, daß Willi selbst seine Einstellung ändert und aus der Symbiose aussteigt. Vielleicht tut er das von allein, vielleicht geht er auch erst mal in eine Gruppe oder begibt sich in Therapie.

Wenn das der Fall ist, wird sich die Beziehung zwischen Herta und ihm verändern und dem ähnlicher werden, was du im zweiten Teil der Übung erlebt hast. Du hattest immer noch Kontakt gehabt zu dem anderen, aber ihr beiden standet jetzt unabhängig voneinander da, statt euch gegeneinander zu lehnen. So konnte der eine von euch den Kontakt unterbrechen, und beide blieben trotzdem stehen. Mit anderen Worten konnte der Kontakt nach freiem Willen aufgenommen oder unterbrochen werden, und dennoch ist niemand hingefallen.

Es gibt keine Garantie dafür, daß du dich in dieser unabhängigen Position *angenehmer* oder *bequemer* fühlst als bei dem gegenseitigen Anlehnen. Und wirklich berichten viele Menschen, daß sie sich im zweiten Teil der Übung weniger angenehm fühlen als im ersten. Sie sind sich klar darüber, daß sie mehr Alternativen haben für ihre Bewegung, für die Aufnahme und den Abbruch des Kontakts als vorher, als sie einander abstützten. Und so ist das häufig auch, wenn zwei Menschen in einer Beziehung aus der Symbiose herausgehen. Sie haben mehr Alternativen, eine größere Elastizität, aber die weitere Entwicklung ist auch weniger vorhersehbar, und es gibt keine Garantie dafür, daß sie sich gleich wohler fühlen, wenn sie ihre Symbiose auflösen.

„Gesunde" und „ungesunde" Symbiose

Es gibt ein paar Situationen, in denen es sogar angebracht ist, daß Menschen in Symbiose leben. Erwache ich z.B. nach einer Operation gerade aus der Narkose und liege auf einem Rollbett, das den Krankenhausgang entlang geschoben wird, bin ich mir nicht sehr klar darüber, wo ich überhaupt bin, aber über eins bin ich mir klar: ich habe Schmerzen. Und außer den Schmerzen ist das Wichtigste, worüber ich mir klar bin, daß eine Schwester neben mir her geht, meine Hand hält und sagt: „Das wird schon. Halten Sie nur meine Hand fest."

In diesem Augenblick sind mein Erwachsenen-Ich und mein Eltern-Ich außer Dienst. Ich bin überhaupt nicht in der Lage, Probleme im Hier und Jetzt überhaupt zu erfassen. Ich habe keine Energie, mir Botschaften zu vergegenwärtigen, die ich von meinen Eltern darüber mitbekommen habe, wie ich für mich sorgen könnte. Ich tue genau das, was für mich jetzt das Angebrachteste ist: ich regrediere, so daß ich wieder ein Kind bin, das seinen Schmerz fühlt und sich einfach umsorgen läßt.

Die Schwester gibt mir den Erwachsenen- und Eltern-Ich-Anteil, den ich brauche. Sie befaßt sich mit allen Gegenwartsproblemen und gibt mir dabei Schutz und innere Sicherheit. Das ist ihre Aufgabe, und so ist sie auch zu Recht in ihrer symbiotischen Position. Mit den Begriffen der Schiff-Schule ausgedrückt sagen wir, daß die Schwester und ich in einer *gesunden Symbiose* sind. Im Gegensatz dazu steht die *ungesunde Symbiose*, die durch die zuvor in diesem Kapitel gegebenen Beispiele veranschaulicht wird. Wenn das Wort *Symbiose* ohne Adjektiv gebraucht wird, dann ist damit normalerweise eine ungesunde Symbiose gemeint.

Wie können wir nun formell zwischen einer gesunden und ungesunden unterscheiden? Eine Symbiose ist ungesund, sobald *Discounten* dazugehört. In dem Beispiel der Symbiose zwischen dem Studenten und dem Assistenten, und genau so zwischen Willi und Herta, haben beide Seiten die Realität dadurch discountet, daß sie sich verhielten, als hätten sie miteinander nur insgesamt drei Ich-Zustände. Im Gegensatz dazu war es ja die Realität, als ich auf dem Rollbett durchs Krankenhaus geschoben wurde, daß mein Erwachsenen-Ich und mein Eltern-Ich unter der Nachwirkung der Narkose infolge des Traumas außer Betrieb waren. Die Schwester hat zwar ihr Eltern-Ich und ihr Erwachsenen-Ich eingesetzt, aber dabei hat sie nicht unbedingt ihr eigenes Kind-Ich discountet.

Symbiose und normale Abhängigkeit

Ein einleuchtendes Beispiel für eine gesunde Symbiose ist die, die zwischen Mutter und Kind besteht.

Wenn das Baby auf die Welt kommt, besteht es nur aus Kind-Ich. Die Fähigkeit, Probleme zu lösen oder sich zu schützen, ist noch nicht vorhanden. Diese Funktionen müssen von Vater oder Mutter übernommen werden, die dabei ihr Erwachsenen-Ich und ihr Eltern-Ich in geeigneter Weise einsetzen. Stan Woollams und Kristy Huige haben zur Bezeichnung dieser gesunden Symbiose zwischen Eltern und Kind den Begriff *normale Abhängigkeit* vorgeschlagen.[2]

Es sei daran erinnert, daß bei der gesunden Symbiose die beiden Seiten keinen ihrer Ich-Zustände discounten. Der Säugling hat noch kein funktionierendes Eltern-Ich oder Erwachsenen-Ich, also kann er auch keins discounten. Vater oder Mutter hingegen haben jeder ihr Kind-Ich. Wenn Mutter vermeiden will, in eine ungesunde Symbiose hineinzurutschen, muß sie sich ihrer eigenen Kind-Ich-Bedürfnisse bewußtbleiben und Mittel und Wege finden, diese zu befriedigen, selbst in der Zeit, wo sie sich so intensiv um ihr Neugeborenes kümmert.

Die Symbiose und das Skript

Wenn jemand ein Kind großzuziehen und zu betreuen hat – die Transaktionsanalytiker bezeichnen das gern als „Beelterung" –, so wird er im Idealfall die Möglichkeiten seines Eltern-Ichs und Erwachsenen-Ichs in geeigneter Weise nutzen, aber dabei sein eigenes Kind-Ich nicht discounten. Wenn das Kind heranwächst, werden Mutter und Vater ihm immer gerade das zur Verfügung stellen, was es braucht, um seine jeweilige Entwicklungsstufe abzuschließen. In jeder Phase erwirbt das Kind ein größeres Eigenpotential und braucht sich somit immer weniger an Vater oder Mutter anzulehnen. Im Idealfall ermutigt die Mutter oder der Vater das Kind bei dieser notwendigen Loslösung und bietet weiterhin die benötigte Stütze in den Bereichen, wo das Kind sie noch braucht.

Bei diesem idealen Prozeß wird die ursprüngliche intensive Symbiose zwischen Kind und Mutter bzw. zwischen Kind und Vater Schritt für Schritt gelöst.[3] Am Ende führt das dann zu dem Ergebnis, daß in dem Augenblick, wo aus dem Kind ein junger Erwachsener geworden ist, beide Seiten eine symbiosefreie Beziehung begründet haben. Jeder von beiden ist fähig, auf eigenen Füßen zu stehen und aus eigenem Ermessen Kontakt aufzunehmen oder abzubrechen.

Nun liegt die Crux darin, daß es so etwas wie „ideale Eltern" nicht gibt. Ganz gleich, wie gut die „Beelterung" sein mag, die einem Kind von Vater und Mutter zuteil wird, das Kind durchläuft den Entwicklungsprozeß so, daß einige seiner Bedürfnisse dabei unbefriedigt bleiben.

Dadurch wiederum wird die skriptgebundene Funktion der Symbiose im Erwachsenenleben deutlich. *Jede Symbiose stellt einen Versuch dar, die Entwicklungsbedürfnisse zu befriedigen, die während der Kindheit nicht befriedigt worden waren.*

Wie immer bei Skriptverhalten setzt der Mensch in der Symbiose veraltete Strategien ein bei seinem Versuch, für die Befriedigung seiner Bedürfnisse zu sorgen. Diese Strategien waren das Beste, was er als kleines Kind erbringen konnte, sind aber für sein Erwachsenendasein nicht mehr geeignet. In der Symbiose *discountet* der Mensch die Alternativen eines Erwachsenen, und dieser Vorgang wird ihm nicht bewußt.

Jedesmal wenn wir in eine Symbiose gehen, erleben wir gleichsam, ohne das zu wissen, alte Kindheitssituationen wieder, bei denen wir ein Bedürfnis verspüren, das seinerzeit unbefriedigt geblieben ist. Und wir stellen noch einmal die Beziehung her, die in der Vergangenheit zwischen uns und einem Elternteil bzw. einer Bezugsperson existiert hatte. So durchleben wir die Situation erneut in dem Versuch, den anderen so zu manipulieren, daß er das Bedürfnis befriedigt, das damals unbefriedigt geblieben war.

Die Wahl der symbiotischen Position

Du magst denken: „Na schön, wenn die Symbiose also ein Wiederdurchleben alter Kindheitssituationen darstellt, dann verstehe ich durchaus, warum Menschen in der Symbiose in die Kind-Rolle gehen. Warum aber sollte sich jemand für die Eltern-Rolle entscheiden?"

Es ist nun ganz einfach so, daß Kinder manchmal einen frühen Beschluß treffen, etwa: „Also die Beelterung läßt hier dermaßen zu wünschen übrig, daß ich am besten die Dinge selbst in die Hand nehme." So kriegt beispielsweise die Mutter in ihrem eigenen Kind-Ich Angst, ihren Kindern klare Grenzen zu setzen. Statt dessen hat sie sie erpreßt, indem sie etwa sagte: „Wenn du das tust, tust du mir weh", oder „Paß auf – du machst Vater wütend!" Das Kind wurde so indirekt aufgefordert, Verantwortung zu übernehmen für die Gefühle und das Wohlergehen von Vater oder Mutter. Darauf könnte es durchaus reagieren mit dem Beschluß, daß es ihm nunmehr im Leben zukomme, für seine Eltem zu sorgen. Psychologisch ist es dadurch ja schon ein kleiner Vater bzw. eine kleine Mutter geworden. Und im Erwachsenenleben wird es diese Rolle dann unter Umständen in der Symbiose wieder aufnehmen.

Andere Kinder, die den Eindruck haben, von ihren Eltern unterdrückt zu werden, oder die Mißhandlungen ausgesetzt sind, nehmen unter Umständen die Grundeinstellung ein „Ich bin o.k., du bist nicht o.k." und stauchen ihre Eltern in der Phantasie aus der Eltern-Ich-Position heraus zusammen. Auch das werden sie dann später in ihren symbiotischen Beziehungen als Erwachsene erneut auflegen.

Einladungen zur Symbiose

Wenn Menschen sich treffen, verstehen sie es meistens, sich gegenseitig zu signalisieren, welche symbiotische Rolle sie im Umgang miteinander einnehmen wollen. Derartige *Einladungen in eine Symbiose* werden häufig ohne Worte übermittelt. Im allgemeinen wird eine der vier passiven Verhaltensweisen, oder auch mehrere, an den Tag gelegt.

In dem Beispiel, mit dem wir dieses Kapitel begonnen haben, hat Herr Lehmann eine Einladung zur Symbiose zuerst dadurch ausgedrückt, daß er nichts tat, und dann dadurch, daß er agitierte. Als er still da saß und dann zu zappeln anfing, hat er dem Assistenten lediglich die verdeckte Botschaft übermittelt: „Ich brauche Sie, damit Sie für mich denken und mir sagen, wie das geht." Seine Einladung in die Symbiose bedeutete für den Assistenten eine Aufforderung, die Rolle des Eltern-Ichs und des Erwachsenen-Ichs zu besetzen, während er selbst sich ins Kind-Ich zurückzog.

Dadurch, daß er die Aufgabe dann selbst zu Ende führte, hat der Assistent auf der gleichen psychologischen Ebene seine Zustimmung gegeben: „Jawohl, Sie haben recht. Sie brauchen mich, damit ich für Sie denke und Ihnen sage, wie das geht." Und dadurch nahm er in der Tat die „Einladung in die Symbiose" an.

Eine symbiotische Einladung kann manchmal auch mit Worten übermittelt werden. Wenn das geschieht, hört man, daß jemand das, was er haben möchte, durch eine Manipulation zu erlangen trachtet, statt direkt darum zu bitten. Das geschieht dann so unmerklich, daß es kaum erkennbar ist. So kann z.B. in einer Therapiegruppe eine Frau ganz unglücklich den Kopf hängen lassen und sagen: „Was ich jetzt brauche, ist, daß mich jemand in den Arm nimmt." Für die anderen kann darin eine Versuchung liegen, zu ihr zu gehen und sie in den Arm zu nehmen, wie sie es ja anscheinend gewünscht hat. Tun sie das aber, haben sie ihre symbiotische Einladung angenommen. Hätte sie in nicht-symbiotischer Weise um die Umarmung gebeten, dann hätte sie jemand Bestimmten in der Gruppe angesehen und gesagt: „Magst du mich mal drücken?"

Konkurrierende Symbiose

Was aber passiert, wenn zwei Menschen aufeinandertreffen, die beide die gleiche symbiotische Rolle einnehmen wollen? Wenn beide z.B. die Eltern-Rolle übernehmen wollen, oder wenn beide sich als Kind aufführen wollen?

Wenn das so ist, fangen die Parteien meist an, um den begehrten Platz zu rangeln in der Hoffnung, ihre Lieblingsrolle in der Symbiose einnehmen zu können. Vielleicht hast du einmal im Restaurant ein Gespräch wie das folgende gehört, wo zwei Gäste sich anschicken, nach dem Essen zu zahlen:

„Nun lassen Sie das mal! Ich übernehm' das schon."

„Nee, kommt gar nicht in Frage, das zahle *ich* ."

„Auf keinen Fall! Das wär' ja gelacht!"

So können nun die Transaktionen eine Zeitlang weitergehen, und beide Seiten steigern sich immer mehr hinein in ihre Entschlossenheit zu bezahlen. Jeder bemüht sich, dem anderen gegenüber die Eltern-Rolle zu übernehmen. Sie befinden sich in einer *konkurierenden Symbiose* – in diesem Fall, indem sie um die Eltern-Ich-Position konkurrieren.

Die konkurrierende Symbiose ist von ihrer Natur her instabil. Gespräche wie das vorangehende dauern im allgemeinen nicht sehr lange. Es gibt zwei Möglichkeiten, wie sie ausgehen können. Entweder gehen die beiden wütend davon und werfen die Tür hinter sich ins Schloß. Oder einer von beiden gibt nach und überläßt dem anderen die symbiotische Position. Derjenige, der nachgegeben hat, übernimmt dann in der Symbiose die komplementäre Position.

Das Wortgefecht im Restaurant könnte z.B. so ausgehen, daß einer der beiden sagt: „Na ja, wenn Sie absolut wollen..." und sein Portemonnaie scheinbar widerwillig wegsteckt. Er hat sich in die Kind-Position zurückgezogen und zugelassen, daß er von seinem Gegenüber „betreut" wird.

Denke dir ein weiteres Beispiel einer konkurrierenden Symbiose aus, wo beide um die Eltern-Position rangeln und wo einer der beiden sich dann ins Kind-Ich zurückzieht.

Mache Transaktions-Diagramme für den Gesprächsverlauf während dieser Zeit.

In welchen Quadranten im OK-Geviert würde deiner Meinung nach der eine und in welchen der andere während der Auseinandersetzung gehen, und in welchen, nachdem einer von beiden nachgegeben hat?

Dann denke dir ein Beispiel aus für eine konkurrierende Symbiose um die Kind-Position, die damit endet, daß einer der beiden nachgibt und wider Willen die Eltern-Rolle übernimmt. Auch hier zeichne Diagramme für die Transaktionen und analysiere die Positionen im OK-Geviert.

Zeichne ein Transaktions-Diagramm für das Gespräch zwischen Herrn Lehmann und dem Assistenten, in dem Herr Lehmann seine symbiotische Einladung aussprach und derAssistent sie akzeptierte.

Wie könnten deiner Meinung nach wichtige Weg-Weiser und Bann-Botschaften in Herrn Lehmanns Skript-Matrix aussehen? Und in der des Assistenten? Und wie für Willi und Herta?

Die Symbiose zweiter Ordnung

In manchen symbiotischen Beziehungen liegt unter der ersten Symbiose noch eine zweite. Sie nimmt die Gestalt an, die in der Abbildung 20.2 wiedergegeben ist.

Diese Art von Symbiose bezeichnet man als *Symbiose zweiter Ordnung*, weil sie sich abspielt innerhalb der Struktur zweiter Ordnung des Kind-Ich-Zustandes.

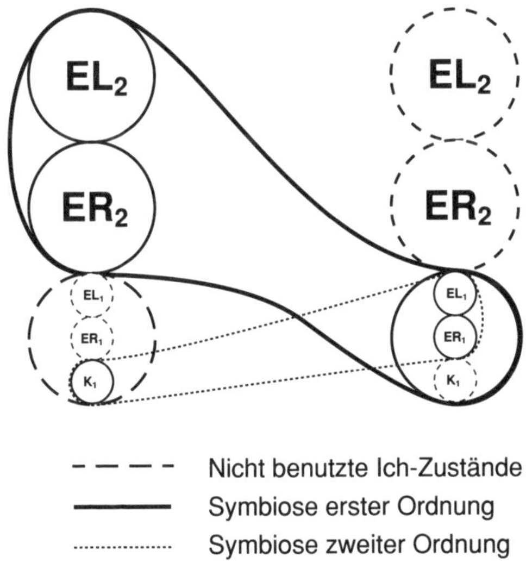

Abbildung 20. 2: Symbiose zweiter Ordnung

Bei Ehepaaren machen wir immer wieder die Feststellung, daß die Partnerbeziehung, etwa wie bei Willi und Herta, auf einer Symbiose zweiter Ordnung beruht. Wenn man diesem Paar zuhört, scheint es klar, daß Willi in der Rolle des Eltern-/Erwachsenen-Ichs ist, während Herta das Kind spielt. Er hält das Steuer in der Hand und löst die praktischen Probleme. Sie läßt sich steuern und zeigt Gefühle. Und auf der Ebene der Symbiose erster Ordnung ist das in der Tat so. Willi durchlebt dabei wieder einen frühen Beschluß: „Die einzige Weise, wie ich hier durchkomme, ist die: ich muß hier den Laden übernehmen und alles fest im Griff haben, auch mich selbst." Hertas Beschluß war gewesen: „Mir kommt es im Leben zu, es anderen, vor allem Männern, recht zu machen und mir dabei nicht groß Gedanken zu machen." Die Symbiose erster Ordnung stellt dann ein gemeinsames Bemühen dar, durch diese Skriptbeschlüsse für die Bedürfnisbefriedigung der beiden zu sorgen.

Und dennoch hat Willi noch ein tieferes Bedürfnis. Das liegt noch tiefer unter der Oberfläche seines Bewußtseins als das Bedürfnis, die Dinge in der Hand zu haben und zu steuern, und rührt aus einer noch früheren Entwicklungsphase her. Es handelt sich um das Bedürfnis nach körperlichen Strokes und Zuspruch. Wir zeigen dies als Teil des Inhalts von Willis K_1, dem ganz frühen Kind im Kind-Ich.

Für Willi liegt die Schwierigkeit darin, daß er durch seine späteren Skriptbeschlüsse diese ganz frühen Kindbedürfnisse ausgeschlossen hatte. Wie aber kann er jetzt noch erreichen, daß sie befriedigt werden? Das läuft so: als er sich Herta als Symbiosepartnerin ausgesucht hatte, hatte er damit recht clever jemand gefunden, der bereit und geeignet war, in der Symbiose zweiter Ordnung die Komplementärrolle zu übernehmen. Hertas Mutter hatte, wie Herta selbst, einen starken, schweigsamen Mann geheiratet, der nicht scharf darauf war, ihr körperliche Strokes zu geben. Als Herta ganz klein war, war ihr Vater oft nicht daheimgewesen. Er hatte lieber im Divisionsstab gearbeitet oder bei seinen Kameraden im Kasino gesessen. Die Mutter hatte keinen anderen Erwachsenen gefunden, der ihre eigenen frühkindlichen Kind-Ich-Bedürfnisse nach Strokes und Betreuung hätte erfüllen können.

Mit der wachen Wahrnehmung des ganz kleinen Kindes hatte Herta, ohne Worte, beschlossen: „Wenn die Mutter hierbleiben und es ihr einigermaßen gutgehen soll, dann muß ich mich schon selber um sie kümmern." Sie setzte also ihr eigenes, erst im Ansatz vorhandenes Eltern-Ich und Erwachsenen-Ich, nämlich EL_1 und ER_1 ein, fühlte sich zuständig für Mutters Wohlergehen und übernahm die Betreuung des

Somatischen Kind-Ichs der Mutter. In der Symbiose der Erwachsenen spielt sie dieses Muster jetzt mit Willi wieder durch.

Eine Symbiose dieser Art ist besonders schwer aufzubrechen. Hier ist daran zu denken, daß Stroking für das ganz kleine Kind eine Frage des Überlebens ist. Wenn es somit in diesem Beispiel Herta gelingt, aus der Symbiose auszubrechen, dann ist es denkbar, daß Willi in seinem Somatischen Kind von Todesfurcht ergriffen wird. Sein Kinderglaube ist, daß er seine einzige Quelle für körperliche Strokes verlieren könnte, und das bedeutet für ihn den Tod. Auf der gleichen frühkindlichen Ebene könnte Herta spüren, daß das Aufbrechen der Symbiose den Verlust der Mutter bedeutet. Und für den Säugling kann das durchaus das Todesurteil bedeuten.

Es ist wahrscheinlich, daß weder Willi noch Herta zulassen werden, daß diese furchtbare Angst aus der ganz frühen Kindheit ihnen bewußt wird. Mit großer Wahrscheinlichkeit werden sie statt dessen Rationalisierungen dafür finden, daß sie ihre symbiotische Beziehung fortsetzen sollten. Wenn sie wirklich aus dieser Beziehung aussteigen wollen, dann brauchen sie wahrscheinlich Einblick in ihr Skript und therapeutische Hilfe.

VI.

Wie wir unsere Skriptüberzeugungen rechtfertigen

Maschen und Spiele

21. Maschen und Rabattmarken

Wir beginnen dieses Kapitel mit einer Übung. Wir raten dir, erst diese Übung zu machen, ehe du weiterliest. Bei Gruppenarbeit sollte der Gruppenleiter oder ein Freiwilliger die Gruppe durch die Szene geleiten und das anhand der folgenden Anweisungen improvisieren.

Bei dieser Übung fordern wir dich auf, dir eine Szene auszudenken und dann ein paar Fragen darüber zu beantworten. Dabei gibt es keine „richtigen" oder „falschen" Antworten.

Stell dir vor, daß morgen in der Gegend, wo du wohnst, eine Reihe von Feiertagen beginnt, daß also die Geschäfte ein paar Tage lang alle zu sind.

Stell dir auch vor, daß du seit längerer Zeit nicht mehr einkaufen gegangen bist. Du hast fast kein Essen mehr zu Hause, und es fehlt dir am Nötigsten. Du siehst auf die Uhr und stellst mit Erleichterung fest, daß du gerade noch genügend Zeit hast, schnell zum Supermarkt zu fahren und eine Runde durch die Regalreihen zu machen, ehe er zu ist.

Im Kopf stellst du eine Liste zusammen für die Sachen, die du kaufen mußt, und fährst zum Supermarkt. Wie du ankommst, siehst du eine Menge Leute, die auch in der Absicht gekommen sind, sich noch einzudecken, ehe an den Feiertagen alles zu ist.

Du behältst die Uhr im Auge, gehst an den Regalen vorbei und nimmst, was du brauchst. Nun bist du fertig und siehst erfreut, daß gerade noch ein paar Minuten Zeit sind, ehe zugemacht wird. Du hast also noch genügend Zeit, in der Schlange an die Kasse zu kommen.

Und nun bist du an der Reihe, die Kassiererin tippt die Beträge ein und nennt dir die Summe.

Du greifst nach deinem Portemonnaie – kein Portemonnaie da! Du suchst von neuem alles durch, aber umsonst. Jetzt fällt dir auch ein, wieso: du hast es zu Hause vergessen. Bei deinem hastigen Aufbruch bist du in den Supermarkt gefahren, ohne einen Pfennig Bargeld bei dir zu haben. Natürlich hast du auch keine Kreditkarte und kein Scheckheft.

Hinter dir verlängert sich die Schlange. Du sagst der Kassiererin, was passiert ist, und fragst sie: „Kann ich Ihnen nicht einfach Namen und Adresse hierlassen, meine Waren mitnehmen und dann nach den Feiertagen wiederkommen?" Die Kassiererin sagt: „Nein, tut mit leid, aber das geht nicht."

Jetzt hast du auch nicht mehr Zeit, noch nach Hause zu gehen und dein Geld zu holen, ehe zugemacht wird. Also kannst du deine Sachen nicht mitnehmen. Das heißt, du mußt mit leeren Händen nach Hause gehen. Und dann vergehen etliche Tage, ehe die Geschäfte wieder auf sind.

Das alles wird dir jetzt klar. *Wie fühlst du dich in diesem Augenblick?*

Halte fest, wie du dich fühlst, und benenne deine Empfindung. Dann löse dich wieder aus der Phantasie-Szene.

Notiere das Gefühl, das du festgehalten hast. Immer dann, wenn Menschen diese Übung machen, lassen sich ganz bestimmte Beobachtungen machen hinsichtlich der Empfindungen, über die sie am Ende berichten können. Wir führen diese im folgenden auf, und du stellst jetzt Punkt für Punkt fest, wie weit sie zutreffen auf die Empfindungen, die du verzeichnet hast.

1. Verschiedene Menschen berichten über verschiedene Gefühle. Wenn du in einer Gruppe arbeitest, mache einen Durchgang und bitte jedes Mitglied, die Emotion zu nennen, die es am Ende der Szene gespürt hat, und bitte jemanden, diese jeweils sofort aufzuschreiben.

Die Szene als solche war ja für jeden die gleiche. Aber du wirst entdecken, daß die Menschen in der Gruppe über einen breiten Fächer unterschiedlicher Emotionen berichten. Ein paar typische Antworten wären etwa die folgenden: „Ärgerlich auf mich selbst, in panischer Angst, verlegen, wütend auf die Kassiererin, angewidert, ratlos..." Je größer die Gruppe ist, um so größer wird die Vielfalt und Spannweite der Gefühle sein, über die berichtet wird.

Bei Einzelarbeit kannst du das überprüfen, wenn du Freundinnen oder Freunde findest, die bereit sind, die Szene mit dir durchzuspielen und dann am Ende über ihre Gefühle zu berichten.

2. Das Gefühl, das ein jeder feststellt, ist eine Empfindung, die er in einer großen Zahl unterschiedlicher Streßsituationen verspürt. Wenn ich z.B. am Ende dieser Szene berichte, daß ich „ärgerlich auf mich selbst" bin, dann ist es wahrscheinlich, daß ich auch in vielen anderen Situationen, in denen ich unter Streß war, berichtet hätte, ich wäre „ärgerlich über mich". Wenn du von „panischer Angst" berichtest, dann würdest du in verschiedenen Situationen wahrscheinlich über das gleiche schlechte Gefühl berichten.

Es ist so, als habe jeder von uns ein Lieblingsgefühl unter den schlechten Gefühlen, das er bevorzugt und das ihm sozusagen als „Allzweck-Emotion" dient, wenn er merkt, daß etwas schiefläuft. Es gibt auch Menschen, die ein Sortiment von zwei oder drei schlechten Gefühlen haben, die sie in so einer Situation einsetzen können. Eins dient z.B. zum Hausgebrauch, ein anderes wird gebraucht am Arbeitsplatz usw.

3. Die hierbei festgehaltene Emotion ist ein Gefühl, das dir in deiner Ursprungsfamilie vorgelebt worden oder in ihr erwünscht war, während andere Gefühle unerwünscht oder verboten waren. Wenn du z.B. festgehalten hast, daß du „auf jemand anderen wütend" warst, ist es wahrscheinlich, daß deine Eltern oder Angehörigen ein solches Gefühl häufig gezeigt haben, als du klein warst. Und wenn du selbst das dann an den Tag gelegt hast, hast du sicher in irgendeiner Weise Anerkennung dafür bekommen.

Meist gab es dann eine ganze Reihe anderer Gefühle, die in deiner Familie selten oder nie gezeigt wurden. In diesem Beispiel war es zwar in deiner Familie akzeptabel, wütend zu werden, aber es wäre verpönt gewesen, traurig, ängstlich oder fröhlich zu sein. Wenn du eins von diesen anderen Gefühlen gezeigt hättest, wärst du entweder ausgeschimpft oder – was für dich als Kind noch schlimmer gewesen wäre –, völlig übersehen oder übergangen worden.

4. Das Gefühl, das du empfunden hast, hat nichts bewirkt, um dein Problem zu lösen. Wenn ich wütend würde, wenn ich die Kassiererin anschreien würde, würde mir das nicht dazu helfen, die Waren zu bekommen, die ich brauchte. Ob ich mich nun angewidert, ratlos, ärgerlich auf mich selbst oder von furchtbarer Panik ergriffen fühlte oder irgendeine der anderen Emotionen hätte, über die die Menschen hinterher immer berichten, keine dieser Empfindungen würde mir auch nur im geringsten helfen, die eingekauften Sachen aus diesem Supermarkt hinauszubekommen.

Die genannten emotionalen Eigenarten sind charakteristisch für jene

Art von Emotionen, die in der TA als *Gefühlsmaschen* bezeichnet werden.[1]

In den folgenden Kapiteln sprechen wir jetzt über das Wesen und die Funktion von Gefühlsmaschen. Es ist sehr wichtig, das richtig zu verstehen, weil Gefühlsmaschen eine zentrale Rolle spielen bei der Art und Weise, wie Menschen ihr Skript verwirklichen.

Definition von „Masche" und „Maschengefühl"

In der TA-Literatur besteht erhebliche Verwirrung über die Bedeutung der Ausdrücke „Masche" und „Maschengefühl". Einige Autoren verwenden die beiden Ausdrücke auch unterschiedslos.

In diesem Buch gehen wir anders vor. Wir halten uns an eine Konzeption, die besagt, daß es sinnvoll ist zu unterscheiden zwischen Maschen und Maschengefühlen. Wir definieren ein *Maschengefühl* als *eine vertraute Emotion, die in der Kindheit erlernt und gefördert wurde, die in vielen unterschiedlichen Streßsituationen erlebt wird, und deren Ausdruck als Mittel zur Problemlösung für den Erwachsenen eine Fehlanpassung bedeutet.*

Eine *Masche* definieren wir als *eine Gesamtheit skriptgebundener Verhaltensweisen, die, ohne bewußt zu werden, eingesetzt wird als Mittel zur Manipulation der Umgebung, und die es mit sich bringt, daß der Betreffende ein Maschengefühl erlebt.*

Mit anderen Worten stellt die Masche einen Prozeß dar, in dem jemand es darauf ablegt, ein Maschengefühl zu empfinden, und dieses dann auch erlebt. Daß er „es so anstellt", liegt außerhalb seines klaren Bewußtseins.

In der Phantasie-Szene beispielsweise, wo ich ohne irgend einen Pfennig vor der Kasse stand, hatte ich „es so angestellt", daß ich das ungute Gefühl erleben konnte, das ich am Ende hatte. Ich *hätte* ja dafür sorgen können, daß ich Geld bei mir gehabt hätte, habe das aber nicht getan. Wenn du mich fragen würdest, warum, würde ich wohl antworten: „Ich hab einfach nicht dran gedacht."

Das Ergebnis der Ereignisse, die der Betreffende herbeigeführt hat, erscheint als „Rechtfertigung" für das Maschengefühl. Stellen wir uns vor, in dem Augenblick, wo ich an der Kasse stand, hätte ich Wut auf die Kassiererin verspürt. Wenn du mich gefragt hättest: „Wieso sind Sie denn auf die Kassiererin wütend?", hätte meine Antwort lauten können: „Ich krieg doch hier meine Waren nicht raus, oder?"

Wut auf andere ist *mein* Lieblings-Maschengefühl in Streßsituationen. Fünf andere Menschen haben unter Umständen fünf verschiedene ungute Gefühle in der gleichen Situation. Und sie werden mit großer Wahrscheinlichkeit alle davon ausgehen, genau wie ich, daß *ihr* Lieblings-Maschengefühl in einer solchen Situation doch „etwas ganz Selbstverständliches" ist.

Müssen nun Menschen immer „eine Masche stricken", um ein Maschengefühl zu empfinden? Keineswegs. Wir können ein Maschengefühl auch erleben als Reaktion auf Streßsituationen, die wir nicht herbeigeführt haben, die also ohne unser Zutun eintreten. Stell dir z.B. vor, daß du mit einem öffentlichen Verkehrsmittel fährst – Omnibus, Eisenbahn oder Flugzeug – und einen Termin einhalten mußt. Und dann kommt es zu irgendeinem technischen Defekt, und die Verspätung zeichnet sich ab. Wenn du dann dasitzt und dir die Minuten ausrechnest, was empfindest du dann? Ich würde wahrscheinlich ärgerlich auf die Lufthansa oder die Bundesbahn oder das städtische Verkehrsunternehmen, und ein anderer bekäme schreckliche Angst, ein dritter würde sich ratlos fühlen, und so geht es weiter.

Die Maschengefühle und das Skript

Mach dir zunächst eine ganz allgemeine Beziehung zwischen dem Skript und der Masche klar:

Jedesmal, wenn du ein Maschengefühl erlebst, bist du im Skript.

Weshalb spielen Maschengefühle eine so gewichtige Rolle innerhalb des Skriptmechanismus? Die Antwort ergibt sich aus der Art und Weise, wie Kinder lernen, Maschengefühle zu zeigen als einen Weg, der ihnen in ihrer Familie die Erfüllung ihrer Bedürfnisse bringen soll.

Wir haben gesehen, daß Maschengefühle in der Kindheit gelernt und gefördert werden. Jede Familie hat ihre eigene beschränkte Zahl von zugelassenen Gefühlen, und dann einen größeren Bereich von Gefühlen, die unerwünscht oder verboten sind.

Die erlaubten Gefühle sind manchmal bei Jungen anders als bei Mädchen. Den kleinen Jungen bringt man oft bei, daß es in Ordnung ist, wenn sie wütend und agressiv werden, aber daß sie keine Angst haben oder gar weinen dürfen. Die kleinen Mädchen lernen ihrerseits, wie sie auf Streß reagieren sollen: sie dürfen jammern oder weinen, haben süß und gewinnend zu sein oder aber apart und spritzig, selbst wenn sie vor Wut bald platzen könnten.

Was passiert aber dann, wenn das Kind doch eins der verbotenen Gefühle zeigt? Stell dir einen Augenblick lang vor, daß der kleine Junge

Angst bekommt und sie auch zeigt. Vielleicht ist so ein stadtbekannter Rowdie gerade hinter ihm her. Er kommt zur Mutter gerannt, zitternd vor Angst und schutzsuchend. Die Mutter sieht ihn kopfschüttelnd an und sagt: „Na, na, du bist vielleicht so 'n Angsthase! Wenn sie dir was wollen, dann geh hin und wehr dich!" Dann wendet sie sich ihrer Hausarbeit wieder zu.

Der Junge prägt sich ein: „Wenn ich Angst kriege und das zeige, erreiche ich hier nicht, was ich will. Ich hab Schutz gesucht, und statt dessen werde ich fortgeschickt – einfach ignoriert!"

In seinem wachen Kleinen Professor sinniert der Junge nun, ob es nicht *doch* Wege gibt, wie er das erreichen kann, was er will. Wahrscheinlich probiert er eine ganze Reihe von Gefühlen aus, Tag für Tag, als Reaktion auf Streßsituationen. Er versucht es mit Traurigkeit, mit Übermut, mit Aggressivität, mit Verwirrung, mit totaler Ratlosigkeit und einer endlosen Reihe weiterer Gefühle. Und nun stell dir vor, er entdeckt, daß die Mutter am besten reagiert, wenn er aggressiv wird. Wenn jetzt dieser Rowdie hinter ihm her ist, geht er auf ihn los (und muß u. U. Prügel einstecken, weil der Rowdie natürlich größer ist). Obwohl er jetzt zerschunden ankommt und ihm alle Knochen wehtun, kriegt er zumindest von Mutter ein Lob: „Gut gemacht! Große Jungens weinen nicht! " Er hat ein Gefühl entdeckt, das ihm „das bringt", worum es ihm am meisten geht: Anerkennung von seinen Eltern. Wenn er die Strokes haben will, die er braucht, muß er Aggression zeigen. Natürlich zahlt er dafür seinen Preis: die Schmerzen. Diese Aufeinanderfolge von Geschehnissen wird sich wahrscheinlich noch und noch in der gleichen Weise abspielen, wenn der kleine Junge nun heranwächst. Und bei jeder Wiederholung kommt er allmählich zu einer weiteren Schlußfolgerung über Gefühle und ihre Ergebnisse. „Bis auf Aggressivität scheinen hier überhaupt keine anderen Gefühle nützlich zu sein. Wenn ich wirklich irgendein anderes Gefühl zeige, verliere ich die Unterstützung meiner Eltern, und das ist gefährlich. Also tue ich gut daran, außerAggressivität am besten überhaupt kein Gefühl mehr zu *empfinden*."

Also verbirgt er jetzt, jedesmal wenn Angst oder Trauer aufkommen will, dieses Gefühl sogar vor sich selbst und wird statt dessen gleich aggressiv.

Maschen und „Gummibänder"

Stell dir vor, ich wäre dieser kleine Junge gewesen, und stell dir auch vor, daß ich jetzt an der Kasse des Supermarktes stehe und die Kassiererin mir meine Bitte, mir die Waren einstweilen mitzugeben, abschlägt.

In dem Augenblick, in dem ich den Streß dieser Situation erlebe, hake ich mich sozusagen ein ans Ende eines *„Gummibandes"*. Ich fange an, so zu reagieren, als wäre ich noch ein kleines Kind, wieder in einer Streßsituation der Vergangenheit. Auf mich wirkt das so, als würde die Kassiererin, letztlich die ganze Welt, mich bedrohen, genau so wie mich der stadtbekannte Rowdie seinerzeit bedroht hatte, als ich noch klein war.

In dem Augenblick fühle ich das, was ich als Kind gelernt hatte. Ich werde aggressiv. Ich gehe auf die Kassiererin los und schreie: „Das ist doch die Höhe! Trauen Sie mir etwa nicht?" Und die Kassiererin zuckt die Achseln.

Steif und noch kochend vor Wut marschiere ich in Richtung Tür. Einen Augenblick lang empfinde ich eine Art grimmige Genugtuung. Ich sage mir: „Na, der habe ich's wenigstens gezeigt!" Aber gleichzeitig weiß ich, daß ich mit meinem ganzen Geschrei nichts daran ändere, daß ich meine Einkäufe dalassen mußte. Das schlägt mir richtig auf den Magen, und später, wie ich nach Hause komme, habe ich Sodbrennen.

Meine Gefühlsreaktion hat mir nicht im entferntesten dazu genützt, mein Problem im Hier und Jetzt zu lösen. Aber ohne daß ich mir dessen bewußt war, hatte ich einem Motiv gehorcht, das für mich viel wichtiger war. *Ich hatte versucht, meine Umgebung so zu manipulieren, daß ich die elterliche Unterstützung erwarten durfte, die ich in der Kindheit dadurch erhielt, daß ich solche Maschengefühle erlebte und zum Ausdruck brachte.*

Das ist immer und überall die Funktion von Maschengefühlen im Erwachsenenleben. Jedesmal wenn ein Mensch ein Maschengefühl erlebt, legt er eine überholte Kindheitsstrategie wieder auf. Mit anderen Worten: er ist im Skript.

Maschen „stricken"

In unserem Beispiel hatte ich es so angestellt, daß eine Masche ablief – um beim Bild zu bleiben, könnte man sagen, ich habe eine Masche „gestrickt" – nämlich die Folge von Ereignissen, durch die das Erlebnis meines Maschengefühls „gerechtfertigt" wurde. Ich hatte „zufällig" vergessen, mein Geld mitzunehmen.

Wenn wir jetzt die Skriptfunktion von Maschengefühlen kennen, sehen wir auch, weshalb ich so vorgehe. *Ich hatte eine Masche gestrickt, damit ich das Maschengefühl erleben konnte.* In meinem Kind hatte ich das Bedürfnis nach Strokes erlebt. Deshalb hatte ich es verstanden, um dieser Strokes willen so zu manipulieren, wie ich das als Kind gelernt hatte. Ich hatte es geschafft, das gleiche Gefühl zu empfinden, das mir in meiner Familie „etwas gebracht hatte".

Auf diese Weise eröffnet uns die Maschentheorie einen völlig neuen Einblick in die Ursachen, aus denen Menschen gewisse ungute Gefühle erleben. Gehen wir noch einmal zurück zu unserem Beispiel vom Supermarkt. Die übliche Erklärung würde wohl heißen: „Ich mußte ohne meine Einkäufe heimkehren, und darüber hab ich mich geärgert."

Wer aber etwas von Maschen versteht, sagt statt dessen: „Ich brauchte eine Rechtfertigung dazu, Ärger zu empfinden, und deshalb habe ich es so angestellt, daß ich ohne die Waren, die ich gebraucht hätte, heimgehen mußte."

Maschengefühle und echte Gefühle

Wir haben erklärt, wie Kinder lernen, daß gewisse Gefühle in ihrer Familie gefördert werden, während andere verpönt oder verboten sind. Verspürt das Kind irgendein verbotenes Gefühl, steigt es rasch um in ein Ersatzgefühl, das erlaubt ist. Unter Umständen erlaubt es sich selbst noch nicht einmal, das verbotene Gefühl überhaupt wahrzunehmen. Wenn wir als Erwachsene Maschengefühle erleben, durchlaufen wir den gleichen Prozeß. Auf diese Weise stellt ein Maschengefühl immer einen „*Ersatz*" für ein anderes Gefühl dar, nämlich eins, das in unserer Kindheit nicht zugelassen war. Um diesen Charakter eines Ersatzerlebens wiederzugeben, bezeichnen wir Maschengefühle als *unechte* Gefühle. Im Gegensatz dazu sind *echte* Gefühle diejenigen, die wir als kleine Kinder erlebt hatten, *ehe* wir gelernt haben, sie auszuschalten, weil sie in der Familie nicht gebilligt wurden.

Es war Fanita English, die als erste diese Unterscheidung zwischen Maschen- und echten Gefühlen vorgenommen hat.[2] Ursprünglich hat sie die Wendung „wirkliche Gefühle" als Gegenteil von Maschengefühlen verwandt. Aber heutzutage wird eher von „echten" als von „wirklichen" Gefühlen gesprochen. Das erklärt sich einfach dadurch, daß für mich ein Maschengefühl ja in dem Moment, wo ich es erlebe, absolut „wirklich" ist – soweit mir das überhaupt bewußt wird. Als ich anfing, die Kassiererin zusammenzustauchen, habe ich den Ärger nicht gespielt; ich war wirklich wütend. Aber meine Wut war ein Maschengefühl, kein echtes Gefühl.

Wir reden oft davon, daß ein Maschengefühl ein echtes Gefühl *überdeckt*. Stellen wir uns vor, daß ein kleines Mädchen lernt: „In meiner Familie darf ein Mädchen durchaus traurig sein, aber niemals wütend." Und nun nehmen wir an, als Erwachsene im Skript kommt sie in eine Situation, wo sie geradc auf jemand wütend werden will. Stellen wir uns z.B. vor, sie wird in einem überfüllten Omnibus von einem Mitfahrenden brutal zur Seite gedrängt. Im gleichen Augenblick, wo sie anfängt, Wut zu empfinden, schlüpft sie, fast wie mit einem konditionierten Reflex, in ihr angelerntes Kindheitsmuster. Statt wütend zu werden, fühlt sie sich traurig und bricht vielleicht in Tränen aus. Sie hat ihre echte Wut durch eine unechte Maschentraurigkeit *überlagert* oder *überdeckt*.

Manchmal überdecken Menschen nicht nur echte Gefühle durch Maschengefühle, sondern auch eine Masche mit einer anderen. Wenn etwa Robert an die Gefühle seiner frühen Kindheit zurückdenkt, so hieß das für ihn großenteils, Angst davor zu haben, daß Mutter ihn verlassen könnte. So hat er, noch ohne Worte, dies gelernt wenn er jedesmal, wenn er die Angst spürte, Wut zeigte, dann bekam er wenigstens ein paar Strokes von Mutter. Und so hatte er schon als ganz kleines Kind angefangen, seine Angst mit Wut zu überdecken.

Als er etwas älter wurde, entdeckte er dann, daß für jeden in seiner Familie, bis auf die ganz kleinen Babys, ein Verbot galt, nähmlich überhaupt Gefühle zu zeigen. Wollte jemand in dieser Familie klarkommen, so galt es, die Ohren steif zu halten und im übrigen ein Poker-Face zu zeigen. Daraufhin beschloß Robert: "Am besten gebe ich es auch auf, überhaupt noch Wut zu empfinden, denn wenn ich wütend werde, laufe ich *auch wieder* Gefahr, zum Schluß außerhalb der Familie zu stehen." So schloß er sich der übrigen Familie an, unterdrückte seine Wut genau so, wie er seine Angst zuvor unterdrückt hatte, und überdeckte sie mit Empfindungslosigkeit.

Und nun stellen wir uns vor, daß Robert als Erwachsener in eine Situation kommt, wo sein natürliches, unzensiertes Gefühl einfach Angst wäre. Stellen wir uns vor, daß ein Partner in einer Beziehung Ablehnung signalisiert und damit droht, Robert in die Position zu bringen, vor der er sich schon als Kind gefürchtet hatte – nämlich allein zu sein. In dem Augenblick, wo Robert davor Angst empfindet, überlagert er die Angst mit Wut. Aber genauso rasch überdeckt er dann die Wut mit Empfindungslosigkeit. Sobald ihm das zum Bewußtsein kommt, ist seine Reglosigkeit sein „echtes" Gefühl. Wenn du ihn fragen würdest, was er denn jetzt fühle, würde er ehrlich antworten: „Eigentlich gar nichts."

Bezeichnungen für Maschen- und echte Gefühle

Was sind denn nun die echten Gefühle, die Empfindungen, die wir haben, wenn wir unsere Emotionen nicht erst der Zensur unterwerfen? In der TA ist es üblich, die folgenden vier aufzuführen:

Wut
Trauer
Angst
Freude.

Wir würden dann noch eine Reihe von körperlichen Empfindungen hinzufügen, die ein Kind haben kann, z.B. Hunger, Müdigkeit, Begeisterung, Völlegefühl, Ekel, Gelöstheit, Schläfrigkeit usw.

Im Gegensatz zu dieser kurzen Liste von Bezeichnungen für die echten Gefühle könnte man Bücher füllen mit Namen, die die Menschen ihren Maschengefühlen geben. Das kannst du selbst leicht nachprüfen.

Du würdest beginnen mit den unechten Gefühlen, die üblicherweise als „Emotionen" klassifiziert werden: Verlegenheit, Eifersucht, Depression, Schuld usw. Dann kannst du die nicht so scharf umrissenen Ausdrücke hinzusetzen, welche wiedergeben, wie Menschen sich empfinden, wenn sie im Skript sind: verloren, festgefahren, in die Ecke getrieben, hilflos, verzweifelt usw.

Einige Namen für Maschenerleben weisen mehr auf Denken als auf Fühlen hin: verwirrt, leer, verdutzt usw.

Nicht alle Maschengefühle werden von den Menschen, die sie erleben, als „ungut" bezeichnet. Man denke an unser Beispiel von dem kleinen Mädchen, das gelernt hatte, süß und gewinnend oder aber apart und spritzig zu sein, selbst wenn es vor Wut bald platzte. Kein Wunder, daß es als Erwachsene überall als so ein richtiger Sonnenschein gilt. Vielleicht bekommt sie sehr viel Strokes für ihre Maschenfröhlichkeit, so wie sie das schon als Kind erlebt hat. Andere Maschengefühle, die häufig als „gute Gefühle" erlebt werden, sind Triumph, Draufgängertum, Makellosigkeit oder Euphorie. Und dennoch sind alle diese Gefühle unecht. Sie sind in der Kindheit erlernt worden und werden im Erwachsenenleben eingesetzt in dem Versuch, durch Manipulation die Unterstützung der Umwelt zu erreichen.

Eine weitere Komplikation bei der Bezeichnung von Gefühlen liegt darin, daß die Wörter, mit denen echte Gefühle benannt werden, *auch* für Maschengefühle verwandt werden. Man kann beispielsweise echte Wut oder Maschenwut empfinden, echte Trauer oder Maschentraurigkeit usw. Vielleicht habe ich als Kind gelernt, Wut mit Verwirrung zu überdecken, während du gelernt hast, Wut mit Traurigkeit zu überdecken. Dein Maschengefühl hat dann zufällig den gleichen Namen wie eins der echten Gefühle. Meins nicht. Aber deine unechte Traurigkeit und meine Verwirrung sind beides Maschengefühle.

Maschengefühle, echte Gefühle und Problemlösungen

Wenn also Maschengefühle nicht immer als „ungut" erlebt werden, weshalb ist es dann überhaupt wichtig, zwischen Maschengefühlen und echten Gefühlen zu unterscheiden?

Der Grund liegt in dem folgenden Umstand: *Der Ausdruck echter Gefühle ist ein angemessenes Mittel zur Lösung von Problemen im Hier und Jetzt, der Ausdruck von Maschengefühlen hingegen nicht.*

Mit anderen Worten, wenn wir ein echtes Gefühl ausdrücken, tragen wir dadurch dazu bei, mit der Aufgabe sinnvoll umzugehen, die die gegenwärtige Situation uns stellt. Wenn wir ein Maschengefühl ausdrücken, ändern wir die Situation nicht.

George Thomson hat die problemlösende Funktion für drei der echten Gefühle erklärt, nämlich für Angst, Wut und Trauer.[3] Er stellt fest, daß wir durch diese Gefühle sinnvoll mit der Zukunft, mit der Gegenwart bzw. der Vergangenheit umgehen.

Wenn ich *Angst* als echtes Gefühl empfinde und mich in irgendeiner Weise so verhalte, daß ich diese Empfindung ausdrücke, stellt das einen Beitrag dar zur Lösung eines Problems, das ich in der *Zukunft* auf mich zukommen sehe. Natürlich kann diese Zukunft äußerst nah bevorstehen. Ich überquere z.B. eine Straße, habe mich vorher überzeugt, daß alles frei ist, und sehe plötzlich, wie ein Wagen aus einer Seitenstraße mit stark überhöhter Geschwindigkeit herausgeschossen kommt, ins Schleudern gerät und nun auf mich zurast. Vor lauter Schreck springe ich blitzartig zur Seite. Ich habe ein Ereignis in der *Zukunft* vermieden, nämlich überfahren zu werden.

Echte *Wut* dient dazu, ein Problem in der *Gegenwart* zu lösen. Vielleicht stehe ich im Kaufhaus in der Schlange. Eine Frau versucht, sich vorzudrängen, und schiebt mich mit ihrem Einkaufskorb beiseite. Wenn ich meinen Ärger jetzt ausdrücke, reagiere ich angemessen, um in der *Gegenwart* für meine Belange zu sorgen. Ich schiebe sie mit der gleichen Kraft zurück und fauche sie an: „Ich war vor Ihnen! Sie können sich genau so anstellen wie alle anderen."

Wenn ich echt *traurig* bin, dann helfe ich mir damit, ein schmerzliches Ereignis zu überwinden, das in der *Vergangenheit* geschehen ist. Dabei wird es sich um irgend einen Verlust handeln, von etwas, das ich nie wiederbekommen werde, oder von jemand, den ich nie wiedersehen werde. Wenn ich mir gestatte, offen traurig zu sein, eine Zeitlang zu weinen und mir meinen Verlust von der Seele zu reden, befreie ich mich von dem vergangenen Schmerz. Ich gehe mit der Situation sinnvoll um und nehme Abschied. Dadurch werde ich bereit, weiterzuleben und zuzugehen auf alles, was die Gegenwart oder die Zukunft mir bringen mögen.

George Thomson sagt nichts über die Funktion der Freude. Wir möchten hinzufügen, daß echte Freude bedeuten mag: „Veränderung wird nicht benötigt." In diesem Sinn bezieht sich Freude nicht auf die Dimension der Zeit. Sie besagt einfach: „Was in der Vergangenheit geschehen ist, kann gerne auch jetzt passieren und darf sich durchaus auch in der Zukunft ereignen." Der Ausdruck echter Freude bringt Entspannung, Behagen, Genießen der Gegenwart und, wenn es genug der guten Dinge sind, müheloses Einschlafen.

In scharfem Gegensatz zu dieser problemlösenden Funktion echter Gefühle tragen Maschengefühle niemals etwas zur Bewältigung einer Situation bei. Das läßt sich leicht überprüfen anhand der Beispiele, die in diesem Kapitel bereits aufgeführt worden sind. Als ich die Kassiererin angeschrien habe, hat mich das keinen Schritt weitergebracht zu meinem Ziel, die Waren in der Zukunft nach Hause nehmen zu können. Ich habe keinerlei positives Ergebnis in der Gegenwart erzielt. Und ich habe mir auch nicht dazu verholfen, Abschied zu nehmen von der in der Vergangenheit ja vorhandenen Möglichkeit, noch an meine Waren zu kommen, ehe zugemacht wurde. Immer wenn du anfängst, Angst, Wut oder Trauer außerhalb des jeweils angemessenen Zeitbezugs zu empfinden, *weißt du, daß deine Empfindung ein Maschengefühl ist.* Es gibt z.B. Menschen, die durchs Leben gehen mit einer Wut über Dinge, die in der Vergangenheit geschehen sind. Aber die Vergangenheit läßt sich nicht ändern. Infolgedessen ist diese Wut unproduktiv als Mittel zur Problemlösung, es ist ein Maschengefühl. Desgleichen mach dir klar, daß das auch für jedes andere Auseinanderklaffen zwischen Gefühlen und dem für sie natürlichen Zeitbezug gilt.

Was wäre deiner Meinung nach ein echtes Gefühl gewesen, das dir in unserem Eröffnungsbeispiel geholfen hätte, sinnvoll mit der Situation umzugehen? Wenn du plötzlich erkannt hättest, daß du deine Einkäufe nicht herausbekommst, hättest du als echtes Gefühl dann Wut, Trauer, Angst oder Freude empfunden? Überprüfe einmal bei jedem dieser Gefühle, ob es einen Beitrag zur Bewältigung der Situation geleistet hätte.

Weil Maschen nichts anderes bedeuten, als daß eine überholte Kind-Ich-Strategie wieder aufgelegt wird, ist der Ausdruck von Maschengefühlen im Hier und Jetzt zwangsläufig immer wieder mit den gleichen unbefriedigenden Resultaten verbunden. Solange jemand im Skript ist, kann er sich vorübergehend damit zufrieden fühlen, daß er seiner Umgebung durch Manipulation ein paar Strokes abgeluchst hat. Aber das darunter liegende Bedürfnis, mit dem er nur umgegangen wäre, wenn er das echte Gefühl ausgedrückt hätte, bleibt unerfüllt. So besteht die Wahrscheinlichkeit, daß der Betreffende das ganze Muster *stets von neuem durchläuft* und es in jeder Streß-Situation neu durchlebt. Wir werden diesem Konzept noch einmal begegnen, wenn wir in einem der nächsten Kapitel auf das Maschensystem eingehen.

„Lockmaschen" stricken

Fanita English hat das Wort „racketeering"* gewählt, um eine Weise des Umgangs miteinander zu beschreiben, den Menschen pflegen als Mittel, sich für ihre Maschengefühle Strokes zu holen.[4]

Ein solcher Strickbeflissener lädt andere Menschen zu einem Austausch ein, bei dem er ein Maschengefühl äußert mit dem Ziel, bei seinem Gegenüber dafür Strokes abzuholen. Die Transaktionen, in denen sich dieser Umgang äußert, werden so lange fortgesetzt, wie der andere bereit ist, dem Stricker oder der Strickerin Strokes zukommen zu lassen.

Fanita English führt aus, daß das Stricken von Lockmaschen immer einem von zwei bestimmten Typen folgt, wobei beim einen wie beim anderen Paralleltransaktionen zwischen Eltern-Ich und Kind-Ich stattfinden. Beim Typ I findet sich der Strickbeflissene (oder die Strickerin) gewissermaßen in einem speziellen Strick-Club ein und nimmt dort am Anfang die Kind-Rolle ein. Seine Grundeinstellung heißt: „Ich bin nicht

---

* *Anmerkung des Übersetzers:* Eine Wortprägung, die in etwa unserem „Strickerei" im Sinne von „ausdauernd stricken" entsprechen würde, wenn man bei der eingebürgerten Übersetzung von „Masche" für racket bleiben will. Gemeint ist, daß man seine Maschengefühle so anhaltend und bedeutungsvoll zur Schau stellt, daß die Mitmenschen kaum umhin können, darauf einzugehen. Es wirkt wie ein verstohlenes, zähes Angeln nach Zuwendung, und wer auf die „Verlockung" eingeht, wird unversehens durch die dann folgenden verdeckten Transaktionen emotional ausgebeutet.

OK, du bist OK (haha)". Beim Typ II äußert er sich aus dem Eltern-Ich heraus, mit der Grundeinstellung „Ich bin OK (haha), du bist nicht OK".

Der Stricker vom Typ I kann einen traurigen und bemitleidenswerten Eindruck machen, eine Art Strickverhalten, dem Fanita English die Bezeichnung „Typ Ia" gegeben hat und das sie als „hilflos" bezeichnet. Das führt dann in etwa zu folgendem Dialog:

Club-Besucher (K - EL): „Mir geht's heut wieder gar nicht gut."

Partner (EL- K): „Oh, das tut mir aber leid."

Club-Besucher: „Und der Chef hackt wieder auf mir rum."

Partner: „Gott ja, das ist schon schlimm."

Oder aber der Lockmaschenspezialist im Kind-Ich äußert sich aus einer wimmernden, klagenden Position heraus. Das ist der Typ Ib, „Jammerlappen". Da wird der Partner meist reagieren mit Strokes aus dem negativen kritischen Eltern-Ich statt aus dem negativen fürsorglichen Eltern-Ich:

Club-Besucher: „Und du hast mir dabei auch nicht geholfen."

Partner: „Ach nee! Du brauchst wohl 'nen Anwalt?"

Club-Besucher: „Was soll ich denn machen? Der hat doch hier das Sagen, oder?"

Partner: „Ja, und warum gehst du nicht zum Betriebsrat?"

Auch der Lockmaschenstricker vom Typ II verfügt über zwei verschiedene Vorgehensweisen. Beim Typ IIa „hilfreich" nimmt er eine Position aus dem negativen fürsorglichen Eltern-Ich ein mit dem Ziel, von seinem Gegenüber im Kind-Ich-Zustand Dankbarkeits-Strokes zu beziehen.

Club-Besucher (EL - K): „Bist du denn wirklich satt?"

Partner (K - EL): „Oh ja, vielen Dank!"

Club-Besucher:„Aber - wie wär's denn mit 'nem Stück Kuchen, nur dies kleine Stückchen?"

Partner: „Mir hat's ehrlich gut geschmeckt, aber ich bin pappsatt."

Der Ausdruck „Boss" beschreibt den Strickkundigen des Typs IIb, der die Transaktionen aus dem negativen kritischen Eltern-Ich heraus eröffnet. Dadurch will er von seinem Partner Entschuldigungs-Strokes einheimsen.

Club-Besucher: „Schon wieder zu spät!"

Partner: „'tschuldigung!"

Club-Besucher: „Was heißt hier 'tschuldigung? Das ist jetzt in dieser Woche schon das vierte Mal..."

Eine weitere Möglichkeit, die Fanita English nicht anführt, sehen wir darin, daß Menschen auch EL-EL-Maschen stricken können über Themen wie „Ist es nicht schrecklich?" oder K-K-Maschen, bei denen sie sich in Gefühle hineinsteigern.

Du siehst daraus, daß es sich bei den Strick-Clubs um eine Art Zeitvertreib handelt, bei denen in den Dialogen Maschengefühle angesprochen und erlebt werden. Derartige Paralleltransaktionen hören erst dann auf, wenn einer der Beteiligten sich zurückzieht oder eine Aussage kreuzt. Häufig ist derjenige, der mit dem Kreuzen beginnt, der Strickbeflissene und nicht sein Partner. Das liegt daran, daß alte Strickkundige ein Gespür dafür entwickeln, wann ihr Gegenüber die Sache leid ist und sich anschickt auszusteigen. Damit seine Stroke-Quelle nicht in dieser Weise versiegt, behält ein solcher Club-Besucher lieber die Initiative und macht selbst Schluß.

Sehr oft wird aus einem solchen Strick-Club für Lockmaschen im weiteren Verlauf ein „Spiel". Wenn wir uns in einem späteren Kapitel dem Thema „Spiele" zuwenden, werden wir darlegen, wie das läuft.

Hast du in der letzten Woche an solchen Strick-Club teilgenommen? Wenn ja, in welcher Position warst du: Hilflos oder Jammerlappen, Hilfreich oder Boss? Oder hast du verschiedene Positionen ausprobiert? Möchtest du in der gleichen Weise weiter Lockmaschen stricken? Wenn nicht, wie wirst du maschenfreie Strokes bekommen, die dir wirklich wohltuen, statt der Strokes, die du durch Lockmaschen bezogen hast?

Bist du eingegangen auf die Einladung von jemand anders, in einem Strick-Club als Partner mitzuwirken? Wenn ja, in welcher der vier Positionen warst du dabei?

Wirst du weiterhin die Maschengefühle anderer Menschen stroken? Wenn nicht, wie wirst du dann die Transaktionen beim nächsten Mal durchkreuzen?

Rabattmarken

Wenn ich ein Maschengefühl erlebe, kann ich zweierlei damit tun. Ich kann es an Ort und Stelle gleich ausdrücken. Oder ich könnte es für späteren Gebrauch horten. Wenn ich das letztere tue, sagt man, ich klebe eine *Rabattmarke* ein.[5]

Hat es in der letzten Woche eine Gelegenheit gegeben, wo du ein Maschengefühl empfunden und das gespeichert hast, statt es an

Ort und Stelle gleich auszudrücken? Wenn ja, hast du eine Rabattmarke geklebt. Wie heißt das Maschengefühl, das auf diesem Märkchen steht? Warst du eifersüchtig, triumphierend, ärgerlich, gereizt, schwermütig, hilflos... oder was hast du sonst für eine Rabattmarke geklebt?

Wieviel Seiten sind schon voll in deinem Markenheft?

Wie lange gedenkst du, weiter solche Gefühle zu sammeln?

Wenn du dich dazu entschließt, dein Markenheft einzulösen, in welcher Münze soll dann ausgezahlt werden – was stellst du dir da so vor?

Wenn wir von einem „Märkchen" sprechen, so würde die volle Bezeichnung heißen „psychologische Rabattmarke". In vielen Supermärkten war in den 60er Jahren die Praxis aufgekommen, den Kunden zu den verschiedenen Waren auch gleich Rabattmarken verschiedener Farben zu geben. Die wurden dann in Markenhefte eingeklebt, und wenn eine gewisse Anzahl von Seiten voll war, konnte man sich das Heft auszahlen lassen, es also gegen eine Art „Preis" einlösen. Es gab damals Kunden, die ihre Rabattmarken häufig, auch in kleinen Mengen, eingelöst haben, und natürlich nur kleine Preise mitgenommen haben. Andere haben sich erst eine ganze Kollektion von Rabattmarken-Heften angelegt und sie zum Schluß gegen einen wirklich beeindruckenden Preis eingelöst.

Wenn der Mensch psychologische Rabattmarken sammelt, hat er eine ähnliche Wahl hinsichtlich ihrer Einlösung. So sammle ich beispielsweise Ärgermarken. Bei der Arbeit kritisiert mich mein Chef. Ich werde wütend, zeige das aber nicht. Ich behalte diese Marke bei mir, bis ich abends nach Hause komme. Dann schreie ich meinen Hund an, weil er mir zwischen die Füße geraten ist. Hier habe ich nur eine einzige Marke gesammelt, die ich noch am gleichen Tage eingelöst habe.

An dem Beispiel wird ein weiteres verbreitetes Charakteristikum des Markensammelns deutlich: Derjenige, bei dem die ganze Sammlung schließlich abgeladen wird, ist oft gar nicht der, der ursprünglich Auslöser des Maschengefühls gewesen ist.

Auch mein Kollege sammelt vielleicht Wutmarken. Aber stellen wir uns vor, er legt lieber eine viel größere Sammlung an, ehe er sie einlöst. Er kann seine Wut auf den Chef durchaus monate- und jahrelang horten. Aber dann nimmt er seinen ganzen Stapel von Markenheften unter den Arm, marschiert in die Vorstandsetage, putzt den Chef herunter und wird prompt entlassen.

Rabattmarken und das Skript

Warum sammeln Menschen Rabattmarken? Die Antwort hat Eric Berne gegeben. Sie tun das, weil sie *sich durch die Einlösung ihrer Markenhefte auf die Endauszahlung ihres Skripts hinbewegen können.*

Hat jemand ein hamartisches Skript, wird er eine Vorliebe dafür entwickeln, umfangreiche Markensammlungen anzulegen, die er dann für eine gewichtige Auszahlung einlösen kann. Er kann z.B. über Jahre hinweg Depressionsmärkchen sammeln und sie am Ende gegen einen Selbstmord eintauschen. Jemand, dessen hamartische Endauszahlung lautet, „andere zu verletzen", sammelt vielleicht einen ganzen Stoß von Wut-Markenheften und setzt ihn dann ein, um einen Mord oder Totschlag zu „rechtfertigen". Nicht ganz so dramatisch, aber immer noch als Teil eines Verliererskripts sammelt manch eine Führungskraft „Überlastet"-Marken und löst sie ein gegen einen Herzinfarkt, ein Magengeschwür oder Bluthochdruck.

Menschen mit einem banalen Skript legen kleinere Markensammlungen an und geben sie für geringere Auszahlungen zurück. Eine Frau, die „Mißverstanden"-Marken sammelt, gibt ihr Heft vielleicht alle paar Monate zurück gegen einen handfesten Krach mit ihrem Mann. Jemand wie mein Arbeitskollege, der Wutmarken gegen Autoritätsfiguren sammelt, gibt diese unter Umständen zurück für Streitigkeiten im Beruf und ab und an für seine Entlassung.

In TA-Kreisen gehen die Meinungen darüber auseinander, ob das Markensammeln auch zum Gewinnerskript gehören kann. Einige Autoren haben von „goldenen Marken" gesprochen und damit Rabattmarken gemeint, die für ein positives Resultat gehortet werden. (Diese sollen dann im Gegensatz stehen zu den „braunen Marken", den negativen, von denen wir bisher gesprochen haben.) Sie sagen, daß z.B. ein hart arbeitender Manager für gelungene Leistungen goldene Marken sammeln und sie dann einlösen kann für einen wohlverdienten Urlaub.

Wir glauben, daß in einem echten Gewinnerskript Markensammlungen überflüssig sind. Daß z.B. hart arbeitende Manager keine Rechtfertigungen brauchen für ihren Urlaub, weder „gelungene Leistungen" noch irgendwelche anderen Begründungen. Sie nehmen einfach ihren Urlaub, weil sie das wollen.

Führe dir nun, mit dem Wissen um die Skriptfunktion von Rabattmarken, deine eigene Markensammlung vor Augen und denke an die Auszahlung, die du vielleicht anpeilst, wenn du die Sammlung einlösen wirst. Erscheint dir diese Auszahlung noch erstrebenswert?

Wenn nicht, kannst du auf deine Sammlung einfach verzichten. Aber ehe du beschließt, darauf zu verzichten, überzeuge dich, ob du echt bereit bist, die erwartete Auszahlung fallenzulassen. Sei dir klar darüber, wenn du dich für den Verzicht auf deine Markensammlung entscheidest, daß du dich dann auch endgültig verabschieden mußt von der Auszahlung, die du im Auge hattest.

Wenn du darüber nachdenkst, willst du dann immer noch auf die Marken verzichten?

Lautet deine Antwort Ja, dann such dir einen Weg, wie du die Marken für alle Zeiten loswerden kannst. Manche Menschen werfen sie einfach ins Feuer. Andere bringen sie ins Klo und spülen sie runter. Wieder andere lassen sie in einen reißenden Strom fallen und sehen ihnen nach, wie die Wellen sie davontragen, dem Meere zu... Such dir die Weise aus, die dir liegt. Aber ganz gleich, wozu du dich entscheidest, es muß eine Art und Weise sein, die es dir unmöglich macht, die Marken je zurückzuerlangen.

Wenn du einmal beschlossen hast, in welcher Weise du die Sammlung loswirst, dann entspann dich und schließ die Augen. Sieh dich selbst als Besitzer deiner Markensammlung. Sieh einmal, wieviel Hefte du hast oder wieviel Stapel von Rabattmarken. Schau dir die Farben an. Sieh auch danach, welcher Name für das Maschengefühl, das du gehortet hast, quer über die Seite zu lesen ist. Und solltest du Marken gesammelt haben gegen eine bestimmte Person oder gegen eine Menschengruppe, dann sieh auch, wie deren Name auf den Marken quergeschrieben ist.

Bist du bereit, auf die Marken zu verzichten, dann tue den nächsten Schritt und lasse alles los in der Weise, die du beschlossen hast. Wirf sie ins Feuer und sieh zu, wie sie sich in Rauch auflösen. Oder spül sie im Klo fort, und wenn nötig, zieh ein paarmal ab oder drücke wiederholt, damit sie auch wirklich alle weg sind. Wenn du sie in einen Strom wirfst, sieh ihnen nach, bis auch die letzte Marke verschwunden ist.

Dann sieh dir in deiner Vorstellung deine Hände an und hol dir die Bestätigung, daß kein Heft und keine Marke übriggeblieben ist und deine Hände völlig leer sind.

Dann stell dir vor, du drehst dich um und schaust auf. Du wirst etwas Angenehmes erblicken oder jemanden, der dich freundlich anschaut. Etwas oder jemand, den du nie zuvor gesehen hast.

Begrüße diesen Jemand oder dieses Etwas. Das ist die Quelle, aus der du die guten Strokes beziehen wirst, und das heißt, daß du in der Zukunft nicht mehr das Bedürfnis zu verspüren brauchst, überhaupt Marken zu sammeln.

Heiße diese Strokes willkommen! Und genieße die Erleichterung, die daher rührt, daß du die Markensammlung nicht mehr mit dir herumzuschleppen brauchst. Wenn du so weit bist, komm wieder zurück in die Wirklichkeit.

22. Das Maschensystem

Das Maschensystem ist ein Modell, welches die Natur des Lebensskripts erklärt und zeigt, wie Menschen dazu kommen, ihr Skript das ganze Leben hindurch aufrechtzuerhalten. Es ist von Richard Erskine und Marilyn Zalcman ausgearbeitet worden.[1]

Wir haben in diesem Kapitel die schematische Darstellung des Maschensystems und die Ausführungen über die Bedeutung des Schemas direkt aus dem Artikel von Erskine und Zalcman „Das Maschensystem: ein Modell für die Maschenanalyse" entnommen, für den die Autoren den Eric-Berne-Gedächtnispreis für wissenschaftliche Leistungen erhalten haben. Die Falldarstellungen und die flankierenden Erklärungen haben die beiden Autoren dieses Buches selbst beigetragen.

Das Maschensystem wird definiert als *ein sich selbst verstärkendes, verzerrtes System von Fühlen, Denken und Handeln, das von skriptgebundenen Personen aufrechterhalten wird.* Es hat drei miteinander verbundene und voneinander abhängige Bestandteile: die *Skriptüberzeugungen* und *Skriptgefühle*, die *Maschenäußerungen* und die *verstärkenden Erinnerungen.* Es wird in schematischer Form in der Abbildung 22.1 wiedergegeben.

Skriptüberzeugungen und Skriptgefühle

Wenn ich im Skript bin, werde ich überholte Überzeugungen über *mich, die anderen* und *das Leben überhaupt* wieder auflegen. Erskine und Zalcman meinen, daß Skriptentscheidungen in der Kindheit getroffen werden als Mittel, unerledigte Gefühle „wegzuerklären". Wenn ich als Erwachsener unter Streß stehe, kann ich diese Strategie aus der Kindheit wieder durchleben. Als Abwehr gegen das Erleben des Gefühls „erkläre ich es weg", indem ich diese Kindheitsbeschlüsse noch einmal durchlebe und sie auch für die Gegenwart als gültig erfahre. Sie bilden dann meine Skriptüberzeugungen.

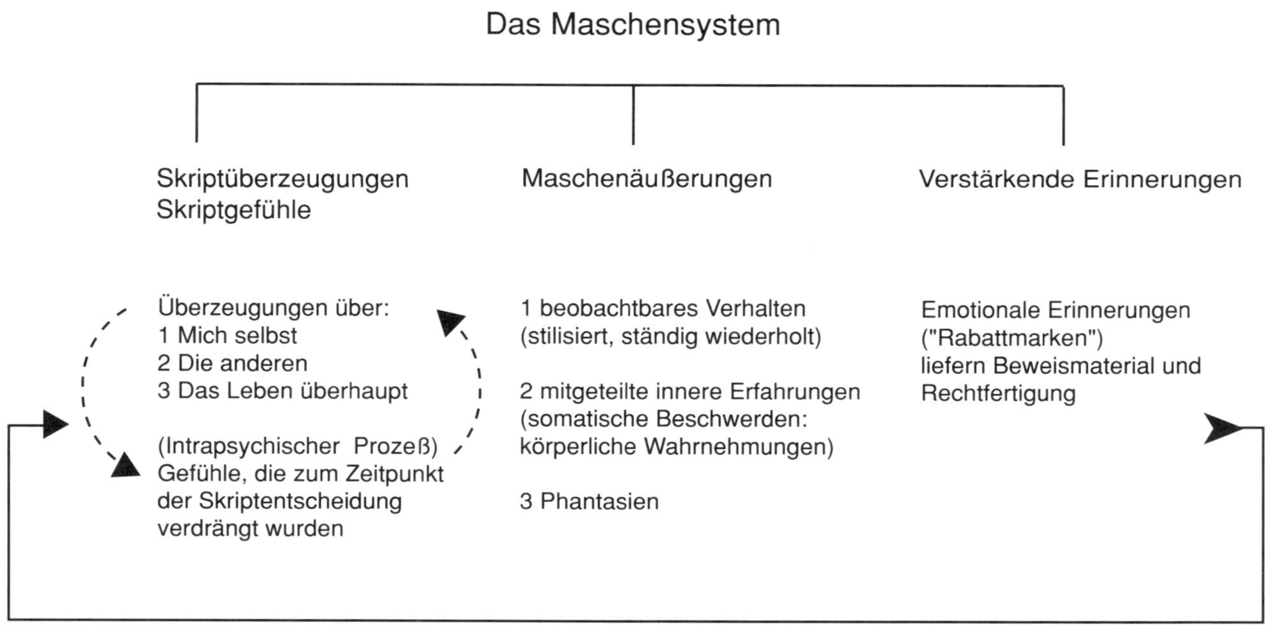

Abbildung 22.1: Das Maschensystem

Erskine und Zalcman stellen die Skriptüberzeugungen und -gefühle in ihrer Gesamtheit dar als Ausdruck einer *doppelten Trübung* des Erwachsenen-Ichs. Wenn du überprüfen möchtest, ob du das richtig verstehst, dann befasse dich noch einmal mit dem Kapitel 6.

Die Skriptüberzeugungen unter jedem der drei Kapitel (über den Träger selbst, die anderen Menschen und die Natur des Lebens) lassen sich einteilen in *Kern-Skriptüberzeugungen* und *Stützende Skriptüberzeugungen.*

Kern-Skriptüberzeugungen

Die Kern-Skriptüberzeugungen entsprechen den frühesten und grundlegendsten Skriptentscheidungen des Kindes. Für jedes Kleinkind gibt es Situationen, in denen der unzensierte Ausdruck von Gefühlen nicht dazu führt, daß die kindlichen Bedürfnisse erfüllt werden. In den vorhergehenden Kapiteln haben wir gesehen, wie das Kind dann eine Reihe von Ersatzgefühlen ausprobiert, bis es diejenigen entdeckt, die ihm „etwas bringen", nämlich die Zuwendung der Eltern. Diese Ersatzgefühle werden als Maschengefühle erfahren, und das ursprüngliche unzensierte Gefühl wird unterdrückt.

Und dennoch, eben weil keine Reaktion auf das ursprüngliche Gefühl erfolgt war, bleibt das emotionale Erlebnis des Kleinkindes „unerledigt". Das Kind aber versucht, sich darauf einen Reim zu machen, und zieht Schlußfolgerungen über sich, die anderen und die Welt, also das Leben überhaupt. Diese bilden die Kern-Skriptüberzeugungen. Sie beruhen auf jener Art bildhaften und magischen Denkens, das kleinen Kindern eigen ist.

Nehmen wir das Beispiel eines Klienten, den wir David nennen. Als er Ende zwanzig war, hatte er etliche Beziehungen mit Frauen hinter sich, mit denen er jedesmal zusammengezogen war. Und immer war die Frau nach etwa einem Jahr wieder ausgezogen. Er war sich darüber klar, daß er dieses Endergebnis herausgefordert hatte, indem er mit seinen Freundinnen gestritten hatte, eifersüchtig wurde und sich überhaupt überempfindlich und aggressiv verhielt. Jetzt lebte David wieder in einer Beziehung mit einer Frau, die er liebte und schätzte. Er hatte Angst, daß er auch diese Beziehung wieder in der gleichen vertrauten Weise ruinieren würde. Obwohl er sich über seine eigene Aggressivität und Eifersucht klar war, hatte er, als er diese Empfindungen zu spüren begann, nicht den Eindruck, er sei fähig, sich zu beherrschen. Vor kurzem hatte er seine Freundin geschlagen, und sie hatte gedroht auszuziehen. Daraufhin kam er in Therapie.

Eine Analyse dieses Problems mit Hilfe des Maschensystems führt uns direkt in Davids frühe Kindheit zurück. In den allerersten Lebensmonaten genoß David dic innige körperliche Nähe, wie es sie zwischen einem ganz kleinen Baby und seiner Mutter gibt. Aber als David etwas größer wurde, kurz nach seinem ersten Geburtstag, hatte die Mutter allmählich den Eindruck, daß er nicht mehr nur der kleine Knuddelkerl war wie vorher, als er noch kleiner war. Er rutschte jetzt herum und machte sich oft schmutzig. Außerdem sabberte er, und wenn er dann irgendwo herumgemanscht hatte, roch er entsprechend. Ohne daß die Mutter sich dessen bewußt wurde, reagierte sie darauf, indem sie David körperlich zurückwies.

Mit dem wachen Bewußtsein des Kleinkindes nahm David die Signale der mütterlichen Zurückweisung auf. Er empfand ein Gefühl des Schocks und des Orientierungsverlustes: was war denn schiefgelaufen mit der Welt? Das Schlimmste könnte sein, daß Mutter ihn ganz allein lassen würde! Er sinnierte, ob so etwas möglich wäre. Und bei dieser Vorstellung empfand David eine irre Angst und einen stechenden Schmerz. Doch jedesmal, wenn er seine Ärmchen der Mutter entgegenstreckte und Trost suchte, schien sie ihn ein weiteres Mal zurückzuweisen. Er hatte zwar seine Angst und seinen Schmerz ausgedrückt, aber seine Bedürfnisse blieben unerfüllt.

Da David nicht imstande war, die eigentlichen Gründe dafür zu verstehen, daß Mutter sich von ihm zurückzog, gab er seinen eigenen unerledigten Gefühlen einen „Sinn" durch die Schlußfolgerung: „Ich bin nicht liebenswert. Mit mir stimmt was nicht." Auf diese Weise bildete er eine Kern-Skriptüberzeugung über sich selbst aus.

Entsprechend gewann er dann auch andere Kern-Skriptüberzeugungen: „Die anderen (vor allem wichtige Frauen) lehnen mich ab. Die Welt ist unheimlich, verlassen und unberechenbar."

David folgerte, daß er für die Erfüllung seiner Bedürfnisse nichts erreichte, wenn er seine Verletzung und Angst ausdrückte; so gab er nach einer gewissen Zeit auf und nahm Zuflucht zu einer Art zweit-bester Strategie. Er entdeckte, daß er, wenn er Wut ausdrückte, zumindest etwas Aufmerksamkeit von Mutter erhielt. Durch einen Wuanfall oder durch sein Quengeln konnte er wenigstens erreichen, daß sie ihn anfuhr oder doch böse ansah. Auch wenn diese negative Zuwendung schmerzhaft war, so war es doch immer noch besser als gar keine. David beschloß: „Das Beste, was ich tun kann, um für die Befriedigung meiner Bedürfnisse zu sorgen, ist, wütend zu werden." Er hatte gelernt, seine ursprünglichen Gefühle von Angst und Schmerz durch Maschenwut zu überdecken, und dadurch hatte er die Grundlage gelegt für seine Maschenäußerungen.

Stützende Skriptüberzeugungen

Sobald das Kind seine Kern-Überzeugungen gewonnen hat, fängt es an, seine Realitätserfahrung so zu interpretieren, daß sie mit diesen Überzeugungen übereinstimmt. Die Kernüberzeugungen beeinflussen, mit welchen Erfahrungen es sich befaßt, welche Bedeutung es ihnen beimißt und ob es sie für signifikant hält. Auf diese Weise beginnt es, den Kern-Skriptüberzeugungen weitere Stützende Skriptüberzeugungen hinzuzufügen, die die ersteren erneut bestätigen und weiter ausgestalten.

David hatte einen Bruder, der ein paar Jahre älter war als er. Wegen des Altersunterschiedes war der Bruder natürlich größer als David und verfügte gleichzeitig auch über ein schon weiter entwickeltes Denkvermögen. Mit der Logik des Kleinkindes kam David zu einigen weiteren Schlußfolgerungen. „Jetzt weiß ich, was es ist, was mit mir nicht stimmt. Ich bin nicht groß genug oder klug genug. Das sehe ich ja: mein Bruder ist *wirklich* groß und klug, der wird immer beachtet."

David hatte somit angefangen, einige seiner Stützenden Skripüberzeugungen aufzubauen. „Ich bin dumm. Ich bin körperlich schwach und zu klein. Meine Bedürfnisse sind nicht wichtig. Andere sind größer und klüger als ich. Und deshalb sind sie wichtiger als ich und bekommen alle Zuwendung, vor allem von wichtigen Frauen. Das Leben ist sehr, sehr ungerecht."

Erneutes Durchleben von Skriptüberzeugungen und -gefühlen

David ist inzwischen erwachsen. In Augenblicken hoher Belastung geht er unter Umständen ins Skript. Wie wir gesehen haben, ist das besonders wahrscheinlich, wenn die Situation im Hier und Jetzt in irgendeiner Weise einer Streß-Situation in der Kindheit *ähnelt* – wenn also ein *„Gummiband"* wirksam wird.

Zu solchen Zeiten erlebt David die Gefühle und Überzeugungen seiner frühen Kindheit wieder. Nehmen wir an, er erlebt seine Beziehung so, als ob seine Freundin ihn „zurückstoßen" würde. Ohne daß ihm das klar wird, reagiert er wie damals, als Mutter ihn als Kleinkind zurückstieß. In der Tiefe, wo seine bewußte Wahrnehmung nicht hinreicht, beginnt er, Schmerz und schreckliche Angst zu erleben.

Dabei legt er seine Skriptüberzeugungen wieder auf. Er „erklärt" die Zurückweisung, die er wahrgenommen hat, indem er sich im stillen sagt, und zwar unbewußt: „Ich bin nicht liebenswert, weil mit mir grundsätzlich etwas nicht stimmt. Diese wichtige Frau ist absolut darauf aus, mich zurückzuweisen. Tut sie das, dann bleibe ich ganz allein."

Jedesmal, wenn David für sich solche Feststellungen trifft, „rechtfertigt" er seine Angst- und Schmerzgefühle. Und jedesmal, wenn er diese Gefühle wieder durchlebt, wiederholt er für sich seine Skriptüberzeugungen, um sich zu „erklären", wie er sich fühlt. Auf diese Weise werden die Skriptüberzeugungen und -gefühle ständig aufs neue *ausgelebt.* Das wird durch die gestrichelten Pfeile in der Abbildung 22.1 angedeutet. Erskine und Zalcman betonen, daß dieser Vorgang *intrapsychisch* abläuft – d.h. im Kopf des Betreffenden. Weil David bereits eine innere skriptgebundene „Erklärung" für das hat, was er als Zurückweisung wahrgenommen hat, läßt er nicht zu, daß seine Skriptüberzeugungen anhand der Realität im Hier und Jetzt überprüft und auf einen neueren Stand gebracht werden. Im Gegenteil: jedesmal, wenn er diesen Prozeß wiederholt, verstärkt er seine Wahrnehmung, die Realität habe seine Skriptüberzeugungen „bestätigt".

Maschenäußerungen

Die Maschenäußerungen bestehen aus *all den offenen und inneren Verhaltensweisen, welche Äußerungen der Skriptüberzeugungen und -gefühle darstellen.* Dazu gehören *Beobachtbares* Verhalten, Mitgeteilte innere Erfahrungen und Phantasien.

Beobachtbares Verhalten

Beobachtbares Verhalten zeigt sich in Emotionen, in bestimmten Sprechweisen, in der Mimik und Gestik, in der Bewegung und Körperhaltung, die jemand zeigt als Reaktion auf das, was innerlich in ihm vorgeht. Solche Äußerungen wiederholen sich ständig nach dem gleichen Schema, denn sie geben die skriptverursachten Verhaltensweisen wieder, die das Kind sich in allen möglichen Situationen angewöhnt hatte: dies war ja seine Strategie, in seiner Ursprungsfamilie etwas zu erreichen. Zum Beobachtbaren Verhalten gehören gleichermaßen Verhaltensweisen, die mit den Skriptüberzeugungen übereinstimmen, wie auch die, die eine Abwehr dagegen darstellen. David zum Beispiel, der in seiner Kindheit zu der Schlußfolgerung gelangt war „Ich bin dumm", verhält sich in der Tat als Erwachsener verwirrt und letztlich dumm, wenn er seine Skriptüberzeugung wieder auflegt. Jemand anders, der in seiner

Kindheit die gleiche Schlußfolgerung gezogen hatte, wehrt das vielleicht so ab, daß er stundenlang büffelt, in Schule und Universität Bestnoten erringt für Zeugnisse und akademische Grade und dann zwanghaft einen Titel nach dem andern erwirbt, um sich seine fachliche Qualifikation immer wieder neu zu beweisen.

Davids Maschenäußerungen, seine Aggression gegen seine Freundin, ergeben sich aus seiner frühen Schlußfolgerung: „Meine Weise, für die Befriedigung meiner Bedürfnisse zu sorgen, liegt darin, daß ich wütend werde, sobald ich anfange, Schmerz oder Angst zu spüren." Sobald seine Freundin irgend etwas tut, das er als Verletzung oder Ablehnung auffaßt, beginnt er, seine Kern-Skriptüberzeugung und die damit einhergehenden Gefühle von tiefer Angst und tiefem Schmerz wieder zu durchleben.

Aber so wie er das als ganz kleines Kind gelernt hatte, überlagert er diese Gefühle sofort mit Wut. Nach Art eines „konditionierten Reflexes" wird er augenblicklich wütend und aggressiv. Er fängt vielleicht einen erbitterten Streit mit seiner Freundin an, brüllt sie an oder schubst sie herum. Oder aber er schluckt seinen Ärger runter, stürzt aus dem Haus und läuft wutschäumend ziellos durch die Straßen.

Dieses Verhalten gibt Davids Freundin keine Möglichkeit dahinterzukommen, daß seine echten Gefühle Schmerz, Angst und Sehnsucht nach Nähe sind. Schließlich hat David selbst diese Gefühle ja aus seinem Bewußtsein ausgeschlossen. So wie er auftritt, wirkt er wie ein überempfindlicher Mensch, der dazu neigt, körperlich aggressiv zu reagieren. In der Geschichte seiner Beziehungen war das Endergebnis immer, daß seine Freundinnen ihn zum Schluß verlassen haben. Jedesmal hat David diese Reaktion benutzt, um seine Skriptüberzeugungen zu „rechtfertigen": „Ich bin nicht liebenswert. Die Frauen stoßen mich zurück, und zum Schluß bleibe ich allein."

Mitgeteilte innere Erfahrungen

Wir haben gesehen, daß das Kleinkind sich seine Skriptüberzeugungen bildet in dem Bemühen, ein unabgeschlossenes emotionales Erleben mit Sinn zu füllen und dadurch dieses Erleben so gut wie möglich abzuschließen. Dies wäre dann ein *kognitiver* Prozeß, aber der Betreffende kann eine ähnliche Abfolge auch *somatisch* erleben – also erfahren in dem, was in seinem Körper vorgeht. Um Energie abzulenken von seinem nicht befriedigten Bedürfnis, setzt er diese Energie unter Umständen ein, um sich eine Art anhaltender körperlicher Spannung oder körperliche Beschwerden zu machen.

Wir haben in einem früheren Kapitel ein Beispiel dafür gebracht. Du wirst dich erinnern an das ganz kleine Kind, das wiederholt die Arme nach der Mutter ausstreckt, aber keine Reaktion erlebt. Nach einer gewissen Zeit verspannt es dann seine Schultern, um sich davon abzuhalten, die Arme weiter auszustrecken. Das ist zwar unbequem, aber es ist nicht so belastend, als würde es weiterhin die Ärmchen ausstrecken und Mutters offensichtliche Ablehnung aushalten müssen. Es unterdrückt sowohl das Bewußtsein seines ursprünglichen Bedürfnisses und sein Bewußtsein dafür, daß es sich in den Schultern, im Hals und oben im Rücken verspannt hatte. Als Erwachsener verspürt die Person dann wahrscheinlich Ziehen und Schmerzen in Schultern, Hals und oberem Rücken. Bei David in unserem Fallbeispiel jedenfalls war das so.

Die Menschen haben eine ganze Reihe von Verspannungen, Störungen und somatischen Beschwerden, mit denen sie auf diese Weise auf Skriptüberzeugungen reagieren. Das mag im Beobachtbaren Verhalten nicht zum Ausdruck kommen, aber der Betreffende kann das mitteilen. Manchmal sind Muskelverspannungen so gründlich verdrängt worden, daß sie dem Betreffenden nur durch Massage zum Bewußtsein kommen.

Phantasien

Selbst wenn sich niemand auf der Welt wirklich so verhält, wie das den Skriptüberzeugungen einer bestimmten Person entsprechen würde, so kann diese Person sich doch ein solches Verhalten zusammenphantasieren. Dabei kann es sich um sein eigenes Verhalten handeln oder um das von jemand anderem.

David z.B. phantasiert manchmal, er würde bestraft oder müßte ins Gefängnis, weil er seine Freundin körperlich angegriffen hätte. Er stellt sich oft vor, daß andere ihn hinter seinem Rücken nicht für voll nehmen und sich aufhalten über eine ganze Reihe von Dingen, die sie bei ihm mißbilligen. Manchmal ist seine Phantasie aber auch ein grandioses Bild von „dem Besten, was passieren könnte": er stellt sich vor, er hätte die perfekte Freundin getroffen, die ihn hundertprozentig akzeptiert und sich nie so verhalten wird, daß er das als Zurückweisung interpretieren könnte.

Verstärkende Erinnerungen

Wenn jemand im Skript ist, gibt er sich gerne einer Reihe von Erinnerungen hin, die seine Skriptüberzeugungen verstärken. Er denkt zurück an Ereignissse, durch die er damals schon seine frühen Skriptüberzeugungen und -gefühle wiederbelebt hatte. Dabei verfällt er in die damit einhergehenden Maschenäußerungen; entweder erlebt er ein Maschengefühl, oder er legt die eine oder andere beobachtbare oder innere Verhaltensweise an den Tag, die für sein spezifisches Maschensystem typisch ist. Und so wird bei der Erinnerung an das Ereignis auch das Maschengefühl oder ein anderes Maschensymptom wieder ins Bewußtsein zurückgerufen. Mit anderen Worten ist jede Verstärkende Erinnerung begleitet von einer *Rabattmarke*.

Die erinnerten Ereignisse können die Reaktionen anderer Menschen auf die eigenen Maschenäußerungen sein, z.B. bei David, wo mehrere Freundinnen nacheinander ihn verlassen haben als Reaktion auf sein aggressives Verhalten. Dazu können auch Reaktionen gehören, die die Person innerlich als Bestätigung für die Skriptüberzeugungen interpretiert hat, obwohl sie in Wirklichkeit neutral waren oder sogar im Gegensatz zu diesen Überzeugungen standen. Zum Beispiel könnte ein Mädchen David auf eine Party einladen. Innerlich könnte er sich dann sagen: „Das war ja doch nicht ihr Ernst. Das hat sie doch nur aus Höflichkeit gesagt." Durch diese Interpretation fühlt er sich dann unter Umständen wütend über eine weitere „Zurückweisung". Und somit könnte er eine weitere „Bestätigung" für seine Skriptüberzeugungen verzeichnen und eine weitere Verstärkende Erinnerung mit der dazugehörigen Rabattmarke sammeln.

Es gibt einige Ereignisse, die auch der gewiefteste Kleine Professor nicht so umdeuten kann, daß sie zu den Skriptüberzeugungen passen. Aber in dem Fall kann die Person eine weitere Strategie einsetzen, nämlich derartige Ereignisse selektiv zu vergessen. Es gab z.B. Gelegenheiten, wo eine Frau David offen gesagt hat, daß sie ihn schätzt um seiner selbst willen und gerne bei ihm bleiben würde. Aber David war im Skript und hat mithin Erinnerungen an so etwas aus seinem Gedächtnis getilgt.

Wir haben gesehen, daß sich jemand auch Phantasien zusammenzimmern kann über Szenen, die zu den Skriptüberzeugungen passen. Die Erinnerungen an derartige Phantasien dienen ebenfalls als Verstärkende Erinnerungen, und zwar genauso wirksam wie Erinnerungen an wirkliche Ereignisse. Jedesmal, wenn David in seiner Vorstellung sich ausmalt, daß Menschen hinter seinem Rücken über ihn sprechen wegen irgendwas, das „mit ihm nicht stimmt", vergrößert er seine Gedächtnis-Sammlung um eine weitere Verstärkende Erinnerung.

Auch hier sehen wir wieder, in welcher Weise das Maschensystem sich selbst verstärkt. Die Verstärkenden Erinnerungen dienen als *feed-*

back für die Skriptüberzeugungen. Das soll angedeutet werden durch den durchgezogenen Pfeil auf der Abbildung 22.1.

Jedesmal, wenn jemand sich eine Verstärkende Erinnerung ins Bewußtsein ruft, legt er eine Skriptüberzeugung erneut auf, die ihrerseits durch die Verstärkende Erinnerung abgestützt wird. Wenn die Skriptüberzeugung neu aufgelegt wird, wird das darunter liegende verdrängte Gefühl stimuliert, und der Prozeß der intrapsychischen wiederholten Durchgänge (des „Recyclings", der Wiederverwendung alten Materials) wird erneut in Gang gesetzt. Während das abläuft, legt die Person Maschenäußerungen an den Tag. Dazu können Beobachtbare Verhaltensweisen gehören oder interne (lediglich mitgeteilte) Erfahrungen oder Phantasien, oder auch eine Kombination dieser drei Möglichkeiten. Das Resultat dieser Maschenäußerungen seinerseits gibt der Person die Möglichkeit, weitere Verstärkende Erinnerungen zu sammeln, natürlich wieder mit den damit einhergehenden emotionalen Rabattmarken.

Wie du dein eigenes Maschensystem zusammenstellst

Nimm einen großen Bogen und zeichne schematisch die Aufteilung der Figur 22.1. Laß unter jeder Überschrift in den drei Spalten reichlich Platz. In dieses noch freie Diagramm kannst du jetzt nach und nach den Inhalt deines eigenen Maschensystems eintragen.[2]

Wenn du mit der Übung beginnen willst, stell dir eine Situation aus der jüngeren Vergangenheit vor, die für dich unbefriedigend oder schmerzlich ausgegangen ist und in der du zum Schluß ein ungutes Gefühl gehabt hast. Du brauchst das ungute Gefühl nicht erneut zu durchleben, wenn du das jetzt nicht willst.

Stell dir vor, du wärest wieder in der Situation. Fülle die Einzelheiten des Maschensystems aus in der Weise, wie sie für dich gelten. Arbeite rasch und intuitiv.

Ein guter Weg, an die Skriptüberzeugungen heranzukommen, ist die Antwort auf die Frage, die du dir selbst stellst: Was hatte ich mir in der Situation *im Kopf gesagt* – über mich selbst, über die anderen Beteiligten, über die Qualität des Lebens und über die Welt im allgemeinen?

Wie kommst du an „die Gefühle heran, die zum Zeitpunkt der Skriptentscheidung verdrängt worden waren"? Schon aufgrund der Tatsache, daß diese Gefühle ja gerade verdrängt bleiben, solange du im Maschensystem bist, hast du während der Szene, die du jetzt analysierst, eben *kein* klares Bewußtsein dafür gehabt. Es gibt jedoch verschiedene Hinweise, die du nutzen kannst. Manchmal hast du vielleicht ein blitzartig kurzes Aufflimmern des echten Gefühls erlebt, ehe du in das Maschengefühl hineingegangen bist. Wenn z.B. dein Maschengefühl in der Szene Gereiztheit war, hast du vielleicht kurz vorher für Sekundenbruchteile Angst gehabt. Ein anderer Weg wäre, dich zu fragen: „Wenn ich ein ganz kleines Kind wäre und meine Gefühle in keiner Weise 'in den Griff kriegen' müßte, wie hätte ich mich dann wohl in solch einer Situation gefühlt? Hätte ich Wut verspürt? Abgrundtiefe Traurigkeit? Irre Angst? Tolle Begeisterung?" Was du nicht weißt, rate einfach. Wenn du es zum Schluß noch einmal überprüfen willst, nimm in dem vorigen Kapitel den Abschnitt über „Maschengefühle, echte Gefühle und Problemlösungen" noch einmal vor. Welches echte Gefühl wäre angemessen gewesen, damit du sinnvoll mit der Situation hättest umgehen können?

Nun gehe weiter zur Spalte „Maschenäußerungen". Um dein Beobachtbares Verhalten zu erkennen, stell dir vor, du siehst den ganzen Ablauf auf Video, dich selbst mitten drin. Halte fest, welche Worte du verwandt, in welcher Sprechweise du dich ausgedrückt, welche Gesten du eingesetzt, welche Körperhaltung du eingenommen und welchen Gesichtsausdruck du gehabt hast. Welche Maschenemotion hast du damit ausgedrückt? Überprüfe das anhand deiner Erinnerung an das Maschengefühl, das du während der Szene erlebt hattest.

Unter der Überschrift „Mitgeteilte innere Erfahrungen" halte etwaige Verspannungen oder körperliche Beschwerden fest. Hast du Kopfschmerzen gehabt? Sodbrennen? Halsschmerzen? Mach dir klar, daß auch „keinerlei Empfindung„ eine Art Wahrnehmung ist. Wenn du zurückdenkst, gab es dann Teile deines Körpers, die du aus deinem Bewußtsein ausgeschaltet hast?

Schließlich trage irgendwelche Phantasien ein, die du erlebt hast. Ein guter Weg dazu ist es, dich in der Vorstellung in die Szene zurückzuversetzen und dich dann zu fragen: „Was ist das *Schlimmste*, was mir hier passieren könnte?" Schreibe auf, was dir als Antwort als erstes einfällt, ganz gleich, wie weit hergeholt das klingen mag. Als nächstes frage dich: „Was ist *das Beste*, was mir hier überhaupt passieren könnte?" *Auch diese Vorstellung gehört zum Maschensystem,* also schreib sie ganz genau so mit auf.

Schließlich gehe weiter zur Spalte der Verstärkenden Erinnerungen. Durchkämme dein Gedächtnis in allen Richtungen und schreibe die Erinnerungen an die Vergangenheitssituationen auf, die Ähnlichkeiten aufweisen mit der Szene, die du jetzt analysierst. Dabei können dir Dinge einfallen, die gerade erst passiert sind, oder die sich in ferner Vergangenheit ereignet haben. Bei all dem wirst du dich erinnern, daß du das gleiche Maschengefühl erlebt hast und auch die gleichen körperlichen Störungen oder Verspannungen usw., die du unter „Maschenäußerungen" notiert hast.

Jetzt kann es interessant sein, dein Maschensystem in seinen Einzelheiten zu überprüfen vor dem Hintergrund der Skriptmatrix, die du in einer früheren Übung für dich selbst zusammengestellt hast. Wo entdeckst du Gemeinsamkeiten? Du kannst die beiden Tabellen zu gegenseitigem Nutzen verwenden, indem du mit der einen die andere verfeinerst und/oder revidierst.

Das Aussteigen aus dem Maschensystem

Erskine und Zalcman sagen, daß das Maschensystem nicht nur ein Instrument zur Analyse ist, sondern auch ein gutes Mittel, um Veränderungen herbeizuführen:

„Jede therapeutische Intervention, welche den gewohnten Ablauf im Maschensystem unterbricht, wirkt als wirksamer Schritt bei der Veränderung, die der Betreffende in seinem Maschensystem und damit in seinem Skript vornimmt."

Mit anderen Worten kannst du an *jedwedem* Punkt im Maschensystem eingreifen und an *dem* Punkt eine Veränderung vornehmen, mit der du dich dann aus dem Skript herauszubewegen beginnst. Wenn du diese Veränderung vornimmst, dann durchbrichst du die alten Feedback-Schleifen. Dadurch werden weitere Veränderungen leichter. Der Prozeß verstärkt sich selbst, und damit vollziehst du eine sich selbst verstärkende Bewegung aus dem Skript *heraus*, statt im Skript festzuhängen.

Dabei brauchst du nicht an der Stelle im Maschensystem haltzumachen, an der du angesetzt hast. Wenn du willst, kannst du die Wechselwirkungen des Maschensystems an verschiedenen Punkten unterbrechen. Je mehr Stellen im System du veränderst, um so mehr bewegst du dich aus dem Skript heraus.

Erskine und Zalcman beschreiben in ihrem Artikel verschiedene spezifische Interventionen, die der Therapeut zur Unterbrechung des Maschensystems einsetzen kann. Auch bei dieser Eigentherapie kannst du ähnlich vorgehen. Wenn du das Maschensystem so nutzen willst, findest du im folgenden eine Übung, die dir für den Anfang einen Rahmen liefert. Du kannst Zusätze und Änderungen vornehmen in jeder Weise, in der du gerne kreativ damit umgehst.[2]

Nimm einen großen Bogen, ähnlich dem, auf dem du dein Maschensystem festgehalten hast. Du wirst darauf ein Diagramm zeichnen, das wie ein Maschensystem aussieht, aber in Wirklichkeit sein *positives* Gegenstück ist. Wenn du willst, kannst du für dich das neue Diagramm als „Autonomie-System" bezeichnen.

So, und jetzt zeichne wieder drei Spalten ein und schreibe über die linke Spalte: „Revidierte Überzeugungen und Gefühle". Darunter kannst du in Klammern setzen: „auf den heutigen Stand gebracht". Die mittlere Spalte erhält die Überschrift „Autonome Äußerungen", und die dritte Spalte hat den gleichen Titel wie im Maschensystem, nämlich „Verstärkende Erinnerungen".

Unter „Revidierte Überzeugungen und Gefühle" trage Untertitel ein für die Überzeugungen über dich selbst, über die anderen und über die Natur des Lebens, genau wie im Maschensystem.

Jetzt denke noch einmal zurück an die Szene, an die du dich erinnert hast, als du dein Maschensystem zusammengestellt hast.

Fange an mit den „Überzeugungen über dich selbst". Wie sieht die positiv erlebte Realität aus, die du jetzt als revidierte Überzeugung, dich selbst betreffend, eintragen willst?

Stell dir z.B. vor, David würde diese Übung machen. Unter dieser Überschrift könnte er etwa eintragen: „Ich bin durch und durch liebenswert, und so, wie ich bin, bin ich in jeder Hinsicht gut genug."

Hier und in dieser ganzen Übung kommt es sehr darauf an, positive *Wörter* dieser Art zu verwenden. Vermeide negative Ausdrücke, etwa *nicht, aufhören, loswerden, ohne*. Wenn deine erste Fassung an dieser Stelle solche Wörter enthält, nimm dir Zeit, sie umzuschreiben, so daß du das gleiche in ausschließlich positiven Worten ausdrückst. In dem Beispiel für David lautete seine Skriptüberzeugung „Mit mir stimmt was nicht." Statt das etwa so umzuändern: „Es gibt nichts, was mit mir nicht stimmt", wird er es in eine positive Äußerung umändern, beispielsweise „Ich bin von oben bis unten in Ordnung."

Tu dann das gleiche bei deinen Überzeugungen über die anderen und die Qualität des Lebens, und benutze auch dort positive Wörter. Hüte dich aber vor Grandiosität – auch dann wärest du immer noch im Maschensystem. Aber wenn du Zweifel hast, dann sei ruhig ein wenig zu optimistisch.

Unten bei der linken Spalte, wo du in deinem Maschensystem stehen hattest „Gefühle, die zum Zeitpunkt der Skriptentscheidung verdrängt wurden", schreib jetzt die Überschrift „Ausgedrückte echte Gefühle". Trage die gleichen echten Gefühle ein wie in das Maschensystem. Stell dir vor, du wärest wieder in der Szene, und sieh dir sozusagen zu, wie du dein echtes Gefühl, ohne dich damit zu gefährden oder dir Unannehmlichkeiten einzuhandeln, so hättest ausdrücken können, daß du mit der Situation sinnvoll umgegangen wärest, sie also für dich befriedigend abgeschlossen hättest.

Gehe dann zur mittleren Spalte „Autonome Äußerungen" über. Auch hier stell dir die Szene auf Video vor, dich selbst in der Mitte. Aber jetzt lasse sie so ablaufen, daß du dich positiv verhältst, aus dem Skript ausgestiegen bist und ein echtes Gefühl erlebst, statt eine Masche abzuziehen. Trage unter „Beobachtbares Verhalten" die Worte, Gesten usw. ein, die du in dieser revidierten Fassung bei dir selbst siehst und hörst.

In der gleichen Weise fülle jetzt den Teil „Mitgeteilte innere Erfahrungen" für die revidierte Szene aus. Wo spürst du Behagen statt der Beschwerden? Machst du dir irgendwelche Verspannungen klar, die du vorher nicht gemerkt hattest? Wenn das der Fall ist, beschließt du dann, dich an diesen Stellen zu entspannen? Und was passiert, wenn du das tust?

„Phantasien" trägst du in das Autonomiesystem nicht ein. Wie wir gesehen haben, sind grandiose Phantasien über „die bestmöglichen" und „die schlimmstdenkbaren" Resultate Teile des Maschensystems, die einen genauso wie die anderen. An die Stelle von Phantasien trage jetzt ein: „Pläne und positive Entwürfe". Diesen Abschnitt kannst du irgendwann in Ruhe einmal ausfüllen. Hier wird gesprochen von der Lebensplanung aus dem Erwachsenen-Ich, die du vornehmen kannst, um dafür zu sorgen, daß zukünftige Situationen in der positiven Weise bewältigt werden, die du dir jetzt zusammenstellst, statt in der vermaschten Weise, wie sie aus der Analyse deines Maschensystems deutlich geworden war. Statt der Phantasien kannst du also kreative Visualisierungstechniken einsetzen, um deine Lebensplanung mit Energie zu füllen und zu fördern.

Zum Schluß fülle die Spalte für „Verstärkende Erinnerungen" aus. Es ist beinahe sicher, daß du dich an *etliche* positive Situationen aus deiner Vergangenheit erinnern wirst, welche der neu durchlebten Situation ähneln, die du jetzt zusammenstellst. Wenn du daran denkst, fällt dir vielleicht eine ganze Reihe ein.

Und was, wenn dir wirklich überhaupt nichts dazu einfällt? Dann *laß* dir welche einfallen! Denk dir einfach welche aus und mach dir klar, daß die Erinnerung an nur in der Vorstellung laufende positive Situationen genauso wirksam ist wie die Erinnerung an echte.

Jetzt hast du eine Anfangsfassung für dein Autonomie-System. Genauso wie bei dem Maschen-System kannst du es im Laufe der Zeit revidieren und verfeinern.

Stell dir vor, das vollständige Diagramm für dein Maschen-System schwebe über dem Tisch, etwa eine Handbreit über dem Diagramm für dein Autonomie-System. Dann kannst du in der Zukunft eine Falltür an jeder Stelle des Maschen-Systems anbringen, eine Strickleiter herablassen und jederzeit hindurchsteigen zu dem entsprechenden Punkt im Autonomie-System. Von diesem Punkt aus folgst du dann dem Fluß des Autonomie-Systems, statt die vermaschten Feedback-Schleifen immer wieder zu durchlaufen, wie du das in der Vergangenheit getan hattest.

Vielleicht baust du für dich mehrere solcher Falltüren ein. Je mehr du hast, um so leichter wirst du es finden, aus deinem Maschen-System herauszutreten und hinein in die Autonomie. Und jedesmal, wenn du diesen Schritt getan hast, wird damit der nächste wieder leichter, wenn du ihn in der Zukunft tun wirst.

23. Die Spiele und die Spielanalyse

Bist du jemals mit jemand im Gespräch gewesen oder sonstwie umgegangen, wo ihr euch am Ende beide mies gefühlt habt und euch hinterher etwa gefragt habt:

„Weshalb passiert mir sowas immer wieder?"

„Wie in aller Welt ist denn *das* wieder passiert?"

„Ich dachte, die (der) wäre anders, aber ..."

Warst du überrascht über die schmerzhafte Wendung, die die Sache genommen hatte – und bist dir doch gleichzeitig darüber klar gewesen, daß dir fast die gleichen Geschichten vorher auch schon passiert sind? Wenn du eine solche Interaktion erlebt hast, dann ist es sehr wahrscheinlich, daß du, in der Sprache der TA ausgedrückt, *ein Spiel* gespielt hast.[1] Genau wie ein Fußballspiel oder ein Schachspiel, wird ein psychologisches Spiel (im Deutschen bisweilen abgekürzt als Psychospiel) nach vorher festgelegten Regeln gespielt. Eric Berne hat als erster auf diese vorhersehbare Struktur der Spiele hingewiesen und Methoden zu ihrer Analyse vorgeschlagen. In diesem Kapitel behandeln wir Methoden der Spielanalyse, wie sie von Berne und anderen TA-Autoren entwickelt worden sind.

Beispiele für Spiele

Im folgenden zwei Beispiele für den Ablauf von Spielen.

Beispiel 1: Hans begegnet Grete. Sie verlieben sich ineinander und beschließen zusammenzuziehen. Am Anfang geht auch alles gut. Aber im Laufe der Monate macht Hans seiner Partnerin das Leben immer schwerer. Über ihre Bedürfnisse und Gefühle geht er hinweg. Er schreit sie an und kommandiert sie herum. Er betrinkt sich und kommt spät nach Hause. Er gibt Gretes Geld aus und „vergißt", es ihr zurückzugeben.

Obwohl er sie so übel behandelt, bleibt Grete bei ihm. Je aggressiver er wird, desto mehr entschuldigt sie sein Verhalten.

Fast drei Jahre lang läuft das so. Dann verläßt Grete Hans ohne Vorwarnung um eines anderen Mannes willen. Hans kommt nach Hause und findet nur einen Zettel auf dem Küchentisch mit der Mitteilung, daß sie endgültig ausgezogen ist.

Hans ist sprachlos. Innerlich sagt er sich: „Wie in aller Welt ist nur so etwas passiert?" Er spürt Grete auf und fleht sie vergeblich an zurückzukommen. Je mehr er bettelt, um so härter weist sie ihn ab und um so schlechter fühlt er sich. Lange Zeit hindurch fühlt Hans sich deprimiert, verlassen und wertlos. Er versucht dahinterzukommen, was mit ihm nicht stimmt: „Was hat dieser andere Kerl bloß, was ich nicht habe?"

Das Seltsame dabei ist, daß Hans all das schon einmal erlebt hat. Er hatte zwei Beziehungen und ist zweimal zurückgewiesen worden, mehr oder weniger nach dem gleichen Muster. Jedesmal hatte er sich dann gedacht: „Nie wieder!" Aber dann passiert es doch wieder, und jedesmal fühlt sich Hans ratlos und zurückgewiesen.

Das Spiel, das Hans spielt, heißt *Kick Me* (zu deutsch etwa „Versetz mir eins!").

Auch Grete hat all das schon einmal mitgemacht. Sie hatte verschiedene andere Beziehungen mit Männern, ehe sie Hans begegnet war. Es scheint ihr irgendwie zu gelingen, an Männer zu geraten, die am Anfang gut zu ihr sind, wenn sie sie kennenlernen, die aber dann bald anfangen, ihr übel zuzusetzen, so wie Hans. Und jedesmal hat sie das Verhalten des Mannes in Kauf genommen und war sozusagen ein „braves Frauchen" – eine Zeitlang. Und jedesmal hat sie dann einen plötzlichen Sinneswandel erlebt und den Mann von einem Tag zum anderen zurückgewiesen. Und dabei fühlt sie sich dann makellos und irgendwie triumphierend. Sie sagt sich dann: „Das hab ich mir ja gedacht. Die Männer sind doch alle gleich." Dennoch verliert sie nicht viel Zeit, bis sie mit jemand anderem eine neue Beziehung anknüpft, und der ganze Ablauf beginnt wieder von vorne.

Gretes Spiel heißt *Now I've Got You, Son of a Bitch* – abgekürzt im Englischen als NIGYSOB, zu deutsch etwa „Hab ich dich erwischt!" (manchmal auch: „Hab ich dich doch erwischt!", oder „Hab ich dich wieder erwischt!" usw).

Beispiel 2: Angelika ist Fürsorgerin. Sie sitzt in der Beratungsstelle und spricht mit einem Mann, der gerade hereingekommen ist. Er wirkt niedergeschlagen.

Der Mann sagt: „Mir ist was ganz Schreckliches passiert. Mein Vermieter hat mich gerade rausgeschmissen, und ich weiß nicht, wo ich hin soll. Ich weiß jetzt wirklich nicht, was ich machen soll."

„Ach Gott, das ist ja schrecklich", sagt Angelika und setzt eine besorgte Miene auf. „Was kann ich da tun?"

„Weiß ich auch nicht", sagt der Mann betrübt.

„Passen Sie mal auf", sagt Angelika, „weshalb lesen wir nicht zusammen die Abendausgabe durch und sehen, ob da nicht irgendwo ein Zimmer zu vermieten ist?"

„Das ist es ja gerade", sagt Angelikas Gesprächspartner und schaut noch betrübter drein, „Ich hab ja kein Geld für die Miete."

„Na ja, in so einem Fall bin ich sicher, daß da was rausspringt für Sie bei der Sozialhilfe, wenn ich mich darum kümmere."

„Zu nett von Ihnen", sagt der Mann. Aber, ehrlich gesagt, ich will mir von niemand was schenken lassen."

„Ach so. Wie wär's, wenn ich Ihnen erst mal einen Schlafplatz besorge in der Notunterkunft, bis Sie was anderes gefunden haben?"

„Danke", sagt der Mann. Aber ich kann mir nicht gut vorstellen, wie ich mit all den Leuten da zurechtkäme, wenn ich so am Ende bin." Dann tritt Schweigen ein, und Angelika zermartert ihr Gehirn, ob ihr nicht irgend etwas anderes einfällt. Aber ihr fällt dann doch nichts ein.

Der Mann stößt einen gedehnten Seufzer aus, steht auf und schickt sich zum Gehen an. „Ja, Sie wollten mir wenigstens helfen – trotzdem dankeschön", sagt er verdrießlich, als er die Beratungsstelle wieder verläßt.

Angelika fragt sich: „Was in aller Welt ist da passiert?" Sie fühlt sich erst verwundert, dann inkompetent und deprimiert. Sie sagt sich, daß sie als Helferin so gut wohl nicht ist.

Inzwischen geht ihr Besucher die Straße hinab und ist empört und wütend auf Angelika. Er sagt sich im Kopf: „Hätt' ich mir doch denken können, daß die mir auch nicht helfen kann, und *natürlich* konnte sie's nicht!"

Und für Angelika und ihren Besucher ist diese Szene eine Neuauflage von vielen anderen, die sich in der Vergangenheit abgespielt haben. Angelika gerät recht oft in solch ein Geschehen. Sie bietet jemand Rat und Hilfe an, und dann fühlt sie sich ungut, wenn beides nicht angenommen wird. Und ihr Besucher kennt die Gegenposition nur allzu gut. Irgendwie schafft er es immer wieder, die angebotene Hilfe auszuschlagen, dann auf den Helfer wütend zu werden, weil der ihn hat sitzenlassen.

Angelika und ihr Besucher spielen zwei Spiele, die gut zueinander passen und oft im gleichen Hergang gespielt werden. Angelikas Spiel heißt *Why Don't You...?*, zu deutsch etwa „Versuchen Sie's doch mal so...", und ihr Besucher spielt *Yes, But,* im Deutschen wiedergegeben mit „Ja, aber..."[2]

Was typisch ist für Spiele

Anhand dieser Beispiele lassen sich einige Charakteristika aufzeigen, die allen Spielen gemeinsam sind.

1. Spiele laufen immer wieder gleich ab. Jeder Mensch spielt noch und noch sein Lieblingsspiel in der gleichen Weise durch. Die Mitspieler und die Bühne mögen wechseln, aber das Spielmuster bleibt das gleiche.

2. Beim Spiel bleibt das Erwachsenen-Ich ausgeschaltet, es läuft „unbewußt" ab. Obwohl Menschen ihre Spiele noch und noch wiederholen, durchlaufen sie jede Neuauflage ihres Spiels, ohne sich darüber klar zu sein. Erst in den Schlußphasen des Spiels fragt sich der Spieler manchmal: „Wie konnte *das* nun wieder passieren?" Und selbst an *der* Stelle machen sich die Menschen meistens nicht klar, daß sie selbst zum Zustandekommen des Spiels beigetragen haben.

3. Am Ende eines Spiels erleben die Spieler immer Maschengefühle.

4. Spiele bringen eine Folge von verdeckten Transaktionen zwischen den Spielern mit sich. Bei jedem Spiel läuft auf der psychologischen Ebene etwas anderes als das, worum es auf der sozialen Ebene zu gehen scheint. Das ist erkennbar an der Art und Weise, wie Menschen ihre Spiele immer wieder durchspielen und andere Menschen finden, deren Spiele zu den ihren passen. Als Angelikas Besucher sich hilfesuchend an sie wandte und sie ihm auch Hilfe anbot, glaubten beide, das sei der eigentliche Zweck des Besuchs. Aber das Resultat ihres Umgangs miteinander zeigt, daß ihre unbewußten Motive ganz woanders lagen. Auf der psychologischen Ebene haben sie einander „geheime Botschaften" übermittelt, mit denen sie ihre wirklichen Absichten kundgetan haben. Angelika war daran gelegen, eine Hilfe anzubieten, die dann nicht akzeptiert werden würde. Ihr Besucher war gekommen, um um Hilfe zu bitten und diese dann nicht anzunehmen.

5. Zu einem Spiel gehört immer ein Augenblick der Überraschung oder Verwirrung. An einer Stelle hat der Spieler die Empfindung, etwas Unerwartetes sei passiert. Irgendwie scheinen die Beteiligten ihre Rolle gewechselt zu haben. Hans hat das in dem Augenblick so erlebt, als er entdeckte, daß Grete ihn verlassen hatte. Grete ihrerseits ging fort, weil sie ganz plötzlich ihre Einstellung zu Hans geändert hatte.

Denke an einen Ablauf in deiner eigenen jüngeren Erfahrung, wo du mit jemand anderem so umgegangen bist, daß dies in schmerzlicher Weise zur Beschreibung eines Spiels paßt.

Nimm Papier und Bleistift und halte fest, wie die Situation aussah. Dann mach dir klar, ob die fünf Charakteristika vorlagen, die wir als typische Kennzeichen eines Spiels aufgeführt haben.

Notiere auch, wie du dich am Ende gefühlt hast. Ist das ein Gefühl, das dir vertraut ist?

T-Shirts

Es ist kaum zu glauben, mit welcher Sicherheit Menschen es immer wieder schaffen, andere zu finden, die ihrerseits Spiele spielen, welche zu dem eigenen Spiel so passen, als wären sie miteinander verzahnt. Hans findet ständig Frauen, die ihn um eines anderen Mannes willen sitzen lassen. Angelika zieht Besucher an, die sie um Hilfe bitten und diese dann nicht annehmen.

Es ist so, als trüge jeder Mensch ein *T-Shirt*, auf dem seine Spielangebote aufgedruckt sind. Das T-Shirt hat auf der Vorderseite ein Motto, das wir der Welt bewußt zeigen wollen. Auf der Rückseite jedoch steht die „geheime Botschaft", die die psychologische Ebene kennzeichnet. Und die Botschaft auf dem Rücken ist diejenige, die am Ende darüber entscheidet, mit wem wir Beziehungen eingehen. Wir können uns vorstellen, daß auf der Vorderseite von Gretes T-Shirt ein Motto steht, das etwa so klingt: „Ich werde lieb und folgsam sein." Aber auf dem Rücken steht ein anderes Motto: „Aber warte nur, bis ich dich erwische!"

Was sind deiner Meinung nach die Inschriften auf der Vorder- und Rückseite von Hans' T-Shirt? Und bei Angelika?

Nimm dein eigenes Spielbeispiel noch einmal vor. Was fällt dir da ein als Motto auf der Vorderseite deines T-Shirts? Und auf der Rückseite?

Was waren deiner Meinung nach die Botschaften auf der Vorder- und Rückseite des T-Shirts bei irgendwelchen anderen Personen, mit denen du in jener Situation in Beziehung standest?

Bei Gruppenarbeit macht Dreier- oder Vierergruppen. Jedes Gruppenmitglied benutzt seine Intuition, um die Botschaften auf der Vorder- und Rückseite der anderen Mitglieder einmal aufzuschreiben. Dann teilt einander mit, was ihr aufgeschrieben habt.

Und wenn ihr die anderen Menschen in der Kleingruppe nicht gut kennt? Das spielt keine Rolle, weil wir uns ohnehin immer gleich beim ersten Eindruck ein Bild davon machen, was so auf dem T-Shirt aufgedruckt ist.

Wenn du willst, kannst du die Übung mit anderen wiederholen, die du gut kennst. Wenn du die unterschiedlichen Aufschriften vergleichst, die verschiedene Leute auf deinem T-Shirt lesen, kannst du unter Umständen manches Interessante über dich erfahren.

Die Intensität von Spielen (unterschiedliche Grade)

Spiele können mit unterschiedlicher Intensität gespielt werden, und man spricht dann von Spielen ersten, zweiten oder dritten Grades.[3]

Ein *Spiel ersten Grades* hat ein Resultat, über das der Spieler in seinen Kreisen durchaus auch spricht. In den Spielbeispielen zu Beginn dieses Kapitels haben alle Spieler Spiele ersten Grades veranstaltet. Man kann sich vorstellen, daß auf der einen Seite Angelika ihren Zweifel an sich selbst in der Kaffeepause bei ihren Kolleginnen loswerden will, während ihr Besucher in irgendeinem Lokal *seinen* Freunden gegenüber darüber quengelt, wie wenig sie ihm wirklich geholfen hat. Ihre Freunde und ihre Kolleginnen werden das als absolut akzeptables Verhalten betrachten. In der Tat liefern Spiele ersten Grades im allgemeinen einen großen Teil der Zeitstrukturierung bei Parties und bei Gesellschaften.

Spiele zweiten Grades führen zu schwererwiegenden Resultaten, und zwar zu solchen, die der Spieler in seinen Kreisen lieber nicht publik machen möchte. Stellen wir uns vor, Angelikas Besucher hätte nicht nur gequengelt, sondern wäre rausgegangen und hätte dann eine Beschwerde eingereicht über ihre mangelnde Kompetenz. Angelika hätte dann vielleicht eine tiefe Depression erlebt und unter Umständen sogar an einen Stellenwechsel gedacht. Und es wäre dann auch weniger wahrscheinlich gewesen, daß sie so beiläufig ihren Freunden etwas gesagt hätte über das, was da passiert war.

Ein *Spiel dritten Grades* ist in Bernes Worten „...eins, bei dem es um endgültige Resultate geht und das im Operationssaal, vor Gericht oder im Leichenhaus endet."

Wenn Hans und Grete mit so verbissener Intensität gespielt hätten, dann hätte Hans Grete vielleicht körperlich mißhandelt. Grete hätte dann ihrerseits unter Umständen ihre Wut so lange angestaut, bis sie eines Tages zum Messer gegriffen und zugestoßen hätte.

Die Bernesche Spielformel

Berne hat entdeckt, daß jedes Spiel eine Folge von sechs Phasen durchläuft.[4] Er hat sie folgendermaßen benannt:

Con + Gimmick = Response → Switch → Crossup → Payoff

Die wörtliche Übersetzung würde in etwa heißen:
Verlockung, Gaunerei + üblicher Dreh = Reaktion → Wechsel → Verwunderung → Auszahlung.

Im Englischen wird diese Formel gerne als *Formula G* (für *Game,* Spiel) oder *Spielformel nach Berne* bezeichnet und mit den Anfangsbuchstaben für diese sechs Phasen abgekürzt.

In dem Bemühen, möglichst nahe an das heranzukommen, was durch die englischen Ausdrücke gemeint ist, haben zwei deutsche Autoren diese Formel folgendermaßen wiedergegeben:

Attraktive Falle + (Mit-)Spielinteresse = harmlose Reaktionen → Rollenwechsel → Moment der Perplexität → Auszahlung

Und nun wenden wir diese Formel an auf die Spiele, die zwischen Angelika und ihrem Besucher abliefen. Er eröffnet das Geschehen durch die Mitteilung, daß sein Vermieter ihn gerade rausgeworfen hat. Unter dieser auf der sozialen Ebene gemachten Mitteilung liegt ein *Angebot*, von dem er voraussetzt, daß es für sein Gegenüber *attraktiv* sein kann, das aber für diesen gleichzeitig wie eine *Falle* wirkt. Es wird nonverbal übermittelt und besagt: „Aber wenn du versuchst, mir zu helfen, werde ich mir gar nicht helfen lassen, haha!"

Wie Angelika ihm jetzt diese Spieleröffnung abkauft, signalisiert sie damit ihre Bereitschaft zu spielen, indem sie ihr *Gimmick*, ihr *eigenes Spielinteresse* signalisiert. Berne hat dieses Wort genommen, um eine skriptverursachte „weiche Stelle" zu bezeichnen, die jemanden veranlaßt, auf das Angebot eines anderen Spielers einzusteigen. Für Angelika ist es eine Elternbotschaft in ihrem Kopf, welche besagt: „Du *mußt* jemandem helfen, dem es so dreckig geht!"

Während sie im Inneren diese Botschaft hört, reagiert sie auf ihren Besucher auf der psychologischen Ebene: „OK, ich werde versuchen, dir zu helfen, aber wir wissen ja beide, daß du dir am Ende gar nicht helfen lassen wirst." Auf der sozialen Ebene überdeckt sie das durch die Worte:
„Was kann ich da tun?"

Die Phase *Reaktionen* besteht bei einem Spiel aus einer Reihe von Transaktionen. Diese laufen vielleicht in ein, zwei Sekunden ab oder dauern Stunden, Tage oder Jahre. Im vorliegenden Fall bietet Angelika ihrem Besucher eine ganze Reihe von Ratschlägen an. Aber er hält dem jedesmal Begründungen dafür entgegen, weshalb einer nach dem anderen nicht funktionieren kann. Auf der sozialen Ebene sehen diese Transaktionen ganz *harmlos*, wie ein direkter Informationsaustausch aus. Aber auf der psychologischen Ebene wiederholen sie den Austausch eines attraktiven Angebotes und der Erklärung des Spielinteresses, mit dem das Spiel eröffnet wurde.

Zum *Rollenwechsel* kommt es (man könnte direkt sagen, ein *Schalter* sei umgelegt worden), wenn Angelika nichts mehr einfällt und der Besucher sagt:

„Ja, Sie wollten mir wenigstens helfen – trotzdem dankeschön!"

Im nächsten Augenblick fühlt sich Angelika total überrascht. Sie erlebt einen *Moment der Perplexität* und ihr Besucher erlebt seinerseits Ähnliches.

Im gleichen Moment kassieren beide Spieler ihre *Auszahlung* an Maschengefühlen. Angelika fühlt sich deprimiert und inkompetent und ihr Besucher fühlt sich „zu Recht empört".

Welches waren die Phasen der Spielformel bei den ineinander verzahnten Spielen, die Hans und Grete miteinander gespielt haben?

Identifiziere die Phasen der Spielformel bei deinem eigenen persönlichen Spielbeispiel. Und welches waren die Botschaften, die in jeder Phase auf der psychologischen Ebene ausgetauscht wurden?

Das Drama-Dreieck

Stephen Karpman hat zur Analyse von Spielen ein ganz einfaches, aber äußerst effektives Diagramm entworfen, das *Drama-Dreieck* (Abbildung 23.1).[5] Er sagt, daß immer dann, wenn Menschen Spiele spielen, jeder eine von drei skriptgebundenen Rollen besetzt: *Verfolger, Retter* oder *Opfer*.

Als *Verfolger* (etwa als „Verbesserer") bezeichnet man jemand, der anderen zusetzt, sie meist runterputzt oder doch herabsetzt. Der typische Verfolger empfindet die anderen so, daß sie leicht unter ihm stehen und sowieso nicht OK sind, ihm also das Wasser nicht reichen können.

Auch der *Retter* (oder auch „Ratgeber") betrachtet die anderen als nicht OK und etwas unter ihm stehend. Aber der Retter reagiert darauf, indem er aus seiner überlegenen Position heraus Hilfe anbietet. Er glaubt: „All diesen armen Leuten muß ich doch helfen, weil sie nicht imstande sind, sich selbst zu helfen."

Für jemand, der sich als *Opfer* (und damit als „Objekt" eines für ihn übermächtigen Geschehens*) erlebt, gibt es auch jemanden, der unterlegen und nicht OK ist: nämlich ihn selbst. Manchmal sucht sich das Opfer einen Verfolger, der ihm zusetzt und es herumbeutelt. Oder aber das Opfer ist auf der Suche nach einem Retter, der ihm Hilfe anbietet und damit die Überzeugung des Opfers bestätigt: „Ich komme alleine nicht zurecht."

Jede Rolle im Drama-Dreieck bringt einen *Discount* mit sich. Sowohl der Verfolger wie auch der Retter discounten andere.

Der Verfolger discountet den Wert und die Würde anderer Menschen. Extreme Verfolger discounten unter Umständen sogar das Lebensrecht und die körperliche Gesundheit anderer Menschen. Der Retter discountet die Fähigkeit der anderen, selbst zu denken und aus eigener Initiative heraus tätig zu werden.

Das Opfer discountet sich selbst. Wenn es einen Verfolger sucht, stimmt es den Discounts des Verfolgers zu und betrachtet sich selbst als jemand, der es nicht anders verdient, als zurückgewiesen und herabgesetzt zu werden. Das Opfer, das einen Retter sucht, wird natürlich glauben, daß es dessen Hilfe dringend braucht, um richtig zu denken, zu handeln oder Entscheidungen zu treffen.

Nimm dir eine Minute Zeit und schreibe alle Wörter auf, die dir einfallen, wenn du an einen Verfolger denkst.
Tu das gleiche für den Retter und für das Opfer.

Alle drei Rollen im Drama-Dreieck sind letztlich *unecht*. Wenn Menschen in einer dieser drei Rollen sind, reagieren sie auf die Vergangenheit, nicht auf das Hier und Jetzt. Sie setzen alte, skriptgebundene Strategien ein, die sie schon als Kinder beschlossen oder sich von ihren Eltern her an Bord gezogen hatten.

---

* *Anmerkung des Übersetzers:* Die drei Klammern sind mit Zustimmung der Autoren in die deutsche Ausgabe eingefügt worden.

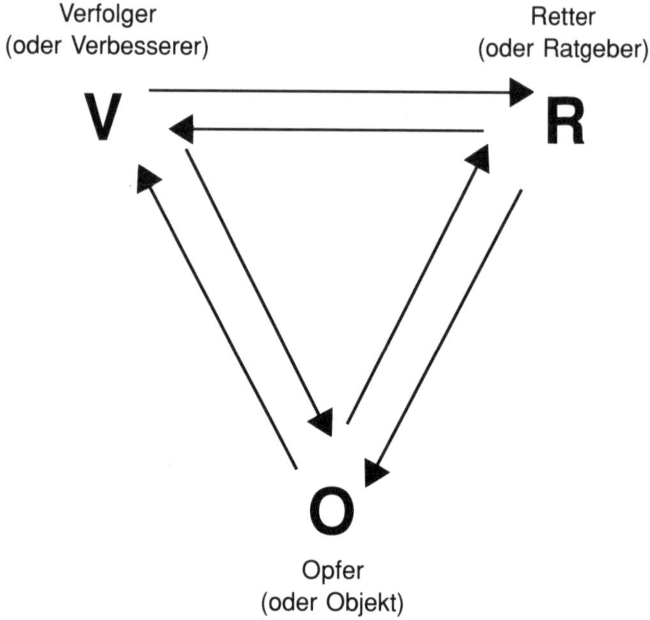

Abbildung 23. 1: Das Drama-Dreieck

Kannst du dir jemand vorstellen, der – unabhängig von einer solchen Betrachtung — als Verfolger auftritt und nicht auch im psychologischen Sinn ein „Verfolger" ist?

Wo läge der Unterschied zwischen jemand, der nun wirklich „rettet", und jemand, der nur die Rolle eines Retters im Drama-Dreieck spielt? Gib Beispiele!

Würdest du sagen, daß jemand bei irgendeinem Geschehen Opfer sei oder einer Entwicklung zum Opfer fallen kann, ohne daß er auch ein „Opfer" im Sinne der TA ist?

Im allgemeinen beginnt jemand, der ein Spiel spielt, in einer der drei Positionen und wechselt dann in eine andere über. Dieser Rollenwechsel im Drama-Dreieck findet in einem kurzen Augenblick statt, wie das in der Spielformel angedeutet ist.

Hans begann sein „Versetz mir eins!"-Spiel in der Position des Verfolgers und blieb während der ganzen Phase der harmlosen Reaktionen des Spiels darin. Als es zum Rollenwechsel kam, nahm Hans die Opfer-Position ein.

Welche Rollenwechsel im Drama-Dreieck hat Grete vorgenommen in ihrem Spiel „Hab ich dich erwischt!"? Und welche Angelika und ihr Besucher während ihres Spielablaufs?

Welchen Rollenwechsel hast du selbst bei deinem eigenen persönlichen Spielbeispiel im Drama-Dreieck vorgenommen?

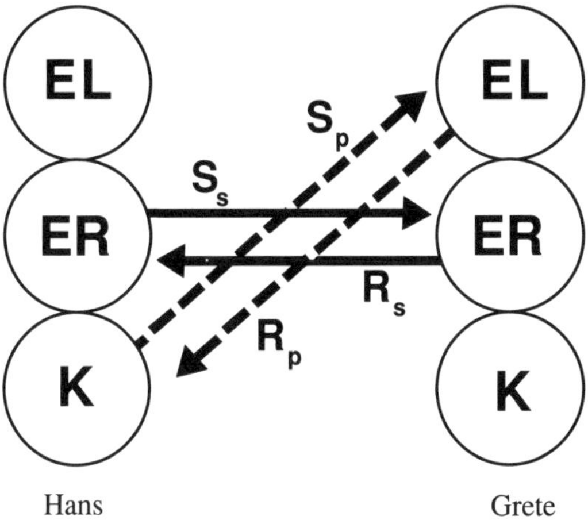

Abbildung 23. 2:
Beispiel für Bernes Transaktionsdiagramm eines Spielablaufs

Die Spielanalyse mit Hilfe der Transaktionen

Eine andere Weise, Spiele zu analysieren, ergibt sich aus der Verwendung eines Transaktionsdiagramms. Das ist besonders nützlich, weil dadurch die verdeckten Transaktionen zwischen den Spielern deutlich werden.

Das Transaktionsdiagramm von Berne für Spiele

Die Abbildung 23.2 zeigt Eric Bernes Fassung des Transaktionsdiagramms für die Darstellung eines Spiels.[6] Hier wurden die Eröffnungszüge zwischen Hans und Grete aufgezeigt.

Hans *(soziale Ebene, S_s):* „Ich möchte dich ganz gern kennenlernen."

Grete *(soziale Ebene, R_s)*: „Ja, ich dich auch."
Hans *(psychologische Ebene, S_p):* „Bitte versetz mir eins!"
Grete *(psychologische Ebene, R_p):* „Ich erwisch dich schon noch!"

Die verdeckten „geheimen Botschaften" von S_p und R_p werden dem jeweiligen Spieler nicht bewußt, bis sie plötzlich im Augenblick des Rollenwechsels offenbar werden.

Das Diagramm von Goulding und Kupfer

Bob Goulding und David Kupfer haben eine andere Fassung des Transaktionsdiagramms für Spiele entwickelt (Abbildung 23.3).[7] In ihrer Sicht gehören fünf Kennzeichen zu einem Spiel.

1. Zuerst erfolgt der „Eröffnungszug" des Spiels (S_s) auf der sozialen Ebene. Goulding und Kupfer sprechen hier von einem „scheinbar eindeutigen Stimulus". In diesem Fall sagt Hans in etwa: „Ich möchte dich ganz gern kennenlernen."

2. Das zweite Element des Spieles ist die gleichzeitig übermittelte Botschaft (S_p) auf der psychologischen Ebene, welche die attraktive Falle des Spiels ausmacht. Sie wird bezeichnet als „geheime Botschaft" und enthält eine skriptgebundene Feststellung über den Spieler selbst. Die „geheime Botschaft" von Hans lautet: „Ich verdiene, zurückgewiesen zu werden, und ich werde das bei dir so lange ausprobieren, bis ich es dir beweisen kann. Bitte, versetz mir eins!"

3. Wie immer wird das Resultat auf der psychologischen Ebene entschieden. Grete kapiert die „Versetz mir eins!"- Botschaft von Hans

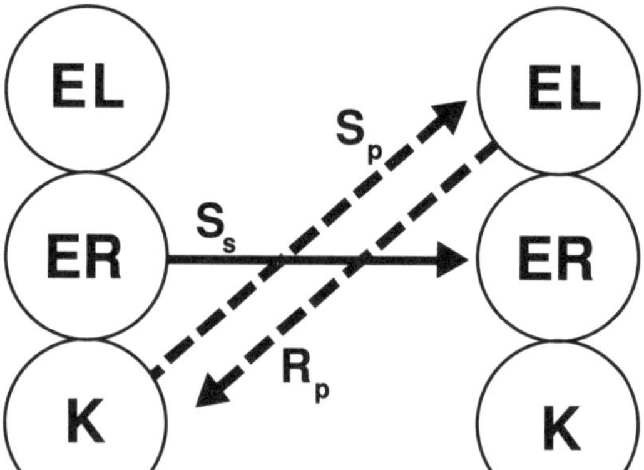

Abbildung 23.3:
Beispiel eines Spieldiagramms nach Goulding und Kupfer

und reagiert entsprechend, indem sie ihn eine Weile an sich fesselt und dann zurückweist. In der Spielfolge nach Goulding und Kupfer ist das die „Reaktion auf die geheime Botschaft".

4. Beide Spieler erleben am Ende Maschengefühle, die „Auszahlung in miesen Gefühlen".

5. Die ganze Serie von verdeckten Transaktionen läuft außerhalb des wachen Bewußtseins der Spieler, die ihr Erwachsenen-Ich nicht mitbenutzt haben.

Die Gouldings stellen fest, daß jemand, der stark daran interessiert ist, sein Lieblingsspiel zu spielen, durchaus die wirklichen (spielfreien) Reaktionen, die er von seinem Gegenüber bekommt, so umdeuten kann, daß er eine Spielreaktion hineininterpretiert. Er kann also dann seine Maschenauszahlung auch dann kassieren, wenn die Reaktionen des anderen nichts mit einem Spiel zu tun hatten.

Malen wir uns z.B. aus, Grete hätte sich standhaft geweigert, Hans fallenzulassen, so sehr er sich auch darum bemüht hatte. Er würde dann unter Umständen ihre Reaktionen redefinieren und sich im Kopf sagen: „Die tut ja nur so, als wollte sie mich bei sich haben. Ich *weiß doch*, daß sie mich in Wirklichkeit loswerden will, und wahrscheinlich geht sie heimlich schon mit einem anderen." Auf diese Weise könnte er sich den Discount, den er erwartet hatte, selbst zurechtzimmern und dann seine Auszahlung an miesen Gefühlen auf diese Weise einkassieren.

Setze Bernes Transaktionsdiagramm für Spiele und das Diagramm nach Goulding und Kupfer ein, um die Spiele zu analysieren, die von Angelika und ihrem Besucher gespielt werden.

Benutze sie, um dein eigenes persönliches Spielbeispiel zu analysieren.

Der Spielplan

John James hat eine Reihe von Fragen entwickelt, die uns weitere Mittel an die Hand geben, den Verlauf eines Spieles zu verstehen. Er bezeichnet das als den *Spielplan*.[8]

Die folgende Übung verwendet eine Variante des Spielplans, bei der zwei zusätzliche „Rätsel-Fragen" aufgenommen worden sind. Diese Variante ist von Laurence Collinson entworfen worden.

Du kannst die Fragen des Spielplans benutzen, um das persönliche Spielbeispiel zu analysieren, das du bereits aufgeschrieben hast. Oder, wenn du willst, nimm es zur Untersuchung einer anderen Spielsituation, die du in deinem Leben entdeckst.

Nimm Papier und Bleistift zur Hand und notiere die Antworten auf die folgenden Fragen, soweit sie auf das Beispiel zutreffen, das du gewählt hast. Du tust gut daran, dir jemand anders zu suchen, mit dem du dich austauschen kannst beim Beantworten der Fragen des Spielplans.

Die „Rätsel-Fragen" werden am Ende dieses Kapitels wiedergegeben. *Sieh sie dir nicht eher an, ehe du alle anderen Fragen des Spielplans schriftlich beantwortet hast!* Dann erst trage die Antworten auf die beiden „Rätsel-Fragen" ein!

1. Was ist es, was mir immer wieder passiert?
2. Wie fängt das an?
3. Was passiert dann?
4. (Erste Rätsel-Frage)
5. Und dann?
6. (Zweite Rätsel-Frage)
7. Wie geht es aus?

8 a. Wie fühle ich mich?
8 b. Wie muß sich, meiner Vorstellung nach, mein Gegenüber fühlen?

Interpretation

Die Folge von Antworten auf die Fragen des Spielplans sollen aufzeigen, welche Rollenwechsel im Drama-Dreieck vorgenommen werden und welche Phasen der Spielformel das Geschehen durchläuft.

Die Gefühle, die du unter den Fragen 8a *und* 8 b eingetragen hast, gehören wahrscheinlich *beide* zu deinem Maschenerleben. Es ist durchaus möglich, daß dir das Gefühl unter 8a vertraut vorkommt, aber du bist dann überrascht bei der Vorstellung, daß das unter 8b genannte auch deine Masche sein soll. Wenn du darüber wirklich überrascht bist, dann überprüfe das mit jemand, der dich gut kennt.

Die Antworten auf die beiden „Rätsel-Fragen" sind die Botschaften, die im Transaktionsdiagramm für Spiele auf der psychologischen Ebene gegeben werden. Nun meint Laurence Collinson, daß *diese beiden Feststellungen wahrscheinlich auch Botschaften darstellen, die deine Eltern dir übermittelt haben, als du noch ganz klein warst.* Mach dir klar, ob das auch für dich gilt. Eine zweite Möglichkeit liegt darin, daß die Antworten auf eine dieser „Rätsel-Fragen" oder auf beide eine Botschaft darstellen, die *du* an deine Eltern gerichtet hast, als du noch ganz klein warst.

Bewahre deine Antworten auf dem Spielplan auf. Beim Durcharbeiten der nächsten beiden Kapitel kannst du sie wieder verwenden.

Definitionen von Spielen

Es besteht keine Einigkeit unter den TA-Autoren über die richtige Definition eines Spiels.[9] Der Grund dafür liegt vielleicht darin, daß Berne selbst in verschiedenen Phasen seines Denkens Spiele unterschiedlich definiert hat.

In seinem letzten Buch, *Was sagen sie, nachdem sie Guten Tag gesagt haben*, stellt Berne seine Spielformel vor und erklärt die sechs Phasen in der Weise, wie wir das weiter oben getan haben. Dann setzt er hinzu:

„Jedes Geschehen, auf das diese Formel paßt, ist ein Spiel, und alles, was nicht dazu paßt, ist keins."

Eine klarere Definition kann man sich kaum wünschen. Und dennoch hat Berne in einem früheren Buch, *Grundsätze der Gruppen-Behandlung*, ein Spiel anders definiert:

„Ein Spiel ist eine Reihe von verdeckten Transaktionen mit einem *Gimmick* (einem „weichen Punkt"*), die auf eine gemeinhin gut verborgene, aber klar definierte Auszahlung hinführen."

Der grundlegende Unterschied zwischen den beiden Definitionen liegt auf der Hand. Die spätere Fassung in *Was sagen sie...* enthält den *Rollenwechsel* und den *Augenblick der Perplexität* als wesentliche Charakteristika eines Spiels, während die frühere Definition diese nicht erwähnt.

In der Entwicklung der Spieltheorie hat Berne in der Tat die Vorstellung des Rollenwechsels erst recht spät eingeführt. Sie tritt zuerst auf in *Sex in Human Loving,* frei ins Deutsche übersetzt als *Spielarten und Spielregeln in der Liebe*. In dem früheren Buch *Spiele der Erwachsenen*** hat er eine Definition verwandt, die ähnlich war wie die in *Grundsätze der Gruppen-Behandlung* und keinen Hinweis enthielt auf Rollenwechsel oder Perplexität.

---

* *Anmerkung des Übersetzers:* Aus dem heraus einer der Spielpartner sein Interesse daran kundtut, in das Spiel einzusteigen.

** *Anmerkung des Übersetzers:* Auch dieser Titel, unter dem das Buch dem deutschsprachigen Publikum bekannt ist, fügt etwas hinzu, was Berne mit Sicherheit nicht gemeint hat; sein kurzer Titel *Games People Play* ließe sich sinngemäß in etwa wiedergeben mit *Spiele, wie Menschen sie eben spielen*.

Seit Berne haben nun einige Autoren Definitionen eingeführt, die sich an seine frühere Fassung halten. Sie haben auf verschiedene Weise ein „Psychospiel" definiert als irgendeine Abfolge von verdeckten Transaktionen, die damit zu Ende geht, daß die Beteiligten sich mies fühlen (d.h. Maschengefühle erleben).

Wir haben es hier vorgezogen, der anderen Richtung zu folgen und uns an Bernes spätere Definition zu halten. Mithin definieren wir als „Spiele" nur jene Abfolgen, bei denen sämtliche Phasen der Spielformel durchlaufen werden, *einschließlich* des „Rollenwechsels" und des „Moments der Perplexität", wie sie mit den englischen Ausdrücken *Switch* und *Crossup* wiedergegeben werden.

Der Grund dafür liegt darin, daß Bernes frühere Definition, also ohne den Rollenwechsel, in der modernen TA bereits durch einen anderen Begriff erfaßt wird: durch das *Lockmaschen-Stricken.* Es gibt einen klaren Unterschied zwischen dem Prozeß des Maschen-Strickens und dem Ablauf eines Spiels. Fanita English hat beschrieben, worin er liegt: die Lockmaschen-Stricker ähneln den Spielern insofern, als sie verdeckte Botschaften austauschen und gleichzeitig Auszahlungen in Form von Maschengefühlen entgegennehmen. Aber beim Stricken von Lockmaschen kommt kein Rollenwechsel zustande. Die Beteiligten stricken lustig weiter, solange beide Seiten wollen oder noch Energie haben, und dann hören sie einfach auf oder machen etwas anderes.

Nur wenn eine der beiden Seiten umschaltet, also die Rolle wechselt, dann wird aus der Strickerei im Lockmaschen-Club ein Spiel. (In dem folgenden Kapitel werden wir im einzelnen darauf eingehen, warum Menschen so vorgehen.)

Wir halten es für nützlich, klar zu unterscheiden zwischen dem Stricken von Lockmaschen und der Verstrickung der Beteiligten in Spiele. Wir gewinnen dadurch eine praktische Hilfe zum Verständnis dafür, wie Menschen in schmerzhafte Dialoge gelangen und wie sie wieder herausfinden können. Infolgedessen ist es auch nützlich, zwei unterschiedliche Definitionen zu verwenden, so daß wir uns jederzeit klarmachen können, von welchem der beiden Begriffe jeweils die Rede ist.

Stell dir vor, du willst ein „Psychospiel" jemandem erklären, der die technische Sprache der Berneschen Spielformel nicht kennt. Du kannst ihm das auf folgende Weise klarmachen, wie Vann Joines es einmal vorgeschlagen hat:

„Ein Spiel ist ein Ablauf, bei dem etwas getan wird mit einem verdeckten Motiv, welches

1. dem klaren Bewußtsein nicht zugänglich ist,
2. erst in dem Augenblick offenbar wird, wo die Beteiligten ihre Verhaltensweise plötzlich ändern, und
3. dazu führt, daß jeder Beteiligte sich verwirrt und mißverstanden fühlt und den anderen dafür tadeln möchte."

Die „Rätsel-Fragen"

Rätsel-Frage 4: Wie lautet meine geheime Botschaft an den anderen?

Rätsel-Frage 6: Wie lautet die geheime Botschaft meines Gegenübers an mich?

24. Warum Menschen Spiele spielen

Spiele sind nicht zum Lachen. Warum spielen wir dann überhaupt welche?

Einzelne TA-Autoren haben auf diese Frage eine Reihe von Antworten gegeben.[1] In einem Punkt stimmen alle überein, nämlich: wenn wir Spiele spielen, halten wir uns an überholte Strategien. Der Einsatz von Spielen war eins der Mittel, die wir als Kinder eingesetzt haben, um von der Welt zu bekommen, was wir wollten. Aber im Erwachsenenleben haben wir andere, effektivere Möglichkeiten.

Spiele, Rabattmarken und Skript-Auszahlung

In erster Linie spielen die Menschen ihre Spiele, um ihr Lebensskript voranzubringen.

Eric Berne hat die typische Abfolge der Ereignisse angegeben, in denen dies erreicht wird. Bei der Auszahlung jedes einzelnen Spiels erlebt der Spieler ein *Maschengefühl*. Jedesmal kann er dann dieses Gefühl *als Rabattmarke* einkleben.

Wie das dann weitergeht, war in Kapitel 21 zu sehen. Hat der Spieler erst einmal eine Markensammlung angelegt, die ihm groß genug scheint, dann hält er sich für „berechtigt", sie einzulösen gegen die negative *Skriptauszahlung*, die er als Kind bereits beschlossen hatte – was immer das im Einzelfall sein mag.

Jede Person wählt also ihre Spiele so aus, daß sie die Art von Rabattmarken abwerfen, die den Betreffenden auf den Ausgang des von ihm beschlossenen Skripts hin voranbringen. Wie beim Ausleben des Skripts kann die Skriptgeschichte *en miniature* im Laufe des Lebens eines Spielers viele Male durchgespielt werden.

Schau dir unter diesem Gesichtspunkt das Spiel „Hab ich dich jetzt erwischt" von Grete an. Jedesmal wenn sie es spielt, sammelt sie

Wutmarken und löst sie dann ein gegen die Berechtigung, ihr Gegenüber zurückzuweisen. Die für ihre ferne Zukunft anvisierte Skripauszahlung heißt somit, ihr Dasein alt und einsam zu fristen, denn alle, die sie kennengelernt hat, hat sie am Ende zurückgewiesen.

Die Menschen suchen sich den Grad ihrer Spiele so aus, daß er zu dem Grad ihrer Skript-Auszahlung paßt. Stellen wir uns vor, Gretes Skript wäre hamartisch statt banal. Sie würde dann wahrscheinlich ihr „Hab ich dich erwischt" als Spiel dritten Grades spielen. Die Männer, die sie sich aussucht, würden sie körperlich zusammenschlagen, statt mit Worten zu bedrängen. Bei dem Rollenwechsel im Spiel würde sie dann ihrerseits ihre Wutmarken einlösen, indem sie den Mann körperlich verletzen würde. Ihre Skript-Auszahlung oder Endauszahlung wäre dann Mord oder Totschlag oder aber schwere Körperverletzung.

Nun blicke zurück auf dein eigenes Spiel-Beispiel. Welche Gefühls-Rabattmarke hast du eingeklebt?

Auf welche negative Skriptauszahlung hin hast du möglicherweise solche Märkchen gesammelt?

Das Verstärken der Skriptüberzeugungen

Du weißt, daß das Kind in seinen frühen Beschlüssen den einzigen Weg erblickt, durchzukommen und zu überleben. Somit ist es nicht überraschend, daß wir, wenn wir als Erwachsene im Skript sind, uns immer wieder bestätigen wollen, daß unsere Skriptüberzeugungen über uns selbst, die anderen und die Welt „stimmen". Jedesmal wenn wir ein Spiel spielen, benutzen wir die Auszahlung, um diese Skriptüberzeugungen zu verstärken. Als z.B. Angelika ein kleines Kind war, hat sie nonverbal beschlossen, ihre Aufgabe im Leben solle es einmal sein, anderen Menschen zu helfen, aber gleichzeitig auch, daß ihre Hilfe niemals wirklich ausreichend sein könnte. Jedesmal wenn sie ihr Spiel „Versuch`s doch mal so..." spielt, wiederholt sie am Ende diesen Beschluß im Kopf. In der Sprache des Maschensystems speichert sie eine weitere Verstärkende Erinnerung ein, um ihre Skriptüberzeugungen über sich selbst, die anderen und die Natur des Lebens zu fördern.

Spiele und die Grundeinstellung

Wir können Spiele auch einsetzen, um unsere Grundeinstellung zu „bestätigen" (dieses Konzept ist in Kapitel 12 dargelegt worden). Menschen, die wie Hans „Versetz mir eins!" spielen, verstärken ihre Grundeinstellung, nämlich „Ich bin nicht OK, du bist OK". Diese Position gibt dem Spieler „das Recht", von anderen abzurücken. Ein „Hab ich dich erwischt"- Spieler wie Grete glaubt, daß er jedesmal seine Grundeinstellung „Ich bin OK, du bist nicht OK" bestätigt, wenn er seine Auszahlung als Verfolger mitnimmt und dadurch seine Strategie, andere Leute loszuwerden, „rechtfertigt".

Wenn die Position eines Menschen unten in dem unteren linken Quadranten des OK-Gevierts ist (bei der Position „Ich bin nicht OK, du bist nicht OK"), wird er seine Spiele sehr wahrscheinlich als Rechtfertigung dafür einsetzen, daß er mit anderen Menschen nichts zuwege bringt. Angelika zum Beispiel landet jedesmal da, wenn sie ihr Spiel „Versuchen Sie's doch mal so" beendet.

Welche Skriptüberzeugungen über dich selbst, über andere und die Welt hast du unter Umständen verstärkt durch die Auszahlung in deinem eigenen Spiel-Beispiel?

Zu welchen Grundeinstellungen passen diese Überzeugungen? Stimmt das überein mit der Grundeinstellung, in der du dich gesehen hast, als du das OK-Geviert erarbeitet hast?

Spiele, Symbiose und Bezugsrahmen

Die Schiffs meinen, daß sich Spiele ergeben aus ungelösten symbiotischen Beziehungen, bei denen jeder Spieler sowohl sich selbst wie den Mitmenschen discountet.[2] Die Spieler halten fest an grandiosen Überzeugungen, um die Symbiose zu „rechtfertigen", wie etwa „Ich schaffe einfach nichts" (Kind-Ich) oder „Ich bin nur für dich da, Liebling!" (Eltern-Ich). Ein Spiel ist also entweder ein Versuch, eine ungesunde Symbiose aufrecht zu erhalten, oder eine wütende Reaktion gegen diese Symbiose.

Wir können ein Symbiose-Diagramm zeichnen, um die ineinander verzahnten Spiele darzustellen, welche Hans und Grete spielen (Abbildung 24.1). In der Abbildung 24.1 A sehen wir ihre anfänglichen symbiotischen Positionen. Hans besetzt die Elternrolle, während Grete das Kind spielt. In der Darstellung, wie üblicherweise ein Symbiose-

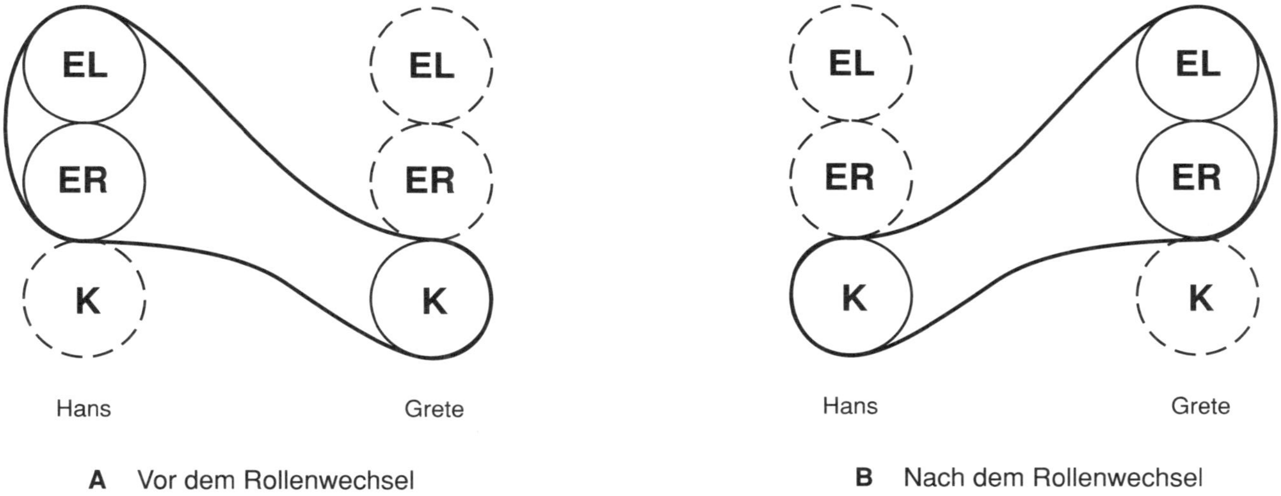

Abbildung 24. 1:
Beispiel für die Verwendung eines Symbiose-Diagramms bei der Spielanalyse

Diagramm gezeichnet wird, wird sichtbar, daß Hans auch den Erwachsenen-Ich-Zustand für sich beansprucht. Aber in dem Augenblick, wo die Partner die frühen Phasen ihrer Spiele durchleben, hat keiner von beiden ein Bewußtsein für das, was eigentlich läuft. Man könnte sich infolgedessen auch vorstellen, das Diagramm so anzulegen, daß sowohl bei Hans wie auch bei Grete das Erwachsenen-Ich gar nicht eingeschaltet ist.

Im Augenblick des Rollenwechsels werden auch die symbiotischen Positionen gewechselt. Jetzt übernimmt Hans die Rolle des verletzten Kindes, und Grete steigt um in die des abweisenden Elternteils. Auf diese Weise ergibt sich das abschließende Symbiose-Bild, das in der Abbildung 24.1 B dargestellt ist. Ohne sich darüber klar zu sein, hat Hans seine Kindheitssymbiose mit seiner Mutter wieder aufgelegt. Als er noch ganz klein war, hat er nonverbal mitgekriegt, daß seine Mutter ihn ablehnte. Ohne Worte beschloß Hans: „Es sieht so aus, als würde ich nur dann Mutters Aufmerksamkeit erhalten, wenn sie sich anschickt, mich zurückzuweisen. Sonst würde ich hier überhaupt nicht beachtet. Also lege ich es besser weiterhin auf Zurückweisungen an." Er hatte dann eine ganze Reihe von Strategien ersonnen, um dieses Ergebnis zu erzielen. Manchmal konnte er stundenlang jammern und quengeln, endlos. Bei anderen Gelegenheiten produzierte er einen Wutanfall. So rum oder so rum, am Ende war die Mutter wütend auf ihn. Und dann schrie sie ihn an oder schlug ihn sogar. Diese Art Zuwendung tat weh. Aber es war besser, als überhaupt nicht beachtet zu werden.

Als Erwachsener befolgt Hans immer noch die gleiche Kleinkind-Strategie, natürlich ohne daß er sich dessen bewußt ist. Er wählt Frauen aus, die ihn mit einer gewissen Wahrscheinlichkeit aus der elterlichen Position heraus zurückweisen. Wenn es länger dauert, bis die Ablehnung kommt, hilft er nach, indem er die Frau verfolgt, genau so wie er seine Mutter verfolgte, als er eineinviertel Jahr alt war.

Auch Grete hat die Symbiose ihrer Kindheit wieder aufgelegt. Als Säugling und Kleinkind hatte sie von ihrem Vater eine Menge neckischer Strokes bekommen und sich darin gesonnt. Aber dann kam die Zeit, als Grete nicht mehr bloß ein Baby war, sondern ein attraktives kleines Mädchen. Vater fing an, sich in seinem Kind-Ich unbehaglich zu fühlen angesichts seiner eigenen sexuellen Reaktion auf sie. Ohne daß ihm das klar wurde, zog er sich körperlich von Grete zurück.

Grete fühlte sich verraten und verletzt. Damit das nicht gar so weh tat, überlagerte sie ihren Schmerz mit Wut und machte sich klar, daß sie weniger Unbehagen erleben müsse, wenn *sie* diejenige wäre, die das

Gegenüber zurückweisen würde. Sie ging in ihr Eltern-Ich, um das Kind-Ich ihres Vaters runterzuputzen. Diesen gleichen Beschluß lebt sie, ohne das zu wissen, als erwachsene Frau noch aus. Sie setzt den Männern, zu denen sie in Beziehung tritt, „Vaters Gesicht" auf, stößt sie zurück und spürt dabei noch einmal die Wut aus ihrer Kindheit.

Zeichne die Symbiose-Diagramme für die Spiele, die Angelika und ihr Besucher gespielt haben.

Nimm dein eigenes persönliches Beispiel zur Hand und stelle fest, welche Symbiose-Position du anfangs eingenommen hattest und in welche Position du im Augenblick des Rollenwechsels übergewechselt warst. Kannst du identifizieren, welche Kindheitssymbiose du wieder aufgelegt oder gegen welche du reagiert hast?

Wenn Menschen Spiele einsetzen, um eine Kindheitssymbiose wiederzuerleben, dann „rechtfertigen" sie das Problem, das discountet wird, und behalten es bei. Dadurch verteidigen sie ihren Bezugsrahmen.

Spiele werden also gespielt, um zu „rechtfertigen", was die Spieler bereits fühlen und glauben (ihre Maschengefühle und ihre Grundeinstellungen), und um die Verantwortung dafür auf jemand anderen oder auf etwas anderes zu schieben. Jedesmal wenn jemand das tut, verstärkt er dabei sein Skript und bringt es voran.

Spiele und Strokes

Du weißt, daß das Kind Strokes braucht, um zu überleben. Jedes Kind wird schon mal von der Angst ergriffen, der Nachschub an Strokes könnte abreißen. Um sich davor zu hüten, entwickelt das Kind ein ganzes Repertoire von Manipulationen, damit es weiter Strokes bekommt.

Spiele sind ein zuverlässiger Weg, mit intensiven Strokes beliefert zu werden. Die Strokes, die in den Eröffnungsphasen des Spiels ausgetauscht werden, mögen positiv oder negativ sein, je nach dem Spiel, um das es geht. Beim Rollenwechsel wird jeder Spieler intensive negative Strokes bekommen oder geben. Ganz gleich, ob es sich nun um positive oder negative Strokes handeln mag, jeder Stroke, der während eines Spiels ausgeteilt wird, beinhaltet einen Discount.

Spiele, Strokes und Lockmaschen

Fanita English meint, die Menschen würden sich um Strokes aus Spielen bemühen, wenn sie befürchten, aus *dem Stricken von Lockmaschen* nicht mehr genügend Strokes (oder keine mehr) zu bekommen.[3] Vielleicht habe ich im Umgang mit dir eine „Hilflos"-Rolle eingenommen, während du „Hilfreich" gespielt hast. Ich erzähle dir z.B. alle üblen Dinge, mit denen Menschen mir im Laufe des Tages mitgespielt haben, während du mir das Mitgefühl eines Retters zukommen läßt. Eine Zeitlang bilden wir also unseren Club und tauschen solche Lockmaschen-Strokes aus.

Dann bist du den Austausch leid und gibst mir zu verstehen, daß du weitergehen willst. Aber in meinem Kind bekomme ich Angst und reagiere vielleicht dadurch, daß ich die Rolle wechsele und in ein „Hab ich dich erwischt!"-Spiel einsteige und dann etwa folgendes sage: „Ach nee! Dabei habe ich immer gedacht, ich könnte mich auf dich verlassen, aber jetzt muß ich wohl einsehen, daß ich mich geirrt habe." Ohne daß ich mir dessen bewußt bin, hoffe ich, daß du mit einem „Versetz mir eins!" reagieren wirst und damit die Belieferung mit Strokes aufrechterhältst.

Immer wenn Menschen in Spiele einsteigen, um sich durch Manipulation Strokes zu besorgen, discounten sie die Realität. Sie klammern die vielen Alternativen aus, die sie als Erwachsene haben, um in positiver Weise an Strokes zu kommen.

Welche Strokes hast du bekommen und gegeben in jeder Phase deines eigenen Spiel-Beispiels?

Bist du in ein Spiel eingestiegen, als der Zufluß von Lockmaschen im Strick-Club gefährdet war?

Die „sechs Vorteile" nach Berne

In seinem Buch *Spiele der Erwachsenen* hat Berne „sechs Vorteile" der Verstrickung in Spiele aufgezählt.[4] Heutzutage wird in der praktischen TA-Arbeit nicht oft darauf Bezug genommen.

Jeder von diesen Vorteilen läßt sich einfacher verstehen, wenn man ihn mit Hilfe anderer TA-Konzepte ausdrückt. Diese unterschiedlichen Fälle von „Nutzen" wollen wir im folgenden kurz abhandeln. Zur Veranschaulichung gehen wir einmal davon aus, daß ich ein "Versetz mir eins!"-Spieler bin.

1. Innerer psychologischer Vorteil
Durch Spiele bewahre ich Stabilität für die Gesamtheit meiner Skriptüberzeugungen. Jedesmal, wenn ich "Versetz mir eins!" spiele, verstärke ich meine Überzeugung, daß ich zurückgewiesen werden muß, um Zuwendung zu erfahren.

2. Äußerer psychologischer Vorteil
Ich vermeide Situationen, die meinen Bezugsrahmen in Frage stellen würden. Somit vermeide ich auch die Ängste, die ich bei einer solchen Herausforderung spüren würde. Indem ich „Versetz mir eins!" spiele, vermeide ich es, mich der Frage zu stellen: „Was würde geschehen, wenn ich meine Mitmenschen ganz einfach um positive Strokes bitten würde?"

3. Innerer sozialer Vorteil
In Bernes Worten „bieten Spiele einen Rahmen für eine soziale Beziehung, die man als Pseudo-Intimität bezeichnen kann, sei es irgendwo in der Wohnung oder sonstwo ganz still und heimlich." So kann es etwa zum „Versetz mir eins!"-Spiel gehören, erst einmal ausführliche, herzzerreißende und „tief ehrliche" Vertraulichkeiten mit dem Spielpartner auszutauschen. Wir erleben uns, als wären wir offen füreinander. In Wirklichkeit ist das keine Intimität. Unter den Botschaften auf der sozialen Ebene regen sich die verdeckten, und die bestätigen, daß wir in einem Spiel befangen sind.

4. Äußerer sozialer Vorteil
Spielverhalten gibt uns ein Thema für Tratsch in einem weiteren Kreis von Mitmenschen. Wenn ich mit einer Menge anderer männlicher „Versetz mir eins!"-Spieler abends am Biertisch sitze, können wir Zeitvertreib oder Strick-Club veranstalten zum Thema „Sind Frauen nicht schrecklich?"

5. Biologischer Vorteil
Hier wird Bezug genommen auf den Ertrag an Strokes, den das Spiel bringt. „Versetz mir eins!" bringt in der Haupsache negative. Als Kind war es mir sehr schwierig erschienen, an positive Strokes zu kommen. Deshalb hatte ich beschlossen, lieber zuverlässige Wege zu ersinnen, wie ich mir eins versetzen lassen könnte, um zu überleben. Zudem befriedige ich jedesmal, wenn ich das Spiel wieder spiele, nicht nur meinen Strokehunger, sondern auch meinen Strukturhunger.

6. Existentieller Vorteil
Dies ist die Funktion des Spiels bei der „Bestätigung" der Grundeinstellung. Das Spiel „Versetz mir eins!" wird aus einer Position heraus gespielt, die wir mit „Ich bin nicht OK, du bist OK" bezeichnet haben. Jedesmal, wenn ich auf dem Wege über ein Spiel „eins drüberkriege", also einen Schlag oder Fußtritt beziehe, stärke ich meine Grundeinstellung.

Welches sind die „sechs Vorteile" von Gretes „Hab ich dich erwischt!"-Spiel?

Welches waren die „sechs Vorteile" in deinem eigenen Spiel-Beispiel?

Positive Auszahlung bei Spielen

John James hat die Idee entwickelt, daß Spiele sowohl echte Vorteile wie skriptbezogene bringen. Er stellt fest, daß jedes Spiel neben seiner negativen Auszahlung auch eine *positive Auszahlung* bringt.[5]

Ein Spiel stellt die beste Strategie des Kindes dar, sich von der Welt etwas zu holen. Wenn wir als Erwachsene in Spiele verfallen, versuchen wir, ein echtes Kind-Ich-Bedürfnis zu erfüllen. Lediglich die Mittel zur Befriedigung dieses Bedürfnisses sind überholt und manipulativ.

James meint, daß der positive Gewinn *nach* der negativen Auszahlung in der Spielformel stehen müßte. Was ist z.B. das positive Kind-Ich-Bedürfnis, das ich befriedige, wenn ich mein „Versetz mir eins!"-Spiel spiele?

Es liegt darin, daß ich, jedesmal wenn ich das Spiel spiele, nach dem Einkassieren meiner Auszahlung in Form eines unguten Gefühls mir auch im Kind-Ich sagen kann: "Pah! Gottseidank hat es auch ein bißchen Zeit und Raum *für mich* gegeben!" Andere „Versetz mir eins!"-Spieler beziehen unter Umständen andere positive Gewinne als ich. Der positive Gewinn ist für jeden Spieler etwas Ureigenes. Aber, sagt John James, irgendeine kann man immer finden.

Welche positiven Gewinne könnten Angelika und ihr Besucher angestrebt haben, als sie in ihren Austausch hineingerieten nach der Formel: „Versuchen Sie's doch mal so!" - „Ja, aber...?"

Welchen positiven Gewinn hast du am Ende deines eigenen Spiel-Beispiels erzielt? Vielleicht fällt dir die Antwort sofort ein, oder aber du brauchst etwas Zeit und mußt erst darüber nachdenken.

25. Der Umgang mit Spielen

Die wichtigsten Schritte zur Entschärfung von Spielen hast du bereits getan. Du hast gelernt, was ein Spiel ist und wie es sich analysieren läßt. Du kennst auch die verdeckten Motive, die Menschen zum Spielverhalten bewegen.

In diesem Kapitel geben wir dir jetzt einen „Werkzeugkasten" mit praktischen Wegen, Spiele zu durchkreuzen.

Müssen wir das Spiel benennen?

In seinem Bestseller *Spiele der Erwachsenen* hat Eric Berne seine Leser dadurch fasziniert, daß er den Spielen, die er anführte, griffige Namen gab.[1] Andere sind Bernes Beispiel gefolgt, und die Namensgebung wurde innerhalb der TA eine Mode, die ein paar Jahre lang anhielt. Es wurden buchstäblich hunderte von Spielen „entdeckt", und jedes erhielt einen eigenen Namen.

Wenn wir heute über mehr als zwanzig Jahre zurückblicken, erkennen wir, daß nur wenige davon echte Neuerungen waren, die etwas zum Verständnis des Spielgeschehens beigetragen haben. Viele der vorgeschlagenen Namen haben ein Miteinander beschrieben, das mit Spielen überhaupt nichts zu tun hat, jedenfalls nach den Definitionen, mit denen wir uns in Kapitel 23 befaßt haben. Vor allem haben viele keinen Rollenwechsel und können infolgedessen konsequenterweise eher als Zeitvertreib oder Lockmaschen-Stricken bezeichnet werden. Das ist der Fall bei vielen der „Spiele", die in *Spiele der Erwachsenen* aufgeführt werden. Wenn wir diese Nicht-Spiele beiseite lassen, entdecken wir, daß die dann verbleibenden sich in eine relativ kleine Zahl von Grundmustern einteilen lassen. Jedes dieser Muster läßt sich durch einen sehr bekannten Spieltitel charakterisieren. Alle anderen Namen sind lediglich Varianten davon, und die Variante bezieht sich meist auf den *Inhalt*, und nicht auf den *Prozeß* – d.h. auf Einzelheiten dessen, *was* während des Spiels passiert, und nicht so sehr darauf, *wie* das Spiel gespielt wird.

Heute sind die meisten praktizierenden Transaktionsanalytiker eher sparsam, wenn es um die Zahl von Spielnamen geht, die sie verwenden. Auch wir sind dafür. Wir glauben, daß man am besten ein Verständnis für Spiele dadurch entwickeln kann, daß man sich auf die allgemeinen Muster bezieht, durch die definiert wird, *wie* Spiele gespielt werden. Das erlaubt einem dann auch, allgemeine Prinzipien auszuarbeiten, wie man Spiele durchkreuzen kann, statt für jeden spezifischen Inhalt irgendeines Spiels jeweils eine eigene „Antithese" zu entwickeln, wie Berne das tat.

Ein paar bekannte Spiele

In diesem Abschnitt führen wir einige der am häufigsten gebrauchten Spielnamen auf.

Sie sind angeordnet nach den Positionen im Drama-Dreieck, die der Spieler im Augenblick des Rollenwechsels neu besetzt.[2]

Wechsel von der Verfolger- in die Opfer-Position

Ein ganz typisches Beispiel dafür ist das Spiel „Versetz mir eins!", das wir bereits anhand von Beispielen veranschaulicht haben.

Polente und Ganoven ist eine Version des gleichen Spiels, die auf dem Hintergrund von juristischen Strukturen gespielt wird. Das Spiel wird eröffnet, indem der Spieler versucht, den Ordnungshütern gegenüber als Verfolger aufzutreten. Aber zum Schluß schafft er es, sich doch schnappen zu lassen, und endet dann als Opfer.

In *Auch nicht besser* findet der Spieler an anderen etwas auszusetzen, kritisiert etwa ihr Aussehen, ihre Arbeit, ihre Kleidung usw. Das kann er endlos so weiter machen als Thema für Strick-Clubs, ohne daß er dabei notwendigerweise einen Rollenwechsel in Szene setzt. Aber am Ende kann der Meckerer selbst auch abgelehnt werden von denen, die er kritisiert hatte, oder es so anstellen, daß "zufällig" jemand anders mithört, wenn er sich über diesen anderen hinter dessen Rücken ausläßt. Dann vollzieht er im Drama-Dreieck die Bewegung aus der Verfolger-Position heraus ins Opfer und macht aus seinem Lockmaschen-Stricken ein Spiel.

Die Spielerin, die das Spiel *Wenn du nicht wärst* spielt, beklagt sich ständig anderen gegenüber darüber, wie diese sie davon abhalten, etwas zu tun, was sie so gerne täte. Eine Mutter erzählt beispielsweise ihren Kindern: „Wenn ihr nicht wärt, dann könnte ich jetzt Reisen machen und die Welt kennenlernen." Nun stellen wir uns vor, daß etwas passiert, wodurch „im Club" das ausdauernde Stricken ihrer Lockmaschen über dieses Thema unterbrochen wird. Vielleicht erbt sie einen großen Betrag, der völlig ausreicht, ihre Kinder gut zu versorgen. Oder die Kinder sind einfach jetzt alt genug, so daß sie nicht mehr anwesend zu sein braucht. Glaubst du, sie geht dann auf Reisen, um die Welt kennenzulernen? Keineswegs. Denn sie entdeckt dann, daß sie im Grunde zu ängstlich ist, um ihre Heimat zu verlassen. Damit vollzieht sie einen Rollenwechsel in die Opfer-Position.

Rollenwechsel von der Opfer- in die Verfolger-Position

Dieses Muster wird veranschaulicht durch das Spiel *Now I've Got You, Son of a Bitch (NIGYSOB),* zu deutsch etwa *Hab ich dich erwischt!*, mit etlichen Varianten, etwa *Hab ich dich auch erwischt!* oder *Hab ich dich doch erwischt!* oder *Hab ich dich endlich erwischt!* usw.* Man wird sich erinnern, daß dies das Spiel war, das von Grete in einem unserer Eröffnungsspiele gespielt wurde. In diesem Spiel und allen seinen Varianten richtet der Spieler eine Art „freundliche Einladung" an sein Gegenüber, und zwar aus der Opfer-Position. Wenn dann der Spielpartner auf das „Nu komm schon, so komm doch schon!" eingeht, wird der Spieler selbst zum Verfolger und versetzt ihm eins – im Englischen einen *kick*, was soviel heißt wie „Fußtritt" oder „Stoß"; daher die deutschen Übersetzungen „Tritt mich!" oder „Schlag mich!" für das passende „Gegenspiel".*

In *Ja, aber* stellt sich der Spieler zunächst als Ratsuchender dar, lehnt aber alle Ratschläge ab, die er erhält. Zum Rollenwechsel kommt es, wenn der Ratgeber keine Einfälle mehr hat und der *Ja, aber*-Spieler sein wohlmeinendes Gegenüber zurückweist. Du wirst dich daran erinnern, wie Angelikas Besucher das in unserem Beispiel zuwege brachte. Dieses Spiel ist sehr verbreitet in Beratungsstellen, in der Fürsorge und überhaupt bei allen „helfenden" Berufen.

RAPO, zu deutsch etwa *Wofür halten sie mich eigentlich?*, ist eine andere Ausführung von „Hab ich dich erwischt!", die häufig im sexuel-

---

* *Erläuterung des Übersetzers:* Für die Benennung von Spielen haben sich im Englischen feste Wendungen eingebürgert, die in deutschen Übersetzungen in unterschiedlichen Fassungen wiedergegeben werden. Der Übersetzer hat sich deshalb in diesem Buch an die von Berne selbst geübte Praxis gehalten, nach Möglichkeit Redewendungen zu gebrauchen, wie sie auch in der Umgangssprache üblich sind, und verweist im übrigen auf das Sachregister.

len Bereich gespielt wird. Der Spieler gibt sich verführerisch, und wenn der Spielpartner näherrückt, trifft er plötzlich auf die empörte Ablehnung des RAPO-Spielers. Auf dessen T-Shirt steht auf der Vorderseite: „Ich hätt´ schon Lust!" Auf der Rückseite aber steht jedoch: „Aber nicht mit dir, haha!" Als Spiel ersten Grades wird RAPO oft gespielt, als häufige Quelle für Spielstrokes, bei allen möglichen Veranstaltungen, vom Betriebsausflug bis zur nächtlichen Party. Das Ergebnis ist dann eine sehr sanfte sexuelle Zurückweisung, mit der Beschämung als *Kick* für den „Zudringlichen". Spielt der RAPO-Spieler oder die -Spielerin dieses Spiel im dritten Grade, so wird gewartet, bis es zum Sex kommt und dann erfolgt der Rollenwechsel mit dem lauten Hilferuf: „Der will mich vergewaltigen!"

Es gibt eine Reihe von Spielen, die zu dem NIGYSOB-Muster („Hab ich dich erwischt!") passen, bei denen die ursprüngliche Opfer-Position im allgemeinen zunächst im Strick-Club über die „Lockmaschen" eingenommen wird, und die Rollen werden so lange nicht gewechselt, bis jemand diese Haltung konfrontiert. Die Spieler, die *Versteh ich nicht* (oder *Dumm*) und *Ich Ärmster* spielen, stricken zunächst ihre Maschen aus der Einstellung *Ich kann nicht denken* und *Ich kann mir nicht selber helfen* heraus. Solange sie dafür Strokes beziehen, geben sie sich damit zufrieden, in dieser Opfer-Position zu bleiben. Wenn aber jemand diese Spieler konfrontiert und von ihnen erwartet, sie sollten denken oder selbst für sich sorgen, dann wechseln sie unter Umständen die Rolle und werden aggressiv oder vorwurfsvoll: „Ach nee! Hätt' ich mir ja denken können, daß ich von *Ihnen* auch nichts zu erwarten hab."

Holzbein ist eine Variante von „Ich Ärmster". Auf dem T-Shirt steht in Großbuchstaben: „Was kann man schon erwarten von jemanden, der ... (so eine Mutter gehabt hat / als Flüchtling groß geworden ist / eben süchtig ist – die Reihe läßt sich beliebig fortsetzen)?"

Der Spieler von *Ach, mach du das für mich* versucht in verdeckter Weise, andere Menschen dahin zu manipulieren, daß sie für ihn denken oder handeln. Ein Student, dem man im Seminar eine Frage stellt, bleibt vielleicht sitzen, als wäre er taub, kaut an seinem Bleistift und wartet darauf, daß der Dozent ihm die Antwort selbst gibt. Solange er die Hilfe bekommt, die er sich erhofft hatte, bleibt er vielleicht in der Position des hilflosen Opfers. Später aber vollzieht er unter Umständen einen Rollenwechsel und holt sich einen ganzen Sack voll Spiel-Strokes, indem er dem Helfer vorwirft, er hätte ihm einen unbrauchbaren Rat gegeben. Der gleiche Student geht vielleicht nach der Prüfung zum Ordinarius und beklagt sich darüber, daß er deshalb so schlecht abgeschnitten hätte, weil der Dozent in seiner Vorlesung reichlich unklar gewesen wäre. Diese Haltung am Ende des Spiels hat bisweilen dazu geführt, daß der Ablauf anders bezeichnet worden ist, nämlich *Sieh mal, was du angerichtet hast!*

Rollenwechsel von der Retter- in die Opfer-Position

Hier heißt der Prototyp des Spieles *Ich wollte dir doch nur helfen.* Diese Benennung läßt sich für jedes Spiel verwenden, bei dem jemand am Anfang „Hilfe" aus einer Retter-Position heraus anbietet, dann „ins Opfer geht", wenn derjenige, dem er anfänglich hatte *helfen* wollen, entweder die Hilfe ablehnt, unbeirrt weitermacht und dann natürlich ganz schön was anrichtet, oder aber zu erkennen gibt, daß die ihm gebotene Hilfe nicht ausgereicht hat. Der „Helfer" (eher der „Möchtegern-Helfer") holt sich dann seine Auszahlung in Form von Märkchen, die für das Gefühl der fachlichen Inkompetenz oder allgemein der Unzulänglichkeit stehen.

Das Spiel *Versuch's doch mal so...,* das Angelika in unserem Eröffnungsbeispiel spielte, ist eine Variante zu diesem Thema, bei dem Ratschläge erteilt werden, die vom Spielpartner zurückgewiesen werden.

Rollenwechsel von der Retter- in die Verfolger-Position

Das Spiel *Sieh doch, wie ich mich angestrengt habe* fängt genau wie „Versuch's doch mal so" damit an, daß der „Helfer" aus der Retter-Rolle heraus agiert. Aber beim Rollenwechsel wird der Retter plötzlich zum vorwurfsvollen Verfolger statt zum klagenden Opfer.

Stell dir z.B. eine überbehütende Mutter vor, die ihren Sohn während seiner ganzen Kindheit mit ihrer unerbittlichen Güte beinahe erstickt hat. Jetzt ist er ein aufsässiger Teenager und teilt ihr gerade mit, daß er ausziehen will. Die Mutter wechselt augenblicklich ihre Rolle und schreit ihn an: „Und das bei all dem, was ich für dich getan habe! Aber du kriegst deinen Lohn schon noch, mein Lieber – und nicht zu knapp, hoff' ich! Aber mit mir brauchst du nicht mehr zu rechnen, verstanden?"

Einsatz von Alternativen

In Kapitel 7 haben wir etwas gehört über Alternativen. Wenn du damit im Alltag umgegangen bist, dann verstehst du mittlerweile gewiß, sie sinnvoll einzusetzen. Diese Fertigkeit, in Verbindung mit einer Kenntnis der Spielanalyse, gibt dir wirksame Mittel an die Hand, Spiele zu durchkreuzen.

Alternativen können eingesetzt werden, um den Spielverlauf in *jeder* Phase der Spielformel zu unterbrechen. Wenn du dir darüber klar wirst, daß du selbst dabei bist, ein eigenes Spiel zu veranstalten, dann kannst du eine dir gemäße Alternative wählen, nämlich aus einem negativen funktionellen Ich-Anteil herauszugehen und in einen positiven überzuwechseln. Hat dich jemand anders in ein Spiel eingeladen, das er veranstaltet, so nutze die Alternativen dergestalt, daß du einfach das durchkreuzt, was dein Gegenüber in dieser Spielphase von dir „erwartet" hatte.

Wir schlagen vor, nur solche Alternativen einzusetzen, die aus positiven Ich-Zustands-Anteilen herrühren. Statt mit dem anderen im Drama-Dreieck herumzuhüpfen, kann die Devise für dich heißen: "Raus aus dem Drama-Dreieck!"

Du hast es nicht in der Hand, ob jemand anders aufhört, Spiele zu spielen. Du kannst auch nicht *bewirken*, daß er nicht mehr versucht, dich in ein Spielgeschehen hineinzulocken. Aber durch die Verwendung von Alternativen kannst du dich selbst aus dem Spielgeschehen heraushalten, oder aussteigen, falls du feststellst, daß du schon mitgemacht hast. Und damit vergrößerst du die Chance, daß du auch dein Gegenüber einlädst, das Spiel aufzugeben, wenn dir an ihm und somit an einem solchen Ergebnis liegt.

Die „Eröffnungsfalle" erkennen

Bob und Mary Goulding haben betont, wie wichtig es ist, ein Spiel gleich zu Beginn als solches zu erkennen, und zwar an der „attraktiven Falle", mit der der Spieler das Spiel einleitet.[3] Wenn du dann sofort eine Alternative einsetzt, um das gleich zu konfrontieren, wirst du mit Wahrscheinlichkeit den weiteren Ablauf verhindern. Was dazu gehört, ist die Fertigkeit, so zu sehen und zu hören wie ein „Besucher aus dem All". Du mußt hinter die verdeckte Botschaft kommen, die für dich die Falle bedeuten soll, und sie durchkreuzen, statt auf der sozialen Ebene darauf einzugehen.

Du kannst direkt aus dem Erwachsenen-Ich kreuzen. Betrachte z.B. einmal den Anfang des Spiels zwischen Angelika und ihrem Besucher. Als er sich mit der Bitte um Hilfe an sie wandte, hätte sie antworten können: „Wenn ich Ihnen zuhöre, habe ich den Eindruck, Sie haben ein Problem. Was soll ich jetzt dabei tun?" Mit dieser Frage würde Sie das verdeckte Anliegen direkt ansprechen. Wenn ihr Besucher dann redefinieren sollte in einem weiteren Versuch, sie in das Spiel zu locken, könnte sie ganz einfach die gleiche Durchkreuzung wiederholen, bis er entweder eine Antwort aus dem Erwachsenen-Ich gibt oder aufgibt und geht. Im letzteren Fall ist es denkbar, daß er trotzdem seinen Spielgewinn kassiert. Aber Angelika hätte vermieden, ihrerseits eine „Auszahlung" davonzutragen.

Wenn die Situation das zuläßt, gibt es einen besonders effektiven Weg, die Eröffnungsfalle zu durchkreuzen: mit einer bewußt überzogenen Reaktion entweder aus dem Kind-Ich oder aus dem Eltern-Ich, so als würde sie einen Gegenangriff starten. Angelika hätte z.B. die einleitenden Klagen ihres Besuchers damit erwidern können, daß sie in ihrem Stuhl zusammengesunken wäre, bis sie kaum noch über die Schreibtischplatte geguckt hätte, und dabei hätte sie dann geseufzt: „Ja *guter* Mann! Da geht's Ihnen aber schlecht, das ist ja wirklich schlimm!" Wenn eine Klientin Bob Goulding sagt, sie sei in Therapie gekommen, um zu „arbeiten" über ein Problem, dann reagiert Bob häufig so darauf, daß er ein gequältes, gelangweiltes Gesicht macht und so daherleiert: „Ja, ja, drüber arbeiten, und drüber arbeiten und drüber arbeiten..." Reaktionen dieser Art durchkreuzen die attraktive Falle, die jemand auf der psychologischen Ebene aufstellt, und geben ihm zu verstehen: „Ich habe dein Spiel durchschaut; wollen wir uns in der Zeit nicht lieber amüsieren?"

Ausschau halten nach Discounts und Antreibern

Die attraktive Falle am Anfang bringt immer einen Discount mit sich. In jeder Phase des Spiels kommt es dann zu weiteren Discounts. Die Fertigkeit, Discounts zu erkennen, trägt also dazu bei, die Spielaufforderungen zu identifizieren und sie durch Alternativen zu entschärfen.

Wenn du den Discount akzeptierst, der in der attraktiven Falle steckt, dann hast du damit dein Spielinteresse erklärt, und schon läuft das Spiel. Eine Weise, das Spiel zu vereiteln, liegt also darin, den Discount beim Gegenüber zu konfrontieren.

In dem Bruchteil einer Sekunde, direkt ehe der Spieler sein Spiel beginnt, zeigt er Antreiberverhalten. Im Kapitel 16 hast du gelernt, wie du Antreiber erkennen kannst. Diese Fertigkeit wird dir auch nützlich sein, wenn es darum geht, die attraktive Falle bei der Spieleröffnung gleich zu erkennen und weitere Spielzüge zu vereiteln. Wenn du dich aus dem Spiel heraushalten willst, dann weigere dich, auf das Antreiberverhalten des anderen durch eigenes Antreiberverhalten zu reagieren, und gib dir statt dessen eine Erlaubnis.

Auf die negative Auszahlung verzichten

Ja, und wenn du nun die Falle am Anfang nicht erkennst, ins Spiel eingestiegen bist und erst im Augenblick des Rollenwechsels merkst, was da läuft? Auch dann ist noch nicht alles verloren. Du kannst es immer noch ablehnen, deine Auszahlung in miesen Gefühlen mitzunehmen. Noch besser: du kannst dir statt dessen eine Auszahlung in guten Gefühlen geben. Stell dir z.B. vor, ich höre einem Vortrag zu, den ein bekannter Fachmann hält. Dann bei der Diskussion rücke ich seinen Ausführungen süffisant und geistreich zu Leibe. Damit habe ich, auch wenn ich mir noch nicht darüber im klaren bin, eine Verfolger-Position eingenommen. Wenn ich dann fertig bin, lächelt der Vortragende ganz ruhig und schmettert meine Kritik mit einem einzigen treffenden Satz ab. Lachen im Saal.

In diesem Augenblick nötigt mich mein Skript dazu, den üblichen Rollenwechsel meines „Versetz mir eins!"-Spiels vorzunehmen. Ich „sollte" mich abgelehnt und wertlos fühlen. Aber ich kann auch aus dem Skript aussteigen. Ich sage mir dann: „Interessant! Ich habe gerade gemerkt, daß ich in den letzten drei Minuten mal wieder *Versetz mir eins!* gespielt habe. Bin ich nicht intelligent, daß ich dahintergekommen bin?" Ich belohne mich also mit einem ganzen Packen guter Gefühle für meinen Durchblick, daß ich das Spiel selbst erkannt habe.

Es versteht sich von selbst, daß ich mir nicht dazu gratuliere, in ein Spiel geraten zu sein. Ich gratuliere mir dazu, daß ich klug genug war, mir darüber klar zu werden, daß ich hineingerutscht war.

Dabei ist eins interessant: wenn du diese Technik konsequent einsetzt, wirst du feststellen, daß du im Laufe der Zeit das Spiel weniger oft und weniger intensiv spielst. An sich überrascht das ja nicht, wenn man die Rolle bedenkt, die Psychospiele im Zusammenhang mit dem Skript spielen. Jedesmal wenn ich auf die Auszahlung an miesen Gefühlen für ein Spiel verzichte und mir statt dessen einen Spielgewinn in Form eines guten Gefühls gönne, werfe ich eine negative Rabattmarke fort. Ich baue dann eine positive Verstärkende Erinnerung ein statt der negativen, die das Spielschema verlangt hätte. Damit baue ich meine Skriptüberzeugungen ab und reduziere die Intensität meiner Maschenäußerungen, zu denen das Spiel selbst ja auch gehört.

Sofort auf den positiven Spielgewinn zugehen

Eine ähnliche Technik wird von John James vorgeschlagen.[4] Hier ist zu erinnern an seine Vorstellung, daß jedes Spiel neben einem negativen

Spielgewinn auch einen positiven bringt. Wenn du ein bestimmtes Spiel erkennst als eins, das du oft gespielt hast, dann kannst du dir darüber klar werden, welches echte Kind-Bedürfnis du in der Vergangenheit damit angesprochen hast. Und du kannst dir Wege überlegen, wie du dieses Bedürfnis direkt und geradeaus erfüllen kannst, statt skriptgebunden „krumme Wege" zu gehen.

Stell dir z.B. vor, der positive Spielgewinn des Spiels *Versetz mir eins!* liegt für mich darin, daß ich Zeit für mich ergattere und auch einen Raum erlebe, der mir gehört. Wenn ich das weiß, dann kann ich die Alternativen des erwachsenen Menschen einsetzen, um diese Vorteile zu erlangen, ohne vorher noch einmal etwas einzustecken. Vielleicht fange ich an, mir zehn stille Minuten jeden Morgen und jeden Nachmittag zu gönnen, oder ich richte meinen Arbeitsplan so ein, daß ich ab und an alleine durch die Natur spazieren gehen kann. Wenn ich das tue, befriedige ich meine Kind-Ich-Bedürfnisse in gerader, direkter Weise. Wahrscheinlich führt das dazu, daß ich dann auch *Versetz mir eins!* immer seltener spiele. Und, wenn ich doch wieder ins Spiel einsteige, werde ich es höchstwahrscheinlich in einem niedrigeren Grad spielen als vorher.

Beim Rollenwechsel zur Intimität übergehen

Wenn du dich einmal daran gewöhnt hast, die verschiedenen aufeinanderfolgenden Phasen eines Spiels zu verfolgen, dann wird es dir besonders leicht fallen, den Rollenwechsel zu erkennen. Du wirst dir dann klar darüber, daß du und dein Gegenüber anscheinend die Rollen vertauscht haben, und du wirst fast gleichzeitig den Moment der Verwirrung erkennen, der als Perplexität bezeichnet wird.

An dieser Stelle hast du noch eine weitere Strategie, um aus dem Spiel auszusteigen. Wenn jemand in dem Augenblick des Rollenwechsels und der Perplexität im Skript bleibt, dann glaubt er, seine *einzige* Alternative läge darin, der Auszahlung zuzustreben. Aber wenn du das Bewußtsein deines Erwachsenen-Ichs zur Hilfe rufst, kannst du einen anderen Weg einschlagen. Statt in Maschengefühlen zu versinken, kannst du deinem Gegenüber ganz offen etwas sagen über deine echten Gefühle und Wünsche. Mit anderen Worten lädst du ein zur Intimität statt zum Spielgewinn.

Stell dir z.B. vor, ich hätte in einer Beziehung gerade das *Versetz mir eins!* – Spiel durchgespielt und wäre in diesem Augenblick beim Rollenwechsel angelangt. Ich könnte dann meinem Gegenüber sagen: „Mir ist gerade klar geworden, was ich hier veranstaltet habe – ich war dabei, dich so lange beiseite zu schieben, bis du mich abgelehnt hättest. Jetzt hab ich Angst, daß du weggehst, und in Wirklichkeit wünsch' ich mir doch, daß du bei mir und mir nahe bleibst."

Durch eine solche offene Aussage kann ich zwar nicht *bewirken*, daß mein Gegenüber bei mir bleibt. Ich habe es nicht einmal in der Hand, den anderen aus seinem Spiel herauszubringen, wenn ihm sehr daran liegt, drin zu bleiben: ich kann das einfach nicht *machen*. Aber ich *lade ihn ein*, mit seinen eigenen Ängsten, Gefühlen und Bedürfnissen zu antworten. Tut er das, können wir in die Beziehung zurückkehren, mit einem Gefühl der Freude und Erleichterung. Wenn nicht, beschließen wir vielleicht sowieso, uns zu trennen, aber diesmal aus klaren Gründen und nicht spielgebunden. Wenn wir eine solche Entscheidung treffen, dann kann es sein, daß wir beide eine Zeit der Trauer durchleben müssen über unseren Verlust. Wie immer ist Intimität weniger vorhersehbar als ein Spielablauf; es kann sein, daß wir sie als angenehmer empfinden, aber auch das Gegenteil ist durchaus möglich.

Ersatz für die Strokes aus einem Spiel

Das Kind betrachtet Spielverhalten als einen zuverlässigen Weg, um an Strokes zu kommen. Was könnte also passieren, wenn du, aus guten Gründen, aus dem Erwachsenen-Ich heraus dein Spielverhalten einschränkst?

Ohne dir das klar bewußt zu machen, kannst du in deinem Kind-Ich vielleicht panische Angst spüren und dich fragen: „Und wie soll das jetzt weitergehen mit dem Nachschub an Strokes?" Dabei halte dir immer vor Augen, daß der Verlust von Strokes für das Kind-Ich eine Bedrohung des Überlebens bedeutet.

Also setzt du vielleicht unwissentlich Strategien des Kleinen Professors ein, um wieder an die eingebüßten Strokes zu kommen. Vielleicht findest du andere Wege, die gleichen alten Spiele zu spielen. Oder du beginnst, andere Spiele mit dem gleichen Rollenwechsel im Drama-Dreieck zu spielen. Oder du „vergißt", Discounts zu konfrontieren. Oberflächlich gesehen könnten all solche Verhaltensweisen als "Eigentore" interpretiert werden, gleichsam als wenn jemand sich selbst sabotiert. Aber in bezug auf das frühe Kind-Ich bezwecken sie geradezu das Gegenteil. Das Motiv liegt darin, die Versorgung mit Strokes aufrecht zu erhalten, d.h., das eigene Überleben zu gewährleisten.

Aus diesen Gründen ist es wichtig, daß du dich nicht bloß daran machst, „mit Spielen aufzuhören". Du mußt dich auch umsehen nach einem *Ersatz* für die Strokes, die du früher aus deinem Spielverhalten bezogen hast. Stan Woollams hat auf ein weiteres Handicap aufmerksam gemacht.[5] Die Strokes aus Spielen sind reichlich und intensiv. Im Gegensatz dazu sind die Strokes, die wir aus einer spielfreien Lebensweise beziehen können, relativ schwach, und die Versorgung damit ist unter Umständen längst nicht so zuverlässig. Natürlich sind diese neuen Strokes gerade und direkte Strokes, nicht solche, die mit Discounts verbunden sind. Aber wie wir wissen, ist das strokehungrige Kind mehr auf Quantität aus als auf Qualität.

Hier gibt es einfach keinen anderen Weg, als dir die Zeit zu nehmen und dich in deinem Kind davon zu überzeugen, daß die neue Stroke-Versorgung akzeptabel ist und anhalten wird. Während der Übergangszeit mag es sinnvoll sein, zusätzliche Strokequellen zu erschließen, die du zur Überbrückung nutzen kannst. Dies ist eine Weise, in der die Stützung durch eine Gruppe viel beitragen kann zu persönlichen Veränderungen.

Auf längere Sicht wirst du dich in deinem Kind-Ich an diese neue und weniger intensive Stroke-Zufuhr gewöhnen. Spielfreiheit kann auch den Verlust einiger wohlbekannter Quellen für Spannung und Begeisterung mit sich bringen. Aber sie gibt uns die Möglichkeit, die Alternativen des Erwachsenen einzusetzen, von denen wir uns durch unsere Spiele abgeschnitten hatten. Und dadurch, daß wir aus Spielen aussteigen, machen wir es uns leichter, die wohltuende Nähe echter Intimität zu genießen.

Schau zurück auf das Spielbeispiel, das du mit Hilfe des Spielplans analysiert hattest (Kapitel 23). Identifizierst du es mit einem der Spiele, deren Namen wir im vorigen Kapitel aufgeführt haben? Dann überprüfe deine Antwort, indem du dich konzentrierst auf den Rollenwechsel in den Positionen des Drama-Dreiecks, den du an der entscheidenden Stelle im Spielablauf vorgenommen hast.

Mach dir die verschiedenen Techniken klar, Spiele zu durchkreuzen, die du in diesem Kapitel gelernt hast. Wende nun jede davon auf dein Spiel-Beispiel an. So erhältst du eine Liste von Möglichkeiten, dieses Spiel in der Zukunft überflüssig zu machen.

Wenn du solche Techniken anwenden willst, dann beschließe vorher, wie du Strokes bekommen wirst anstelle derer, die du vermissen wirst, wenn du aus dem Spiel aussteigst. Denke also an eine andere Strokeversorgung, und sorge dafür, daß du den geeigneten Ersatz auch bekommst.

Dann gehe dazu über, das Spiel zu durchkreuzen. Such dir *eine* Technik, und wende sie eine Woche lang konsequent an. Dann probiere andere in der gleichen Weise. Wenn du in einer Gruppe bist, dann berichte den anderen über deine Erfolge.

VII.
Wie Menschen sich ändern

Die Praxis der TA

26. Änderungsverträge

Es würde den Rahmen dieses Buches sprengen, wenn wir im einzelnen auf die professionellen Anwendungen der Transaktionsanalyse eingehen würden. In unserem Schlußkapitel verfolgen wir das Ziel, einen kurzen Überblick über die Weisen zu geben, in denen die TA zur Förderung von Veränderungen eingesetzt wird.

Wir eröffnen dieses Kapitel, indem wir uns mit einer der zentralen Eigenheiten der TA-Praxis befassen: dem Einsatz von Verträgen.[1]

Berne definierte einen *Vertrag* als *eine explizite beiderseitige Verpflichtung, sich an ein klar definiertes Vorgehen zu halten.* Daneben schätzen wir auch die Definition von James und Jongeward: „Ein Vertrag ist eine Verpflichtung aus dem Erwachsenen-Ich, und zwar sich selbst und/oder einem anderen gegenüber, eine Veränderung vorzunehmen."

In einem Vertrag wird festgelegt:

- wer die beiden Seiten sind,
- was sie zusammen tun werden,
- wie lange das dauern soll,
- welches das Ziel oder Resultat dieses Prozesses sein wird,
- woran sie feststellen können, wann sie dort angelangt sind, und
- inwiefern das für den Klienten vorteilhaft und/oder angenehm sein wird.

Die praktizierenden Transaktionsanalytiker unterscheiden zwei verschiedene Arten von Verträgen: den *administrativen* oder *Geschäftsvertrag* und den *klinischen* oder *Behandlungsvertrag.*

Der Geschäftsvertrag ist eine Vereinbarung zwischen dem Transaktionsanalytiker und dem Klienten über die Einzelheiten der Vergütung und über administrative Vorkehrungen für die gemeinsame Arbeit.

Im Behandlungsvertrag legt der Klient klar dar, welche Veränderungen er vornehmen möchte, und führt im einzelnen aus, wozu er bereit ist, um diese Veränderungen herbeizuführen. Der Transaktionsanalytiker sagt dann, ob er bereit ist, mit dem Klienten an der Erreichung der gewünschten Veränderungen zu arbeiten, und führt aus, was sein Beitrag zu diesem Prozeß sein wird.

Steiners „vier Voraussetzungen"

Steiner hat für einen gesunden Vertragsschluß vier Voraussetzungen genannt. Er hat sie aus der Praxis des Vertragsschlusses im juristischen Bereich abgeleitet.

1. Beiderseitiges Einverständnis
Das bedeutet, daß beide Seiten dem Vertrag zustimmen müssen. Der Transaktionsanalytiker drängt dem Klienten weder geschäftliche Vorkehrungen noch Behandlungsziele auf. Aber auch der Klient kann sie dem Transaktionsanalytiker nicht aufnötigen. Der Vertrag kommt zustande durch Aushandeln zwischen beiden Parteien.

2. Angemessene Vergütung
In der Sprache der Juristen bedeutet "Vergütung" irgendeine Form der Belohnung, die jemand erhält als Gegenleistung für aufgewandte Zeit oder geleistete Arbeit. In der TA-Praxis erfolgt die Vergütung im allgemeinen in der Form von Geld, das der Klient dem Transaktionsanalytiker als Honorar zahlt. Manchmal einigen sich beide Seiten auch darauf, daß die Vergütung *in natura* erfolgt. So kann der Klient es beispielsweise übernehmen, eine gewisse Anzahl von Stunden Schreibarbeiten für den Transaktionsanalytiker zu machen, als Entgelt für jede Behandlungsstunde. Wie auch immer die Einzelheiten aussehen mögen, die Natur der Vergütung muß klar sein, und beide vertragschließenden Seiten müssen ihr zugestimmt haben.

3. Kompetenz
Sowohl der Transaktionsanalytiker wie auch der Klient müssen kompetent sein, das auszuführen, worauf sie sich im Vertrag geeinigt haben. Für den Transaktionsanalytiker bedeutet das, daß er über die spezifischen professionellen Fertigkeiten verfügen muß, die nötig sind, um den Klienten bei der angestrebten Veränderung zu unterstützen. Der Klient muß imstande sein, den Vertrag zu verstehen, und er muß die körperlichen und geistigen Möglichkeiten haben, das Angestrebte auch durchzuführen. Das bedeutet beispielsweise, daß ein schwerwiegend Hirngeschädigter unter Umständen nicht in der Lage ist, in kompetenter Weise einen Behandlungsvertrag abzuschließen. Natürlich kann ein gültiger

Vertrag auch nicht von jemand geschlossen werden, der unter dem Einfluß von Alkohol oder bewußtseinsverändernden Drogen steht.

4. Gesetzlich zulässiges Ziel
Die Ziele und Konditionen des Vertrages müssen den rechtlichen Normen entsprechen, die zu dem Zeitpunkt des Vertragsabschlusses gelten. Für den Transaktionsanalytiker gehört zum „rechtmäßigen Ziel" auch die Befolgung der ethischen Prinzipien, die von dem Fachverband aufgestellt worden sind, dem er angehört.

Warum überhaupt Verträge?

Wieso wird in der TA so viel Wert auf einen klaren Vertrag gelegt? Dahinter steht eine der grundlegenden Voraussetzungen für jede TA-Arbeit. Es ist dies die Überzeugung: *„People are OK"* – zu deutsch etwa: „Die Menschen sind in Ordnung; es hat seine Richtigkeit mit ihnen, so wie sie sind." Daraus ergibt sich, daß der Transaktionsanalytiker und sein Klient gleichberechtigt miteinander umgehen. Das wiederum führt dazu, daß sie die Verantwortung für die Veränderung, die der Klient vorzunehmen wünscht, gemeinsam tragen.

All das ergibt sich aus der Anschauung, daß jeder die Fähigkeit zu denken hat und letztlich für sein eigenes Leben verantwortlich ist. Er ist selbst derjenige, der mit den Konsequenzen dessen leben muß, was er beschließt. Deshalb obliegt es dem Klienten, und nicht dem Transaktionsanalytiker, zu entscheiden, was er in seinem Leben erreichen will. Die Aufgabe des Transaktionsanalytikers liegt dann darin, alles aufzuzeigen, was „dysfunktional" zu sein scheint.

Wenn es sinnvoll sein soll, daß beide Seiten die Verantwortung gemeinsam übernehmen, dann müssen beide Seiten auch Klarheit haben über die Art der gewünschten Veränderung und den Beitrag, den jeder dazu leisten wird.

Verträge und das verdeckte Anliegen
In jeder zwischenmenschlichen Beziehung können die Beteiligten bekanntlich verdeckte Botschaften austauschen. Das gilt mit großer Wahrscheinlichkeit besonders in Situationen, wo es um Veränderungen der Persönlichkeit oder im Organisationsleben geht, da derartige Veränderungen im allgemeinen bedeuten, daß der Bezugsrahmen von jemand in Frage gestellt wird. Sowohl der Transaktionsanalytiker wie der Klient treten wahrscheinlich in ihre Arbeitsbeziehung mit einem *verborgenen*

Anliegen, neben ihrem auf der sozialen Ebene ausgesprochenen Arbeitsziel, ein.

Eine wichtige Funktion des Vertrages liegt darin, *das verdeckte Anliegen offenzulegen.* Ein klarer Vertragsschluß bringt die verdeckten Botschaften ans Licht, durchkreuzt dadurch psychologische Spiele und hilft sowohl dem Klienten wie auch dem Transaktionsanalytiker, sich aus dem Drama-Dreieck herauszuhalten.

Auch der Transaktionsanalytiker oder die Transaktionsanalytikerin hat ihren Bezugsrahmen, und dieser ist ein anderer als der des Klienten. Also wird eine Transaktionsanalytikerin ganz natürlich in die Beziehung eintreten mit ihren eigenen Definitionen davon, welche Art Veränderungen für die Menschen „gut" sind. Ohne Vertrag würde sie leicht der Versuchung erliegen, davon auszugehen, daß die Definitionen ihres Klienten die gleichen sind wie ihre eigenen. Dazu kommt, daß ihr die Definitionen in ihrem Bezugsrahmen dann unter Umständen nicht klar zum Bewußtsein kommen und sie sich infolgedessen nicht ganz klar darüber ist, daß sie *in Wirklichkeit* Hypothesen darüber angestellt hatte, welches denn für ihren Klienten die „geeigneten" Ziele sein müßten, die es zu verfolgen gelte.

In dieser Situation ist es wahrscheinlich, daß die Transaktionsanalytikerin eine der Positionen im Drama-Dreieck besetzen würde. So könnte sie anfangen, den Klienten in eine bestimmte Richtung zu drängen und damit die Verfolger-Position einzunehmen gegenüber seiner Opfer-Haltung. In Bob Gouldings Worten kann die Arbeit ohne Vertrag dazu führen, daß ein Therapeut den Klienten letztlich *vergewaltigt.*

Umgekehrt könnte der Transaktionsanalytiker sich auch sagen: „Dieser Klient muß offensichtlich die und die Veränderung vornehmen. Noch hat er das nicht getan, und deshalb ist er in einer bedauernswerten Notlage und kann das ohne meine Hilfe gar nicht schaffen." Und damit würde er die Retter-Rolle einnehmen.

Auch der Klient hat wahrscheinlich ein verdecktes Anliegen neben seinem offenen. Wenn er den Transaktionsanalytiker aufsucht, hat er auf der sozialen Ebene erklärt, daß er etwas ändern will. (Manchmal kommt er auch, weil *andere Menschen* von ihm erwarten, daß er etwas verändert.) Aber er hat diese Veränderung noch nicht vorgenommen, vielleicht deshalb, weil er wirklich nicht weiß, wie er das anstellen soll. Oder es ist auch möglich, daß er durchaus weiß, wie, aber auf der verdeckten Ebene seine Abwehr gegen die Veränderung aufbaut. In letzterem Falle wird er dem Transaktionsanalytiker verdeckte Botschaften etwa derart geben: „Ich bin gekommen, um mich zu verändern, aber ich bin hilflos, ich schaffe es einfach nicht", oder „Ich bin gekommen, um mich zu verändern, aber du bringst mich nicht dazu, das schaffst du nie."

Wenn auf beiden Seiten verdeckte Anliegen wirksam sind, dann werden der Transaktionsanalytiker und sein Klient Positionen im Drama-Dreieck einnehmen, die einander ideal ergänzen, und damit die Voraussetzungen schaffen für Lockmaschen-Stricken und Spiele.

Eine Funktion des Vertrages liegt darin, das zu vereiteln. Da für die Veränderung klare Ziele und Methoden *ausgehandelt* werden, sind der Transaktionsanalytiker und sein Klient gezwungen, ihre Bezugsrahmen miteinander zu vergleichen. Dieser Prozeß trägt dazu bei, daß das verborgene Anliegen ins Bewußtsein des Erwachsenen-Ichs gehoben wird, so daß beide Seiten es vor dem Hintergrund der Realität prüfen und bewerten können.

Da weder der Transaktionsanalytiker noch der Klient perfekt ist, ist es wenig wahrscheinlich, daß der eine oder der andere gleich beim ersten Aushandeln sein verborgenes Anliegen zur Gänze ans Licht bringen wird. Statt dessen wird der Vertrag während des Änderungsprozesses revidiert und notfalls mehrmals neu ausgehandelt werden müssen.

Verträge und Zielorientierung

Die meisten Klienten kommen zum Transaktionsanalytiker mit einem *Problem*, das sie bearbeiten wollen.

Zu den Zielen der Vertragsarbeit gehört es, dafür zu sorgen, daß nicht ständig das Problem, sondern das *Ziel der Veränderung* im Mittelpunkt der Aufmerksamkeit steht.

Während der Vertragsarbeit müssen sowohl der Klient wie auch der Transaktionsanalytiker sich zwangsläufig eine bildliche Vorstellung der gewünschten Resultate ihrer gemeinsamen Arbeit machen. Wenn sie sich dabei auf ein klares Ziel hin ausrichten, mobilisieren sie automatisch auch die persönlichen Ressourcen, die sie zur Erreichung dieses Resultates brauchen. Das ist das Prinzip, auf dem alle Methoden der „kreativen Visualisierung" beruhen.

Im Gegensatz dazu müßten der Transaktionsanalytiker und sein Klient, wenn sie ihre Aufmerksamkeit hauptsächlich auf „das Problem" gerichtet hätten, eine bildliche Vorstellung dieses Problems konstruieren. Sie hätten sich also, ohne das beabsichtigt zu haben, mit einer negativen Visualisierung befaßt und ihre inneren Möglichkeiten in eine Richtung gelenkt, in der es um die Untersuchung des Problems geht und nicht um seine Lösung.

Das Aufstellen eines klar ausgesprochenen Vertragsziels hat noch einen weiteren Vorteil: beide Seiten haben nunmehr die Möglichkeit festzustellen, wann ihre Arbeit abgeschlossen ist. Zudem erlaubt ihnen das gemeinsame Wissen um ein klares Ziel auch, sich ein Urteil zu bilden über den Fortschritt, den sie in der gewünschten Richtung machen. Der Einsatz von Verträgen verhütet also Situationen, in denen sich die Behandlung endlos in die Länge zieht, wobei der Klient und der Transaktionsanalytiker monate- und jahrelang *über* das Problem des Klienten arbeiten.

Effiziente Vertragsarbeit

Wir führen im folgenden die Hauptpunkte auf, an die sich Transaktionsanalytiker bei einer effizienten Vertragsarbeit halten. Doch statt diese nun abstrakt aufzuzählen, möchten wir den Leser auffordern, den Vertragsschluß zu praktizieren anhand einer eigenen Veränderung, die er sich wünscht. Wie James und Jongeward ausführen, kann man einen Änderungsvertrag mit sich selbst genau so gut abschließen wie mit einem Therapeuten.

Die Übungsfolge, die wir jetzt vorschlagen, stützt sich auf ein Verfahren zur Vertragsarbeit für Eigentherapie, das ursprünglich von Muriel James konzipiert worden war.[2] Es ist dann weiterentwickelt worden von einem der beiden Autoren dieses Buchs (Ian Stewart). Du brauchst dazu: Schreibzeug, viel Papier und Zeit für die Arbeit.

Entscheide darüber, welche Veränderung du vornehmen willst. Schreibe sie auf und verwende dabei einfach die Worte, die dir einfallen.

Ein Vertragsziel muß *in positiven Worten ausgedrückt* sein. Häufig enthält der ursprüngliche Wortlaut eines Vertrages negative Aussagen. Jemand möchte z.B. *aufhören* zu rauchen oder seinen Alkoholkonsum *in den Griff kriegen,* Gewicht *verlieren*, oder *keine* Angst mehr haben vor Autoritätsfiguren. Solche „Aufhör-Verträge" und „Nicht-Tun-Verträge" bzw. „Nicht-Erleben-Verträge" funktionieren auf lange Sicht nie. Das liegt teilweise daran, wie das Vertragsziel als Visualisierung wirkt. Ein „Nicht-Etwas" kann man sich nicht bildlich vorstellen. (Wenn du daran zweifelst, dann versuche einmal, dir in der Vorstellung ein Bild davon zu machen, wie ein „nicht-roter Elefant" aussieht.)

Wenn du das versuchst, machst du dir automatisch eine Vorstellung von dem, was auf das „nicht" oder irgendein anderes negatives Wort folgt. Wenn z.B. jemand einen Vertrag schließt, „mit dem Rauchen aufzuhören", dann kann er sich diesen Vertrag gar nicht vor Augen führen, ohne ständig die störende Tätigkeit zu sehen, um deren Beendigung es doch geht.

Außerdem gibt es in der TA-Theorie einen überzeugenden Grund für die Wirkungslosigkeit solcher „Stop-Verträge" oder „Aufhör-Verträge". Hier ist daran zu denken, daß alles skriptgebundene Verhalten die beste Strategie des Kind-Ichs darstellt, für sein Überleben zu sorgen, die nötigen Strokes zu bekommen und damit die Erfüllung seiner Bedürfnisse zu erreichen. Was wird also geschehen, wenn du einfach einen Vertrag schließt, dieses skriptgebundene Verhalten „einzustellen"? Zumindest hast du es unterlassen, dir im Kind-Ich irgendeine klare Weisung zu geben zu dem, was du statt dessen *wirklich* tun wirst; du hast lediglich zu der endlosen Liste der Ermahnungen und Verbote, die du als junger Mensch ohnehin von deinen Eltern mitbekommen hast, ein weiteres „Hör auf!" hinzugefügt. Im schlimmsten Fall schließt du einen Vertrag mit dem Ziel, ein Verhalten aufzugeben, das du in deinem Kind-Ich als überlebensnotwendig wahrgenommen hast.

Um einen wirksamen Vertrag zu bekommen, mußt du das „Positive" im einzelnen angeben, wodurch dein Kind-Ich dann eine klare Handlungsanweisung erhält. Das heißt, der Vertrag muß eine neue Alternative für das Überleben und für die Befriedigung von Bedürfnissen bieten, die mindestens so attraktiv ist wie die alte skriptgebundene Verhaltensweise.

Wenn dein Änderungswunsch, so wie du ihn ausgedrückt hast, negative Ausdrücke enthält, dann formuliere ihn so um, daß darin nur positive Wörter und Redewendungen vorkommen. Die umformulierte Fassung wird dann ausdrücken, was du an Positivem einsetzen wirst, und zwar *anstelle* des Negativen.

Der Vertrag muß sich um ein Ziel drehen, das *erreichbar* ist, und zwar unter Berücksichtigung deiner derzeitigen Situation und deiner Mittel. Ganz allgemein sind wir der Meinung, daß alles, was physisch oder materiell möglich ist, auch „erreichbar" ist. Am Rande sei bemerkt, daß diese Bedingung für die Vertragsarbeit auch besagt, daß du dabei lediglich eine Veränderung ins Auge fassen kannst, die du *bei dir selbst* vornehmen willst. Es ist materiell einfach nicht möglich, eine Veränderung bei irgendeinem anderen Menschen zu „bewirken".

Überprüfe, ob die erwünschte Veränderung für dich möglich ist. Zur Überprüfung frage dich: Hat wenigstens *ein* anderer Mensch in der Welt so etwas erreicht? Ist das der Fall, so betrachte sie als möglich. (Sorge aber dafür, daß du dir im einzelnen ausführlich klarmachst, was sie alles mit sich bringt.)

Das Ziel muß *spezifisch und beobachtbar* sein. Du mußt imstande sein, klar anzugeben, ob du das Ziel erreicht hast, und anderen Menschen muß das genauso gut möglich sein. Hüte dich vor *übermäßig allgemein gefaßten* Zielen und vor *Komparativen.* Oft beginnt jemand die Vertragsarbeit mit ganz umfassenden Zielen, etwa in der Art: „Ich möchte ein warmer, umgänglicher Mensch sein" oder „Ich möchte anderen näher kommen." Wer sich auf solch einen Vertrag einläßt, schickt sich an, endlos „zu arbeiten *über*", weil die hier angegebenen Ziele nicht spezifisch genug sind, also nicht so gefaßt, daß irgend jemand feststellen könnte, ob sie erreicht worden sind.

Wie stellst du fest, und wie können andere feststellen, wann die gewünschte Veränderung erreicht ist? Drücke deine Antwort so aus, daß im einzelnen genau klar wird, was du und andere *sehen* und *hören* können, was du anders machst. Wenn dein Ziel die Art und Weise betrifft, in der du mit anderen umgehst, dann sage klar, *wer* die anderen sind, *welche Menschen,* und zwar *namentlich.*

Die Veränderung, die du anstrebst, muß *sicher* sein. Beurteile das vom Erwachsenen-Ich aus und prüfe, ob das, was du vorhast, dich körperlich nicht in Gefahr bringt und auch in der Welt, in der du lebst, als angemessen oder akzeptabel gilt.

Ist die gewünschte Veränderung für dich sicher?

Das Vertragsziel muß *vom Erwachsenen-Ich aus, mit der Unterstützung des freien Kindes,* aufgestellt werden. Mit anderen Worten muß es deiner Situation und deinen Fähigkeiten als erwachsener Mensch entsprechen und gleichzeitig dazu beitragen, daß deine echten Kind-Ich-Bedürfnisse befriedigt und nicht verleugnet werden. *Ein Vertrag, der vom angepaßten Kind aus geschlossen wird, bewirkt fast immer, daß dein Skript dadurch weiter vorangetrieben wird.* Verträge aus dem angepaßten Kind heraus (häufig erkennbar an der sprachlichen Formulierung „Ich verspreche"*) sind deshalb zu vermeiden.

Frage dich: inwiefern wünscht du diese Veränderung für *dich,* und nicht in der Absicht, anderen gefällig zu sein, die Zustimmung

---

* *Anmerkung des Übersetzers:* In der Klammer ist eine Formulierung eingefügt, die in deutschsprachigen Gruppen bei persönlichen Arbeiten oft zu hören ist.

anderer Menschen zu erhalten, oder gegen jemand zu rebellieren? Wenn es um „andere Menschen" und „jemand" geht, so können das Menschen aus deiner Vergangenheit oder jetzt in deiner Gegenwart sein. Eine andere Weise, eine solche Überprüfung vorzunehmen, ist, daß du dich fragst: „Was bringt diese Veränderung eigentlich *mir*?"

Um das Ziel zu erreichen, mußt du sowohl die Energien in deinem Kind-Ich wie auch die Möglichkeiten deines Erwachsenen- und Eltern-Ichs mobilisieren. Deshalb werden Vertragsziele in der TA sprachlich so gefaßt, daß ein Achtjähriger sie verstehen kann – damit auch das Kind in dir begreift, worum es geht.

Hast du dein Ziel in einer Sprache gefaßt, die ein intelligenter Achtjähriger verstehen würde? Wenn nicht, formuliere entsprechend um.

Alles im Leben kostet seinen Preis. Wenn du dein Ziel erreichen willst, *wirst du immer einen Preis zu zahlen haben.* Die Währung kann sein: Zeit, Geld, Engagement, Umstellung, Abschied von etwas oder jemandem, oder auch der Umgang mit der Angst, die eine Veränderung auslöst.

Frage dich: Welches wird der Preis sein, den dich diese Veränderung kosten wird? Wenn du dir jetzt den Preis vor Augen hältst, willst du dann die Veränderung immer noch?

Die verbleibenden Schritte der Vertragsarbeit betreffen die *Verpflichtung zu spezifischen Handlungen.*

Schreibe mindestens fünf Dinge auf, die du *tun mußt*, um dein Vertragsziel zu erreichen. Und auch hier gib genau und im einzelnen an, welche Handlungen es sind, und zwar so, daß du und andere Menschen sie sehen und hören können. Wenn bei deinem Vorgehen andere beteiligt sind, dann sage namentlich *wer.*

Und jetzt wähle aus der Liste der Dinge, die du tun mußt, diejenigen aus (und halte sie schriftlich fest), die du in der nächsten Woche tun *wirst.*

Und dann schreib auf: „Die Menschen, die mich bei dieser Veränderung unterstützen werden, sind..." (namentlich!)

27. Die Ziele einer Veränderung

In dem letzten Kapitel hast du gesehen, wie spezifische Vertragsziele zwischen dem Transaktionsanalytiker und seinem Klienten ausgehandelt werden. Aber wie sieht nun das Endprodukt aus, das sie im Veränderungsprozeß überhaupt anstreben? Und woran erkennen der Klient und der Transaktionsanalytiker, wann ihre gemeinsame Arbeit abgeschlossen ist?

Autonomie

Das von Eric Berne vorgeschlagene Ideal heißt *Autonomie* .[1] Berne hat dieses Wort nie näher definiert, aber er hat Autonomie insofern beschrieben, als er sagte, sie „zeige sich durch das Freiwerden oder Wiedergewinnen von drei seelischen Vermögen: *Bewußtheit, Spontaneität und Intimität*".

Bewußtheit

Unter wacher Bewußtheit verstehen wir die Fähigkeit, Dinge als reine Sinneseindrücke zu sehen, zu hören, zu fühlen, zu schmecken und zu riechen, so wie das ein Neugeborenes tut. Wer diese wache Bewußtheit hat oder wiedererlernt hat, interpretiert oder filtert sein Erleben der Welt nicht so, daß es elterlichen Definitionen entspricht. Er ist in Kontakt sowohl mit seinen eigenen Körperempfindungen wie auch mit äußeren Reizen.

Die meisten von uns werden, wenn sie größer werden, systematisch angehalten, ihre Bewußtheit abzustumpfen oder abzutöten. Statt dessen lernen wir, Energie dafür einzusetzen, die Dinge in Begriffe zu fassen, sie zu benennen und unsere eigenen Leistungen oder die von anderen Menschen gleich zu kritisieren. Stellen wir uns vor, ich bin in einem Konzert. Während ich der Musik zuhöre, geht mir etwa folgendes durch den Kopf: „Wann hat er das Konzert noch mal geschrieben - ganz am Schluß, also 1791, oder? Hm, die legen aber ein Tempo vor! Wann wird wohl Schluß sein? Ich muß schauen, daß ich früh zu Bett komme, wo ich morgen so viel zu tun hab..." In dem Maße, in dem ich wache Bewußtheit erlange, schalte ich diese Stimme in meinem Kopf ab. Ich erlebe lediglich den Klang der Musik und meine eigenen Körperreaktionen darauf.

Spontaneität

Spontaneität bedeutet die Fähigkeit, aus einer großen Zahl von Alternativen im Fühlen, Denken und Verhalten frei auszuwählen. Genau so wie der bewußte Mensch die Welt erlebt, so reagiert der spontane Mensch auf die Welt: direkt, ohne Teile der Realität auszublenden oder so umzuinterpretieren, daß sie zu elterlichen Definitionen passen.

Spontaneität bringt mit sich, daß der Mensch frei aus irgendeinem seiner drei Ich-Zustände heraus reagieren kann. Er kann denken, fühlen oder sich verhalten als erwachsenes Selbst und dabei seinen Erwachsenen-Ich-Zustand gebrauchen. Wenn er will, kann er ins Kind-Ich gehen und wieder in Kontakt kommen mit der Kreativität, der ganzen Intuition und der Intensität des Fühlens, die er in seiner eigenen Kindheit besessen hatte. Oder er kann auch aus dem Eltern-Ich heraus reagieren und die Gedanken, Gefühle und Verhaltensweisen wieder auflegen, die er von seinen Eltern und Bezugspersonen gelernt hat. Welchen Ich-Zustand er auch immer gebraucht, er wählt seine Reaktion in Freiheit so aus, daß sie zu der Situation paßt, in der er sich befindet, und nicht so, daß er sich überholten elterlichen Geboten fügt.

Intimität

In Kapitel 9 haben wir gesehen, was Intimität bedeutet, nähmlich daß sich zwei Menschen ihre Gefühle und Wünsche offen mitteilen. Die ausgedrückten Gefühle sind echt, so daß Maschenverhalten und Psychospiele bei Intimität ausgeschlossen sind. Wenn jemand Intimität erlebt, wird er wahrscheinlich in sein freies Kind gehen, nachdem er vorher sichergestellt hat, daß dies ohne Beeinträchtigung möglich ist, und zwar durch Vertragsschluß im Erwachsenen-Ich und Schutz aus dem Eltern-Ich.

Skriptfrei werden

Zwar hat Berne das wörtlich so nicht gesagt, aber seine Ausführungen legen nahe, daß Autonomie gleichbedeutend ist mit *Freiheit vom Skript*. Die meisten TA-Autoren nach Berne haben diese beiden Konzepte ebenfalls gleichgesetzt. Wir können also für die Autonomie folgende Definition vorschlagen: „Verhalten, Denken oder Fühlen, das eine Reaktion auf die Realität im Hier und Jetzt darstellt und nicht eine Reaktion auf Skriptüberzeugungen."

Nun kann man natürlich fragen: „Wird denn nicht der Erwachsenen-Ich-Zustand definiert als die Gesamtheit von Verhaltensweisen, Gedanken und Gefühlen, die eine direkte Reaktion auf das Hier und Jetzt darstellen? Heißt demnach nicht 'autonom zu sein' ständig im Erwachsenen-Ich zu leben?"

Die Antwort heißt „Nein". Wir haben bereits gesehen, daß jemand, der spontan ist, sich manchmal als Reaktion auf das Hier und Jetzt dafür *entscheidet*, ins Kind-Ich oder ins Eltern-Ich zu gehen. Und wenn jemand autonom ist, dann trifft er diese *Wahl* selbst in freier Reaktion auf die vorliegende Situation. Im Gegensatz dazu nimmt jemand, der im Skript ist, die Ich-Zustands-Wechsel als Reaktion auf die eigenen einengenden Kindheitsbeschlüsse über die Welt, d.h. auf seine Skriptüberzeugungen hin, vor.

Zwar bedeutet Autonomie nicht, daß man ständig im Erwachsenen-Ich ist, aber sie bedeutet doch, daß alle eingehenden Daten über die Welt im Erwachsenen-Ich verarbeitet werden, und daß dann das ER bewußt darüber entscheidet, aus welchem Ich-Zustand heraus nun die Reaktion erfolgen soll. Wie jede andere neue Fertigkeit mag einem auch das anfänglich mühsam vorkommen. Die Autonomie hat immer mehr Alternativen zu bieten als das Skript. Intimität mag am Anfang unbequemer sein als Psychospiele zu spielen oder Maschen zu stricken, denn Intimität ist weniger vorhersehbar. Aber wenn man das wirklich praktiziert, wird die autonome Wahl zwischen den Ich-Zuständen im Laufe der Zeit leichter. Sie kann so rasch und natürlich erfolgen, daß es fast so aussieht, als habe das Erwachsenen-Ich dieses Menschen positive Kind-Ich-Eigenschaften und positive Eltern-Ich-Eigenschaften in sich aufgenommen. Um dieses Konzept auszudrücken, hat Berne den Ausdruck *integriertes Erwachsenen-Ich* vorgeschlagen.[2]

Problemlösung

Legen wir die Begriffe der Schiff-Schule zugrunde, so können wir sagen, daß jemand, der autonom ist, *seine Probleme löst* statt in *Passivität* zu verfallen. In diesem Zusammenhang besagt der Ausdruck „Problemlösung" nicht nur, über die Lösung des Problems *nachzudenken*; er bedeutet auch, daß man in sinnvoller und wirksamer Weise *tätig* wird, um diese Lösung herbeizuführen. Wie wir in Kapitel 21 gesehen haben, hat auch das Ausdrücken echter *Gefühle* eine Funktion bei der Problemlösung. Wenn jemand seine Probleme löst, dann nimmt er die Realität präzise wahr und reagiert entsprechend darauf. Mit anderen Worten discountet er nicht und deutet nicht um, er redefiniert nicht. Und das wiederum heißt, daß er skriptfrei ist.

Für die TA-Arbeit im Organisations-, Bildungs- oder Beratungsbereich, d.h. auf nicht-therapeutischen Gebieten, kann es besonders angebracht sein, „effizientes Probleme-Lösen" als Ziel für die Veränderungen eher aufzustellen als „Autonomie" oder „skriptfrei zu sein". In den genannten Bereichen kommt es häufig zu Discounts und ungelösten Problemen, weil die Beteiligten *von Fehlinformationen* ausgegangen sind, und nicht so sehr, weil sie im Skript sind. Der Transaktionsanalytiker wird also hier seine Aufmerksamkeit nicht auf Skriptarbeit, sondern auf Informationsaustausch und auf die Erarbeitung effektiver Wege richten, Informationen auch auszuwerten, d.h. in sinnvoller Weise aktiv zu werden.

Auffassungen von „Heilung"

Ein anderes Konzept, für das sich Berne leidenschaftlich einsetzte, war das der *Heilung* (im Englischen *cure*, im Unterschied zur „Behandlung"). Er hat immer wieder betont, daß es die Aufgabe des Transaktionsanalytikers sei, „den Patienten zu heilen", nicht lediglich ihm zu helfen, „Fortschritte zu erzielen".[3]

In seinem Buch *Prinzipien der Gruppenbehandlung* gebraucht Berne das Bild von „Fröschen und Prinzen", um sein eigenes Konzept von Heilung zu veranschaulichen. Er sagt, daß „Heilung" gleichbedeutend ist mit dem Abwerfen der Froschhaut und der Wiederaufnahme des unterbrochenen Entwicklungsprozesses zum Prinzen oder zur Prinzessin, während „Fortschritte erzielen" nur bedeutet, sich in seiner Froschhaut besser einzurichten. In *Was sagen Sie, nachdem Sie guten Tag gesagt haben?* beschreibt Berne, was er unter Heilung versteht: daß der Klient aus seinem Skript völlig aussteigt und „ein neues Stück auf die Bühne bringt".

Vor ein paar Jahren gab das TA Journal eine Nummer heraus über ein Symposium, in dem verschiedene TA-Autoren ihre jeweilige Interpretation des „Heilungs"-Konzeptes vortrugen. Es gab beinahe genau so viele verschiedene Auffassungen wie Referenten. Im folgenden erwähnen wir einige Anschauungen, die in dieser Diskussion zum Ausdruck kamen.

Einige Autoren vertreten die simple, aber solide Auffassung, daß „Heilung" am besten definiert wird als *Vertragserfüllung*. Der Transaktionsanalytiker und sein Klient versteigen sich nicht zu irgendeinem allumfassenden Ziel für den Persönlichkeitswandel, sondern arbeiten miteinander so lange, bis der Klient so viele einvernehmlich festgelegte Vertragsziele erfüllt hat, wie er will.

Verbreiteter ist die Auffassung, daß, zumindest bei den therapeutischen Anwendungen, zur „Heilung" auch eine Art von Bewegung aus dem Skript heraus gehören muß. Eine solche *Skript-Heilung* kann *verhaltensorientiert, affektiv* oder *kognitiv*, oder eine Kombination aller drei Aspekte sein. Mit anderen Worten kann jemand, der aus dem Skript aussteigt, das tun, indem er in neuer Weise handelt, fühlt oder denkt.

Mehrere Autoren schlagen noch eine vierte Dimension für Skriptveränderungen vor: *die somatische Heilung*. Das bedeutet, daß jemand, der aus dem Skript aussteigt, auch die Art und Weise verändert, in der er seinen Körper erlebt und gebraucht, z.B. indem er chronische Verspannungen lockert oder von psychosomatischen Beschwerden befreit wird.

Heilung: das stufenweise Erlernen neuer Entscheidungsmöglichkeiten

Ganz gleich, wie man nun die „Skript-Heilung" definieren mag, es handelt sich dabei selten um jenes umstürzende Ereignis, bei dem ein für allemal etwas aufgegeben wird. Häufiger geht es bei der Heilung darum, stufenweise das Praktizieren neuer Entscheidungsmöglichkeiten zu erlernen.

Wenn jemand eine signifikante Veränderung in seinem Skript vornimmt, erlebt er im allgemeinen ein natürliches „Hoch", das ein paar Wochen oder Monate lang anhält. Meistens wird er dann nach einer gewissen Zeit erneut mit seinem alten Verhalten herumexperimentieren. Es ist so, als würde ein Teil von ihm einmal sehen wollen, ob in diesem alten Verhalten nicht doch noch etwas Brauchbares steckt. Der

Unterschied ist jetzt, daß er meist erkennt, wo er steht, und nicht so lange dort bleibt. Das alte Verhalten ist nicht mehr so befriedigend, wie es das früher war, und er hat jetzt neue Alternativen, und deshalb steigt er schneller wieder aus. Und sehr bald ist es für ihn gar nicht mehr attraktiv, und er läßt es endgültig fallen.

Vielleicht wird ein solcher Prozeß am besten in einem Gedicht beschrieben, das wir jetzt wiedergeben:[5]

Autobiographie in fünf kurzen Kapiteln von Portia Nelson

I Ich gehe die Straße hinab.
Im Bürgersteig ein tiefes Loch.
Ich falle hinein.
Ich bin am Ende... Ich bin hilflos,
Aber ich kann nichts dafür.
Es dauert ewig, hier wieder herauszukommen.
II Ich gehe die gleiche Straße hinab.
Im Bürgersteig ein tiefes Loch.
Ich tue, als sähe ich es nicht.
Ich falle wieder hinein.
Ich kann nicht glauben, daß ich wieder drin stecke.
Aber ich kann nichts dafür.
Und wieder dauert es lange, bis ich herauskomme.
III Ich gehe die gleiche Straße hinab.
Im Bürgersteig ein tiefes Loch.
Ich sehe, daß es da ist,
Und ich falle wieder hinein... Es ist schon Gewohnheit.
Meine Augen sind auf.
Ich weiß, wo ich bin.
Ich kann sehr wohl etwas dafür.
Ich steige sofort aus.
IV Ich gehe die gleiche Straße hinab.
Im Bürgersteig ein tiefes Loch.
Ich gehe drum herum.
V Ich gehe eine andere Straße hinab.

28. TA-Therapie

Die Therapie ist ein Prozeß, der Menschen helfen soll, eine persönliche Veränderung zu erreichen. In diesem Kapitel befassen wir uns mit dem Wesen der Therapie und den Techniken, die in der TA-Praxis angewandt werden.

Eigentherapie

Wenn du dieses Buch gelesen und die Übungen durchgearbeitet hast, hast du bereits einen großen Teil einer *Eigentherapie* vollzogen. Du hast die typischen Muster deines eigenen Verhaltens, deiner Fühl- und Denkweisen untersucht. Als Hilfe zum Verständnis all dessen hast du gelernt, die vielen analytischen Möglichkeiten zu nutzen, die die TA bietet. Du hast die überholten Kind-Ich-Strategien erkannt, bei denen du dir jetzt klar darüber geworden bist, daß sie nicht die effektivsten Alternativen für dich als Erwachsenen darstellen, und du hast aktiv Wege ausprobiert, neue und erfolgversprechendere Alternativen an die Stelle der alten Strategien zu setzen.

Einige der TA-Autoren haben sich besonders mit der Frage befaßt, wie sich die TA bei der Eigentherapie nutzen läßt, und Möglichkeiten dazu ersonnen. Unter diesen ist besonders Muriel James zu nennen, die für ihre Arbeit über die *Selbst-Beelterung*[1] die Eric-Berne-Gedächtnis-Medaille für wissenschaftliche Leistungen bekommen hat. Sie hat ein System konzipiert, mit dem der Mensch ein „neues Eltern-Ich" konstruieren und damit positive neue Botschaften einsetzen kann, um die negativen einengenden Botschaften zu überwinden, die ihm vielleicht von den natürlichen Eltern gegeben worden waren. Sie verwendet eine Kombination verschiedener Techniken, darunter Fragebogen, Vertragsarbeit, Phantasien sowie Visualisierung und Aufgaben zur Verhaltensänderung.

In gewissem Sinne ist alle Therapie letztlich Eigentherapie. Die TA erkennt an, daß jeder für sein eigenes Verhalten, Denken und Fühlen verantwortlich ist. Und genauso, wie niemand bewirken kann, daß du etwas fühlst, so kann auch niemand bewirken, daß du dich änderst. Das einzige Wesen, das dich ändern kann, bist du selbst.

Warum eigentlich Therapie?

Wenn nun aber der Mensch für seine eigene Veränderung verantwortlich ist, wieso soll man dann überhaupt noch mit einem Therapeuten arbeiten?

Eine Antwort auf diese Frage ergibt sich aus dem Rückgriff auf das *Discounten* und den *Bezugsrahmen.* Wir neigen alle mehr oder weniger dazu, gewisse Aspekte der Realität auszublenden, die das Weltbild bedrohen könnten, das wir uns in der Kindheit gemacht haben. Jedesmal wenn ich als Erwachsener ins Skript gehe, discounte ich, um meinen Bezugsrahmen zu verteidigen.

Wenn ich aber Probleme lösen und mich effektiv ändern soll, dann muß ich mir die Aspekte der Realität ins Bewußtsein rufen, die ich vorher discountet hatte.

Aber da liegt nun die Crux. Gerade weil ich sie ja discounte, stellen solche Realitätsaspekte für mich „blinde Flecken" dar. Natürlich *kann* ich auch mein Discounten durch die Anstrengung meines eigenen Erwachsenen-Ichs aufdecken und korrigieren. Und das Instrumentarium der TA an analytischen Werkzeugen kann mir dabei wertvolle Hilfe leisten.

Nun gibt es aber wahrscheinlich einige Teile meines Bezugsrahmens, die ich in meinem Kind-Ich für besonders wichtig halte für mein Überleben. Diese will ich mit besonderer Energie verteidigen. Und all das tue ich außerhalb meines klaren Bewußtseins, indem ich einfach die blinden Flecken beibehalte für jede Realitätswahrnehmung, die diese zentralen Discounts in Frage stellen würde. Um mich in diesen Bereichen zu verändern, brauche ich den Input von jemand anderem, der nicht die gleichen blinden Flecken hat.

Wahrscheinlich sind meine Freunde und Angehörigen nicht die beste Quelle für diesen Input. Im allgemeinen haben ja Familien blinde Flecken, die aufgrund der Erziehung für alle Mitglieder ähnlich sind. Mit großer Wahrscheinlichkeit werde ich mir auch Freunde, und auch meinen Mann oder meine Frau oder meinen Lebenspartner, deshalb aussuchen, weil sie blinde Flecken haben, die den meinen entsprechen. Ein Zweck der Arbeit mit einem Therapeuten oder der Teilnahme an einer Therapie- oder Selbsterfahrungsgruppe liegt darin, daß ich mir jetzt eine Quelle für Rückmeldungen durch Dritte erschließe, die frei ist von meinen eigenen blinden Flecken.

Wenn ich dieses Feedback weiter nutze und meinen Bezugsrahmen ändere, bekomme ich im Kind-Ich wahrscheinlich Angst. Deshalb brauche ich Schutz und eine Stütze, die mich durch den Wandel hindurchgeleiten. Außerdem kann auch eine weitere Konfrontation nützlich sein, wenn ich, ohne es zu merken, eine ganze Reihe von Ablenkungstaktiken einsetze, um die Veränderung abzuwehren. Ich werde es leichter haben, die Veränderung zu erreichen, und zwar als bleibende Veränderung, wenn ich Strokes und Ermutigung von anderen bekomme. All diese Vorteile kann ich nutzen, wenn ich mit einer Therapeutin, einem Therapeuten oder einer Gruppe arbeite.

Wem kann Therapie nutzen?

Es gibt in TA-Kreisen ein Sprichwort: „Du brauchst nicht erst krank zu sein, damit es dir besser geht." Du mußt nicht behindert, benachteiligt oder gestört sein, um von Therapie zu profitieren. Du brauchst sogar noch nicht mal „Probleme zu haben". Du kannst ein gesund funktionierender Mensch mit einem erfüllten Leben sein und in Therapie gehen, einfach um noch mehr aus deinem Leben zu machen. Kein Mensch ist hundertprozentig skriptfrei, und wenn er noch so viel Glück gehabt hat und bei Bilderbuch-Eltern aufgewachsen ist. Für die meisten von uns gibt es Lebensbereiche, wo wir uns selbst Probleme geschaffen haben, indem wir ins Skript gegangen sind. Wenn dem so ist, kann es sich lohnen, die Zeit und das Geld aufzuwenden und den erforderlichen Einsatz zu erbringen, der dazu gehört, derartige Skriptbindungen im Laufe einer Therapie aufzulösen.

Andererseits ist TA-Therapie natürlich auch sinnvoll für jeden, der persönliche Probleme hat, angefangen von vorübergehenden Beziehungsproblemen oder Schwierigkeiten im Beruf bis hin zu schweren psychischen Störungen. Dabei erfordert die Behandlung von ernsten Erkrankungen einen geeigneten Rahmen mit psychiatrischer Unterstützung.

Eigentümlichkeiten der TA-Therapie

Wenn du dich dazu entschließt, in TA-Therapie zu gehen, ist dein erster Schritt, einen qualifizierten Therapeuten zu suchen und einen Vertrag zu schließen, um eine gewisse Anzahl von Sitzungen zu besuchen. Dabei kann es sich um eine individuelle Konsultation handeln, oder du wirst Mitglied einer Gruppe. Die TA ist von Berne ursprünglich als Methode der Gruppentherapie konzipiert worden, und die meisten TA-Therapeuten ziehen heute noch die Gruppen-Behandlung vor als Methode der Wahl.

In früheren Kapiteln hast du bereits einiges erfahren über die wichtigsten Eigentümlichkeiten der TA-Therapie. Wir führen uns diese noch einmal vor Augen.

Die Praxis der Therapie beruht in der TA auf einem kohärenten *theoretischen Rahmen*, den du dir bei der Lektüre dieses Buches angeeignet hast. Du weißt, daß die wichtigsten Kapitel dieser Theorie das *Ich-Zustands-Modell* und das Konzept des *Lebensskripts* sind.

Veränderungen im Sinne eines Persönlichkeitswandels werden in der TA auf der Grundlage ihres *entscheidungsorientierten Modells* betrachtet. In Teil IV wird dargelegt, wie die TA erklärt, daß jeder von uns in der Kindheit seine Skriptmuster für Verhalten, Denken und Fühlen beschließt. Eine Voraussetzung für die gesamte TA-Therapie liegt in der Überzeugung, daß diese frühen Beschlüsse geändert werden können.

In Kapitel 26 hast du erfahren, daß die TA-Behandlung auf der *vertraglichen Methode* beruht. Der Klient und der Therapeut *übernehmen gemeinsam die Verantwortung* für die Erreichung der Vertragsziele. Diese Ziele werden gewählt, um das Aussteigen aus dem Skript und das Hineinwachsen in *Autonomie* zu fördern, in der Weise wie das in Kapitel 27 beschrieben ist.

Die therapeutische Beziehung stützt sich in der TA auf die Grundannahme, daß *die Menschen OK sind.* Der Klient und der Therapeut werden als gleichberechtigt betrachtet, dem Gegenüber weder über- noch unterlegen.

Im Umgang wird eine *offene Kommunikation* gepflegt. Der Therapeut und der Klient sprechen eine gemeinsame Sprache und benutzen einfache Worte, wie wir sie auch in diesem Buch verwandt haben. Der Klient wird ermuntert, sich mit der TA vertraut zu machen. Die meisten Therapeuten fordern ihre Klienten auf, Einführungskurse zu besuchen oder Bücher über TA zu lesen wie das vorliegende. Wenn der Therapeut sich Notizen macht, stehen diese dem Klienten zur Einsicht offen. Auf diese Weise wird der Klient befähigt, aktiv und voll informiert am Behandlungsprozeß mitzuwirken.

Ein weiteres Charakteristikum der TA-Therapie ist es, daß sie auf *Veränderung* gerichtet ist und nicht nur auf das Erlangen von Einsichten. Natürlich wird auch in der TA Wert darauf gelegt, daß die Natur und das Entstehen von Problemen verstanden werden. Aber ein solches Verständnis wird niemals als Selbstzweck betrachtet, sondern als Mittel zum Zweck. Dadurch wird das Verstehen ein Werkzeug im aktiven Veränderungsprozeß. Die Veränderung als solche besteht darin, daß der Klient beschließt, jetzt anders zu handeln, und diesen Beschluß dann auch umsetzt.

Aufgrund dieser methodischen Orientierung haben die Transaktionsanalytiker nie viel gehalten von einer sich lange hinziehenden Therapie um ihrer selbst willen. Wir gehen also nicht davon aus, daß ein Klient unbedingt monate- und jahrelang ständig an sich arbeiten muß, um erst einmal tiefe Einsichten zu erlangen, ehe er sich ändern kann. Berne hat das betont in seiner berühmten Empfehlung an den Patienten: „Schau erst, daß dir's besser geht. Analysieren können wir später, wenn dir dann noch daran liegt."

Andererseits ist die TA aber keineswegs eine Methode für „Kurztherapie". Um bestimmte Probleme zu lösen, muß zwischen Klient und Therapeut eine dauerhafte Beziehung hergestellt werden, und auch das kann sehr gut im Rahmen der TA-Arbeit erfolgen.

Die drei Schulen in der TA

Üblicherweise werden in der heutigen TA drei Haupt-„Schulen" unterschieden. Sie heben sich dadurch voneinander ab, daß jede von ihnen besondere Theoriekonzepte betont und vorwiegend auch besondere therapeutische Techniken anwendet.[2]

Wenige TA-Therapeuten betrachten sich heute als ausschließlich einer dieser „Schulen" zugehörig. Das rührt unter anderem daher, daß der Therapeut, um seine professionelle Kompetenz nachzuweisen, auch seine Fähigkeit unter Beweis stellen muß, das Gedankengut und die Technik aller drei Richtungen frei einzusetzen. In der jetzt folgenden „Grob-Skizze" möchten wir die zentralen Merkmale jeder dieser Richtungen umreißen, wobei wir absichtlich die Unterschiede stärker herausstellen, als das der gängigen Praxis entspricht.

Die klassische Schule

Die klassische Schule verdankt ihren Namen dem Umstand, daß sie sich am engsten an die Behandlungsmethoden anlehnt, die in der Frühzeit der TA von Berne und seinen Mitarbeitern entwickelt worden waren. Die klassischen Transaktionsanalytiker verwenden eine ganze Reihe analytischer Modelle, um das Verständnis im Erwachsenen-Ich zu erleichtern und gleichzeitig die Motivation im Kind-Ich zu fördern. Viele von diesen Vorgehensweisen sind in unserem Buch bereits besprochen worden: das Drama-Dreieck, das Egogramm, das Stroke-Profil, die Verwendung sinnvoller Alternativen zu ineffizienten Transaktionen usw.

In der klassischen Methode wird also der Klient als erstes ein Verständnis dafür gewinnen, wie er sich das Problem an Land gezogen hat. Dann macht er Verträge, um Verhaltensänderungen zu erreichen, die die Bewegung aus seinen alten Skriptmustern heraus und hinein in Autonomie kennzeichnen. Dabei wird davon ausgegangen, daß er in dem Maße, wie er sein Verhalten ändert, wahrscheinlich auch anders empfindet. Aber in der klassischen TA steht die Ermutigung zum Ausdruck von Gefühlen nicht im Mittelpunkt.

Die klassische Schule tritt nachdrücklich für Gruppentherapie ein. Dabei erhält der *Gruppenprozeß* zentrale Bedeutung. Das heißt daß der Umgang des Klienten mit anderen Gruppenmitgliedern als Wiederauflage des Problems betrachtet wird, das der Klient in die Therapie mitgebracht hat — eines Problems, das seinerseits eine Wiederauflage von Problemsituationen darstellt, die in der Kindheit ungelöst geblieben sind. Die Rolle des Therapeuten liegt dabei darin, daß er den Gruppenprozeß sich entfalten läßt und, dann Interventionen einbringt, die den Gruppenmitgliedern helfen, ihre Spiele, Lockmaschen und andere skriptbedingte Muster zu erkennen, die sie in ihren Beziehungen mit anderen Mitgliedern und dem Therapeuten an den Tag gelegt haben.

Eine wichtige Funktion des Therapeuten ist es in der Sicht der klassischen Schule, dem Klienten neue Elternbotschaften zu geben. Pat Crossman hat im Englischen von den „drei P" gesprochen, die der Therapeut für den Klienten bieten muß, wenn seine neuen Elternbotschaften wirksam sein sollen: *Permission*, *Protection* und *Potency*, im Deutschen in etwa *Erlaubnis, Schutz* und *Überzeugungskraft durch innere Stimmigkeit*.[3]

Dadurch, daß der Therapeut *Erlaubnis* gibt, gibt er dem Klienten Botschaften, die in aktiver Weise den Bann-Botschaften oder negativen Weg-Weisern in seinem Skript entgegenwirken. Diese können verbal gegeben werden, beispielsweise: „Du darfst ruhig fühlen, was du fühlst!" oder „Hör auf, dich zu überarbeiten!" Erlaubnisse können aber auch dadurch wirksam werden, daß der Therapeut sie selber vorlebt. Soll sich der Klient die Erlaubnis des Therapeuten zu eigen machen, so muß er in seinem Kind-Ich den Therapeuten als stärker erleben, als jemand der größere *Potency* hat als die Mutter oder der Vater, die die ursprünglichen negativen Botschaften gegeben hatten. Schließlich muß der Klient den Therapeuten für fähig halten, ihm *Schutz* zu geben gegen die verheerenden Folgen, die er befürchtet, sobald er sich den negativen Geboten seiner Eltern nicht mehr fügt.

Die Neuentscheidungs-Schule

Bob und Mary Goulding sind die Begründer eines therapeutischen Verfahrens, das die Theorie der TA mit den Techniken der Gestalttherapie kombiniert, wie sie von Fritz Perls entwickelt worden sind. Die Gouldings stellen fest, daß frühe Beschlüsse eher aus einer Gefühls- als aus einer Denkposition heraus getroffen werden. Um aus dem Skript auszusteigen, muß der Mensch also wieder in Kontakt kommen mit den Kind-Gefühlen, die er zum Zeitpunkt der frühen Entscheidung erlebt hatte, er muß das Erlebnis abschließen, indem er diese Gefühle ausdrückt, und die frühe Entscheidung in eine andere, geeignetere *Neuentscheidung* umwandeln. Dies mag über Phantasie- oder Traumarbeit gelingen, oder durch „Bearbeitung der Schlüsselszene", indem der Klient in der Erinnerung zurückgeht in eine frühe traumatische Szene und sie wiedererlebt.

Bob und Mary Goulding folgen Perls in seiner Überzeugung: Hängt jemand in einem Problem fest, so weist das darauf hin, daß zwei Anteile seiner Persönlichkeit mit gleicher Kraft in entgegengesetzte Richtungen drängen. Das führt zu dem einfachen Ergebnis, daß derjenige dann sehr viel Energie einsetzt, aber nicht weiterkommt. Diese Situation wird als *Engpaß* bezeichnet. Die Gouldings haben die Perlssche Theorie dahingehend ausgestaltet, daß sie die Engpässe bildlich so dargestellt haben, daß sie zwischen unterschiedlichen Ich-Zuständen auftreten. In der Therapie wird die Auflösung von Engpässen im allgemeinen durch Anwendung jener Gestalttechnik vorgenommen, die als „Zwei-Stuhl-Arbeit" bekannt ist. Der Klient stellt sich die miteinander streitenden Teile seines Selbst auf unterschiedlichen Stühlen vor, „wird" nacheinander zu jedem dieser Teile und läßt sie miteinander in einen Dialog eintreten, mit dem Ziel der Konfliktlösung. Während dieses Prozesses kommen oft unterdrückte Kind-Ich-Gefühle an die Oberfläche.

Noch stärker als die Transaktionsanalytiker das allgemein schon tun, betonen die Neuentscheidungs-Therapeuten die persönliche Verantwortlichkeit. Bei der Neuentscheidungs-Arbeit wird der therapeutische Vertrag nicht als beidseitige Vereinbarung zwischen Klient und Therapeut betrachtet, sondern hier handelt es sich um eine Verpflichtung, die der Klient sich selbst gegenüber eingeht und bei der der Therapeut lediglich als Zeuge dient. Der Therapeut „gibt" dem Klienten auch keine „Erlaubnisse". Der Klient *nimmt sich* die Erlaubnis, sich auf eine neue Weise zu fühlen und zu verhalten, und der Therapeut handelt lediglich als positives Vorbild. Und genauso wird auch die *Potency,* jene Überzeugungskraft, die aus innerer Geschlossenheit, aus der Übereinst mmung mit sich selbst erwächst, hier betrachtet als ein Vermögen, das der Klient potentiell bereits besitzt, und nicht als etwas, das der Therapeut ihm geben muß.

Die Neuentscheidungs-Therapeuten arbeiten häufig mit Gruppen, aber konzentrieren sich dabei nicht auf den Gruppenprozeß. Die Therapie ist dort „eins-zu-eins-Arbeit", und die Gruppenmitglieder handeln als Zeugen und geben positive Strokes um Mut zu machen zum Veränderungsprozeß und ihn zu unterstützen.

Einerseits spielt der Ausdruck von Gefühlen bei der Neuentscheidungs-Arbeit eine zentrale Rolle. Andererseits betonen die Therapeuten dieser Richtung, daß es auch sehr darauf ankommt, daß der Klient versteht, was da geschieht. Ganz typisch ist es, daß gleich im Anschluß an die Gefühlsarbeit eine Art „Erlebnis-Erklärung aus dem Erwachsenen-Ich" erfolgt. Genauso wichtig ist es, daß der Klient einen Verhaltensänderungs-Vertrag schließt, um seine Neuentscheidungen umzusetzen und zu festigen.

Die Cathexis-Schule

Im Teil V haben wir uns vertraut gemacht mit den bedeutenden Beiträgen der TA-Theorie, die die Cathexis-Schule geleistet hat. Die Schiffs haben das Cathexis-Institut ursprünglich gegründet als eine Stätte zur Behandlung psychotischer Klienten. Sie verwandten ein Verfahren, das sie als *Neubeelterung* bezeichnet haben. Diese Methode stützt sich auf die Voraussetzung, daß „Verrücktheit" das Ergebnis von destruktiven, in sich widersprüchlichen Elternbotschaften ist. Bei der Behandlung wird der Klient aufgefordert, in die Frühkindheit zu regredieren. Dabei *dekathektiert* er seinen „verrückten" Eltern-Ich-Zustand, d.h. er entzieht ihm alle Energie. Er bekommt dann im wörtlichen Sinne die Chance, die Kindheit zu wiederholen und allmählich heranzuwachsen, wobei diesmal der Therapeut ihm positiven und stimmigen Eltern-Ich-Input gibt. Zum Glück läuft das Größerwerden jetzt, wo es das zweite Mal erfolgt, sehr viel rascher ab als beim ersten Mal. Aber dennoch bedeutet Neubeelterung, daß der ausgewachsene „Säugling" eine gewisse Zeit lang weitestgehend abhängig sein wird von seiner neuen „Mutter" und seinem „Vater". Eine solche Behandlungsweise erfordert infolgedessen einen absolut sicheren Rahmen und ein hohes Maß an Einsatz seitens des Therapeuten, und obendrein psychiatrische Unterstützung. In der Frühzeit des Cathexis-Instituts hat das Ehepaar Schiff seine „Kinder" auch juristisch adoptiert, so daß es heute eine recht große „Schiff-Familie" gibt. Zu ihnen zählen einige der geachtetsten Theoretiker, Therapeuten und lehrenden Mitglieder in der heutigen Welt der TA.

Auch in der Therapie bei nicht-psychotischen Klienten hat sich die Schiffsche Methode als effizient erwiesen. Hier wird besonderer Wert gelegt auf das konsequente Konfrontieren aller Discounts und Redefinitionen. Die Teilnehmer werden aufgefordert, statt passiv zu sein, selbst zu denken und zu handeln, um die vor ihnen liegenden Aufgaben oder Probleme zu lösen. Das intensive therapeutische Engagement bei der Neubeelterung ist für die Arbeit mit nicht-psychotischen Klienten sicher nicht angebracht. Aber ein Therapeut der Schiff-Schule kann durchaus einen *Beelterungsvertrag* auch mit diesen Klienten abschließen. Dabei verpflichtet sich der Therapeut, dem Klienten innerhalb der festgelegten zeitlichen Grenzen ständig zur Verfügung zu stehen und ihm damit als eine Art „Ersatzvater" bzw. „Ersatzmutter" zu dienen. So kann er seinem Klienten einen neuen und positiven elterlichen Rahmen, etwa klare Grenzen setzen und neue Einsichten anregen, statt der einschränkenden Botschaften, die ihm seine natürlichen Eltern möglicherweise gegeben haben.

Wenn Schiff-Therapie in Gruppen vorgenommen wird, wird von der Gruppe erwartet, daß sie ein *reagierendes Milieu* abgibt. Das bedeutet, daß alle Mitglieder der Gruppe einschließlich des Therapeuten aktiv reagieren auf das Tun und Lassen anderer Mitglieder. Wenn du in der Gruppe etwas tust, was mir nicht gefällt, dann wird von mir erwartet, daß ich dir sage: „Was du gerade getan hast, gefällt mir nicht. Ich möchte, daß du statt dessen das und das tust." Wenn irgendjemand in der Gruppe in passives Verhalten verfällt oder discountet, wird von den anderen Gruppenmitgliedern erwartet, daß sie das sofort konfrontieren und ihn zu aktivem Problemlösungs-Verhalten auffordern. Hier heißt „konfrontieren" keineswegs „verfolgen". Mit dieser Verpflichtung ist vielmehr die offene, direkte Aufforderung an den Mitmenschen verbunden, die aus einer Position des „Ich bin OK, du bist OK" hervorgeht. Derjenige, der konfrontiert, tut das aus dem echten Beweggrund heraus, für sich zu sorgen *und* dem Mitmenschen zu helfen. Um dieses Konzept auszudrücken, hat Shea Schiff von der *caring confrontation*, der Konfrontation aus Anteilnahme, Liebe und Besorgnis heraus, gesprochen.

Außerhalb der „drei Schulen"

Einige der wichtigeren Entwicklungen der heutigen TA liegen außerhalb der Grenzen irgendeiner dieser „drei Schulen". Zwei hervorragende Beispiele dafür sind das Maschensystem von Erskine und Zalcman, und das Miniskript von Kahler. Diese beiden theoretischen Modelle haben jedes für sich eine eigene charakteristische therapeutische Methode hervorgebracht.

Etwas, was die TA wirklich auszeichnet, ist ihre Fähigkeit, Ideen und Techniken aus anderen therapeutischen Schulen einzugliedern. Es hat sich herausgestellt, daß viele ohne weiteres vereinbar sind mit den theoretischen Grundlagen der TA. Das hat dazu geführt, daß der moderne TA-Therapeut einen großen, vielseitig verwendbaren „Werkzeugkasten" von Techniken besitzt, unter denen er frei auswählen kann, was zu den Bedürfnissen des jeweiligen Klienten paßt. Die meisten Transaktionsanalytiker haben zudem auch eine Ausbildung in anderen Richtungen oder Disziplinen und bringen auch diese in ihre TA-Arbeit ein. Wir haben bereits die Kombination von TA und Gestalttherapie erwähnt, wie sie in der Neuentscheidungs-Therapie zur Anwendung kommt. Die TA-Therapeuten wenden weithin auch Konzepte und Verfahren an aus den unterschiedlichsten Methoden, etwa aus der Psychoanalyse und der Kurztherapie, der Bioenergetik, dem Neuro-linguistischen Programmieren, der Systemtheorie, aus Verfahrensweisen der Visualisierung und der Selbstbild-Modifikation, der Therapie nach Erickson, der Verhaltenspsychologie, der Entwicklungstheorie sowie aus zahlreichen anderen Gebieten, je nach der Ausbildung und den Interessen des einzelnen Transaktionsanalytikers.

Aber dabei dienen das Ich-Zustands-Modell und die Theorie des Lebensskripts immer als die gestaltenden Prinzipien für die Verwendung solch unterschiedlicher Techniken, die natürlich innerhalb des von der TA bereitgestellten Rahmens eingesetzt werden.

29. TA in Organisationen und im Bildungswesen

Schon seit den allerersten Anfängen betrachtete Eric Berne die Theorie, die er entwickelte, als eine „Theorie des sozialen Handelns" und eine Methode der Gruppenarbeit. Die TA ist imstande, die Effizienz in so gut wie allen Bereichen zu steigern, wo Menschen mit anderen Menschen umzugehen haben.

Die TA wird in einer ganzen Reihe unterschiedlicher Organisationen und schulischer Institutionen eingesetzt; überall, wo es um das Funktionieren einer Organisation und die sinnvolle Gestaltung von Aus- und Fortbildung geht. Dabei hat jedes Spezialgebiet seine besonderen Eigenarten und auch Bedingungen. In diesem Kapitel geben wir lediglich einen kurzen Überblick über die Art und Weise, in der die TA für Manager und Führungskräfte, Organisationsexperten und Unternehmensberater und für jede erzieherische und unterweisende Tätigkeit nützlich sein kann. In den Anmerkungen zu diesem Kapitel finden sich weitere Hinweise auf die Literatur, die diese Anwendungen der TA betrifft.

Unterschiede zwischen den klinischen Anwendungen und denen in Organisationen und im Bildungswesen

Die Grundtheorie der TA ist die gleiche für die klinischen Anwendungen wie für die Organisations- und Bildungsarbeit (im Englischen Educational and Organizational Work oder EO), aber es gibt Unterschiede hinsichtlich der Schwerpunkte und der Techniken.[1] Diese Unterschiede werden im Ausbildungs- und Prüfungswesen für Transaktionsanalytiker entsprechend berücksichtigt (siehe Anhang D).

In der klinischen Arbeit haben wir es im allgemeinen mit einem zweiseitigen „Vertrag" zu tun, der zwischen dem Therapeuten und dem einzelnen Klienten ausgehandelt wird. Die Verträge im EO-Rahmen sind im Gegensatz dazu meist dreiseitige Verträge. Der Geschäftsvertrag wird ausgehandelt zwischen dem Transaktionsanalytiker und der veranstaltenden Organisation, normalerweise zugunsten der Mitglieder dieser Organisation. So beauftragt etwa eine Firma einen TA-Trainer, mit den Firmenangehörigen zu arbeiten. Auch der Behandlungsvertrag wird wahrscheinlich wenigstens teilweise zwischen dem Transaktionsanalytiker und der zahlenden Stelle ausgehandelt, und nicht mit dem einzelnen oder den Gruppen, mit denen der Trainer wirklich arbeitet.

Daraus ergibt sich für alle Beteiligten die Notwendigkeit, besonders darauf zu achten, daß sie sich an klare, transparente Vertragsverfahren halten und dreiseitige Psychospiele vermeiden. So wäre es zum Beispiel denkbar, daß eine Firma ihre Mitarbeiter auf eine TA-Ausbildung schickt, obwohl diese ursprünglich keinerlei Motivation zeigen. Wenn dieser Ausgangspunkt in Vertragsverhandlungen zwischen Firma, Trainer und Gruppe nicht offen angesprochen wird, gibt es für alle drei Parteien von vornherein Möglichkeiten, Rollen im Drama-Dreieck zu besetzen und sehr schnell die sich daraus ergebenden bekannten Folgen in Gestalt eines überraschenden Rollenwechsels u. dgl. zu erleben.

Bei der Arbeit im Organisations- und Bildungswesen wird der Transaktionsanalytiker eher als Trainer, der ähnlich wie beim Sport die Übungen begleitet, denn als Therapeut tätig sein; im Englischen gibt es dafür den Ausdruck *facilitator*; das ist jemand, der durch sein Können und seine Art einen Prozeß „erleichtert" oder fördert. Er wird seine Gruppe meistens auffordern, umzugehen mit dem, was auf der *sozialen Ebene* läuft, und nicht so sehr auf der *psychologischen Ebene*. Anders ausgedrückt heißt das, daß die Arbeit in diesen Bereichen (EO-Arbeit) sich eher mit den *offenen* als mit den *verdeckten* Anliegen befaßt. Dabei liegt auf der Hand, daß der Transaktionsanalytiker selbst hellwach auf die nonverbalen Botschaften achten muß, die das begleiten, was auf der sozialen Ebene geschieht. Allerdings dürfte es im allgemeinen nicht geraten sein, diese Botschaften seinen Klienten direkt zum Bewußtsein zu bringen.

Ein Grund für diese Verlagerung des Schwerpunkts liegt darin, daß der Transaktionsanalytiker im Rahmen der Organisation bzw. der Schule oder sonstigen Ausbildungsstätte normalerweise nicht den *Schutz* bieten kann, der nötig wird, sobald die verdeckte Ebene offengelegt werden soll. Die Teilnehmer sind beispielsweise bei einem firmeninternen Seminar über Teamarbeit nur zwei oder drei Tage lang mit dem Transaktionsanalytiker zusammen. Wenn er da die Gruppenmitglieder auffordern sollte, zurückzugehen in ihr Kindsheiterleben und sich mit unerledigtem Skriptmaterial zu befassen, könnten sie alleingelassen werden mit den damit verbundenen schmerzhaften Gefühlen, aber ohne einleuchtende Mittel, das so Aufgewühlte auch zu lösen. Wie dem auch sei, es ist keineswegs immer notwendig, auf der Skriptebene zu arbeiten, um zu effektiven Problemlösungen zu gelangen. Hier sei erinnert an das, was wir in Kapitel 17 ausgeführt haben, nämlich daß eine *Fehlinformation* genauso gut zum Discounten führen kann wie Trübung oder Ausschluß.

Der Transaktionsanalytiker wird sich demnach bei der EO-Arbeit meistens darauf konzentrieren, wie der einzelne oder die Gruppe am effektivsten ihre Probleme lösen kann, indem er bzw. die Gruppe in der Gegenwart denkt und handelt. Er wird weniger untersuchen, welche in die Vergangenheit reichenden Angelegenheiten jemand vielleicht noch abzuschließen hätte. Wenn eine Ich-Zustands-Diagnose eingesetzt wird, wird sie verhaltensgerichtet und sozial orientiert und nicht historisch oder phänomenologisch sein. Der Transaktionsanalytiker mag seinen Gruppenmitgliedern auch das Konzept des Lebensskripts nahebringen als eine Erklärung dafür, weshalb Menschen manchmal in einer Weise handeln, die ihnen nur Schmerzen oder Eigentore einbringt. Aber individuelle Skriptarbeit wird hier selten unternommen werden. In den folgenden Abschnitten stellen wir einige Weisen zusammen, in denen TA-Konzepte bei der Arbeit in Organisationen sowie im Schul- und Ausbildungswesen angewandt werden können.

Anwendungen in Organisationen

Verfolgt die TA-Arbeit in Organisationen[2] irgendeine verbindliche Zielsetzung, die dem Ziel der Autonomie in der TA-Therapie entspricht? Roger Blakeney schlägt als Kriterium *Effizienz* vor. Er stellt fest, daß Organisationen, genauso wie einzelne Menschen, dysfunktionale oder ineffiziente Verhaltensmuster entwickeln können, die dem skriptgebundenen Verhalten eines Menschen ähnlich sind. Das Aussteigen aus diesem „Organisations-Skript" läßt sich dann erkennen an einer Verbesserung der Effizienz, mit der die Organisation die gewünschten Resultate erreicht.

Ich-Zustände

Die Organisationen als solche haben keine Ich-Zustände, aber sie haben Elemente, die in ähnlicher Weise funktionieren. Sie haben meist unangefochtene Überzeugungen, eine gewisse Firmen- oder Behördenkultur und Regeln, die dem Eltern-Ich-Zustand entsprechen. Sie haben Techniken und Problemlösungsverfahren, die dem Erwachsenen-Ich ähnlich sind. Und sie haben Verhaltensmuster und Empfindungen, die eine Parallele zum Kind-Ich darstellen. Der Unternehmensberater kann die Energiemenge untersuchen, die eine Organisation jedem dieser drei Elemente widmet, genauso wie der Therapeut die Verteilung der Kathexis, der „Besetzungsenergie" zwischen den Ich-Zuständen beim einzelnen Menschen, untersucht. Noch mehr leuchtet wohl ein, daß die Kommunikation und der Umgang zwischen einzelnen in einer Organisation durch die Kenntnis des Ich-Zustands-Modells gefördert werden kann. Führungskräfte können sich beispielsweise darüber klarwerden, daß sie in einer negativen Eltern-Ich-Position verharren, während ihre Mitarbeiter aus einer negativen, angepaßten Kind-Haltung heraus antworten, indem sie entweder aufsässig oder übermäßig gefügig sind. Um die Effizienz der Organisation zu verbessern, können sowohl die Führungskräfte wie die Mitarbeiter sich auf den Weg machen, um den Einsatz ihres Erwachsenen-Ichs zu erhöhen. Vielleicht schließen sie einen klaren Vertrag darüber ab, wann es für die Vorgesetzten sinnvoll ist, ihren positiven Eltern-Anteil einzusetzen, und für die Mitarbeiter, in ihrem positiven angepaßten Kind zu bleiben (vielleicht in Situationen, wo es um die Sicherheit am Arbeitsplatz geht). Das freie Kind, also beispielsweise die Arbeitsfreude, läßt sich oft schon dadurch fördern, daß der Arbeitsplatz heller und angenehmer ausgestaltet wird. Wir hören, daß manche japanische Firmen ihren Mitarbeitern ausgestopfte Attrappen von Angehörigen der Firmenleitung geben, und dazu große Holzkeulen. Wenn ein Mitarbeiter auf seinen Chef sauer ist, dann kann er während der Arbeitszeit hinausgehen und auf dessen lebloses Bildnis einhauen. Da kann man wirklich davon sprechen, daß das freie Kind sich Luft macht!

Transaktionen, Strokes, Umgang mit der Zeit

Die Analyse der *Transaktionen* wird in großem Ausmaß angewandt bei der Ausbildung von Mitarbeitern, die den direkten Publikumskontakt pflegen, z.B. von Mitarbeitern im Empfang, bei der Platzreservierung und im Verkauf. Sie lernen, wie der Kommunikationsfluß glatt und angenehm verläuft, dadurch daß sie sich um Paralleltransaktionen bemühen, und auch, wie sie eine drohende Auseinandersetzung zwischen Eltern-Ich und Kind-Ich vereiteln können, indem sie bewußt eine Überkreuztransaktion herbeiführen.

Die Analyse der *Strokemuster* hat natürlich ihren bevorzugten Platz bei der Förderung der Arbeitsmotivation. Vorgesetzte müssen lernen, positive Strokes für gute Arbeit zu geben, statt nur negative für schlechte

Leistungen auszuteilen. Hier gilt das Prinzip „different strokes for different folks", zu deutsch etwa „jedem Tierchen sein Pläsierchen" (auch im Englischen reimt sich der Ausdruck) oder besser „jedem das Seine": für dich bedeutet vielleicht der Stroke von seiten geachteter Vorgesetzter die größte Genugtuung, während ich meine Strokes lieber in Form einer Gehaltserhöhung oder eines längeren Urlaubs sähe. Wenn die *Gestaltung der Zeit* bei Sitzungen untersucht wird, ergibt sich zuweilen, daß solche Sitzungen aus sehr viel „Zeitvertreib" und wenig „Aktivität" bestehen. Und erst die Spiele – sie sind wahrscheinlich verantwortlich für die größte Vergeudung von Zeit und menschlicher Energie in Organisationen. Der Mensch verlegt sich oft auf Psychospiele, wenn er sich in der Organisation gelangweilt, nicht recht anerkannt oder nicht genügend gefordert fühlt. Ein Wechsel der Strokemuster, dazu mehr interessante Aufgaben oder auch Herausforderungen können Wunder bewirken bei der Ausschaltung von Spielen und der Steigerung von Produktivität. Die TA-Verfahren der *Vertragsarbeit* können ebenfalls dazu beitragen, daß die Energie in einer Organisation in konstruktives Handeln statt in die Verfolgung verborgener Anliegen gelenkt wird.

Das Konfrontieren von Passivität

Die Schiffschen Konzepte haben sich als äußerst nützlich erwiesen für die Anwendung in Organisationen. Die Discount-Tabelle bietet ein Mittel dazu, Problemlösungen systematisch zu betreiben. Sie ist besonders nützlich in Situationen, wo Informationen und Weisungen „von oben nach unten" weitergegeben werden, natürlich dann mit der üblichen Tendenz, unterwegs Einzelheiten zu entstellen oder ganz fallen zu lassen. Das Bewußtsein für verbale Discounts, für tangentiale und blockierende Transaktionen kann die Kommunikation fördern und die Effizienz von Sitzungen steigern.

Die TA im Schul- und Bildungswesen

Zur Autonomie gehört klares Denken und effiziente Problemlösung. Der Lehrer oder Ausbilder verfolgt das Ziel, seinen Schülern bzw. Teilnehmern zu helfen, solche Fähigkeiten zu entwickeln. Deshalb ist die Autonomie als verbindliches Ziel im Bildungswesen genauso relevant wie in der klinischen Arbeit.

Der Lehrer/Ausbilder wird im allgemeinen über einen längeren Zeitraum hinweg und in einer persönlicheren Art und Weise eine Beziehung zu seinen Schülern oder Teilnehmern unterhalten, als es der Transaktionsanalytiker in der Organisationsarbeit tun kann. Bildungsstätten verführen direkt dazu, daß die Lernenden dem Lehrenden „irgendein Gesicht aufsetzen" und daß dieser dann auf eine solche Neuauflage der Vergangenheit dadurch eingeht, daß er eine Eltern-Rolle übernimmt. Das läßt sich dadurch vermeiden, daß er sich mit der Skript-Theorie vertraut macht und Einblick gewinnt in den Inhalt des eigenen Skripts.

Auch die TA-Theorien der kindlichen Entwicklung können Lehrern und Erziehern dabei behilflich sein, mit jungen Menschen in den verschiedenen Entwicklungsphasen effektiv umzugehen.

Ich-Zustände

Die grundlegenden Elemente des Ich-Zustands-Modells werden von Kindern ab dem frühen Schulalter leicht verstanden. Die einfache Sprache der TA kommt dabei dem Lernprozeß entgegen. Wenn die Schüler den Inhalt und die Motivationen in ihren drei Ich-Zuständen untersuchen, werden sie mit klarer Kenntnis ihrer eigenen Absichten und Wünsche lernfähiger. Höchstwahrscheinlich läßt sich die Effizienz der Unterweisung auch dadurch erhöhen, daß die Lehr- oder Trainingsveranstaltungen für alle drei Ich-Zustände attraktiv gestaltet werden. Es ist vor allem wichtig zu sehen, daß das freie Kind die Quelle der Kreativität und der Energie in der Gesamtpersönlichkeit ist und beim Lernprozeß beteiligt werden muß.

Der Lehrende selbst muß freien Zugang haben zu all seinen Ich-Zuständen. Größtenteils wird er Problemlösungen aus dem Erwachsenen-Ich heraus vorführen. Oft wird er auch aus seinem positiven kritischen Eltern-Ich heraus klare Grenzen setzen, oder aus seinem positiven fürsorglichen Eltern-Ich zeigen, wie sehr ihm an seinen Schülern oder Teilnehmern liegt. Er kann in sein Kind gehen, um ein Vorbild zu sein für Spontaneität, intuitive Fähigkeiten und begeistertes Lernen.

Transaktionen, Strokes, Umgang mit der Zeit

Die Analyse von Transaktionen ist nützlich, um die Kommunikation zwischen Lehrer/Ausbilder und Schüler bzw. Kursteilnehmer klar und produktiv zu halten, und frei von verdeckten Anliegen. Die Verwendung von *Alternativen zu ineffizienten Transaktionen* kann sowohl den Lehrern wie auch den Schülern helfen, aus „eingefahrenen" Eltern-Kind-Ich-Interaktionen auszusteigen.

Zur Verbesserung der Kommunikation kann auch das Aufdecken und Vermeiden von *Antreiberverhalten* einen wesentlichen Beitrag leisten. „Etwas lernen" und „einmal versuchen, etwas zu lernen" — das sind zwei Paar Schuhe! Und der Unterrichtsstoff wird klarer aufgefaßt und bleibt besser haften, wenn der Vortragende sich Zeit nimmt, statt „sich zu beeilen". Die Schüler ihrerseits verbessern ihre Lerntechnik, wenn sie sich damit zufrieden geben, das Nötige zu erfassen, statt darauf aus zu sein, „perfekt zu sein", indem sie *alles* behalten wollen.

Die Beachtung der *Strokemuster* und der *Gestaltung der Zeit* ist im Erziehungs- und Bildungswesen in der gleichen Weise relevant wie bei der Organisationsarbeit. Vortragssäle, Klassenzimmer und Trainingsräume geben einen besonders kräftigen Nährboden ab für *Spiele* und *Strick-Clubs für Lockmaschen*. Die Lernenden spielen vielleicht Spiele wie Dumm („Versteh ich nicht"), „Das schaffst du doch nicht!" oder „Ach, mach du das für mich!" (mit dem potentiellen Rollenwechsel zu „Sieh doch, was du angerichtet hast!"). Die Lehrenden ihrerseits können spielen „Sieh mal, wie ich mich angestrengt habe!", „Ich wollte dir doch nur helfen", „Versuch's doch mal so" oder „Auch nicht besser!". Die Kenntnis der Spielanalyse befähigt Lernende und Lehrende, diese unproduktiven Dialoge zu vermeiden und statt dessen an die Arbeit zu gehen, an das eigentliche Geschäft des Lehrens und Lernens.

Der Einsatz von *Vertragsarbeit* hilft den Erziehern bzw. Lehrern oder Ausbildern und ihren Adressaten dabei, eine klare, offene Absprache zu treffen über das, was sie hier tun sollen, und darüber, wie sie das am besten zuwege bringen.

Das Konfrontieren von Passivität

In Erziehungs- und Bildungsstätten ist es besonders wahrscheinlich, daß die dort Tätigen eine Symbiose erwarten. In gewissen Kulturen, wo die Lehrer nach alter Überlieferung der Vorstellung zu entsprechen haben, daß sie das Eltern-Ich und Erwachsenen-Ich einbringen, während der Lernende im Kind-Ich verharrt, mag eine solche Erwartung offen zutage treten. Die moderneren pädagogischen Methoden stimmen mit der TA dahingehend überein, daß darin ein Discount der Fähigkeiten beider Seiten zu erblicken ist.

Die Kenntnis der Konzepte der Schiff-Schule hilft Lehrern und Schülern, sich aus der Symbiose herauszuhalten und alle drei Ich-Zustände voll einzusetzen. Der Erzieher kann lernen, die vier passiven Verhaltensweisen zu erkennen und zu konfrontieren, statt sich in Spiele verwickeln zu lassen. Wo das Schulsystem das ermöglicht, können „Tutor-" oder Übungsgruppen eingerichtet werden, damit ein „reaktives Milieu" geschaffen wird, in dem die Lehrenden und die Lernenden gemeinsam Verantwortung dafür übernehmen, klares Denken und aktives Problemlösen zu fördern.

30. Wie die TA sich entwickelt hat

Als die erste englische Ausgabe dieses Buchs erschien, war es gerade dreißig Jahre her, daß Berne seinen ersten professionellen Vortrag mit dem Titel „Transaktionsanalyse" gehalten hatte. Mehr als die Hälfte dieses Dreißig-Jahres-Zeitraumes ist vergangen seit Bernes frühem Tod im Jahre 1970. Die TA hatte, ähnlich wie Berne selbst, fertig zu werden mit dem frühen Verlust eines Vaters.

In diesem Kapitel beschreiben wir Bernes Leben und die Anfänge seines Denkens in den 50er Jahren und davor. Die dreißig Jahre, die auf jenes Referat von 1957 folgten, stellen sich zunächst als Phase einer gewissen Frühentwicklung dar. Damals ist vor allem eine Handvoll Transaktionsanalytiker, die an der amerikanischen Westküste lebten, äußerst produktiv gewesen. Mitte der 60er Jahre hat dann die Veröffentlichung von Bernes Bestseller *Spiele der Erwachsenen* die TA in den Brennpunkt des öffentlichen Interesses gerückt. Damit begann ein Jahrzehnt großer Popularität auch außerhalb der Fachwelt.

Die Zeit seit Ende der 70er Jahre brachte eine Periode der Konsolidierung, die derzeit noch anhält. Die Zahl der TA-Anhänger ist von einem Gipfel 1976 abgesunken auf das derzeitige Niveau, welches zwar niedriger ist, aber doch stabil und immer noch erheblich höher als in den Anfangsjahren. Die Theorie und die Praxis sind verfeinert und weiterentwickelt worden. Was wohl am stärksten ins Auge fällt, ist, wie das Interesse an der TA sich weltweit ausgebreitet hat. Die „TA-Community" blieb nicht beschränkt auf die Westküste, auf die Vereinigten Staaten oder auf die englischsprachigen Länder, sondern ist wirklich international geworden.

Eric Berne und die Anfänge der TA

Eric Berne[1] wurde 1910 in Montreal in Kanada als Eric Lennard Bernstein geboren. Sein Vater war praktischer Arzt und seine Mutter Schriftstellerin. Seine frühen Jahre waren glücklich, und es machte ihm besonderen Spaß, seinen Vater bei Patientenbesuchen zu begleiten. Aber dann, als Eric erst neun Jahre alt war, starb sein Vater. Der Schmerz über diesen Verlust hat den kleinen Jungen zutiefst geprägt, und es ist denkbar, daß dies Ereignis auf Bernes spätere Entwicklung großen Einfluß gehabt hat.

Ermutigt durch seine ehrgeizige Mutter nahm Berne das Studium der Medizin auf und promovierte 1935. Kurz darauf zog er in die Vereinigten Staaten und begann seine Facharzt-Ausbildung in Psychiatrie. Er nahm die amerikanische Staatsbürgerschaft an und änderte seinen Namen um in Eric Berne.

1941 begann er seine Ausbildung als Psychoanalytiker, und zwar bei Paul Federn. Eine Unterbrechung brachte der Eintritt Amerikas in den Zweiten Weltkrieg; Berne wurde 1943 als Psychiater Sanitäts-Offizier bei den Streitkräften.

Während seiner Dienstzeit begann er, Gruppentherapie zu praktizieren. Er hatte damals schon angefangen, kritische Notizen über die Psychiatrie und die Psychoanalyse zu sammeln, die dann die Grundlage für seine späteren Werke abgeben sollten.

Nach seiner Entlassung aus dem Wehrdienst nahm Berne 1946 seine Ausbildung in Psychoanalyse wieder auf, diesmal bei Erik Erikson. Gleichzeitig begann damals jene Phase unermüdlicher Arbeit, die den Rest seines Lebens charakterisiert hat. Er ließ sich als Facharzt nieder, übernahm neben seiner Praxis eine Reihe von Ämtern und widmete sich zudem seinen Veröffentlichungen, die nun in dichter Folge erschienen. Sein erstes Buch *The Mind in Action*, kam 1947 heraus, später (1957) eine revidierte Fassung als *A Layman's Guide to Psychiatry and Psychoanalysis* (in der deutschen Fassung *Sprechstunden für die Seele*). [2]

Bereits 1949 veröffentlichte er einen Beitrag über das Wesen der Intuition. Es war der erste von sechs Artikeln, die zwischen 1949 und 1958 in Fachzeitschriften gedruckt wurden. Darin läßt sich gut verfolgen, wie sich Bernes Ideen allmählich herausgebildet hatten, die dann später zur Entwicklung der Transaktionsanalyse führten.

Während dieser ganzen Zeit hatte Berne seine psychoanalytische Ausbildung fortgesetzt. 1956 beantragte er seine Aufnahme in die Psychoanalytische Gesellschaft, aber der Antrag wurde abgelehnt.

Angespornt durch diese Ablehnung beschloß Berne, auf sich selbst gestellt weiterzuarbeiten und eine neue Konzeption der Psychotherapie zu entwerfen. Am Ende des gleichen Jahres hatte er zwei weitere Artikel über die Intuition in seiner Serie fertiggestellt, in denen er zum ersten

Mal sein Konzept der Ich-Zustände für das Eltern-Ich, das Erwachsenen-Ich und das Kind-Ich vorstellte und den Ausdruck „strukturelle Analyse" verwandte. Dieser Artikel wurde 1957 veröffentlicht. Berne hat anschließend einen weiteren Beitrag verfaßt, den er im November 1957 der *American Group Psychotherapy Association* vortrug. Der Titel lautete „Transactional Analysis: A New and Effective Method of Group Therapy".

In diesem Artikel, der im darauffolgenden Jahr gedruckt erschien, bekräftigte Berne sein Konzept der Ich-Zustände für das Eltern-Ich, das Erwachsenen-Ich und das Kind-Ich und führte die Begriffe „Spiel" und „Skript" ein. Damit war die Grundlage für die TA-Theorie bereits gelegt.

Was war Berne für ein Mensch? Die Erinnerungen an seine komplexe Persönlichkeit sind sehr unterschiedlich, je nach dem, wer von denen, die ihn persönlich gekannt haben, sich dazu äußert. Einige sagen, er war genial, anderen gegenüber fördernd und humorvoll. Andere erinnern sich an einen sarkastischen, stets rivalisierenden und persönlich unnahbaren Menschen.[3] Was feststeht, ist, daß er ein klarer Denker war und von anderen klares Denken forderte. Diese Eigenart zeigt sich in dem klaren und leicht verständlichen Aufbau der TA-Theorie. Und das kommt uns allen bis zum heutigen Tage zugute.

Während seiner ganzen Entwicklung hat Berne ein starkes Interesse für die Funktion der Intuition beibehalten. Ursprünglich hatte ihm das ja den Antrieb geliefert zur Formulierung der TA-Konzepte, und das zeigte sich auch später in dem Nachdruck, mit dem er dazu anhielt, Dinge und Menschen zu sehen wie „ein Besucher aus dem All"*, d.h. das Verständnis entwickeln sowohl für die verdeckten wie auch für die offenen Botschaften.

Berne war Individualist, im Grunde ein Aufrührer. Ob seine Ablehnung durch das psychoanalytische Establishment nun wirklich als Ansporn dazu gewirkt hat, daß er die TA entwickelt hat, darüber können wir nur Vermutungen anstellen. Aber es ist ihm gelungen, eine Methode der Psychotherapie einzuführen, die gegen die Regeln des Establishments verstieß, wie Berne es zu seiner Zeit sah. Sein Ideal war es gewesen, die Menschen rasch zu heilen, statt sie anzuhalten, in jahrelanger Therapie immer nur „Fortschritte zu erzielen". Er verfügte, daß die TA die Sprache des Laien zu sprechen habe, statt sich in die feierlichen

* *Anmerkung des Übersetzers:* Der Ausdruck, den Berne verwandte, ist vermutlich den Science-Fiction-Darstellungen in der amerikanischen Populärliteratur und den Filmen entlehnt: „thinking Martian", was soviel heißt wie "Denken wie Wesen, die vom Mars kommen".

Gewänder einer Fachsprache zu hüllen, die ihre Ausdrücke aus dem Lateinischen und Griechischen entlehnte. Der Zweck, den er damit verfolgte, war einfach, daß der Klient und sein Therapeut im Heilungsprozeß leichter kooperieren konnten.

Paradoxerweise entsprangen aber einige der Ideale, für die Berne sich am stärksten einsetzte, direkt aus seiner medizinischen Ausbildung. Darin mögen sich nicht nur sein eigenes Medizinstudium, sondern auch die Erinnerungen an eine glückliche Kindheit, wie er sie mit seinem Vater verbracht hatte, widerspiegeln. Seinem Buch *Transactional Analysis in Psychotherapy* stellte er eine in lateinischer Sprache gefaßte Widmung voran: „Zum Andenken an meinen Vater David, Doktor der Medizin und Facharzt für Chirurgie, und Arzt der Armen".

Für Berne sollte ein effektiver Therapeut ein „wirklicher Arzt" sein. Damit meinte Berne keineswegs, daß nur Mediziner Therapeuten werden sollten. Im Gegenteil, er war der Meinung, daß *jeder* Therapeut die Verantwortung zu tragen habe, die von einem Mediziner erwartet wird. Der „wirkliche Arzt", sagte Berne, denkt vor allem immer daran, daß er seine Patienten zu heilen hat. Er hat seine Behandlung so zu planen, daß er in jeder Phase weiß, was er tut und warum. Diese Einstellung und dieses Können werden auch heute noch bei der TA-Prüfung verlangt, durch die den Kandidaten die Anerkennung als Transaktionsanalytiker ausgesprochen wird.

Die ersten Jahre

Seit den frühen 50er Jahren hatten Berne und seine Mitarbeiter regelmäßig klinische Seminare abgehalten.[4] 1958 gründeten sie die San Francisco Social Psychiatry Seminars (SFSPS), die *Sozialpsychiatrischen Seminare von San Francisco*, zu denen sie sich jeden Dienstag in Bernes Wohnung trafen. Diese Veranstaltungen werden, wenn auch Name und Ort der Zusammenkünfte verschiedentlich geändert wurden, bis auf den heutigen Tag fortgesetzt.

In jenen ersten Jahren bildeten die Seminare einen fruchtbaren Nährboden für die sich allmählich herausbildenden Konzepte der TA. Bernes Werk *Transactional Analysis in Psychotherapy**, das erste zur Gänze der TA gewidmete Buch, erschien 1961. Darauf folgte 1963 *The*

* *Anmerkung des Übersetzers:* zu deutsch *Transaktionsanalyse in der Psychotherapie*; dieses grundlegende Werk ist leider bis heute noch nicht auf deutsch erschienen.

Structure and Dynamics of Organizations and Groups, auf deutsch *Struktur und Dynamik von Organisationen und Gruppen.*

Im Januar 1962 begann die Veröffentlichung der Hefte des *Transactional Analysis Bulletin*, mit Berne als Herausgeber.

Zu den Teilnehmern an den SFSPS gehörten viele der heute bekanntesten Gestalten der „klassischen TA-Schule", wie Claude Steiner, Jack Dusay, Stephen Karpman und Franklin Ernst.

Bei den ersten Seminar-Zusammenkünften war auch Jacqui Lee Schiff mit von der Partie. Und auch Bob Goulding begann die klinische Supervision bei Berne in den frühen 60er Jahren. So wurde also die Saat gesät für die Entwicklung der beiden anderen „Schulen" der derzeitigen TA, die wir in Kapitel 28 beschrieben hatten.

1964 beschlossen Berne und seine Kollegen, die *International Transactional Analysis Association (ITAA)* zu gründen, in Anerkennung der Tatsache, daß die TA inzwischen von einer wachsenden Zahl von Fachleuten auch außerhalb der Vereinigten Staaten praktiziert wurde.

Gleichzeitig wurde der Name der Seminare von San Francisco umgeändert in *San Francisco Transactional Analysis Seminar (SFTAS).*

Das Jahr 1964 brachte einen Höhepunkt in der Geschichte der TA: die Veröffentlichung von *Games People Play**.

Nach Bernes Absicht hätte dieses Buch ein Lehrbuch für einen relativ kleinen Kreis von Fachleuten werden sollen. Statt dessen wurde es ein Bestseller. Und in dem Maße wie es weltweit immer wieder neu aufgelegt wurde und reißenden Absatz fand, wurden auch die Sprache der TA und ihre Anschauungen Allgemeingut immer breiterer Schichten.

Die Zeit der Expansion

Der kommerzielle Erfolg von *Games People Play* hatte nicht gleich zu einer explosionsartigen Zunahme von Transaktionsanalytikern geführt. Im Jahre 1965 standen lediglich 279 Namen auf der Mitgliederliste der ITAA. Aber diese kleine Anzahl von Fachleuten hat eine kontinuierliche Entwicklung von Theorie und Praxis der TA bewirkt. Die Schiffs, die

---

* *Anmerkung des Übersetzers*: Der bekannte deutsche Titel *Spiele der Erwachsenen* gibt Bernes sicher wohlüberlegten Titel nicht präzise wieder: im Spielkonzept kommt ja gerade zum Ausdruck, daß das Erwachsenen-Ich ausgeschaltet bleibt; zudem wird die Spielstruktur doch in der Kindheit erworben – was im englischen Titel zum Ausdruck kommt, könnte man im Deutschen mit den Worten wiedergeben: „Spiele, wie sie Menschen eben spielen".

jetzt in den östlichen Staaten der USA tätig waren, begannen 1965 ihre Arbeit mit psychotischen Klienten. Bernes Buch *Principles of Group Treatment* erschien 1966, und im gleichen Jahr kam der anregende Artikel von Steiner über „Skript und Gegenskript" im *TA-Bulletin* heraus.

1968 war die Mitgliederzahl der ITAA bereits auf über 500 angestiegen, und das Drama-Dreieck von Stephen Karpman tauchte zum ersten Mal in einem Artikel des *Transactional Analysis Bulletin (TAB)* auf.

Während dieser ganzen Zeit hielt Berne seinen gnadenlos regelmäßigen, arbeitsreichen Tagesrhythmus ein. Im Jahre 1970 hatte er die Manuskripte zweier Bücher abgeschlossen, *Sex in Human Loving,* auf deutsch *Spielarten und Spielregeln der Liebe* und *What Do You Say after You Say Hello?*, auf deutsch *Was sagen Sie, nachdem Sie Guten Tag gesagt haben?*

Aber er sollte ihre Drucklegung nicht mehr erleben. In den letzten Junitagen erlitt er einen Herzinfarkt und wurde ins Krankenhaus eingeliefert. Zunächst sah es so aus, als würde er sich wieder erholen, aber dann erlitt er einen zweiten Infarkt und starb am 15. Juli 1970. Die erste Nummer des *Transactional Analysis Journal* im Januar 1971 war eine Gedächtnisausgabe zu Ehren von Eric Berne. In diesem Heft veröffentlichten auch Aaron und Jacqui Schiff ihren wegweisenden Artikel über „Passivität", und Stephen Karpman stellte sein Konzept der „Alternativen" (im Englischen „options" – zu ineffizienten Transaktionen) vor.

Genau wie Bernes eigene Arbeiten trugen zwei weitere Bestseller dazu bei, das Interesse an der TA zu verstärken. Das Buch *I´m OK, You´re OK* von Thomas Harris war 1967 erschienen. Im Unterschied zu *Games People Play* richtete es sich ausgesprochen an Nicht-Fachleute und präsentierte die Grundtheorie der TA in einer Weise, die unmittelbar ansprechend war, wenn auch bisweilen reichlich persönlich.

1971 brachten Muriel James und Dorothy Jongeward in ihrem Buch *Spontan leben* (im Englischen *Born To Win*, geboren um Gewinner zu werden) TA-Konzepte zusammen mit der gestalttherapeutischen Methode von Fritz Perls.

Die Lawine eines weiten öffentlichen Interesses kam nun ins Rollen. Die Mitgliederzahl der ITAA, die 1971 bei etwa 1000 lag, schwoll bereits 1973 auf über 5000 an. Sie nahm dann zu, bis sie 1976 ein Maximum von fast 11 000 erreichte.[5]

Inzwischen gingen alle drei „Schulen" der TA daran, ihre Theorie und Praxis weiter auszugestalten. Der originelle Artikel von Jack Dusay über „Egogramme" erschien 1972 im *TA Journal*. Im gleichen Jahr veröffentlichten Bob und Mary Goulding einen Artikel, in dem sie ihre Vorstellungen über die Neuentscheidung und die Bann-Botschaften darlegten, und die Schiffs gründeten das Cathexis-Institut.

Taibi Kahlers Arbeit über die Antreiber und das Miniskript, die zum ersten Mal 1974 in einem Artikel im *TA Journal* veröffentlicht worden war, stellte einen wesentlichen neuen Ansatz innerhalb der TA dar. Die Ideen von Kahler lagen außerhalb des Rahmens irgendeiner der größeren „Schulen". Heute ist das Miniskript in der Grundtheorie der TA fest verwurzelt; dabei hat es einige zentrale Begriffe eingeführt, die heute Allgemeingut sind, von denen allerdings Berne, als er 1970 starb, nie etwas gehört hatte.

Weltweite Konsolidierung

Wenn die TA mit Bernes frühen Studien über die Intuition entstanden ist und mit der Präsentation seines Vortrages von 1957 das Licht der Welt erblickt hat, so läßt sich sagen, daß sie im Jahre 1978 „volljährig geworden" ist. Damals war die Mitgliederzahl der ITAA auf 8000 geschrumpft, und sie ist auch weiterhin noch gesunken, wenn auch nicht so rasch. Seit 1985 liegt sie mehr oder weniger stabil bei etwa 5000.

TA hat als Thema für die Medien den Reiz der Neuheit eingebüßt, wie das zu erwarten war. Aber das Nachlassen des Masseninteresses ist nur ein Aspekt der derzeitigen Geschichte der TA, und vielleicht ein relativ unwichtiger. Von größerer Bedeutung ist sicher die Tatsache, daß die TA als Disziplin herangereift ist und als professionelle Methode internationale Akzeptanz gewonnen hat. In dieser Hinsicht war es vielleicht nicht einmal schlecht, daß die TA das Image einer Art „Westentaschen-Psychologie" losgeworden ist, das sie während der Jahre der raschen Expansion in der Vorstellung mancher Leute gewonnen hatte.

1977 erschienen zwei Bücher, die in mancher Hinsicht diesen Wandel symbolhaft anzeigten. Beide waren Zusammenstellungen von Beiträgen mehrerer Autoren und richteten sich in der Hauptsache an die Fachwelt. Das Buch *Transactional Analysis After Eric Berne**, herausgegeben von Graham Barnes, dokumentierte die wichtigsten Erweiterungen und Entwicklungen in der Theorie und Praxis der TA, die seit Bernes Tod stattgefunden hatten. Muriel James fungierte als Herausgeberin von *Techniques in Transactional Analysis for Psychotherapists and Counselors* (zu deutsch "Techniken in der TA für Psychotherapeu-

* Im Deutschen in drei Bänden erschienen unter dem Titel *Transaktionsanalyse seit Eric Berne*.

ten und beratende Berufe") und konzentrierte sich in der Hauptsache auf die derzeitigen Anwendungen der TA.

Andere TA-Autoren haben das Gedankengut der TA weiterhin vertieft und erweitert. So war z.B. das Maschensystem von Richard Erskine und Marilyn Zalcman 1979 in einem Artikel im *TA Journal* zum ersten Mal in einer Veröffentlichung dargestellt worden.

Die professionelle Ausbildung in Transaktionsanalyse sowie die aufgrund einer Prüfung erfolgende Anerkennung der Qualifikation halten sich an Normen, die weltweit anerkannt sind. Die Prüfung wird derzeit von der ITAA und der *European Association for Transactional Analysis (EATA)* abgenommen. Weitere Einzelheiten dazu im Anhang D.

Das aktive Interesse an der TA außerhalb der Vereinigten Staaten hatte lange vor der großen Expansionsperiode eingesetzt. Bereits 1964 wurde die TA-Methode in ihrer Anwendung auf die Gruppen-Interaktion in Kursen im Rahmen der Erwachsenenbildung von Professor John Allaway von der Universität von Leicester in England gelehrt.[6] Kurse in diesem Rahmen werden auch heute noch abgehalten.

1965 stand auf der Mitgliederliste der ITAA eine Handvoll Namen von Nicht-Amerikanern. Als dann das Interesse an der TA überall in der Welt zunahm, wuchs der Anteil der Nicht-Amerikaner entsprechend, bis es 1976 bei einer Gesamtmitgliederzahl von etwa 10 000 etwa 2000 waren, die außerhalb der Vereinigten Staaten tätig waren. Eine interessante Entwicklung ist insofern zu verzeichnen, als zwar die Gesamtzahl der ITAA-Mitglieder gesunken ist, aber die Zahlen für die Nicht-Amerikaner relativ stabil geblieben sind. Damit ist der Anteil der nichtamerikanischen Mitglieder am Gesamt-Mitgliederbestand ständig gestiegen. Die ITAA ist somit zunehmend wirklich ein internationaler Verband geworden. Infolgedessen kam es zu einigen grundlegenden Umorganisationen in der Struktur der ITAA, die bei Drucklegung dieses Buches noch im Gange und auch zum Zeitpunkt der Übertragung ins Deutsche noch nicht abgeschlossen sind.

In dem Maße, wie das Interesse an der TA überall in der Welt zugenommen hat, ergab sich als natürliche Folge die Gründung von örtlichen, nationalen und kontinentalen TA-Organisationen. Die *European Association for Transactional Analys* wurde 1964 gegründet und zählt derzeit über 2000 Mitglieder. Sie hielt ihren ersten Kongreß 1975 ab, und diesem folgte 1976 der erste „Pan-American"-Kongreß für die westliche Hemisphäre. Es gibt derzeit nationale TA-Vereinigungen in vielen einzelnen Ländern in Europa, Nord- und Südamerika, Asien und Australien.

Anhang A

Werke von Eric Berne

Eine vollständige Bibliographie der Schriften von Berne findet sich bei R. Cranmer, „Eric Berne: annotated bibliography", Transactional Analysis Journal (in der Folge abgekürzt als *TAJ*) I (1971) Heft 1, S. 23 - 29.

Im folgenden führen wir die acht Bücher von Berne auf, die im Leitfaden der ITAA zum Grundlagenkurs („101") angegeben werden:

Berne, E., *Intuition and ego states* (Herausgegeben von McCormick, P.). San Francisco: TA Press, 1977.

Eine Zusammenstellung der Artikel, die Berne über verschiedene mit dem Phänomen der Intuition zusammenhängende Themen zwischen 1949 und 1962 veröffentlicht hat. Dort finden sich seine ersten Ausführungen über die Grundkonzepte der TA.

Berne, E., *A layman's guide to psychiatry and psychoanalysis*. New York: Simon and Schuster, 1957, [3]1968. *Andere Ausgaben:* New York: Grove Press, 1957; und Harmondsworth: Penguin, 1971, 1

Eine Überarbeitung von *The mind in action*, das ursprünglich 1947 veröffentlicht worden war. Die Ausgabe von *A layman's guide* von 1967 enthält ein Kapitel über TA, das John Dusay beigesteuert hatte.

Deutsch: Sprechstunden für die Seele, Reinbek 1970.

Berne, E., *Transactional analysis in psychotherapy*. New York: Grove Press, 1961, 1966.

Das erste Buch, das sich nur mit TA befaßt. Darin findet sich Bernes erste und heute noch gültige Formulierung des Ich-Zustands-Modells sowie ausführlichere Darlegungen der weiteren wesentlichen Kapitel der TA-Theorie, wie er sie in seinen früheren Artikeln vorgestellt hatte.

Berne, E., *The structure and dynamics of organizations and groups*. Philadelphia: J.B. Lippincott Co., 1963. *Andere Ausgaben:* New York: Grove Press, 1966; und New York: Ballantine, 1973.

Der Inhalt des Buchs wird durch den Titel angegeben; es finden sich darin auch gewisse TA-Konzepte, wie die Analyse von Transaktionen und Spielen.

Deutsch: Struktur und Dynamik von Organisationen und Gruppen, München 1979.

Berne, E., *Games people play*. New York: Grove Press, 1964. *Andere Ausgaben u. a.:* Harmondsworth: Penguin, 1968.

Der weltberühmte Bestseller, in dem Berne die Ideen über die Spielanalyse darlegt, die er in den frühen 60er Jahren entwickelt hatte (in späteren Büchern hat er seine Theorie schrittweise revidiert, s. hier unser Kapitel 23). Zudem enthält das Buch eine Zusammenstellung der Bezeichnungen derjenigen Spiele, die bis dahin Namen erhalten hatten.

Deutsch: Spiele der Erwachsenen, Reinbek 1967 und München 1975.

Berne, E., *Principles of group treatment*. New York: Oxford University Press, 1966. *Andere Ausgaben:* New York: Grove Press, 1966.

Hier werden Theorie und Praxis der Gruppenbehandlung, einschließlich der Verwendung der TA in Gruppen, abgehandelt.

Berne, E., *Sex in human loving*. New York: Simon and Schuster, 1970. *Andere Ausgaben:* Harmondsworth: Penguin, 1973.

Eine Untersuchung über Sexualität in persönlichen Beziehungen, die im Lichte von TA-Erkenntnissen analysiert wird.

Deutsch: Spielarten und Spielregeln der Liebe, Reinbek 1974.

Berne, E., *What do you say after you say hello?* NewYork: Grove Press, 1972. *Andere Ausgaben:* London: Corgi, 1975.

Ausführliche Darlegung der Skripttheorie, wie Berne und seine Mitarbeiter sie bis zum Ende der 70er Jahre entwickelt hatten, samt ihren therapeutischen Anwendungen.

Deutsch: Was sagen Sie, nachdem Sie Guten Tag gesagt haben? München 1975.

Anhang B

Weitere wichtige TA-Literatur

Wenn wir im folgenden einige Werke als „wichtig" bezeichnen, beabsichtigen wir keineswegs, die große Zahl anderer TA-Bücher herabzustufen, die z. Zt. erhältlich sind*). Bei der Auswahl der hier genannten Bücher haben wir zwei Maßstäbe zugrundegelegt: es handelt sich entweder um Gesamtdarstellungen, die einen weitgefaßten Überblick über die Theorie und Praxis der TA vermitteln, oder um allgemein anerkannte Positionsbestimmungen für eine der drei „TA-Schulen". In diesem Sinne sind sie mithin „wichtig" für das Studium der Transaktionsanalyse sowie für eine weiterführende Lektüre.

Wir berücksichtigen dabei nicht, ob ein Titel derzeit lieferbar ist, da sich das je nach den Entscheidungen der einzelnen Verleger jederzeit kurzfristig ändern kann.

Lehrbücher und Gesamtdarstellungen

Transactional analysis after Eric Berne: teachings and practices of three TA schools, herausg. von G. Barnes. New York: Harper's College Press, 1977.

Die 22 Beiträge in diesem Überblick befassen sich im wesentlichen mit den Weiterentwicklungen der TA-Theorie nach Bernes Tod, obwohl auch Aspekte der Praxis berücksichtigt sind. Dabei werden Wesen und Entwicklung der drei „TA-Schulen" im einzelnen untersucht.

Deutsch: Transaktionsanalyse seit Eric Berne, hgg. von G. Barnes, Berlin 1979 (3 Bände).

Techniques in transactional analysis for psychotherapists and counselors, herausg. von Muriel James. Reading: Addison-Wesley, 1977.

Eine Zusammenstellung von 43 Beiträgen, unter denen die Herausgeberin selbst stark vertreten ist. Wie aus dem Titel ersichtlich befaßt sich das Buch in erster Linie mit den Techniken der neueren TA, aber es werden auch Theorieaspekte untersucht, und ein Abschnitt behandelt die Beziehungen zwischen TA und anderen Therapierichtungen.

James, M., und Jongeward, D., *Born to win: transactional analysis with gestalt experiments.* Reading: Addison-Wesley, 1971. *Andere Ausgaben* u. a.: New York: Signet, 1978.

Der bekannte Bestseller aus dem Jahre 1971, der nach wie vor eine solide Einführung in die Grundkonzepte der TA darstellt. Beachtlich ist darin der

* *Anmerkung des Übersetzers*: Für die deutsche TA-Literatur siehe den Anhang „Bibliographie".

Einsatz von Übungen aus der Gestalttherapie als Lernhilfe und als Anregung bei der Selbsterfahrung.
Deutsch: Spontan leben, Reinbek 1974.

Kahler, T., *Transactional analysis revisited.* Little Rock: Human Development Publications, 1978.
Eine breit gefächerte Kritik der TA-Theorie verbunden mit einer Revision und Erweiterung von Kahlers eigener Miniskript-Theorie.

TA: The state of the art, hgg. von Erica Stern. Dordrecht: Foris Publications, 1984.
Mit 23 Beiträgen, hauptsächlich von europäischen Transaktionsanalytikern, vermittelt dieses Buch eine Vorstellung von entscheidenden Aspekten der Theorie und Praxis der TA in der Gegenwart.

Woollams, S., and Brown, M., *Transactional analysis.* Dexter: Huron Valley Institute, 1978. *Andere Ausgaben:* (kartoniert und teilweise überarbeitet) *TA: the total handbook of transactional analysis.* Englewood Cliffs: Prentice-Hall, 1979.
Eine umfassende Darstellung der TA-Theorie und -Praxis.

Die klassische Schule

Dusay, J., *Egograms.* New York: Harper and Row, 1977. *Andere Ausgaben:* New York: Bantam, 1980.
Eine leicht lesbare Darstellung des Egogramm-Konzepts von Dusay, in Verbindung mit dem funktionellen Ich-Zustands-Modell und anderen Aspekten der klassischen TA.

Steiner, C., *Scripts people live: transactional analysis of life scripts.* New York: Grove Press, 1974.
Eine ausführliche Diskussion der Skripttheorie und der sich daraus ergebenden Weiterungen.
Deutsch: Wie man Lebenspläne verändert. Paderborn 1981

Die Neuentscheidungsschule

Goulding, M., und Goulding, R., *Changing lives through redecision therapy.* New York: Brunner/Mazel, 1979.
Deutsch: Neuentscheidung. Ein Modell der Psychotherapie, Stuttgart 1981.
Goulding, R., und Goulding, M., *The power is in the patient.* San Francisco: TA Press, 1978.
Diese beiden Bücher der Gouldings beschreiben sowohl die theoretischen Grundlagen wie auch die Praxis ihrer Neuentscheidungsarbeit; dabei stellt das zweite Buch eine Zusammenstellung von Artikeln dar, die sie im Laufe der Jahre in Fachzeitschriften und Sammelwerken veröffentlicht hatten.

Die Cathexisschule

Schiff, J., und Mitautoren, *The Cathexis reader: transactional analysis treatment of psychosis.* New York: Harper and Row, 1975.
Eine umfassende Darstellung der Schiffschen Theorie unter Einbeziehung von Material, das ursprünglich im *TA Journal* veröffentlicht worden war.

Anhang C

Fachverbände

Zum Zeitpunkt der Drucklegung der englischen Erstausgabe (1987) gibt es eine TA-Organisation, die weltweit vertreten ist, die International Transactional Analysis Association (ITAA). Eine weitere Organisation, die European Association for Transactional Analysis (EATA), umspannt den europäischen Kontinent. Neben diesen internationalen Verbänden gibt es in vielen Ländern der Welt nationale oder regionale Gesellschaften.

In Kapitel 30 haben wir die historische Entwicklung der ITAA und der EATA skizziert. Im Anhang D wird ihre Tätigkeit auf dem Gebiet des Ausbildungs- und Prüfungswesens beschrieben.

Die International Transactional Analysis Association

Die ITAA ist eine gemeinnützige Ausbildungsinstitution (Non-profit educational corporation) nach amerikanischem Recht. Die Mitgliedschaft ist in drei Kategorien gegliedert. *Fördernde Mitglieder* (ohne Stimmberechtigung) interessieren sich für die TA und treten für die humanistischen Ziele der ITAA ein. Als *ordentliche Mitglieder* mit Stimmberechtigung werden diejenigen geführt, die die TA beruflich einsetzen, aber ihre berufliche Qualifikation auf anderem Wege erreicht haben. Der gleiche Status gilt auch für Mitglieder, die sich auf die Prüfung zur Anerkennung als Transaktionsanalytiker durch das Board of Certification (BOC) vorbereiten. Als Voraussetzung zur Erlangung dieses Mitgliederstatus ist ein Grundlagenkurs („101") zu absolvieren oder eine dem „101"-Kurs entsprechende Prüfung durch ein Lehrendes Mitglied nachzuweisen. Als *geprüfte Transaktionsanalytike*r werden solche Mitglieder (mit dem Status *Certified Transactional Analyst Member*) geführt, die bei einem zugelassenen Instructor oder Supervisor ausgebildet worden sind und dann ihre schriftliche und mündliche Prüfung bestanden haben (s. Anhang D); dabei können sie für Psychotherapie oder für Anwendungen in Organisationen oder im Schul- und Bildungswesen ausgebildet sein.

Die ITAA ist derzeit in Umstrukturierung zu einem Dachverband begriffen, dem regionale und nationale Vereinigungen angehören; daneben führt sie aus den ersten Jahrzehnten immer noch eine große Anzahl von Einzelmitgliedern.

Die Umgestaltung, die eine Folge der weltweiten Verbreitung der TA sowie der steigenden Zahl von praktizierenden Transaktionsanalytikern ist, geht schrittweise vor sich und dürfte erst in einigen Jahren völlig abgeschlossen sein.

Informationen erteilt die ITAA, 1772 Vallejo Street, San Francisco, California 94123, USA.

Die European Association for Transactional Analysis
Die EATA ist eine gemeinnützige Körperschaft nach Schweizerischem Recht. Sie führt zwei Mitgliederklassen. Jeder, der sich für die TA interessiert, kann *assoziiertes Mitglied* werden. Als *stimmberechtigte Mitglieder* werden geprüfte Transaktionsanalytiker aufgnommen, die ihre Prüfung nach den Bestimmungen der ITAA oder der EATA abgelegt haben, sowie Personen, die einen regelrechten Ausbildungsvertrag (s. Anhang D) haben.

Die EATA ist ihrerseits ein Dachverband, dem die europäischen nationalen TA-Gesellschaften angehören; außerdem führt sie noch eine Anzahl von Einzelmitgliedern entweder aus der Zeit vor dem Anschluß der nationalen Verbände oder aus den Ländern, in denen es noch keine nationale TA-Gruppierung gibt. Informationen erteilt die EATA, Case Grand-Pré 59, CH-1211 Genève 16, Schweiz, oder direkt ihre Exekutiv-Sekretärin Martine Bussat, Les Toits de l'Aune, Bât. E, Av.St. John-Perse, F-13090 Aix-en-Provence, Frankreich.

Nationale TA-Gesellschaften
Die Anschriften einiger nationaler TA-Vereinigungen ändern sich von Zeit zu Zeit im Gefolge von Vorstandswahlen, deshalb führen wir hier auch keine Adressen auf, mit Ausnahme der Deutschen Gesellschaft für Transaktionsanalyse (DGTA), die ihre Geschäftsstelle seit Jahren in 8269 Burgkirchen, Samerbergweg 3 (Tel. 08679-4184) hat. Die Mitgliederzahl liegt bei Drucklegung der deutschen Fassung (Juli 1990) bei 1000 Mitgliedern.

In folgenden Ländern gab es im Juni 1987 aktive nationale oder regionale TA-Vereinigungen (in einigen Ländern mehrere), die der ITAA bzw. der EATA angeschlossen sind:

Europa: Belgien, Bundesrepublik Deutschland, Dänemark, Finnland, Frankreich, Großbritannien, Italien, Jugoslawien, Niederlande, Norwegen, Österreich, Portugal, Spanien, Schweden und die Schweiz

Amerika: Argentinien, Brasilien, Dominikanische Republik, Kanada, Mexiko, Peru, Puertorico, Venezuela und die Vereinigten Staaten

Asien und Australasien: Australien, Indien, Japan, Neuseeland

Afrika: Südafrika

Anhang D

Das Ausbildungs- und Prüfungswesen

Zur Zeit werden Ausbildung und Prüfungen in TA international durch zwei Fachverbände organisiert: weltweit außerhalb Europas durch die International Transactional Analysis Association (ITAA) und in Europa durch die European Association for Transactional Analysis (EATA).

Im Rahmen der ITAA obliegt das Ausbildungs- und Prüfungswesen einem *Training and Certification Council.* Unter seiner Verantwortung befaßt sich das Training Standards Committee (TSC) mit Ausbildungsfragen, während alle Prüfungsangelegenheiten in die Zuständigkeiten des Board of Certification (BOC) fallen. In der EATA werden diese Aufgaben durch das Professional Training Standards Committee (PTSC) bzw. die Commission of Certification (COC) wahrgenommen.

Das BOC und die COC haben im August 1986 ein Abkommen zur gegenseitigen Anerkennung unterzeichnet; aufgrund dessen wird das BOC als der weltweit für Prüfung und Anerkennung als Transaktionsanalytiker zuständige Organismus anerkannt, während die COC die gleiche Funktion für Europa ausübt.

Das hat zur Folge, daß eine Prüfung, die nach den Bestimmungen der einen Körperschaft abgelegt worden ist und zur Anerkennung als Transaktionsanalytiker einer bestimmten Stufe geführt hat, im Geltungsbereich der anderen die gleiche Anerkennung erfährt. Die Ausbildungs- und Prüfungsrichtlinien, die von den beiden Gremien aufgestellt worden sind, sind praktisch gleich.

Die im folgenden wiedergegebenen Angaben sind dem Handbuch der Ausbildungs- und Prüfungsnormen der ITAA (*ITAA Training Standards and Certification Manual*) von 1987 entnommen. Sie gelten sinngemäß, mit nur geringen Abweichungen, auch im Bereich der EATA, soweit nicht anderslautende Bestimmungen durch *Schrägdruck* gekennzeichnet sind.

Ziele des Ausbildungs- und Prüfungswesens

Die Ausbildungsprogramme und Prüfungsbestimmungen dienen den folgenden Zielen:

- zu gewährleisten, daß für hilfesuchende Personen und Organisationen kompetente praktizierende Transaktionsanalytiker mit einer auf Verantwortungsbewußtsein gegründeten Berufsethik zur Verfügung stehen;
- die Entwicklung, Abklärung, Vereinfachung und Überprüfung der Theorie und der Methoden der TA zu fördern;

- die Überprüfung der Transaktionsanalytiker auf der Grundlage ihrer Kompetenz zu fördern; und
- die vertragsgetreue Anwendung der TA in all ihren Anwendungsgebieten zu fördern.

Derzeit wird die Anerkennung sowohl für die Anwendung der Transaktionsanalyse wie auch für die Ausbildung Dritter in TA für drei Fachgebiete ausgesprochen: 1. für den klinischen Bereich, 2. für das Schul- und Bildungswesen, und 3. für die Anwendung in Organisationen.
(Im Rahmen der EATA kommt als vierter Bereich die Arbeit als Berater/in - Counseling - dazu.)

Vollmitglieder *(Certified Transactional Analyst Members)* können alle Personen werden, die ihre Ausbildung absolviert, ihre Prüfung im Rahmen eines der anerkannten Gremien (COC bzw. BOC) bestanden und damit von der EATA (ITAA) als kompetent für die Ausübung der TA in ihrem Fachgebiet anerkannt worden sind.

Lehrende Mitglieder (*Teaching and Supervising Transactional Analysts,* TSTA) können diejenigen Transaktionsanalytiker werden, die die vorgesehene Weiterbildungs- und Supervisionszeit absolviert und sich durch eine Prüfung als Instruktor für die Vermittlung von TA-Theorie oder als Supervisor für die Supervision Dritter bei der Anwendung der TA - oder beides - qualifiziert haben.

Wie ist das Ausbildungs- und Prüfungswesen* in Transaktionsanalyse gegliedert?

Für jemanden, der die Vollmitgliedschaft in der EATA (bzw. ITAA) erwerben will, sind die folgenden Schritte vorgesehen:
1. Den Grundlagenkurs in TA („101") zu absolvieren und über den Inhalt eine Reihe von Prüfungsfragen schriftlich zu beantworten;
2. Sich als stimmberechtigtes Mitglied der EATA (als ordentliches Mitglied der ITAA) anzuschließen bzw. einen entsprechenden Status in einer nationalen Gesellschaft zu erlangen;
3. Einen Ausbildungsvertrag mit einem Lehrtherapeuten/Lehrtrainer (*Teaching and Supervising Transactional Analyst*, TSTA, als Supervisor) oder mit einem Lehrberechtigten unter Supervision (*Provisional Teaching and Supervising Transactional Analyst*, PTSTA, in Ausbildung zum Supervisor) auf dem Fachgebiet zu schließen, für das die Ausbildung erfolgen soll.
4. Die Voraussetzungen hinsichtlich Ausbildung und Supervision zu erfüllen, die für die Zulassung zur Prüfung nach den Bestimmungen der COC gelten;
5. Die COC-Prüfung der Stufe I erfolgreich abzulegen;
6. Den Antrag auf Mitgliedschaft als *Certified Transactional Analyst* zu stellen (und den entsprechenden Beitrag zu zahlen).

Diejenigen, die die Absicht haben, als TA-Ausbilder anerkannt zu werden und Lehrendes Mitglied (Teaching and Supervising Transactional Analyst der EATA zu werden, haben die Wahl zwischen der Weiterbildung zum *Instructor* (der TA-Theorie vermittelt) oder zum *Supervisor* (der für Dritte die Supervision der An-

* Der Einfachheit halber schreiben wir im deutschen Text in diesem Anhang meist nur „EATA", wo im englischen Original (das auch in den Vereinigten Staaten und weltweit außerhalb Europas verwandt wird) „ITAA (EATA)" steht; entsprechend nur „COC", wo im Originaltext „BOC (COC)" steht.

wendung von TA übernimmt) oder für beides. Hier sind für die Weiterbildung folgende Schritte vorgesehen:
1. Für das Fachgebiet, in dem sie Dritte ausbilden wollen, Vollmitglieder (*Certified Transactional Analyst Members*) der EATA zu werden.
2. Einen offiziellen Ausbilderzulassungskurs (*Training Endorsement Worksop, TEW*) zu absolvieren und von den dort fungierenden Ausbildern für die Aufnahme der Ausbildungstätigkeit zugelassen zu werden;
3. Mit einem Ersten Supervisor, der den Status eines Lehrenden Mitglieds (*Certified Teaching Member*) hat, für das Fachgebiet, auf dem sie ausbilden wollen, einen Weiterbildungsvertrag zu unterzeichnen;
4. Die Voraussetzungen hinsichtlich Weiterbildung und Supervision zu erfüllen, die für die Prüfung nach den Bestimmungen gelten;
5. Die COC-Prüfung der Stufe II zu bestehen; und
6. Den Antrag auf Mitgliedschaft als *Teaching and Supervising Transactional Analyst (TSTA)* zu stellen.

Der Grundlagenkurs („101" - Kurs)

Als „TA 101" bezeichnete Eric Berne einen Einführungskurs in die Grundlagen der Theorie und der Methoden der Transaktionsanalyse. Die Bezeichnung „101" ist in den Universitäten der Vereinigten Staaten üblich für Vorlesungen „für Hörer aller Fakultäten", in denen ein allgemeiner Überblick über das Gesamtgebiet eines Fachs gegeben wird.

Der Grundlagenkurs („101") ist ein sogenannter Workshop, der von der EATA als Einführung in die Transaktionsanalyse offiziell anerkannt ist. Ziel des Grundlagenkurses ist es, kohärente und präzise Informationen über TA-Konzepte zu vermitteln. Um als offizieller Grundlagenkurs anerkannt zu werden, muß eine Veranstaltung die folgenden Voraussetzungen erfüllen:
1. Der Instructor muß offiziell die Berechtigung haben, in einem Grundlagenkurs zu lehren - d.h. er muß ein Lehrtherapeut/Lehrtrainer (Teaching bzw. Teaching and Supervising Transactional Analyst als Instructor), ein Lehrberechtigter Transaktionsanalytiker unter Supervision (Provisional Teaching and Supervising Transactional Analyst) oder ein „TA 101 Instructor" sein.
2. In dem Kurs muß der Inhalt des offiziellen „101-Leitfadens" vermittelt werden, wie er hier im Anhang E wiedergegeben
3. Es wird eine Kursdauer von mindestens 12 Stunden gewährleistet sein; der Kurs kann in unterschiedlicher Form über Zeiträume hinweg organisiert sein, die erheblich über 12 Stunden hinausgehen und Selbsterfahrungsübungen umfassen. Der Besuch eines Grundlagenkurses und/oder die schriftliche Beantwortung von Prüfungsfragen über einzelne Inhalte als Voraussetzung für die gelten Aufnahme in einen Fachverband; sie waren ursprünglich eingeführt worden als Alternative zum Besuch des Kurses in den Gebieten der Erde, wo die Zahl der Personen zugenommen hatte, die eine ausreichende Kenntnis der Grundlagen der TA besaß, wo es aber keine Gelegenheit gab, an einem offiziellen Grundlagenkurs teilzunehmen. Hier wurde die Möglichkeit geschaffen, Prüfungsfragen schriftlich zu beantworten und die Antworten durch einen qualifizierten Lehrer durchsehen zu lassen. Wenn sie anerkannt werden, hat der Betreffende damit die Voraussetzungen für Mitgliedschaft und Ausbildung so erfüllt, als hätte er einen Grundlagenkurs besucht.

Voraussetzungen für den Status eines Fortgeschrittenen Mitgliedes

Im folgenden geben wir einen Überblick über die Voraussetzungen hinsichtlich Aus- bzw. Weiterbildung und Supervision wieder, die in der Gliederung des Ausbildungs- und Prüfungswesens jeweils für die Prüfung auf der Stufe I bzw. II genannt worden sind.

Stufe I: Die Mindestdauer der Ausbildung beträgt 18 Monate. Es wird jedoch ausdrücklich Wert darauf gelegt, daß die Ausbildung ausreicht, um gebührende Fachkompetenz zu erlangen, und für die meisten Ausbildungskandidaten bedeutet das einen Zeitraum, der weit über die genannte Mindestdauer hinausgeht. Innerhalb dieses Zeitraums muß der Kandidat die folgenden Mindestvoraussetzungen nachweisen: 250 Stunden fortgeschrittenes TA-Training; weitere 350 Stunden fortgeschrittenes Training auf dem gewählten Fachgebiet (dabei Training in TA oder in anderen Methoden); 150 Stunden Supervision der Anwendung der TA durch den Kandidaten auf seinem Fachgebiet; Teilnahme und Übernahme von Referaten auf Seminaren; 500 Stunden praktische Tätigkeit auf dem gewählten Fachgebiet, dabei mindestens 500 Studen praktische Anwendung der TA. Für persönliche Therapie wird keine Mindeststundenzahl festgelegt, aber es wird davon ausgegangen, daß sie fester Bestandteil der Ausbildung ist.

Zur Anerkannung als Transaktionsanalytiker der Stufe I führt eine schriftliche und eine mündliche Prüfung. Die schriftliche Prüfung ist abzulegen, ehe der Kandidat zur mündlichen zugelassen wird. Diese wird vor einer Jury abgelegt, die aus Fortgeschrittenen Mitgliedern besteht und geht in der Hauptsache aus von der Überprüfung der praktischen Arbeit des Kandidaten anhand von Ton- oder Videobändern.

Stufe II: Zur Anerkennung als Instructor muß der Kandidat unter Supervision durch ein Lehrendes Mitglied einen Grundlagenkurs gehalten haben und die folgenden Bedingungen erfüllen: 300 Stunden Lehrveranstaltungen im gewählten Fachgebiet; 100 Stunden weiterführende Fachausbildung; 12 Stunden Referate auf nationalen oder internationalen Konferenzen/Kongressen und 50 Stunden Su.pervision der Lehrveranstaltungen des Kandidaten. Zur Anerkennung als Supervisor sind die folgenden Voraussetzungen zu erfüllen: 500 Stunden Erfahrung in Supervision auf dem gewählten Fachgebiet; 50 Stunden Supervision einer solchen Supervision des Kandidaten; und 35 Stunden Teilnahme an einem von der COC anerkannten Kurs in Berufsethik, Supervision und Training.

Die mündliche Prüfung für die Stufe II wird vor einer Jury von Lehrenden Mitgliedern abgelegt. Sie besteht aus drei Teilen: Theorie, dabei Fachverbände und Berufsethik, und Lehrtätigkeit; für die Kandidaten zum Supervisor kommt als dritter Supervision hinzu.

Anschriften

Weitere Informationen über Ausbildungs- und Prüfungsfragen sind erhältlich über die EATA, Case Grand Pré 59, CH-1211 Genève 16, Schweiz.

Das Handbuch für Ausbildungs- und Prüfungsnormen *(Training Standards and Certification Manual)* ist erhältlich über das Credentials Department der ITAA, 1772 Vallejo Street, San Francisco, California 94123, USA, gegen Einsendung von 10 US $ (einschl. Porto). Eine deutsche Fassung versendet die Geschäftsstelle der DGTA, Samerbergweg 7, D-8261 Burgkirchen (die Schutzgebühr beträgt 25,- DM).

Anhang E

Leitfaden für den Grundlagenkurs („101")

Wir geben im folgenden den Leitfaden für den Grundlagenkurs wieder, wie ihn die ITAA herausgegeben hat, und zwar in der überarbeiteten Fassung von 1984.

Die Seitenzahlen in Klammern verweisen auf die Kapitel in dem vorliegenden Band, in denen die betreffenden Themen behandelt werden.

I. Ziel des Grundlagenkurses in TA (Anhang D)

II. Definition der TA, ihre Grundanschauungen und Anwendungsbereiche (1, 27)
- a) Definition der Transaktionsanalyse (1)
- b) Grundanschauungen (1, 27)
- c) Vertragsbezogene Methode (1, 26)
- d) Anwendungsbereiche und Unterschiede im Vorgehen (28, 29, Anhang C)

III. Kurzer Überblick über die Entwicklung der TA (30)
- a) Eric Berne (30)
  1. Wer war Eric Berne? (30)
  2. Die Entwicklung seiner Ideen (30)
  3. Werke von Eric Berne (30, Anhang A)
- b) Verbreitung der TA (30)
  1. *San Francisco Social Psychiatry Seminar (30)*
  2. *International Transactional Analysis Association (ITAA)* (30, Anhang C)
  3. Regionale Fachverbände und nationale TA-Gesellschaften (30, AnhangC)

IV. Strukturelle Analyse (II)
- a) Definition der Ich-Zustände (2)
- b) Das Erkennen der Ich-Zustände und die Ich-Zustands-Diagnose (5)
- c) Verhaltensbezogene Beschreibungen (Kritisches Eltern-Ich, fürsorgliches Eltern-Ich, Erwachsenen-Ich, freies Kind, angepaßtes Kind) (3)
- d) Trübung und Ausschluß (6)

V. Transaktionsanalyse im engeren Sinne (III, VI)
- a) Transaktionen (7)
  1. Definiton einer Transaktion (7)
  2. Arten von Transaktionen (7)
  3. Kommunikationsregeln (7)

b) Strokes (7)
    1. Definition von Strokes (8)
    2. Stimulus-Hunger und Hunger nach Anerkennung (bzw. nach WahrgenommenWerden) (8)
    3. Arten von Strokes (8)
c) Discounts (18)
    1. Definition eines Discounts (8, 17)
    2. Ebenen des Discountens (18)
    3. Gründe für Discounten (17, 18, 19, 20)
d) Umgang mit der Zeit als Sozialverhalten (9)
    1. Strukturhunger (9)
    2. Sechs Weisen der Zeitstrukturierung (9)

VI. Spielanalyse (23, 24, 25)
a) Definition von Spielen (23)
b) Gründe für Spielverhalten (24)
c) Vorteile bei Spielverhalten (24)
d) Beispiele für Psychospiele (23)
e) Intensität von Spielen 23)
f) Verschiedene Weisen, das Spielgeschehen zu veranschaulichen (23, 24)
    1. Transaktionsdiagramme (23)
    2. Die Bernesche Spielformel (23)
    3. Das Drama-Dreieck (23)

VII. Die Maschenanalyse (21, 22)
a) Die Bedeutsamkeit von inneren intrapsychischen Prozessen (22)
b) Definitionen für Maschen und Rabattmarken (21, 22)
c) Beziehungen von Maschen zu Transaktionen, zu Spielen und dem Skript (21, 22)

VIII. Skriptanalyse (IV)
a) Grundeinstellungen (12)
    1. Definition der Grundeinstellung (12)
    2. Die vier Grundeinstellungen (12)
    3. Beziehungen der Grundeinstellungen zu Psychospielen und dem Skript (12, 16, 24)
b) Das Skript (IV)
    1. Definition des Lebens-Skripts (10)
    2. Ursprung des Skripts im Erleben der Kindheit (10, 12, 13, 14)
    3. Der Prozeß der Skriptentwicklung (z.B. Einschärfungen/Bann-Botschaften, Gegeneinschärfungen/Weg-Weiser, frühkindliche Beschlüsse, Attributionen) (10, 13, 14)
    4. Die Skriptveränderung (VII)
c) Autonomie (27)
    1. Bewußtheit (27)
    2. Spontaneität (27)
    3. Fähigkeit zur Intimität (9, 27)

Anmerkungen und Quellenhinweise

Kapitel 1: ***TA - Was ist das?***

1. Diese Definition erscheint auf der der ITAA vorbehaltenen Seite in jeder Ausgabe des *Transactional Analysis Journal.*

2. Zu den Grundanschauungen und Schlüsselbegriffen der TA s.

Berne, E., *Principles of group treatment.* New York: Oxford University Press, 1966 (*andere Ausgaben*: New York: Grove Press, 1966)

Techniques in transactional analysis for psychotherapists and counselors, herausgegeben von Muriel James, Reading: Addison-Wesley, 1977, Kap. 3

James, M., and Jongeward, D., *Born to win: transactional analysis with gestalt experiments.* Reading: Addison-Wesley, 1971 (*andere Ausgaben u.a.:* New York: Signet, 1978), Kap. 1.1

Steiner, C., *Scripts people live: transactional analysis of life scripts.* New York: Grove Press, 1974, Einleitung

Woollams, S., and Brown, M., *Transactional analysis.* Dexter: . Huron Valley Institute, 1978, Kap. 1

Kapitel 2: ***Das Ich-Zustands-Modell***

1. Zum Wesen und zur Definition der Ich-Zustände s.

Berne, E., *Intuition and ego states*, hgg. v. P. McCormick, San Francisco: TA Press, 1977, Kap. 6.

Berne, E., *Transactional analysis in psychotherapy.* New York: Grove Press, 1961,1966, Kap. 2.

Berne, E., *Games people play.* New York: Grove Press, 1964 (*andere Ausgaben u.a.*: Harmondsworth: Penguin, 1968), Kap. 1.; deutsch: Spiele der Erwachsenen, Reinbek, 1967 und München, 1975

Berne, *Principles of group treatment*, Kap. 10.

Berne, E., *Sex in human loving.* New York: Simon and Schuster, 1970 (*andere Ausgaben*: Harmondsworth: Penguin, 1973), Kap. 4; deutsch: Spielarten und Spielregeln der Liebe, Reinbek, 1974

Berne, E., *What do you say after you say hello?* New York: Grove Press, 1972 (*andere Ausgaben:* London: Corgi, 1975), Kap. 2; deutsch: Was sagen Sie, nachdem Sie guten Tag gesagt haben? München, 1975

James and Jongeward, *Born to win*, Kap. 2; deutsch: Spontan leben, Reinbek 1974

2. Berne hat an verschiedenen Stellen seiner Werke unterschiedliche Definitionen eines „Ich-Zustands" gegeben. Die hier zitierte ist aus *Principles of Group Treatment* entlehnt. Berne verwendet das Wort „Denken" nicht, aber aus dem Zusammenhang ergibt sich, daß Denken als Teil von Erleben, Erfahrung („experience") zu betrachten ist.

3. Eine umfassende Darstellung der empirischen Untersuchungen über Indizien für Ich-Zustände und viele andere Aspekte der TA bringt.

Steere, D., *Bodily expressions in psychotherapy*. New York: Brunner/Mazel, 1982.

Vergl. auch die folgenden Beiträge in Fachzeitschriften:

Falkowski, W., Ben-Tovim, D., und Bland, J., „The assessment of the ego-states". *British Journal of Psychiatry, 137*, 1980, 572-3.

Gilmour, J., „Psychophysiological evidence for the existence of ego-states". *TAJ, 11*, 3,1981, 207-12.

Williams, J., u. Mitautoren, „Construct validity of transactional analysis ego-states". *TAJ, 13*, 1,1983, 43-9. 1

4. Zu Bernes Erklärungen über den Unterschied zwischen den Ich-Zuständen und den drei Freudschen Konstrukten s. die oben zitierten Kapitel in *Intuition and ego-states* und *Principles of group treatment*, fernerhin

Drye, R., „The best of both worlds: a psychoanalyst looks at TA". *In:* Barnes, G. (Hrsg.), *Transactional analysis after Eric Berne: teachings and practices of three TA schools*. New York: Harper's College Press, 1977, Kap. 20; deutsch: Transaktionsanalyse seit Eric Berne, Berlin 1979, Bd. 3, S. 134 - 147.

Drye, R., „Psychoanalysis and TA". *In:* James (Hrsg.), *Techniques in transactional analysis...*, Kap. 11.

Kapitel 3: ***Die funktionelle Analyse der Ich-Zustände***

1. Über die funktionelle Analyse s.

Abell, R., *Own your own life*. New York: David McKay Co., 1976

Berne, E., *The structure and dynamics of organizations and groups*. Philadelphia: J.B. Lippincott Co., 1963 (*andere Ausgaben*: New York: Grove Press, 1966; und New York: Ballantine, 1973), Kap. 9.

Dusay, J., *Egograms*. New York: Harper and Row, 1977 (*andere Ausgaben*: New York: Bantam, 1980), Kap. 1.

Kahler, T., *Transactional analysis revisited*. Little Rock: Human Development Publications, 1978, Kap. 1.

Woollams und Brown, *Transactional analysis*, Kap. 2.

2. Zum Egogramm s. Dusay, *Egograms*, sämtliche Kapitel; fernerhin

Dusay, J., „Egograms and the constancy hypothesis". *TAJ, 2*, 3, 1972, 37-42. Dusay wendet den Terminus „Egogramm" lediglich für eine säulenartig dargestellte Analyse der funktionellen Ich-Zustands-Anteile einer Person an, die *durch einen Dritten* ausgeführt wird. Wenn ich eine solche Analyse für mich selbst vornähme, käme dabei in Dusays Terminologie ein „Psychogramm" heraus. Wir haben uns dafür entschieden, der Einfachheit halber das Wort „Egogramm" für beide Begriffe zu verwenden.

Kapitel 4: ***Das strukturelle Modell zweiter Ordnung***

1. Grundlegende Darstellungen des strukturellen Modells zweiter Ordnung finden sich in den meisten Büchern, die in der Anmerkung 1 zum Kapitel 2 angegeben sind. S. außerdem

Berne, *Transactional analysis in psychotherapy*, Kap. 16 und 17

Schiff, J. u. Mitautoren, *The Cathexis reader: transactional analysis treatment of psychosis*. New York: Harper and Row, 1975, Kap. 3.

Steiner, *Scripts people live*, Kap. 2.

Woollams and Brown, *Transactional analysis*, Kap. 2.

Zur Vertiefung s. die folgenden Beiträge:

Drego, P., „Ego-state models". *TASI Darshan, 1*, 4, 1981.

Drego, P., *Towards the illumined child.* Bombay: Grail, 1979.

Erskine, R., „A structural analysis of ego". Keynote speeches delivered at the EATA conference, July 1986, Genf, EATA 1987, 2. Vortrag

Hohmuth, A., and Gormly, A., „Ego-state models and personality structure". *TAJ, 12*, 2, 1982, 140-3.

Holloway, W., „Transactional analysis: an integrative view". *In*: Barnes (Hrsg.), *Transctional analysis after Eric Berne*, Kap. 11.

Trautmann, R., and Erskine, R., „Ego-state analysis: a comparative view". *TAJ, 11*, 2,1981, 178-85.

Summerton, O., „Advanced ego-state theory". *TASI Darshan, 2*, 4, 1982.

2. English, F., „What shall I do tomorrow? Reconceptualizing transactional analysis". *In:* Barnes (Hrsg.), *Transactional analysis after Eric Berne,* Kap. 15.

3. Als Einstieg in die allgemeine Literatur zur Entwicklungspsychologie des Kindesalters empfiehlt sich

Donaldson, M., *Children's minds.* London: Fontana, 1978.

Wer Piaget nicht im französischen Original lesen will, hält sich ggf. an eine der zahlreichen zusammenfassenden Wiedergaben seiner Theorien, z.B.:

Maier, H., *Three theories of child development.* New York: Harper u. Row, 1969.

Erik Eriksons Sicht der emotionalen Entwicklung des Kindes ist dargelegt in:

Erikson, E., *Childhood and society.* New York: W.W. Norton, 1950; deutsch: Kindheit und Gesellschaft, Stuttgart 1965. Vgl. dazu

Mahler, M.S., *The psychological birth of the human infant.* New York: Basic Books, 1975.

Wer sich mit der Entwicklungspsychologie aus der Sicht der TA befassen will, liest am besten den als Anmerkung 2 zu diesem Kapitel angegebenen Artikel von Fanita English, fernerhin

Levin, P., *Becoming the way we are.* Berkeley: Levin, 1974.

Levin, P., „The cycle of development". *TAJ, 12*, 2, 1982, 129-39.

Schiff u. Mitautoren, Cathexis reader, Kap. 4

Woollams und Brown, Transactional analysis, Kap. 6.

4. Joines, V., „Differentiating structural and functional". *TAJ, 6*, 4, 1976, 377-80. Dazu auch Kahler, *Transactional Analysis revisited,* Kap. 1

Kapitel 5: *Das Erkennen der Ich-Zustände*

1. Über die vier Verfahren der Ich-Zustands-Diagnose s.

Berne, *Transactional analysis in psychotherapy*, Kap. 7.

Berne, *Structure and dynamics of organizations and groups*, Kap. 9.

James (Hrsg.), *Techniques in transactional analysis...*, Kap. 4.

Woollams and Brown, *Transactional analysis*, Kap. 2.

Vgl. auch das Buch von David Steere, *Bodily expressions in psychotherapy,* das in der Anmerkung 3 zum Kapitel 2 zitiert ist.

2. Zur Berneschen Energietherorie s. *Transactional Analysis in Psychotherapy,* Kap. 3, und *Principles of Group Treatment*, Kap. 13, ferner

Kahler, *Transactional analysis revisited*, Kap. 4.

Schiff u. Mitautoren, *Cathexis reader*, Kap. 3.

Kapitel 6: *Strukturelle Pathologie*

1. Zur strukturellen Pathologie s.
   Berne, *Transactional analysis in psychotherapy*, Kap. 4.
   Erskine, R., und Zalcman, M., „The racket system: a model for racket analysis". *TAJ, 9,* 1, 1979, 51-9.
   Harris, T., *I'm OK, you're OK*. New York: Grove Press, 1967, Kap. 6.
   James, M., und Jongeward, D., *The people book*. Menlo Park: Addison Wesley, 1975, Kap. 8.
   James und Jongeward, *Born to win*, Kap. 9.
   Schiff und Mitautoren, Cathexis reader, Kap. 3;
2. Zu den Ansichten über die Beziehungen zwischen Doppeltrübung u. Skript s.
   Erskine und Zalcman, „The racket system...", S. 53.
   Kahler, *Transactional analysis revisited*, Kap. 47.
3. Bernes Darstellung einer Person mit konstantem Erwachsenen-Ich, derzufolge sie außerstande ist, „mitzumachen, wenn andere richtig Spaß machen", scheint im Widerspruch zu stehen zu seiner eigenen Definition des Erwachsenen-Ichs. Nach dem Wortlaut von Bernes eigenem Ich-Zustands-Modell wird das Erwachsenen-Ich definiert als jene Gesamtheit von Verhaltensweisen, von Denken und Fühlen, die eine direkte Reaktion auf das Hier und Jetzt darstellen. Daraus ergibt sich, daß jemand durchaus „Spaß machen" kann, während er sich im Erwachsenen-Ich befindet, wenn auch die Tätigkeiten, die derjenige als „Spaß machen" empfindet, wahrscheinlich anders aussehen je nach dem, ob er wirklich im Erwachsenen-Ich oder gerade im Kind-Ich weilt. S. dazu auch Kahler, *Transactional Analysis revisited*, Kapitel 2.

Kapitel 7: *Transaktionen*

1. Zur Analyse von Transaktionen s.
   Berne, *Transactional analysis in psychotherapy*, Kap. 9.
   Berne, *Games people play*, Kap. 2.
   Berne, *Principles of group treatment*, Kap. 10.
   Berne, *What do you say...*, Kap. 2.
   James und Jongeward, *Born to win*, Kap. 2.
   Woollams und Brown, *Transactional analysis*, Kap. 4.
   Steiner, C., *Games alcoholics play*. New York: Grove Press, 1971, Kap. 1.
2. Karpman, S., „Options". *TAJ, 1*, 1, 1971, 79-87.

Kapitel 8: *Strokes*

1. Über das Wesen und die Definition von Strokes und Formen des „Hungers" s.
   Berne, *Games people play*, Einleitung.
   Berne, *Sex in human loving*, Kap. 6.
   Haimowitz, M., und Haimowitz, N., *Suffering is optional*. Evanston: Haimowoods Press, 1976, Kap. 2.
   James und Jongeward, *Born to win*, Kap. 3.
   Steiner, *Scripts people live*, Kap. 22.
   Woollams and Brown, *Transactional analysis*, Kap. 3.
2. Spitz, R., „Hospitalism: genesis of psychiatric conditions in early childhood", in *Psychoanalytic studies of the child, 1*, 1945, 53-74 1
3. Levine, S., „Stimulation in infancy". *Scientific American, 202*, 5, 80-6.
4. Steiner, C., „The stroke economy". *TAJ, 1*, 3,1971, 9-15.

5. McKenna, J., „Stroking profile". *TAJ, 4*, 4, 1974, 20-4.
6. English, F., „Strokes in the credit bank for David Kupfer". TAJ, 1, 3, 1971, 27-9
7. Pollitzer, J. Ist Liebe gefährlich? unveröffentlichtes Workshop-Referat
8. Kahler, *Transactional analysis revisited,* Kap. 16.

Kapitel 9: Gestaltung der Zeit

1. Zu den Weisen der Zeitstrukturierung s.
Berne, *Games people play*, Kap. 3, 4, 5.
Berne, *Principles of group treatment*, Kap. 10.
Berne, *Sex in human loving*, Kap. 3 und Kap. 4.
In dem letztgenannten Kapitel ist auch Bernes Beschreibung der Ich-Zustände enthalten, die bei der Intimität zum Tragen kommen.
Berne, *What do you say...*, Kap. 2.
James und Jongeward, *Born to win,* Kap. 3.
Woollams und Brown, Transactional analysis, Kap. 5.
Boyd, L., und Boyd, H., „Caring and intimacy as a time structure". *TAJ, 10,* 4, 1980, 281-3.

Kapitel 10: ***Wesen und Ursprung des Lebens-Skripts***

1. Über das Wesen, den Ursprung und die Definition des Skripts s.
Berne, *Transactional analysis in psychotherapy*, Kap. 11.
Berne, *Principles of group treatment*, Kap. 10 und 12.
Berne, *What do you say...*, Kap. 2, 3-6, 8-10.
English, F., „What shall I do tomorrow? Reconceptualizing transactional analysis". *In:* Barnes (Hrsg.), *Transactional analysis after Eric Berne*, Kap. 15.
Holloway, W., „Transactional analysis: an integrative view". *In:* Barnes (Hrsg.), *Transactional analysis after Eric Berne*, Kap. 11.
Goulding, M., und Goulding, R., *Changing lives through redecision therapy.* New York: Brunner/Mazel, 19?9, Kap. 2.
James und Jongeward, *Born to win*, Kap. 2, 4.
Steiner, *Scripts people live*, Kap. 3, 4, 5.
Woollams und Brown, *Transactional analysis*, Kap. 9.
Woollams, S., „From 21 to 43". *In:* Barnes (Hrsg.), *Transactional analysis after Eric Berne*, Kap. 16.
3. Quellen zum Thema Entwicklungspsychologie des Kindesalters sind in der Anmerkung 3 zum Kap. 4 genannt. Pam Levin vertritt in ihrer Arbeit über die „Entwicklungszyklen", für die ihr der Eric-Berne-Gedächtnispreis für wissenschaftliche Leistungen verliehen wurde, die Ansicht, daß die Skriptentwicklung mit der Adoleszent nicht aufhört, sondern daß die Entwicklungsstadien sich während des ganzen Lebens in der gleichen Abfolge wiederholen.

Kapitel 11: Wie das Lebens-Skript verwirklicht wird

1. Über die Klassifikation von Skriptinhalten und die Art und Weise, wie Skriptthemen verwirklicht werden, s.
Berne, *What do you say...,* Kap. 3, 11.
Steiner, *Scripts people live,* Kap. 6-12.
2. Woollams, S., „Cure?" *TAJ, 10*, 2,1980, 115-7.
3. Berne, *What do you say...,* Kap. 14, 17.
Zu weiteren Ansichten über die physiologischen Aspekte des Skripts vgl.

Cassius, J., *Body scripts*. Memphis: Cassius, 1975.
Lenhardt, V., „Bioscripts". *In:* Stern (Hrsg.), *TA: the state of the art*, Kap. 8.

Kapitel 12: *Grundeinstellungen*

1. Zu den Grundeinstellungen s.
Berne, *Principles of group treatment*, Kap. 12.
Berne, *What do you say...*, Kap. 5.
Berne, E., "Classification of positions". *Transactional Analysis Bulletin, 1*, 3, 1962, 23.
James und Jongeward, *Born to win*, Kap. 2.
Steiner, *Scripts people live*, Kap. 5.

2. Ernst, F., „The OK corral: the grid for get-on-with". *TAJ, 1*, 4,1971, 231-40). Als Franklin Ernst seine Zustimmung zur Benutzung seines Geviert-Diagramms in dem vorliegenden Buch gab, bat er darum, den revidierten Zusatztitel „Was in den einzelnen Grundeinstellungen geschieht" zu verwenden, den wir in der Abb. 12.1 aufgeführt haben.
Ernst, F., „The annual Eric Berne memorial scientific award acceptance speech". *TAJ, 12*, 1,1982, 5-8.

Kapitel 13: *Skriptbotschaften und Skriptmatrix*

1. Zu den Skriptbotschaften und der Art ihrer Übermittlung s.
Berne, *What do you say...*, Kap. 7.
English, F., „What shall I do tomorrow? Reconceptualizing transactional analysis". *In:* Barnes (Hrsg.), *Transactional analysis after Eric Berne*, Kap. 15.
Steiner, *Scripts people live*, Kap. 6.
White, J., und White, T., „Cultural scripting". *TAJ, 5*, 1, 1975, 12-23.
Woollams, S., „From 21 to 43". *In:* Barnes (Hrsg.), *Transactional analysis after Eric Berne*, Kap. 16.

2. Berne, *Transactional analysis in psychotherapy*, Kap. 5.

3. Steiner, C., „Script and counterscript". *TAB, 5*, 18, 1966, 133-35.
Zu anderen Fassungen der Skriptmatrix s.
Berne, *What do you say...*, Kap. 15.
English, F., „Sleepy, spunky and spooky". *TAJ, 2*, 2,1972, 64-7.
English, F., s. den Hinweis unter Anmerkung 1 zu diesem Kapitel
Holloway, W., „Transactional analysis: an integrative view". *In:* Barnes (Hrsg.), *Transactional analysis after Eric Berne,* Kap. 11.
James (Hrsg.), *Techniques in transactional analysis...*, Kap. 4.
Woollams, Stan, s. den Hinweis unter Anmerkung 1 zu diesem Kapitel
Woollams und Brown, *Transactional analysis*, Kap. 9.

Kapitel 14: *Bann-Botschaften und Beschlüsse*

1. Goulding, R., and Goulding, M., „New directions in transactional analysis". in *Progress in group and family therapy*. hgg. v. Sager und Kaplan, New York, Brunner/Mazel, 1972, 105 - 134. S. auch
Goulding, R., and Goulding, M., „Injunctions, decisions and redecisions". *TAJ, 6*, 1, 1976, 41-8.
Goulding, R., and Goulding, M., *The power is in the patient*. San Francisco: TA Press, 1978.
(Die Kapitel 5 und 16 in diesem Buch sind Nachdrucke der beiden letztgenannten Artikel).

Gouldings, *Changing lives through redecision therapy*, Kap. 2, 9.
Allen, J., u. Allen,B., „Scripts: the role of permission". *TAJ, 2*, 2, 1972, 72-4.
2. English, F., „Episcript and the 'hot potato' game". *TAB, 8*, 32, 1969, 77-82.
3. Berne, *What do you say...*, Kap. 7.
4. Über verschiedene Fassungen eines formellen Skript-Fragebogens s.
Berne, *What do you say...*, Kap. 23.
Holloway, W., *Clinical transactional analysis with use of the life script questionnaire*. Aptos: Holloway, undated.
James (Hrsg.), *Techniques in transactional analysis...*, Kap. 4.
McCormick, P., *Guide for use of a life script questionnaire in transactional analysis*. San Francisco: Transactional Publications, 1971.
McCormick, P., „Taking Occam's Razor to the life-script interview". Keynote speeches delivered at the EATA conference, July 1986. Genf, EATA, 1987, 5. Referat.
Woollams und Brown, *Transactional analysis*, Kap. 9.

Kapitel 15: *Der Skript-Prozeß*
1. Berne, *Sex in human loving*, Kap. 5.
Berne, *What do you say...*, Kap. 11.
2. Kahler, *Transactional analysis revisited*, Kap. 60-65.

Kapitel 16: *Die Antreiber und das Miniskript*
1. Kahler, *Transactional analysis revisited*, Kap. 72. S. auch
Kahler, T., und Capers, H., „The miniscript". *TAJ, 4*, 1, 1974, 26-42
Hier ist anzumerken, daß der in *Transactional analysis revisited* enthaltene Text eine Überarbeitung des *TAJ*-Artikels von 1974 darstellt.
2. Kahler, *Transactional analysis revisited*, Kap. 60-65 und die dazugehörige Zusammenfassung. S. auch
Woollams und Brown, *Transactional analysis*, Kap. 11.
Es sei darauf hingewiesen, daß die Entsprechungen zwischen Antreiber und Skript, wie sie Woollams und Brown beschreiben, sich von denen von Kahler in dem obengenannten Artikel unterscheiden. Kahler sieht den „Sei stark"-Antreiber in Verbindung mit dem „Niemals"-Skript und den „Streng dich an"-Antreiber in Verbindung mit dem „Immer"-Skript, wohingegen Woollams und Brown die umgekehrte Entsprechung sehen.
3. Kahler und Capers, „The Miniskript", Hinweis unter Anmerkung 1 oben.
Kahler, *Transactional analysis revisited,* Kap. 68-71.
4. Kahler, T. Unveröffentlichtes Konferenzreferat bei der EATA-Konferenz 1984 in Villars, Schweiz
5. Capers, H., und Goodman, L., „The survival process: clarification of the miniscript". *TAJ, 13*, 1, 1983, 142-8.
6. Kahler, *Transactional analysis revtsited*, Kap. 73-75 und 78-83. S. auch Kahler und Capers, Hinweis unter Anmerkung 1 oben.
Auch hierfür ist die Darstellung in *Transactional analysis revisited* eine überarbeitete Fassung des Materials aus dem Artikel von 1974. In unserem Text haben wir uns an Kahlers letzte Fassung gehalten, allerdings bis auf einen Punkt: wir haben Kahlers ursprüngliche Bezeichnung „Einhalt" (stopper) für die Position 2 im Miniskript beibehalten. Kahler selbst verschiebt in *Transactional Analysis revisited* die Bezeichnung *stopper* in die Position 3 und wählt für die

Position 2 den Ausdruck „maladaptor".
7. Kahler, *Transactional analysis revisited*, Kap. 85.

Kapitel 17: ***Das „Discounten"***
Schiff und Mitautoren, *Cathexis reader,* Kap. 2. S. auch
Mellor, K., und Sigmund, E., „Discounting". *TAJ, 5*, 3, 1975, 295-302.
Schiff, A., und Schiff, J., „Passivity". *TAJ, 1*, 1, 1971, 71-8.
2. Diese Definition des Discountens ist von Shea Schiff in einem unveröffentlichten Referat vorgeschlagen worden. Wir halten sie für anschaulicher als die Definition, die im *Cathexis Reader* auf S. 14 gegeben wird: „Das Discounten ist ein innerer Mechanismus, bei dem es dazu kommt, daß Menschen gewisse Aspekte ihrer selbst, der Mitmenschen oder der realen Situation in ihrer Bedeutung herabsetzen oder sie ignorieren". Claude Steiner definiert in *Scripts People Live,* Kapitel 9, den Ausdruck „Discount" anders, nämlich: „Eine Überkreuztransaktion, bei der einer der Beteiligten einen Stimulus aus seinem Erwachsenen-Ich an das Erwachsenen-Ich seines Gegenübers richtet, worauf dieser aus seinem Eltern-Ich oder Kind-Ich antwortet und damit den ersten discountet." Dadurch wird der Eindruck erweckt, Steiner würde den Discount-Begriff erheblich weiter fassen als die Schiffs; die Beispiele, die er dann anführt, lassen jedoch vermuten, daß auch er an eine Situation denkt, in der einer der Beteiligten (derjenige, der aus dem Eltern-Ich oder Kind-Ich antwortet) gewisse Aspekte des anderen „in ihrer Bedeutung herabsetzt oder sie ignoriert".

Kapitel 18: ***Die Discount-Tabelle***
1. Schiff und Mitautoren, *Cathexis Reader*, Kap. 2. S. auch
Mellor, K., und Sigmund, E., „Discounting", *TAJ, 5,* 3,1975, 295-302

Kapitel 19: ***Der Bezugsrahmen und das Redefinieren***
1. Schiff und Mitautoren, *Cathexis Reader*, Kap. 5. S. auch
Mellor, K., und Sigmund, E., „Redefining". *TAJ, 5*, 3,1975, 303-11
2. Die Begriffsbestimmung, die hier für den Terminus Redefinieren angeführt wird, stellt eine Deutung der Verfasser des vorliegenden Buches dar. Wir halten sie für klarer als die Zirkelschluß-Definition, die im *Cathexis Reader* gegeben wird.

Kapitel 20: ***Die Symbiose***
1. Schiff und Mitautoren, *Cathexis Reader*, Kap. 2. Wir haben bei der Definition der Schiffs ein Wort verändert und sprechen nicht von einer „ganzen Person", sondern von einer „einzigen Person". S. auch
Schiff, A., und Schiff, J., „Passivity". *TAJ, 1*, 1, 1971, 71-8.
Das Symbiose-Diagramm hat sich durch verschiedene Etappen hindurch entwickelt. In ihrem *TAJ*-Artikel von 1971 unterscheiden die Schiffs lediglich zwischen gestrichelten und festen Linien für die Ich-Zustands-Kreise. Im *Cathexis Reader* fügen sie Pfeile hinzu, die die aktiven Ich-Zustände auf beiden Seiten miteinander verbinden. Die heutzutage übliche Form des Diagramms, bei der die aktiven Ich-Zustände durch eine „Hülle" miteinander verbunden werden (wie in Abb. 20.1) taucht zum ersten Mal in dem Artikel von Woollams und Huige auf, der im folgenden unter Anmerkung 2 aufgeführt ist.
2. Woollams, S., und Huige, K., „Normal dependency and symbiosis". *TAJ, 7,* 3, 1977, 217-20.

3. Schiff und Mitautoren, *Cathexis Reader*, Kap. 4. S. auch Schiff, S., „Personality development and symbiosis". *TAJ, 7*, 4, 1977, 310-6.

Kapitel 21: *Maschen und Rabattmarken*

1. Über das Wesen und die Funktionen von Maschen s.
Berne, *Principles of group treatment*, Kap. 13.
Berne, *What do you say...*, Kap. 8.
English, F. Hinweise in den Anmerkungen 2 und 3 weiter unten.
Ernst, F., „Psychological rackets in the OK corral". *TAJ, 3*, 2, 1973,
Erskine, R., und Zalcman, M., „The racket system: a model for racket analysis". *TAJ, 9*, 1, 1979, 51-9.
Gouldings, *Changing lives through redecision therapy, Kap.* 2, 6.
Joines, V., „Similarities and differences in rackets and games". *TAJ, 12*, 4 1982, 280-3.
Zalcman, M., „Game analysis and racket analysis". Keynote speeches delivered at the EATA conference, July 1986. Genf: EATA, 1987, 4. Referat

2. English, F., „The substitution factor: rackets and real feelings". *TAJ, 1*, 4, 1971, 225-30.
English, F., „Rackets and real feelings, Part II". *TAJ, 2*, 1,1972, 23- 5.

3. Thomson, G., „Fear, anger and sadness". *TAJ, 13*, 1,1983, 2-4.

4. English, F., „Racketeering". *TAJ, 6*, 1,1976, 78-81.
English, F., „Differentiating victims in the Drama Triangle". *TA J, 6*, 4, 1976, 384-6.

5. Berne, E., „Trading stamps". *TAB, 3*, 10, 127.
Berne, *What do you say...*, Kap. 8.
James und Jongeward, *Born to win*, Kap. 8.

Kapitel 22: *Das Maschensystem*

1. Erskine, R., und Zalcman, M., „The racket system: a model for racket analysis". *TAJ, 9*, 1, 1979, 51-9.

2. Die Übungen in diesem Kapitel sind ursprünglich von M. Zalcman konzipiert worden (unveröffentlichte Workshop-Referate) und werden hier in der von I. Stewart, A. Lee und K. Brown abgeänderten Form (unveröffentlichte Workshop-Referate) wiedergegeben.

Kapitel 23: *Die Spiele und die Spielanalyse*

1. Zur Natur von Psychospielen s.
Berne, *Intuition and ego-states*, Kap. 7.
Berne, *Transactional analysis in psychotherapy*, Kap. 10.
Berne, *Games people play*, Kap. 5.
Gouldings, *Changing lives through redecision therapy*, Kap. 2.
James und Jongeward, *Born to win*, Kap. 2, 8.
Woollams und Brown, *Transactional analysis*, Kap. 8.

2. In der TA-Literatur besteht keine Einigkeit darüber, ob ein Spiel (in der Einzahl) als Folge von Zügen zu verstehen ist, die von einer Person vorgenommen werden, oder als eine Abfolge von ineinander verhakten Zügen und Gegenzügen, die von zwei (oder mehr) Personen vorgenommen werden. Berne scheint, wenn man aus seinen Darlegungen die gebotenen Schlüsse zieht, der letzteren Auffassung zugeneigt zu haben, aber er war darin nicht konsequent. In dem vorliegenden

Buch halten wir uns an das zweiseitige Spielschema, das die Gouldings vorziehen, und betrachten ein Spiel (in der Einzahl) als eine Abfolge von Zügen, die von *einer* Person getan werden. Wenn also zwei Menschen sich in ein Spiel verstricken, spielt jeder dabei sein eigenes Spiel - allerdings sind dann die beiden Spiele ineinander verzahnt oder verhakt.

Diese Sicht führt auch zu Weiterungen hinsichtlich der Bedeutung des Rollenwechsels. Wenn wir davon ausgehen, daß du dein Psychospiel spielst und ich das meine, kannst du nicht bei mir sozusagen einen Schalter umlegen. Du hast keine Möglichkeit, in *meinem* Spiel einen Rollenwechsel zu bewirken. Du kannst lediglich für dein eigenes Spiel einen Rollenwechsel vornehmen und dann erwarten, daß ich im Gegenzug in meinem Spiel ebenfalls die Rolle wechsele.

3. Berne, *Games people play*, Kap. 5.
Steiner, *Scripts people live*, Kap. 1.

4. Berne, *What do you say...*, Kap. 2. Die Fassung der Berneschen Spielformel, auf die hier verwiesen wird, ist die letzte Überarbeitung von Berne selbst. S. auch die Hinweise unter Anmerkung 9 zu diesem Kapitel.

5. Karpman, S., „Fairy tales and script drama analysis". *Transactional Analysis Bulletin, 7*, 26, 1968, 39-43.
Berne, *Transactional analysis in psychotherapy*, Kap. 10.

6. Berne, *Games people play*, Kap. 5.

7. Gouldings, *Changing lives through redecision therapy*, Kapitel 2 und S. 79 (zum Diagramm).

8. James, J., „The game plan". *TAJ, 3*, 4, 1973, 14-7. Die abgeänderte Fassung, die hier wiedergegeben wird, ist von L. Collinson entwickelt worden (unveröffentlichtes Workshop-Referat).

9. Zur Definition von Spielen s.
Joines, V., „Similarities and differences in rackets and games". *TAJ, 12*, 4, 1982, 280-3.
Zalcman, M., „Game analysis and racket analysis". Keynote speeches delivered at the EATA conference, July 1986. Genf EATA, 1987, 4. Referat.

Kapitel 24: *Warum Menschen Spiele spielen*

1. Berne, *Games people play*, Kap. 5.
Berne, *What do you say...*, Kap. 8.
James und Jongeward, *Born to win*, Kap. 8.
Steiner, *Scripts people live*, Kap. 1.
Woollams und Brown, *Transactional analysis*, Kap. 8.

2. Schiff u. Mitautoren, *Cathexis reader*, Kap. 2.

3. English, F., „Racketeering". *TAJ, 6*, 1, 1976, 78-81.

4. Berne, *Games people play*, Kap. 5.

5. James, J., „Positive payoffs after games". *TAJ, 6*, 3,1976, 259-62.

Kapitel 25: *Der Umgang mit Spielen*

1. Berne, *Games people play*, Kap. 6-12 und Spieleverzeichnis

2. Uns sind keine formell benannten Spiele bekannt, bei denen es zu einem Umschlag von der Verfolger- in die Retter-Position oder von der Opfer- in die Retter-Position kommt. Als Alternative zur Klassifikation von Spielen anhand der Rollenwechsel im Drama-Dreieck gibt es die Möglichkeit, sie anzuordnen nach den Grundpositionen, die sie verstärken.

3. Gouldings, *Changing lives through redecision therapy*, Kap. 4.
4. James, J., „Positive payoffs after games". *TAJ, 6*, 3,1976, 259-62.
5. Woollams, S., „When fewer strokes are better". *TAJ, 6*, 3, 1976, 270-1.

Kapitel 26: ***Änderungsverträge***

1. Zum Wesen und zur Funktion des Vertrags s.
Berne, *Principles of group treatment*, Kap. 4 und Fachwortverzeichnis (Glossary)
James (Hrsg.), *Techniques in transactional analysis...,* Kap. 5.
James und Jongeward, *Born to win*, Kap. 9.
Gouldings, *Changing lives through redecision therapy*, Kap. 4.
Steiner, *Scripts people live,* Einleitung und Kap. 20.
Woollams und Brown, *Transactional analysis*, Kap. 12.
2. James, M., „Self-reparenting". Unveröffentlichtes Konferenz-Referat, EATA-Konferenz 1985. Die hier wiedergegebene abgeänderte Fassung ist von I. Stewart entwickelt worden (unveröffentlichtes Workshop-Referat 1986). S. auch
James, M., *It's never too late to be happy*. Reading: Addison-Wesley, 1985, Kap. 7.

Kapitel 27: ***Die Ziele einer Veränderung***

1. Zu den Ansichten über die Autonomie s.
Berne, *Games people play*, Kap. 16, 17.
Berne, *Principles of group treatment*, Kap. 13.
James and Jongeward, *Born to win*, Kap. 10.
Steiner, *Scripts people live*, Kap. 26, 27, 28.
2. Berne, *Transactional analysis in psychotherapy*, Kap. 16
James (Hrsg.), *Techniques in transactional analysis...*, Kap. 4.
3. Berne, *Transactional analysis in psychotherapy*, Kap. 14.
Berne, *Principles of group treatment*, Kap. 12.
Berne, *What do you say...*, Kap. 18.
4. *TAJ, 10*, 2,1980.
5. Nelson, Portia, „Autobiography in five short chapters" *In:* Black, Claudia, *Repeat after me*. Denver: M.A.C. Printing and Publications, 1985.

Kapitel 28: ***TA-Therapie***

1. James, M., „Self-reparenting: theory and process". *TAJ, 4*, 3,1974, 32-9. s. auch James, M., *It's never too late to be happy*. Reading. Addison-Wesley, 1985.
2. Zu den „drei Schulen" der TA s.
Barnes, G., „Introduction". *In:* Barnes (Hrsg.), *Transactional analysis after Eric Berne,* Kap. 1.
Vgl. dazu auch die drei Beiträge, die auf den Artikel von Barnes in dem gleichen Buch folgen und von je einem anerkannten Vertreter der klassischen Schule, der Cathexis-Schule und der Neuentscheidungs-Schule verfaßt worden sind:
Dusay, J., „The evolution of transactional analysis". *In:* Barnes (Hrsg.), *a.a.O*. Kap. 2.
Schiff, J., „One hundred children generate a lot of TA". *In:* Barnes (Hrsg.), *a.a.O*. Kap. 3.
Goulding, R., „No magic at Mt. Madonna: redecisions in marathon therapy". *In:* Barnes (Hrsg.), *a.a.O*. Kap. 4.

3. Crossman, P., „Permission and protection". *TAB, 5*, 19, 1966, 152-4.

Kapitel 29: ***TA in Organisationen und im Bildungswesen***

1. Ein Überblick über die Unterschiede zwischen den Anwendungsbereichen der TA findet sich in

Clarke, J., „Differences between special fields and clinical groups". *TAJ, 11*, 2, 1981, 169-70. Der Ausdruck „Special Fields" war früher bei der ITAA gebräuchlich zur Bezeichnung von „nicht-klinischen Anwendungsbereichen", ist aber jetzt fallengelassen worden.

2. Zu den Anwendungen der TA in Organisationen s.

Barker, D., *TA and training*. London: Gower, 1980.

Blakeney, R., „Organizational cure, or organizational effectiveness". *TAJ, 10*, 2, 1980, 1547.

James, M., *The OK boss*. Reading: Addison-Wesley, 1976.

Jongeward, D., *Everybody wins*: *TA applied to organizations*. Reading: Addison-Wesley, 1973.

Jongeward, D., und Blakeney, R., „Guidelines for organizational applications of transactional analysis". *TAJ, 9*, 3, 174-8.

3. Zu den Anwendungen der TA im Schul- und Bildungswesen s.

Ernst, K., *Games students play*. Millbrae: Celestial Arts, 1972.

Hesterley, O., „Cure in the classroom". *TAJ, 10*, 2,1980,158-9.

James, M., und Jongeward, D., *The people book: transactional analysis for students*. Reading: Addison-Wesley, 1975.

Stapledon, R., *De-gaming teaching and learning*. Statesboro: Effective Learning Publications, 1979.

Kapitel 30: ***Wie die TA sich entwickelt hat***

1. Dieser Abriß von Bernes Lebensgeschichte stützt sich im wesentlichen auf

Cheney, W., „Eric Berne: biographical sketch". *TAJ, 1*, 1, 1971, 14- 22

Weiteres Material wurde entlehnt aus

Dusay, J., „The evolution of transactional analysis". *In:* Barnes (Hrsg.), *Transactional analysis after Eric Berne*, Kap. 2.

Hostie, R., „Eric Berne in search of ego-states". *In:* Stern (Hrsg.), *TA: the state of the art,* Kap. 2.

James, M., „Eric Berne, the development of TA, and the ITAA", in James (Hrsg.), *Techniques in transactional analysis...*, Kap. 2.

2. Cranmer, R., „Eric Berne: annotated bibliography." *TAJ, 1*, 1,1971, 23-9.

3. Schiff, J., „One hundred children generate a lot of TA", in Barnes (Hrsg.), *Transactional analysis after Eric Berne,* Kap. 3.

4. Die hier skizzierte Darstellung der Entwicklung der ITAA geht zurück auf die oben in der Anmerkung aufgeführten Artikel von Cheney, Dusay und James.

5. Die ITAA-Mitgliederzahlen von 1971 bis 1980 sind einer graphischen Darstellung entnommen, die J. McNeel in seiner „Letter from the Editor" zitiert im *TAJ* 2, 11, 1931, S. 4. Die Zahlen für die folgenden Jahre sind in jeder Nummer des *TAJ* unter der Überschrift „The ITAA" zu finden.

6. Allaway, J., „Transactional analysis in Britain: the beginnings". *Transactions, 1*, 1, 1983, 5-10.

7. *The Script,* Mai-Juni 1987, S. 7

Bibliographie*

Die beiden im deutschsprachigen Raum am häufigsten konsultierten Fachzeitschriften sind das „Transactional Analysis Journal" (TAJ), das offizielle Organ der ITAA, und die „Zeitschrift für Transaktionsanalyse in Theorie und Praxis" (ZfTA), herausgegeben von der Deutschen Gesellschaft für Transaktionsanalyse (DGTA), Samerbergweg 7 in D-8269 Burgkirchen.

Abell, R., *Own your own life*. New York: David McKay Co., 1976.

Babcock, D. E. u. Keepers, T.D., *Miteinander wachsen, Transaktionsanalyse für Eltern und Erzieher*, Dt. bearbeitet von H. Harsch, München, 1980

Berne, E. Grundlegende therapeutische Techniken (Basic techniques), ZfTA 1985, 2, 67-87

Brown, M. *Seelische Krankheiten, Ein leicht verständlicher Überblick,* Frankfurt/M., 1983

Copray, N., Viel mehr als ein Computer! ZfTA 1986, 3, 65-72

English, F., Der Dreiecksvertrag, ZfTA 1985, 2, 106-108

English, F., *Es ging doch gut - was ging denn schief? Beziehungen in Partnerschaft, Familie und Beruf*, München, [4]1988

Erikson, E., *Childhood and society*. New York: W.W. Norton, 1950. Dt.: *Kindheit und Gesellschaft,* Stuttgart 1985

Erskine, R., „A structural analysis of ego". *Keynote speeches delivered at the EATA conference, July 1986*. Genf EATA, 2 . Vortrag

Erskine, R. und Moursund, *Integrative psychotherapy in action*, Newbury Park, London etc., 1988

Erskine, R., und Zalcman, M., „The racket system: a model for racket analysis". TAJ, 9, 1, 1979, 51-9.

Gooss, B., Die heruntergekommene Begegnung, ZfTA 1985, 2, 17

Goulding, M., und Goulding, R., *Changing lives through redecision therapy.* New York: Brunner/Mazel, 1979.
Dt.: Neuentscheidung. Ein Modell der Psychotherapie, Stuttgart, 1981

Goulding, R., und Goulding, M., *The power is in the patient.* San Francisco: TA Press, 1978.

Goulding, Mary M., *„Kopfbewohner" oder: Wer bestimmt dein Denken?* Paderborn, 1988

* *Anmerkung des Übersetzers:* Von der umfangreichen, ausschließlich englischsprachigen Literatur, die im Original an dieser Stelle angeführt wird, sind nur wenige Werke übernommen worden, die nach meiner Erfahrung für den deutschsprachigen Transaktionsanalytiker leicht zugänglich sind, bei uns häufiger benutzt werden oder mir besonders bedeutsam erscheinen. Werke, die bereits in den Anhängen oder Quellenhinweisen genannt worden sind, werden durchweg hier nicht noch einmal aufgeführt. Statt dessen habe ich einige deutschsprachige Bücher und Beiträge eingefügt; eine umfassende Übersicht über die deutschsprachige Literatur hat Dr. Heinrich Hagehülsmann, Herausgeber der Zeitschrift für Transaktionsanalyse (Wiemkenstr. 205, 2902 Rastede) zusammengestellt.

Hagehülsmann, U. und Hagehülsmann, H. Transaktions-Analyse, in: Corsini, R. J. (Hrsg.), Handb. der Psychotherapie, Weinheim u. Basel, 1983, 1315-1356
Haimowitz, M., und Haimowitz, N., *Suffering is optional.* Evanston: Haimowoods Press, 1976.
Harsch, H., *Hilfe für Alkoholiker und andere Drogenabhängige,* München, [2]1977
Harsch, H., *Alkoholismus, Schritte zur Hilfe für Abhängige, deren Angehörige und Freunde,* München 1980
James, M. und Jongeward, D., *Born to win,* Reading (Mass.), 1971, Dt.: *Spontan leben,* Reinbek 1974
James, M., *Born to love, Transactional analysis in the church,* New York, 1977
James, M. und Savary, L., *Befreites Leben, Transaktionsanalyse und religiöse Erfahrungen,* München, 1977
Karpman, S. „Options", TAJ I, 1, 1971, 79-87
Kottwitz, G., *Wege zur Neuentscheidung,* Berlin 1980
Levin, P., *Becoming the way we are.* Berkeley, 1974.
Mahler, M. S., *The psychological birth of the human infant,* New York, 1975.
Rautenberg, W. und Rogoll, R., *Werde, der du werden kannst,* Freiburg, [9]1990
Rogoll, R., *Nimm dich, wie du bist,* Freiburg, [20]1990
Rogoll, R., *Lieben und Lassen, Herz und Verstand in der Partnerschaft,* Freiburg, 1988
Rogoll, R., „Transaktionsanalyse", in Egg, Th. (Hrsg.), Psychotherapie, ein Handbuch, Stuttgart etc. 1985, 215-24
Rogoll, R. und Jessen, F., „Praktische Transaktionsanalyse", in Maurer, Y. (Hrsg.), Bedeutende Psychotherapieformen der Gegenwart, Stuttgart, 1985, 87-105
Rogoll, R., Marwedel, U. und Chr., *Ich mag mein Kind - mein Kind mag mich! Transaktionsanalyse für Eltern,* Freiburg, 1986
Rogoll, R. und Waiblinger, A., „Psychotherapie mit Transaktionsanalyse", in Praxis der Psychotherapie und Psychosomatik, 1985, 145-51 und 204-12
Schiff, A., und Schiff, J., „Passivity". TAJ, I, 1, 1971, 71-8
Schiff, J., und Mitautoren, *The Cathexis reader: transactional analysis treatment of psychosis.* New York: Harper and Row, 1975
Schiff, J. und Day, B., *All my children,* New York, 1970, Dt.: *Alle meine Kinder, Heilung der Schizophrenie durch Wiederholen der Kindheit,* München, 1980
Schiff, S., "Personality development and symbiosis" . TA J, 7, 4, 1977, 310-6.
Schlegel, L., *Die Transaktionale Analyse nach Eric Berne und seinen Schülern,* München, [3]1988
Schmid, B. A., „Die Ausbildung in Transaktions-Analyse", ZfTA 1984, 1, 50-5
Spitz, R., "Hospitalism: genesis of psychiatric conditions in early childhood". Psychoanalytic studies of the child, 1, 1945, 53-74.
Steiner, C., *Scripts people live,* New York, 1975, Dt.: *Wie man Lebenspläne verändert,* Paderborn, 1982
Steiner, C., *The other side of power,* New York, 1982, Dt.: *Macht ohne Ausbeutung.* Zur Ökologie zwischenmenschlicher Beziehungen, Paderborn 1985
Waiblinger, A., *Neurosenlehre der Transaktionsanalyse,* Berlin etc., 1989
Wandel, F., *Erziehung im Unterricht,* Stuttgart etc. 1977
Wandel, F., *„Passivität im Unterricht. Oder: Wer arbeitet hier eigentlich?",* ZfTA 1985, 2, 33-7

Fachausdrücke

Agitation: Diejenige passive Verhaltensweise, bei der der Mensch seine Energie nicht auf die Problemlösung richtet, sondern sie in stereotype sinnlose Tätigkeiten lenkt.
Aktivität: Eine Weise der Zeitgestaltung, bei der die Betreffenden ein Ziel anstreben, über das in offener Weise Einigkeit erreicht wurde, im Unterschied dazu, daß nur darüber geredet wird.
Alternativen einsetzen: Die Technik, bei eingefahrenen Transaktionen, bei denen sich die Beteiligten im Kreise drehen, bewußt einen Ich-Zustand dergestalt einzusetzen, daß das unkonstruktive Hin und Her durchbrochen wird.
Angelhaken (Con): s. Attraktive Falle
Angepaßtes Kind (-Ich): Ein Anteil des Kind-Ich-Zustandes im funktionellen Modell, der erkennen läßt, wie der Betreffende diesen Ich-Zustand einsetzt, um auf Vorschriften oder die in der Gesellschaft geltenden Gebote und Verbote einzugehen (sich ihnen zu fügen oder zu widersetzen).
Antiskript: Ein Skriptanteil, den der Betreffende ins Gegenteil verkehrt hat, so daß er nicht der ursprünglichen Botschaft gehorcht, sondern ihr Gegenteil befolgt.
Antreiber: Eine von fünf klar zu unterscheidenden Sequenzen, die über einen Zeitraum von einer halben Sekunde bis wenige Sekunden hinweg durchlebt wird und die funktionelle Äußerung eines negativen Gegenskripts darstellt.
Attraktive Falle: Ein Transaktionsstimulus, der auf der psychologischen Ebene eine Einladung zum Psychospiel übermittelt.
Ausschließender Ich-Zustand: s. Konstant
Ausschluß: Der Zustand, der dadurch erreicht wird, daß ein Mensch einen oder mehrere Ich-Zustände ausschließt.
Auszahlung (bei Spielen): Das Maschengefühl, das der Spieler nach dem Abschluß des Spielverlaufs empfindet; *(beim Skript)*: Die Schlußszene, auf die hin das Skript ausgerichtet ist.
Autonomie: Die Eigenschaft, die sich darin zeigt, daß drei Fähigkeiten an den Tag gelegt oder wiedergewonnen werden: Bewußtheit, Spontaneität und Intimität; jede Verhaltensweise, jeder Denkvorgang und jede Gefühlsregung, die eine Reaktion auf die Realität im Hier und Jetzt darstellt und nicht eine Reaktion auf Skriptüberzeugungen.
Banales Skript: s. Nicht-Gewinner-Skript
Bann-Botschaften, Einschärfungen: Negative einengende Skriptbotschaften, die vom Kind-Ich einer Elternfigur ausgehen und vom Kind in seinem Kind-Ich gespeichert werden.

Bedingter Stroke: Ein Stroke, der sich auf das bezieht, was der Empfänger tut.
Bedingungsloser Stroke: Ein Stroke, der sich auf die ganze Person des anderen bezieht (auf das, was er ist).
„Beinahe"-Skript: Das Prozeß-Skript, das die Überzeugung reflektiert: „Ich schaffe es beinahe, aber doch nicht ganz."
Bernesche Spielformel: Eine Formel, die die sechs Phasen eines Spielverlaufs angibt (attraktive Falle, Spielinteresse, harmlose Reaktionen, Rollenwechsel, Moment der Perplexität, Auszahlung); in verschiedenen, oft wörtlichen Übersetzungen als Angelhaken; passender Mechanismus oder weiche Stelle, auch üblicher Dreh; Reaktion; Umschaltung (auch einfach Schalter); Verwirrung; Spielgewinn bezeichnet.
Beschluß: Schlußfolgerung, die ein Mensch über sich selbst, die Mitmenschen oder die Natur des Lebens trifft, wie sie in der Kindheit angenommen wird als die beste Weise, die dem Kind zur Verfügung steht, zu überleben und für die Erfüllung seiner Bedürfnisse zu sorgen - in Anbetracht der noch kindhaften Art zu fühlen und die Realität zu erfassen.
Besucher aus dem All: Ist fähig, das Verhalten und die Kommunikation der Menschen aufgrund einer völlig vorurteilsfreien Beobachtung zu interpretieren.
Bewußtheit: Die Fähigkeit, Sinneseindrücke in reiner Form, also wie ein neugeborenes Kind, ohne Interpretation wahrzunehmen.
Bezugsrahmen: Die Struktur miteinander verbundener Reaktionen, die die verschiedenen Ich-Zustände bei der Reaktion auf bestimmte Stimuli integriert; er stattet den Menschen mit einer Gesamtheit von umfassenden Wahrnehmungs, Begriffsbildungs-, Emotions- und Handlungsmustern aus, die dazu verwandt wird, sich selbst, die Mitmenschen und die Welt zu definieren.
„Bis"-Skript: Das Prozeß-Skript, das die Überzeugung widerspiegelt: „Solange etwas Ungutes noch nicht zu Ende ist, kann etwas Gutes nicht passieren."
Blockierende Transaktion: Eine Transaktion, bei der die Absicht, ein Thema anzusprechen, dadurch vereitelt wird, daß man der Definition des Themas nicht zustimmt.
Botschaft auf der psychologischen Ebene: Eine verdeckte Botschaft, die für gewöhnlich durch nonverbale Zeichen übermittelt wird.
Botschaft auf der sozialen Ebene: Eine offene Botschaft, die für gewöhnlich im Inhalt der gesprochenen Worte (verbal) zum Ausdruck kommt.
Cathexis (als Eigenname): Name eines von den Schiffs gegründeten Instituts und Bezeichnung der TA-„Schule", die ihre Methode einsetzt.
Crossup (im Englischen oft durch ein Kreuz in Form eines großen X bezeichnet): s. Moment der Perplexität
Discounten: Informationen, die für die Lösung eines Problems relevant wären, unwissentlich („unbewußt") ignorieren (im Deutschen etwa verkennen, übersehen oder dergl.).
Discount-Tabelle: Ein Modell, anhand dessen Discounten analysiert wird hinsichtlich des Bereichs, auf den sich das Discounten bezieht, des Typs (*was* discountet wird) und der Ebene (oder des Modus).
Drama-Dreieck: Ein Diagramm, das veranschaulicht, wie Menschen in eine von drei skriptgebundenen Rollen (Verfolger, Retter, Opfer) hineingeraten und sich dann von einer zur anderen bewegen.

Dritte Kommunikationsregel: „Das weitere Verhalten der Beteiligten an einer verdeckten Transaktion wird auf der psychologischen und nicht auf der sozialen Ebene entschieden."
Dritten Grades (bei Spielen oder Verlierer-Skripts): Auf eine Auszahlung hinauslaufend, die den Tod, eine schwere Verletzung oder Krankheit oder eine gerichtliche Auseinandersetzung zur Folge hat.
Duplex-Transaktion (oft durch eine Eigenkreuzung eröffnet): Eine verdeckte Transaktion, an der vier Ich-Zustände beteiligt sind.
Egogramm: Ein Diagramm in Säulenform, das ein Bild der Persönlichkeit dadurch abgibt, daß eine intuitive Gewichtung jedes Aspektes oder Anteils im funktionellen Ich-Zustands-Modell durch die Höhe der betreffenden Säule dargestellt wird.
Eigenkreuzung: Eine Art der Eröffnung einer Duplex-Transaktion, bei der der Pfeil für die psychologische Botschaft den Pfeil für die eigene soziale Botschaft kreuzt.
Einhalt: Die zweite Position im Miniskript, die die Grundeinstellung Ich- Du+ widerspiegelt; eine Bann-Botschaft, die der Betreffende hört, wenn er sich in dieser Position befindet.
Einschärfungen: s. Bann-Botschaften
EL_1: Gleichbedeutend mit Eltern-Ich im Kind-Ich-Zustand
EL_2: Gleichbedeutend mit Eltern-Ich (-Zustand)
EL_3: Der Anteil des Eltern-Ichs in der Strukturanalyse zweiter Ordnung, der Eltern-Ich-Inhalte widerspiegelt, die von Vater oder Mutter oder einer sonstigen Bezugsperson introjiziert worden sind.
Elektrode: Ein von einigen TA-Autoren benutzter Ausdruck im Sinne von Eltern-Ich im Kind-Ich.
Eltern-Ich (-Zustand): Eine Gesamtheit von Verhaltens- und Denkweisen und Gefühlen, die von den Eltern oder anderen Bezugspersonen übernommen worden sind - d. h. ein entlehnter Ich-Zustand.
Eltern-Ich im Kind-Ich-Zustand: Ein Anteil des Kind-Ich-Zustandes in der strukturellen Analyse zweiter Ordnung, der die magische Version darstellt, die sich das Kind aus den von seinen Eltern aufgenommenen Botschaften zusammenphantasiert.
Episkript: Eine negative Skript-Botschaft, die eine Elternfigur an ein Kind weitergibt in der magischen Hoffnung, daß sie selbst dadurch von der Auswirkung dieser Botschaft befreit wird.
ER_1: Gleichbedeutend mit dem Erwachsenen-Ich im Kind-Ich-Zustand
ER_2: Gleichbedeutend mit dem Erwachsenen-Ich (-Zustand)
ER_3: Der Anteil des Eltern-Ichs in der Strukturanalyse zweiter Ordnung, der Inhalte des Erwachsenen-Ichs widerspiegelt, die von Vater oder Mutter oder einer sonstigen Bezugsperson introjiziert worden sind.
Erlaubnis im Miniskript (Allower): Das positive Gegenteil des Antreibers
Erlaubnisse im Skript (Permissions): Positive, befreiende Skriptbotschaften, die vom Kind-Ich eines Elternteils ausgehen und vom Kind in seinem Kind-Ich gespeichert werden.
Erste Kommunikationsregel: „Solange die Transaktionen parallel verlaufen, kann die Kommunikation unbegrenzt weitergehen."
Ersten Grades (bei einem Spiel oder einem Verliererskript: Ein Intensitätsgrad,

bei dem der Betreffende bereit ist, in seiner sozialen Umgebung über die Auszahlung zu sprechen.

Erwachsenen-Ich(-Zustand): Eine Gesamtheit von Verhaltensweisen, von Denken und Fühlen, welche eine direkte Reaktion auf das Hier und Jetzt darstellt und weder von den Eltern oder Bezugspersonen übernommen worden ist, noch aus der eigenen Kindheit des Betreffenden wiederaufgelegt wird.

Erwachsenen-Ich im Kind-Ich (-Zustand): Ein Kind-Ich-Anteil innerhalb der Strukturanalyse zweiter Ordnung, der die Strategien des Kleinkindes zur Realitätsprüfung und Problemlösung darstellt.

Existentielle Position: s. Grundeinstellung

Freies Kind: Eine Unterteilung des Kind-Ichs im funktionellen Modell, die aufzeigt, wie der Menseh diesen Ich-Zustand einsetzen kann, um Gefühle oder Bedürfnisse unzensiert bzw. ohne Rücksicht auf Normen oder soziale Anforderungen auszudrücken.

Funktion (bei Ich-Zuständen): Wie Ich-Zustände verwandt oder ausgedrückt werden.

Funktionelles Modell: Ein Ich-Zustands-Modell, das die Ich-Zustände dergestalt unterteilt, daß sichtbar wird, *wie* wir sie einsetzen (ihr Prozeß).

Fürsorgliches Eltern-Ich: Ein Anteil des Eltern-Ichs im funktionellen Modell, der zeigt, wie der Betreffende sein Eltern-Ich einsetzt, um andere zu nähren, zu betreuen oder ihnen zu helfen.

Galgenäußerung (Galgengelächter, Galgentransaktion): Eine Kommunikation, bei der der Mensch lacht oder lächelt, während er sich über etwas Schmerzliches äußert.

Gegeneinschärfungen: s. Weg-Weiser

Gegenskript: Die Gesamtheit der Beschlüsse, die ein Kind trifft, um sich den Weg-Weisern (Gegeneinschärfungen) zu fügen.

Gewalt: Die passive Verhaltensweise, bei der jemand zerstörerische Energie nach außen richtet in dem Versuch, seine Umgebung zu veranlassen, ein Problem zu lösen.

Gewinner: Ein Mensch, der ein erklärtes Ziel erreicht.

Gewinnerskript: Ein Skript, dessen Auszahlung Beglückung oder Erfüllung bringt bzw. Erfolg beim Erreichen eines erklärten Ziels bedeutet.

Grandiosität: Eine Übertreibung irgendeines Aspektes der Realität.

Grundeinstellung: Die Grundüberzeugungen, die jemand über sich selbst und seine Mitmenschen hat und einsetzt, um Beschlüsse und Verhalten zu rechtfertigen; eine grundlegende Einstellung, die jemand einnimmt über den wesentlichen Wert, den er in sich und in anderen wahrnimmt.

Gummiband: Ein auf Ähnlichkeiten beruhender Berührungspunkt zwischen einer Streßsituation im Hier und Jetzt und einer schmerzhaften Situation aus der Kindheit, an die sich der Betreffende für gewöhnlich nicht bewußt erinnert, aber auf die er mit einiger Wahrscheinlichkeit so reagiert, daß er ins Skript geht.

Hamartisches Skript: s. Dritter Grad, Verliererskript

Harmlose Reaktionen: Eine Folge von verdeckten Transaktionen, die auf das Spielangebot (die attraktive Falle) und das Einsteigen (die Erklärung des Spielinteresses) folgen und die verdeckte Botschaft wiederholen, die in diesen beiden ersten Zügen enthalten ist.

Hexen-Mutter: Ausdruck, der von gewissen Autoren gebraucht wird zur Bezeichnung des Eltern-Ichs im Kind-Ich-Zustand.
Historische Diagnose: Urteil darüber, in welchem Ich-Zustand sich ein Mensch befindet, durch Zusammentragen von Informationen über die Eltern und Bezugspersonen und die Kindheit des Betreffenden.
Ich-Zustand: Ein in sich kohärentes Muster von Fühlen und Erfahrung, das direkt zusammenhängt mit einem entsprechenden in sich kohärenten Verhaltensmuster.
Ich-Zustands-Modell: Ein Modell, das die Persönlichkeit als Gesamtheit von Eltern-Ich, Erwachsenen-Ich und Kind-Ich darstellt.
„Immer" -Skript: Das Prozeß-Skript, das die Überzeugung reflektiert: „Ich bin dazu verurteilt, immer in der gleichen unbefriedigenden Situation zu verharren."
Inhalt (bei Ich-Zuständen): Die gespeicherten Erinnerungen und Strategien, die als zu unterschiedlichen Ich-Zuständen (oder im strukturellen Modell zu unterschiedlichen Ich-Zustands-Anteilen) gehörig klassifiziert werden - d.h. *was* im jeweiligen Ich-Zustand ist; *(im Skript)*: Die Gesamtheit von frühen Beschlüssen, die bei jedem einzelnen Menschen einzigartig ist, durch die spezifiziert wird, *was* in seinem Skript ist.
Inkongruenz: Auseinanderklaffen zwischen dem offenen Inhalt einer Mitteilung und den Verhaltenssignalen, die der Mensch aussendet, der die Mitteilung macht.
Integriertes Erwachsenen-Ich: Erwachsenen-Ich-Zustand, der positive Eigenschaften des Kind-Ichs und des Eltern-Ichs in sich aufgenommen hat.
Intimität: Eine Weise der Zeitstrukturierung, bei der die Menschen einander ohne Zensur echte Gefühle und Bedürfnisse ausdrücken.
Isolierung: s. Rückzug
K_1: Gleichbedeutend mit dem „Kind" im Kind-Ich-Zustand
K_2: Gleichbedeutend mit Kind-Ich (-Zustand)
K_3: Der Anteil des Eltern-Ichs in der Strukturanalyse zweiter Ordnung, der die Inhalte des Kind-Ichs darstellt, wie sie von Vater oder Mutter oder einer anderen Bezugsperson introjiziert worden sind.
Kathexis (in der Energietheorie): Ein theoretisches Konstrukt, das die Besetzung eines Ich-Zustandes mit seelischer Energie darstellt; Berne hatte dieses Konzept postuliert, um den Wechsel zwischen den Ich-Zuständen zu erklären.
Kind-Ich (-Zustand): Eine Gesamtheit von Denk- und Verhaltensweisen und Gefühlen, die aus der eigenen Kindheit eines Menschen stammen und wiederaufgelegt werden - d.h. ein archaischer Ich-Zustand.
Kind im Kind-Ich: Ein Anteil der Kind-Ich-Struktur zweiter Ordnung, der gespeicherte Erinnerungen aus frühen Phasen der eigenen Entwicklung des Kindes darstellt.
Kleiner Professor: s. Erwachsenen-Ich im Kind-Ich
Komplementärtransaktion: s. Paralleltransaktion
Konstant (bei Ich-Zuständen): Derjenige Ich-Zustand, der wirksam oder tätig (operational) bleibt, wenn die beiden anderen ausgeschlossen sind; auch „ausschliessender" Ich-Zustand.
Konstanz-Hpothese (bei Egogrammen): Die Ansicht, daß bei Intensitätszunahme eines Ich-Zustandes ein anderer abnehmen muß, da sich Energie verlagert und auf diese Weise die gesamte Energiemenge konstant bleiben kann.
Kontrollierendes Eltern-Ich: s. Kritisches Eltern-Ich

Kritisches Eltern-Ich: Ein Anteil des Eltern-Ichs im funktionellen Modell, der zeigt, wie der Betreffende seinen Ich-Zustand einsetzen kann, um zu kritisieren, zu kontrollieren oder Weisungen zu erteilen.
Lebensgeschichtliche Diagnose: s. Historische Diagnose
Lebensposition: s. Grundeinstellung
Lebens-Skript: Ein unbewußter Lebensplan, der in der Kindheit aufgestellt und von den Eltern verstärkt wird, später durch weitere Ereignisse eine „Rechtfertigung" findet und in einer bewußt gewählten Alternative gipfelt.
Lockmaschen stricken: Eine Art und Weise, Transaktionen dergestalt miteinander auszutauschen, daß der Stricker von anderen Strokes erhält für seine Maschengefühle.
Magisches Eltern-Ich: s. Eltern-Ich im Kind-Ich-Zustand
Marsmensch: s. Besucher aus dem All
Masche: Eine Gesamtheit von skriptbedingten Verhaltensweisen, die unbewußt eingesetzt werden, um die Umgebung zu manipulieren, und die zur Folge haben, daß der Betreffende ein Maschengefühl erlebt.
Maschengefühl: Eine vertraute Emotion, die in der Kindheit erlernt und gefördert und später in vielen Streßsituationen erlebt wird und die für den Erwachsenen als Mittel zur Problemlösung eine Fehlanpassung darstellt.
Maschensystem: Ein sich selbst verstärkendes, verzerrtes System von Fühlen, Denken und Handlungsweisen, das von skriptgebundenen Menschen aufrechterhalten wird.
Miniskript: Eine Sequenz von skriptgebundenen Verhaltensweisen und Maschengefühlen, die immer mit einem Antreiber anfängt, durch die der Mensch kurz- oder mittelfristig Skriptphasen durchläuft und sein Skript dadurch verstärkt.
Moment der Perplexität: Ein Augenblick der Verwirrung, den ein Mitspieler bei einem Psychospiel gleich nach dem Rollenwechsel erlebt.
„Nachdem"-Skript: Das Prozeß-Skript, das die Überzeugung reflektiert: „Wenn ich heute etwas Gutes erlebe, muß ich das morgen wieder büßen."
Nährendes Eltern-Ich: s. Fürsorgliches Eltern-Ich
Natürliches Kind (-Ich.): s. Freies Kind-Ich
Neuentscheidung: Bei der Neuentscheidung wird an die Stelle eines einengenden frühen Beschlusses eine Entscheidung gesetzt, die das volle Potential einbezieht, über das der Mensch als Erwachsener verfügt.
Nicht-Gewinner: Jemand, der nie große Gewinne zu verzeichnen, aber auch nie große Verluste zu erleiden hat.
Nicht-Gewinner-Skript: Ein Skript, bei dem die Auszahlung weder mit großen Gewinnen noch mit großen Verlusten verbunden ist.
Nichts tun: Das passive Verhalten, bei dem der Betreffende Energie darauf verwendet, sich vom Tätigwerden abzuhalten, statt darauf, das Problem zu lösen.
„Niemals"-Skript: Das Prozeß-Skript, das die Überzeugung widerspiegelt: „Ich kann niemals das bekommen, was ich mir am meisten wünsche."
OK-Geviert: Ein Diagramm, das aufzeigt, in welcher Beziehung die verschiedenen Grundeinstellungen zu spezifischen sozialen Vorgehensweisen stehen.
Opfer (im Drama-Dreieck): Jemand, der sich als unterlegen empfindet und auch verdient, herabgesetzt zu werden, weil er ja ohne fremde Hilfe nicht zurechtkommt.

Optionen: s. Alternativen einsetzen
Paralleltransaktion: Eine Transaktion, bei der die Pfeile parallel verlaufen und der angesprochene Ich-Zustand der ist, der auch antwortet.
Passives Verhalten: Eine von vier Verhaltensweisen (Nichtstun, Überanpassung, Agitation und Selbstbeeinträchtigung oder Gewalt), die darauf hinweisen, daß Discounten vorliegt und die von dem Betreffenden eingesetzt werden in dem Bestreben, andere Menschen oder einfach die Umgebung so zu manipulieren, daß sie seine Probleme lösen.
Passivität: Die Art und.Weise, wie Menschen das gerade Gebotene nicht oder nicht effizient tun.
Phänomenologische Diagnose: Das Urteil darüber, in welchem Ich-Zustand sich jemand befindet, das sich stützt auf die Art und Weise, wie er Ereignisse aus seiner eigenen Vergangenheit wieder durchlebt.
Position: s. Grundeinstellung
Primär-Antreiber: Der Antreiber, den ein Mensch am häufigsten erlebt und den er für gewöhnlich auch bei der Reaktion auf einen Stimulus in einer Transaktion als ersten zeigt.
Programm: Die Gesamtheit der Skript-Botschaften, die vom Erwachsenen-Ich von Vater oder Mutter oder einer Bezugsperson ausgehen und vom Kind im Erwachsenen-Ich gespeichert werden.
Prozeß (bei den Ich-Zuständen): Die Art und Weise, in der der Mensch seine Ich-Zustände im Zeitablauf ausdrückt - d. h. *wie* die Ich-Zustände ausgedrückt werden; *(beim Skript):* Die Art und Weise, in der jemand sein Skript im Laufe seines Lebens verwirklicht - d.h. *wie* das Skript ausgelebt wird.
Psychospiel: s. Spiel
Rabattmarke: Ein Maschengefühl, das jemand „weggesteckt" und gespeichert hat in der Absicht, es später einmal gegen irgendeine negative Auszahlung einzulösen.
Reaktion (bei einer einzelnen Transaktion): Die Kommunikation, mit der ein Stimulus beantwortet wird; (*in einem Spiel*): Eine Reihe von harmlos aussehenden Transaktionen, die auf das Spielangebot (attraktive Falle + Erklärung des Spielinteresses) folgen und die darin enthaltenen verdeckten Botschaften wiederholen.
Reales Selbst (bei den Ich-Zuständen): Derjenige Ich-Zustand, in dem sich der Mensch gerade selbst erlebt.
Rebellisches Kind (ein Terminus, der bei einigen Autoren die Bedeutung hat): Eine Ausdrucksweise des angepaßten Kind-Ich-Zustandes, bei der der Betreffende sich gegen Vorschriften auflehnt, statt sie zu befolgen.
Recognition hunger: Das Bedürfnis, von einem anderen Menschen oder von anderen zur Kenntnis genommen zu werden.
Redefinieren: Entstellung der Wahrnehmung eines Menschen dergestalt, daß sie zu seinem Skript paßt.
Redefinitions-Transaktion: Blockierende oder Tangential-Transaktion.
Retter (im Drama-Dreieck): Jemand, der anderen Hilfe anbietet aus einer Position heraus, wo er etwas über ihnen steht, im Glauben, daß sie „das Zeugs nicht haben, sich selbst zu helfen."
Rituale: Eine Weise der Zeitstrukturierung, bei der die Menschen vertraute, vorprogrammierte Strokes austauschen.

Rollenwechsel: Der Augenblick in einem Spiel, in dem einer der Beteiligten seine Rolle wechselt, um seinen Spielgewinn einzukassieren.
Rückzug: Eine Weise der Zeitstrukturierung, bei der der Mensch nicht mit anderen Menschen Transaktionen vollzieht.
„Schalter": Ungeschickte Übersetzung für Rollenwechsel (in der Spielformel).
Schweine-Eltern: Von gewissen Autoren als Ausdruck für das Eltern-Ich im Kind-Ich gebraucht.
Selbstbeeinträchtigung: Die passive Verhaltensweise, durch die der Mensch sich selbst handlungsunfähig macht in dem Versuch, seine Umgebung zu veranlassen, ein Problem zu lösen.
Skript: s. Lebens-Skript
Skript mit offenem Ende: Das Prozeß-Skript, das die Überzeugung widerspiegelt: „Es wird einmal ein Zeitpunkt kommen, da weiß ich nicht mehr, was ich eigentlich soll."
Skriptbotschaft: Eine verbale oder nonverbale Botschaft von den Eltern, aufgrund deren das Kind während des Prozesses der Skriptbildung Folgerungen zieht über sich selbst, die Mitmenschen und die Welt.
Skript-Matrix: Ein Diagramm, in dem die Übermittlung von Skriptbotschaften hinsichtlich der beteiligten Ich-Zustände analysiert wird.
Skriptsignal: Ein Indiz im Körper, das erkennen läßt, daß der Betreffende ins Skript gegangen ist.
Somatisches Kind: Das Kind-Ich im Kind-Ich-Zustand
Soziale Diagnose: Urteil darüber, in welchem Ich-Zustand sich jemand befindet aufgrund der Beobachtung der Ich-Zustände, die andere bei ihren Transaktionen mit dem Betreffenden benutzen.
Spiel, auch Psychospiel (letzte Definition von Berne): Eine Reihe von Transaktionen (mit einer attraktiven Falle, der Erklärung des Spielinteresses, einem Rollenwechsel, dem Moment der Perplexität), die zu einer Auszahlung führt (s. Bernesche Spielformel)
Spiel, auch Psychospiel (Definition von Vann Joines): Ein Geschehen, bei dem die Beteiligten etwas tun mit einem verdeckten Motiv, das
1.) dem Bewußtsein des Erwachsenen-Ichs nicht zugänglich ist,
2.) nicht erkennbar wird, solange nicht einer der Beteiligten seine Verhaltensweise wechselt, und
3.) dazu führt, daß jeder der Beteiligten sich verwirrt und mißverstanden fühlt und dem anderen die Schuld geben will.
Spielinteresse, Spielinteresse erklären: heißt, durch eine eigene Reaktion dergestalt eine Transaktion zustandezubringen, daß auf der psychologischen Ebene die Botschaft ankommt, daß der Betreffende eine Einladung zu einem Spiel angenommen hat (also in eine für ihn attraktive Falle getappt ist).
Spielplan: Eine Reihe von Fragen, die gestellt werden, um die Phasen im Spielverhalten einer Person zu analysieren.
Spontaneität: Die Fähigkeit, frei auszuwählen aus einem weiten Fächer von Alternativen für die eigenen Gefühle, Gedanken und Verhaltensweisen, einschließlich der freien Verfügung über die Ich-Zustände.
Stimulus: Die Eröffnungsmitteilung (der Auftakt) bei einer Kommunikation (auf die dann als Antwort die „Reaktion" erfolgt).
Stroke: „a unit of recognition", d. h. eine Einheit im zwischenmenschlichen

Geschehen, durch die der Mensch zur Kenntnis genommen bzw. anerkannt wird.
Strokebank: Die gesammelten Erinnerungen an früher erhaltene Strokes, die der Mensch wiederverwenden kann.
Strokefilter: Ein für den betreffenden Menschen geltendes Muster der Annahme oder Ablehnung von Strokes, dergestalt, daß dies zu seinem Selbstbild paßt.
Stroke-Ökonomie: Die Gesamtheit von einschränkenden elterlichen Regeln über das Stroken.
Strokeprofil: Ein Säulendiagramm, das die Neigung eines Menschen ausdrückt, Strokes zu geben und anzunehmen, um Strokes zu bitten und sich zu weigern, erwartete Strokes zu geben.
Strokequotient: Die von jemandem bevorzugte Mischung unterschiedlicher Strokearten.
Struktur (im Ich-Zustands-Modell): Zuweisung des Verhaltens, der Gefühle und der Erfahrung eines Menschen zu seinen Ich-Zuständen.
Strukturelle Analyse, Strukturanalyse: Eine Analyse der Persönlichkeit oder einer Reihe von Transaktionen mit Hilfe des Ich-Zustands-Modells.
Strukturelle Pathologie: Trübung und/oder Ausschluß
Strukturmodell: Ein Ich-Zustandsmodell, das aufzeigt, was jedem einzelnen Ich-Zustand oder seinen Unterteilungen zukommt, d. h. *Inhalte* sichtbar macht.
Strukturmodell erster Ordnung: Ein Ich-Zustands-Modell, bei dem die drei Ich-Zustände nicht weiter unterteilt sind.
Strukturmodell zweiter Ordnung: Ein strukturelles Modell, bei dem die Ich-Zustände noch einmal unterteilt sind, dergestalt, daß die Ich-Zustands-Struktur des Kind-Ichs aufgezeigt wird und die ins Eltern-Ich aufgenommenen Figuren (Bezugspersonen) sichtbar werden.
Switch (umschalten, auch der Schalter): s. Rollenwechsel
Symbiose: Eine Beziehung, in der zwei oder mehr Menschen sich so verhalten, als seien sie eine einzige Person, und damit nicht ihre volle Ausstattung mit Ich-Zuständen benutzen.
Symbiose zweiter Ordnung: Eine Symbiose, die zwischen dem EL_1 und dem ER_1 der einen und dem K_1 der anderen Person hergestellt wird.
Tadel: Die dritte Position im Miniskript, die die Grundeinstellung Ich+ Du- widerspiegelt.
Tangentialtransaktion: Eine Transaktion, bei der Stimulus und Reaktion von unterschiedlichen Themen handeln oder das gleiche Thema aus verschiedenen Gesichtswinkeln behandeln.
Transaktion: Eine Ansprache (Stimulus) plus eine Antwort (Reaktion): die grundlegende.Einheit jedes zwischenmenschlichen Geschehens.
Transaktionsanalyse (Definition von Eric Berne):
1.) Ein System der Psychotherapie, das sich auf die Analyse von einzelnen Transaktionen und von aufeinander folgenden Transaktionen stützt, die während der Behandlungssitzungen laufen;
2.) Eine Persönlichkeitstheorie, die auf der Untersuchung bestimmter Ich-Zustände beruht;
3.) Eine Theori des sozialen Handelns auf der Grundlage der strengen Analyse von Transaktionen anhand einer umfassenden und begrenzten Anzahl von Transaktionstypen, die durch die jeweils beteiligten Ich-Zustände zustandekommen;

4.) Die Analyse einzelner Transaktionen durch Transaktionsdiagramme („Transaktionsanalyse im engeren Sinne")

Transaktionsanalyse (Definition der ITAA): Eine Theorie der menschlichen Persönlichkeit und eine systematische Therapie zu ihrem Wachstum und ihrer Veränderung.

Trübung: Der Teil des Kind-Ich- oder Eltern-Ich-Zustandes, den der Betreffende irrtümlich für einen Inhalt seines Erwachsenen-Ichs hält.

T-Shirt: Ein Motto, das im nonverbalen Verhalten des Menschen zum Ausdruck kommt und als Einladung zu Psychospielen oder zum Austausch von Lockmaschen wirkt.

Überanpassung: Das Passive Verhalten, bei dem jemand auf das eingeht, was er für die Ansprüche Dritter hält, ohne das zu überprüfen und ohne Rücksicht auf seine eigenen Bedürfnisse.

Überkreuztransaktion: Eine Transaktion, bei der die Pfeile nicht parallel verlaufen oder bei der ein anderer Ich-Zustand antwortet als der, der angesprochen wurde.

Ungeheuer (Ogre): Ein Ausdruck, der von gewissen Autoren gebraucht wird zur Bezeichnung des Eltern-Ichs im Kind-Ich-Zustand.

Verdeckte Transaktion: Eine Transaktion, bei der gleichzeitig eine offene und eine verdeckte Botschaft übermittelt wird.

Verfolger (im Dramadreieck): Jemand, der anderen zusetzt, über sie herfällt oder sie herabwürdigt.

Verhaltensbezogene Diagnose: Das Urteil darüber, in welchem Ich-Zustand sich jemand befindet, durch Beobachtung seines Verhaltens.

Verlierer: Jemand, der ein erklärtes Ziel nicht erreicht.

Verliererskript: Ein Skript, bei dem die Auszahlung schmerzlich oder zerstörerisch ist bzw. dazu führt, daß ein erklärtes Ziel nicht erreicht wird.

Vertrag: Eine ausdrückliche beiderseitige Festlegung auf ein klar definiertes Vorgehen; eine aus dem Erwachsenen-Ich heraus geschlossene Verpflichtung sich selbst oder einem Dritten gegenüber, eine Veränderung herbeizuführen.

Verzweiflung: Die vierte Position im Miniskript als Ausdruck der Grundeinstellung Ich-, Du-.

Vorurteil (bedeutet in der Sprache Bernes): Die Trübung des Erwachsenen-Ichs durch das Eltern-Ich.

Weg-Weiser, Gegeneinschärfungen: Skriptbotschaften, die vom Eltern-Ich von Vater und/oder Mutter ausgehen und vom Kind in seinem Eltern-Ich gespeichert werden.

Winkeltransaktion: Eine verdeckte Transaktion, an der drei Ich-Zustände beteiligt sind.

Zeitvertreib: Eine Weise der Gestaltung der Zeit, bei der Menschen über ein Thema reden, aber keinerlei Absicht haben, in der Sache auch tätig zu werden.

Zuschreibung: Eine Skriptbotschaft, die in der Weise vermittelt wird, daß die Eltern dem Kind sagen, was es ist.

Zweite Kommunikationsregel: „Bei einer Überkreuztransaktion kommt es zu einer Störung der Kommunikation, d. h. einer der Beteiligten oder beide müssen ihren Ich-Zustand wechseln, um die Kommunikation wiederherzustellen."

Zweiten Grades (bei Spielen und Verliererskript): Auf eine Auszahlung hinauslaufend, die so schwerwiegend ist, daß man das Thema in der Umgebung des Betreffenden im Gespräch meidet.

Sachregister

Nachwort des Übersetzers

Bei dem Bemühen, eine möglichst getreue, leicht lesbare, in der Sache klare und in der Sprache verständliche Übertragung vorzulegen, die umgangssprachlich gefaßt ist und sich doch an die in deutschen TA-Kreisen mittlerweilen akzeptierte Terminologie hält, ergaben sich mannigfache Fragen. Die Problematik läßt sich am besten anhand einiger konkreter Beispiele verdeutlichen.

Beginnen wir mit dem äußerst wichtigen Konzept des *racket*. Während im Französischen dieses Phänomen durch „sentiment parasite" wiedergegeben (und dadurch der Charakter eines auf eine ursprüngliche Emotion sozusagen inokulierten Gefühls betont) wird, sprechen die Italiener von „ricatto", erinnern damit schon in der Lautgestalt an das englische Wort und unterstreichen den Aspekt einer äußerlich sanften, aber dann gnadenlosen Erpressung. Auch der englische Terminus weist ja auf ein fein gesponnenes, von außen schwer zu durchschauendes Gebaren nach Mafia-Art hin. Ungeachtet solcher Anregungen bin ich im Deutschen bei *Masche* geblieben, schon weil das Wort seit vielen Jahren gebräuchlich ist.

Ähnliche Betrachtungen lassen sich für den Terminus *game* anstellen. Die Franzosen ziehen großenteils „stratagème", ein raffiniert hintersinniges, doppelbödiges Vorgehen, dem harmlosen „jeu" vor, und im Deutschen wird mancherorts von einem „psychologischen Spiel" oder kurz „Psychospiel" gesprochen, um diesen komplexen, letztlich pathologischen Vorgang von dem gesunden zweckfreien Spiel zu unterscheiden, in dem nicht zuletzt Huizinga eine der höchsten und schönsten Entfaltungsmöglichkeiten der menschlichen Seele gesehen hat. Auch hier habe ich mich an das verbreitete *Spiel* gehalten.

Bei einigen Ausdrücken habe ich auf eine Übersetzung überhaupt verzichtet und verwende die englische Form, weil keine der mir bekannten Übersetzungen die Bedeutungsvielfalt des englischen Wortes wiedergibt. Das gilt vor allem für den *stroke* (und das „Stroken") und den *discount* (und entsprechend das „Discounten"). Ähnlich ging es mir bei *Redefinieren, Passivität, Grandiosität* und weiteren Ausdrücken, an deren spezifische Bedeutung im TA-Zusammenhang sich der Leser wohl rasch gewöhnt hat.

Bei zwei Ausdrücken bin ich von der eingeführten Übersetzung abgewichen: für die *injunction* habe ich statt der üblichen „Einschärfung" die plastischere *Bann-Botschaft* verwandt, und die *counter-injunction* habe ich nicht mit „Gegeneinschärfung" wiedergegeben, sondern mit dem anschaulichen *Weg-Weiser*. Bestärkt haben mich dabei Betrachtungen, die *Bruno Bettelheim* in seiner Schrift „Freud und die Seele des Menschen" anstellt. Bettelheim gibt darin wichtige Hinweise zur Terminologie der Psychoanalyse in Wien und Amerika und macht gewisse Eigentümlichkeiten der Freud-Rezeption in der angelsächsischen Welt, also auch durch Berne, deutlich. Aber auch darüber hinaus haben die Gedanken Bettelheims meine Übertragungsarbeit stark beeinflußt.

Nachdem ich einmal „Masche" für *racket* übernommen hatte, blieb die Schwierigkeit, etwas Passendes für *racketeering* zu finden. Es geht ja dabei nicht um eine organisierte Erpressung, ein bewußtes Vorgehen, wie das der englische Ausdruck zunächst nahelegt. Schließlich habe ich in Anlehnung an das „Maschenstricken" die Strickbeflissenen in einem „Strickclub" *Lockmaschen stricken* lassen, so seltsam und eigenwillig das auch nun klingen mag (s. den diesbezüglichen Abschnitt im Kapitel 21). Auf die Schwierigkeit, die sich aus der im Deutschen nicht möglichen Unterscheidung zwischen *child* und *Child* oder *parent* und *Parent* durch Groß- und Kleinschreibung ergibt, brauche ich kaum eigens hinzuweisen; Ähnliches gilt für die fehlende Einzahl bei „Eltern": der Ausdruck „Elternteil" gehört kaum der Umgangssprache an. *He is in his Parent* klingt völlig natürlich, während „er ist in seinem Elter" oder „in seinem Eltern" für Außenstehende doch seltsam klingt, wenn sie es in einer TA-Gruppe zum ersten Mal hören. Genau so natürlich klingt im Englischen die häufige Verwendung von *he/she* und entsprechend *his/her* usw., wodurch dem weiblichen Geschlecht auch sprachlich der ihm gebührende Platz eingeräumt wird - während entsprechende Wendungen im Deutschen doch befremdlich wirken würden, so lange sie noch nicht gebräuchlich sind. Der guten Ordnung halber sei noch erwähnt, daß ich bei den Anhängen verschiedentlich Kürzungen*) vorgenommen und vor allem bei der Bibliographie die Bedürfnisse der deutschsprachigen Leserschaft berücksichtigt habe.

---

* in Abstimmung mit dem Herder-Verlag - auch aus Platzgründen!

Dr. Ian Stewart, 1940 in Glasgow (Schottland) geboren, legte sein Bachelor-Examen an der Universität Oxford ab und promovierte dann an der Universität Nottingham, an der er zwanzig Jahre lang einen Lehrauftrag innehatte. 1989 schied er aus, ist jetzt hauptsächlich als TA-Therapeut tätig und betätigt sich zudem als Schriftsteller und Dozent.
Ian Stewart hat in der International Transactional Analysis Association (ITAA) als Kliniker die Lehrberechtigung unter Supervision erworben (ist „Provisional Teaching Member") und war im Prüfungsausschuß der ITAA (Board of Certification) stellvertretender Vorsitzender. Derzeit ist er Leiter des Prüfungswesens (Supervising Examiner) und Redakteur in der European Association for Transactional Analysis.
Ian Stewart hat u.a. *TA Counselling in Action* verfaßt, eine praktische Einführung in die Verwendung der Transaktionsanalyse für Einzelberatung und Psychotherapie.

Vann S. Joines begann sein Theologiestudium an der North Carolina State University in Raleigh, North Carolina, und erwarb den Grad eines M. Div. am Union Theological Seminary in Richmond, Virginia. Derzeit ist er Doktorand in Klinischer Psychologie an der Union Graduate Fakultät in Cincinatti, Ohio.
Von 1969 bis 1973 war er als Studentenpfarrer am St. Andrews Presbyterian College in Laurinburg, Noth Carolina tätig, wo er auch einen Beratungsdienst leitete und Seminare abhielt. 1973 übernahm er die Leitung der Ausbildungsveranstaltungen des South East Institute for Group and Family Therapy in Chapel Hill, North Carolina.
Vann Joines ist Lehrtherapeut der ITAA und in der American Group Psychotherapy Association sowie der American Academy of Psychotherapists als Supervisor anerkannt. Er hält regelmäßig Workshops und Ausbildungsveranstaltungen in Gruppen- und Familientherapie ab, und zwar in den Vereinigten Staaten und in verschiedenen anderen Ländern.